管理学在中国

共演战略观

刷新企业管理操作系统

Co-evolution Strategy

Refresh the Strategic Operation System of Enterprises

路江涌 著

本书是《共演战略：重新定义企业生命周期》的姊妹篇，结合阅读，可加深对“共演战略”的理解，优化落地实践。本书主要以“1”“2”“4”“6”“12”和“48”这组“共演战略密码”为主脉络展开，根据“人和事”“内和外”的维度，将企业战略所对应的目标分为用户、组织、产品和市场四个要素，来回答5W1H框架里的基本问题。本书还介绍了众多有助于把理论应用到实践中去的游戏，用以阐释“共演战略”这一体系及相关工具，帮助读者更好地理解企业战略并付诸实施，同时在学习和应用的过程里体验到其中的“有理、有用、有据和有趣”。

图书在版编目（CIP）数据

共演战略观：刷新企业管理操作系统 / 路江涌著．—北京：机械工业出版社，2023.6

（管理学在中国）

ISBN 978-7-111-73028-6

Ⅰ. ①共…　Ⅱ. ①路…　Ⅲ. ①企业管理 – 管理信息系统 – 研究　Ⅳ. ①F272.7

中国国家版本馆CIP数据核字（2023）第065503号

机械工业出版社（北京市百万庄大街22号　邮政编码100037）

策划编辑：李文静　　　　责任编辑：李文静

责任校对：张爱妮　卢志坚　　责任印制：单爱军

北京联兴盛业印刷股份有限公司印刷

2023年7月第1版第1次印刷

170mm × 230mm · 25.25印张 · 3插页 · 545千字

标准书号：ISBN 978-7-111-73028-6

定价：129.00元

电话服务

客服电话：010-88361066

010-88379833

010-68326294

封底无防伪标均为盗版

网络服务

机　工　官　网：www.cmpbook.com

机　工　官　博：weibo.com/cmp1952

金　　书　　网：www.golden-book.com

机工教育服务网：www.cmpedu.com

呼唤、孕育和催生中国管理学派

中国的管理研究正处在一个取得实质性进步和突破的门槛上。

改革开放40多年来，中国已经发展成为世界上最大、最活跃的新兴市场，商业竞争态势复杂，变化快速且激烈，积累了异常丰富的管理实践，为管理学的思考和研究提供了充足的素材和样本。同时，中国特有的深厚文化传统，虽一度遭受挫折，但在新的历史条件下逐步“灵根再植”，帮助孕育了丰厚的思想创新土壤。

在此期间，中国管理学的研究有了长足进步，发表的论文在国际学术界崭露头角，成长起一批素养深厚的学者。但与此同时，我们的学术研究存在着囿于西方理论和研究方法、与本土环境和实践脱节的弊端，因此受到实践者的冷落。这样的现象值得深思。

从世界范围看，管理研究一直在与时俱进地变化和发展。蒸汽机时代的到来，催生了泰勒制和管理组织理论、管理层次理论、管理激励理论等；电气化时代带来了福特制、行为科学理论、管理科学理论、系统管理理论等；信息化时代新的技术环境和商业环境、新的分工协作方式以及由此带来的效率的突变，都在呼唤管理理论的创新，遗憾的是，信息化时代管理研究的创新总体上是偏少、偏弱、偏慢的。现在，互联网经济方兴未艾，新一轮制造业革命初现端倪，数字化时代已经到来，历史给了中国一个特别好的机会，中国的管理学者已经立足于一片最肥沃的土壤，体现时代特征、基于中国情境的管理研究，一定可以大有作为。

在此背景下，2017 年 9 月，我们在苏州金鸡湖畔发起成立“中国管理 50 人论坛”，以探索管理学理论特别是具有中国特色的管理学理论创新为使命，以推动管理理论与中国企业管理实践相结合为宗旨，总结中国优秀企业创新发展的经验，应对新的科技革命所带来的挑战，为中国经济社会的振兴、中国企业的崛起、中国管理学派的形成，做出中国管理学者应有的贡献。

我们的这个举动得到了机械工业出版社的大力支持。机械工业出版社在翻译引进西方管理思想方面做了许多工作，做出了很大贡献，为中国读者带来了弗雷德里克·泰勒、爱德华·戴明、赫伯特·西蒙、詹姆斯·马奇、亨利·明茨伯格、埃德加·沙因等西方管理大师的经典作品。此外，还有管理大师彼得·德鲁克的系列作品。在新的时代背景下，机械工业出版社也在积极关注本土管理实践创新和管理思想的孕育发展。于是，“中国管理 50 人论坛”与机械工业出版社志同道合，携手合作，共同发起“管理学在中国”丛书的出版工作，旨在为中国管理学派的崛起贡献力量。

我们设想，“管理学在中国”丛书所纳入的作品应该代表中国本土管理理论和实践创新的成果，这些作品的作者应该是正在崛起的中国管理学派的领军者。丛书入围标准严格，宁缺毋滥，具体包括：①属于中国本土原创性的研究；②同时具备研究方法的严谨性和研究问题的现实相关性；③属于专题性著作，而不是文章合集。

为了保证丛书的质量，我们将采取“主编推荐，作者接龙”的方式，即由主编推荐三本专著，请作者对他们的专著进行重新审视，认真修改，落实版权，再予以正式出版。然后，由这三名作者每人推荐一本专著，经主编与三名作者一致同意后出版。以此类推，进行接龙，以管理学家的个人声誉为基础，进行选题与编著，体现“学者群体的共同意志”，然后由接龙产生的前10位管理学者组成“管理学在中国”丛书编委会，负责丛书总体规划和指导工作。

在具体选题的审核上，我们采用国际出版界对学术类著作通常使用的同行评审（Peer Review）办法。每位已经出版专著的作者，每年最多可以推荐一本专著，然后请三位专家匿名提供独立评审意见，编委会根据评审意见，采用“一票否决制”做出是否列入丛书出版的决定。

接下来，“中国管理50人论坛”还将与包括机械工业出版社在内的多家机构携手合作，打造“管理学在中国”管理思想和实践交流平台，举办大会、论坛、工作坊、企业调研、中外学术交流等活动，为致力于管理思想和实践创新的学者和实践者创造相互学习、交流切磋的机会，让感悟和创新的灵感在这些跨界互动中自然涌现。

“这是一个需要理论而且能够产生理论的时代，这是一个需要思想而且能够产生思想的时代。我们不能辜负了这个时代。”中国本土管理研究的崛起正当其时。我们期许，未来十年，“管理学在中国”丛书将以一本又一本真正有分量的著作，见证中国管理学派的成长。

王方华

上海交通大学校长特聘顾问、上海市管理科学学会理事长

上海交通大学安泰经济与管理学院原院长

前言 · PREFACE

做“有理、有用、有据、有趣”的学问

操作系统与 App

2018 年 4 月，在《共演战略：重新定义企业生命周期》一书的发布会上，我引用了一组数据：2017 年，《财富》世界 500 强企业榜单中，美国企业 132 家，中国企业 115 家。这两个数字看似差距不大，然而，事实如何？“世界上最远的距离，是你在做 App，而别人在做操作系统”，这句话所折射的中国企业和西方发达国家企业之间的差距、竞争乃至冲突，在近几年愈加明显。2021 年，《财富》世界 500 强企业榜单中，美国企业 122 家，中国企业 143 家。只从这个数据看，中国的全球性大企业在数量上超过了美国，但二者在创新能力等方面的差距仍然不言而喻。

另一组可以展现中国企业和西方发达国家企业差距的数字来自“Thinkers 50”榜单，这是一个从 2001 年开始发布的全球管理思想者影响力榜单，在历年上榜的学者和企业家中，仅有清华大学陈劲教授和张瑞敏等少数几位企业家来自中国。如果我们把管理思想比作企业的“管理操作系统”，那么，中国企业在管理和业务两方面都面临着“我们在别人的操作系统上做 App”的窘境。

当然，从“没有必要重新发明轮子”的逻辑出发，基于现有的操作系统开发 App 的效率更高，效益也可能更好。然而，即使不从“安全”角度看，仅从“系统知识”这一角度看，具备开发操作系统能力的人或许能够更好地开发 App，具有管理理论系统思维能力的企业或许能够取得更好的经营绩效，更进一步，具备基础科学创新能力的国家或许能够更好地进行应用创新。

正因为如此，“管理学在中国”丛书提出了“中国的管理研究正处在一个取得实质性进步和突破的门槛上”的观点；“中国管理 50 人论坛”以探索管理理论（特别是具有中国特色的管理理论）创新为使命，以推动管理理论与中国企业管理实践相结合为宗旨。

做“四有”学问

在企业家眼中，学者主要是研究理论的，自然而然应该在理论方面有所建树。然而，改革开放几十年来，真正在中国大地上形成的管理理论寥若晨星，这在一定程度上可以说明管理理论体系形成之难——需要持续地从实践中汲取营养，并不断地回到实践中去验证自身的逻辑。或许正是因为理论的形成是如此困难，学术界常有类似于“是否存在和有必要存在中国管理学”这样的争论。也许是出于类似的考虑，这套丛书以“管理学在中国”，而非“中国管理学”为名。然而，从著作入选丛书的标准[⊖]来看，“理论性”的确是丛书发起者所明确要求和热切期盼的。因此，这里说的“四有”首先就是“有理”，即有理论。

⊖ 这些标准包含：①属于中国本土原创性的研究；②同时具备研究方法的严谨性和研究问题的现实相关性；③属于专题性著作，而不是文章合集。

关于什么是管理理论，著名管理学期刊《管理科学季刊》（*Administrative Science Quarterly*）早在1995年就有过讨论，其基本结论是文献、数据、变量、假设、模型这五类要素都不能单独构成理论。换句话说，理论应该是逻辑严谨、论证充分且具有系统性的逻辑体系，而不是文献、数据、假设、模型等的堆砌。

由此，在构思共演战略这个“理论体系”之初，我就秉承系统性和动态性的思路，从企业面临的复杂外部环境出发，得出企业面对的是不确定性和不连续性两个基本挑战，并从战略管理对象（人和事）以及战略管理边界（内和外）两个维度出发，分解出用户、组织、产品、市场四个战略要素，而后沿着企业生命周期分析各个要素的共同演化过程。经过几年的发展，共演战略虽然在结构和逻辑等方面尚能自圆其说，但距离成为真正的理论尚有相当的距离。不过，“有理”始终会是共演战略未来发展的第一目标。

我们常说，有的理论有“无用之用”。当我们这样说的时候，所强调的实际上还是理论的“有用”，只不过这里的“有用”不是现实的“有用”，而是“未来之有大用”。所以说，“有用”是发展理论时需要考虑的重要问题。在共演战略体系发展的过程中，工具化始终是我所重视和强调的。《共演战略：重新定义企业生命周期》一书，我附赠了《共演战略：行动手册》，随后，又出版了《共演战略画布》，把共演战略工具化。在过去的几年中，相关工具被包括华为、阿里巴巴、腾讯、百度等在内的众多企业所认识，并应用在战略管理的不同层面。在这本书中，我在一些章节列出了“工具栏”，给出了一系列思维工具、行动工具和测评工具，力争把概念和工具有机结合起来。

管理学者常常喜欢引用案例，通过讲故事来验证或说明概念。这样做的好处在于通俗易懂，可以帮助读者轻松阅读下去。但过多举例也会有一些坏处，所谓的“干货”的背后是归纳法，也就是用一些企业的零星做法来验证或说明某些概念。但我们知道，归纳法无法得出理论，而那些企业的成功经验通常也难以复制。所以，在我看来，举过去发生的例子不是真正的“有据”，只有理论能够通过实践应用被验证才是真的“有据”。然而，真正做到这一点非常难，需要时间和大量案例的印证。虽然共演战略已经在实践中得到一些应用，但距离我心目中的“有据”还有相当的距离，只能期待其在未来能更多地在实践中得到检验。

相较于之前出版的书，在这本书中我做的最大改变是使共演战略变得“有趣”。为做到这一点，我主导开发了大量的桌游。之所以要开发游戏，是因为我在过去几年中发现，好的游戏能够让人充分理解一些关键的知识点，并能够帮助管理者把理论应用到实践中去。好的理论有一个特点，那就是简洁，而好的游戏同样是简洁的。学者和教师在传递思想及知识的时候，往往希望给企业家和学员很多，但囿于传统的讲授方式，受众能够得到的往往很少。“游戏化”可以在很大程度上解决此类问题，受众（参与者）可以通过沉浸式体验对基本问题和核心概念有所觉察，然后因时因地制宜地实践。

从“有理”“有用”到“有据”“有趣”，我尝试用创新驱动本书的创作。这个过程，得到了国家自然科学基金重大项目“创新驱动创业的重大理论与实践问题研究”（基金号：72091310）课题五“创新驱动的企业国际创业理论与战略研究”（基金号：72091314）的资助。

在共演战略的游戏化过程中，我尽量简化基础概念框架，先是形成图标等基本游戏要素，然后借鉴常用的桌游机制设计游戏。限于传统出版物的形式，我在这本书中只是介绍了这些游戏的玩法，以后书中介绍的部分游戏会正式上市，让管理者能够真正体验共演战略的“有理”“有用”“有据”和“有趣”。

共演战略密码

人的记忆有个规律，数字比文字好记，图形比数字好记。在本书里，我会用许多图形帮助你梳理战略思维。为帮助理解，我还把本书的关键内容总结成一组数字："1""2""4""6""12"和"48"。如果把这些数字分成两组，4 个数字一组，则会更好记："1246"和"1248"。这几个数字就是共演战略这一体系的核心内容，可以被看作理解企业战略的密码（见图 0-1）。

1	1个环境特征：复杂 = 不确定性 × 不连续性
2	2个战略维度：人和事、内和外
4	4个战略要素：用户、组织、产品、市场
	4个战略阶段：创业阶段、成长阶段、扩张阶段、转型阶段
	4条战略路径：用户战略路径、组织战略路径、产品战略路径、市场战略路径
6	6个战略问题：Why、Who、What、Where、When、How
12	12个战略要点：用户特征、用户需求、用户选择、 领导者、团队员工、组织管理、 产品开发、营销推广、商业模式、 技术趋势、资本资源、市场竞合
48	48个战略演化：12个战略要点在4个战略阶段中的演化

图 0-1　共演战略密码

"1"代表 1 个环境特征，也就是企业的营商环境。我会用"复杂"这个词来描述企业的营商环境，然后基于对"复杂"这个词的解读，告诉你都有哪几种基本的企业战略。

"2"代表 2 个基本的战略维度。我会从"人和事"以及"内和外"这两个基本的维度出发，为你拆解企业战略的基本结构。

"4"实际指向 3 个"4"。第 1 个"4"指向企业的 4 个战略要素，分别是企业的用户、组织、产品和市场，这 4 个要素构成了企业战略的基本内容。第 2 个"4"指向企业的 4 个战略阶段，分别是创业阶段、成长阶段、扩张阶段和转型阶段，这 4 个阶段构成了企业的生命周期。第 3 个"4"指向企业的 4 条战略路径，分别是用户战略路径、组织战略路径、产品战略路径和市场战略路径。

"6"代表着企业的 6 个战略问题。分别是：企业为什么存在（Why）？企业由谁组成（Who）？企业提供什么东西（What）？企业的市场在哪儿

(Where)？企业何时发生关键变化（When）？关键变化如何发生（How）？

“12”是对4个战略要素的进一步分解。我把每个战略要素，也就是用户、组织、产品和市场，都分解成3个要点，目的是更好地抓住企业实践中真实的战略要点。

“48”代表着12个战略要点在4个战略阶段中的演化。随着企业的发展，这些战略要点在不断演化，在每个战略阶段都不一样，它们构成了企业战略思维的全景。

本书的章节结构就是按照“共演战略密码”安排的。第一章的主题是1个环境特征——复杂，第二章的主题是2个战略维度，第三章的主题是4个战略要素，第四章的主题是4个战略阶段和4条战略路径，第五章的主题是6个战略问题和12个战略要点，第六章至第九章的主题是在创业、成长、扩张和转型阶段的48个战略要点演化，第十章的主题是共演战略协同模型。

理解了“1”“2”“4”“6”“12”和“48”这组数字，你就掌握了共演战略的核心密码。配合本书介绍的相关游戏，希望你可以进一步体会到共演战略的“有理”“有用”“有据”和“有趣”。

路江涌

于北京大学

目录 ▶ · CONTENTS

第一章

▲

1 个环境特征

——

第一节 战略＝格局 × 视野

什么是战略

什么是战略？这个问题不仅在企业家群体里没有定论，在战略管理学科领域内也是众说纷纭。管理学家亨利·明茨伯格等人在《战略历程：穿越战略管理旷野的指南》[⊖]一书中，把战略管理领域划分为十大学派：设计学派、计划学派、定位学派、企业家学派、认知学派、学习学派、权力学派、文化学派、环境学派和结构学派。每一个学派对“什么是战略？”这个问题都有自己的说法。这里不评论任何一个学派关于战略的定义，而是从“战略＝格局× 视野”这个公式角度，讨论一下什么是战略。我们常说，企业家要有全局观、全球观和未来观，也就是说，要有格局和视野。

“格局”指向空间，而“视野”指向时间。所以，“战略＝格局 × 视野”这个公式意味着，我们可以从格局和视野（空间和时间）这两个维度来思考什么是战略。

如果我们将“视野”作为行，将“格局”作为列，并且把视野分为“现在”和“未来”两个阶段，把格局分为“局部”和“总体”两个层面，就可以得到一张 2×2 的矩阵图（见图 1-1 ）。

如图 1-1 所示，总体格局和未来视野的组合是“见终局”。所谓见终局，指的是要能够“看到”事物未来发展的最终结果和总体情况。对于个人而言，见终局就好比一个人年轻时就要能“看到”自己年老时候的情况，而且不仅要“看到”自己的情况，还要“看到”那时自己周围环境和社会关系的情况。

近年来，企业家非常推崇终局思维，原因主要在于企业面临的营商

⊖ 明茨伯格，阿尔斯特兰德，兰佩尔．战略历程：穿越战略管理旷野的指南 [M]. 魏江，译．北京：机械工业出版社，2012.

环境越来越复杂且瞬息万变，如果企业家只盯着眼前的利益和局部的市场，企业的发展可能很快就会遇到瓶颈。所以，越是在复杂的环境中，企业家就越需要有愿景，而且要能以愿景为终局，从愿景出发而不是从眼前的利益和局部的市场出发制定企业战略——以终为始，方得始终。

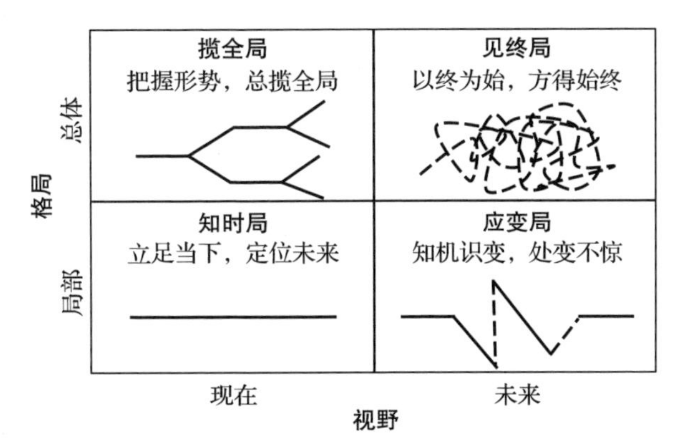

图 1-1　见终局，知时局，揽全局，应变局

局部格局和现在视野的组合是“知时局”。所谓知时局，其实就是“定位”，企业应根据现在的实际情况和局部环境，确定自己发展的“起点”，先找到能让自己安身立命的方法。这就好比一个人不能只是憧憬未来或总是这山望着那山高，而要在仰望星空的同时脚踏实地，做好自己目前能做的事情。对于企业而言，知时局就是要依托自己的资源和能力，找到自己的战略定位，然后从定位出发，向着终局的目标前进。

总体格局和现在视野的组合是“揽全局”。所谓揽全局，指的是要基于大格局考虑企业战略，不能只顾局部利益，而忽略全局的参与者。这就好比一位大学生，不能把眼光局限于和同班同学的竞争上，而应该看到自己参与的是一场全国性甚至全球性的竞争。同时，眼光也不能局限于学习成绩这一个维度，还要关注进入社会后所需要的各种综合能力。

企业家群体所推崇的跨界思维是揽全局的具体体现。在复杂多变的商业世界里，企业的竞争对手很可能不是来自现在所处行业的同行，而是来自其他行业的跨界竞争者。例如，让数码相机企业陷入困境的不是同行的其他企业，而是手机企业；使方便面销量下降的不是其他零食，而是外卖行业；等等。

局部格局和未来视野的组合是“应变局”。在全球化和网络化的时代，营商环境可能瞬息万变，唯一不变的可能只有变化本身。因此，企业必须能够更快地适应外部环境和自身情况的变化，适应局部的变化，进而响应全局的变化。企业只有根据变化不断进行调整，才能在时代大潮中“知机识变，处变不惊”。

从格局和视野两个维度理解战略，我们得到了战略需要达到“见终局，知时局，揽全局，应变局”这个结论。现实中，战略的制定和实施并没有这么简单，在不同的格局和视野组合中，战略的清晰度是不同的。

如图 1-1 所示，在总体格局和未来视野中，由于范围太大、时间跨度太长，企业家所见到的“终局”好像一团乱麻，往往是模糊的。但是，企业家必须相信自己看到的终局，果断地向着终局前进，并在前进的道路上不断做战略调整。

和未来的“终局”相比，现在的“全局”对于企业家而言相对清晰，但也充满不确定性。如图 1-1 所示，全局意味着选择的多样性，而各种选择所通向的方向非常不同，就像一根分叉的树枝或者一个复杂的岔路口。企业家站在岔路口的起点，必须有能力判断岔路口终点的结果，如此才能对企业走哪一条或者哪几条岔路做出判断。

对于企业而言，在千万条道路中，目前所走的这条路好比一条连续的直线，确定性最高，连续性也最好——企业要紧紧把握住时局，即眼下的发展机会，积累自身的资源和能力，为随时可能到来的“变局”做好准备。

对于企业而言，“见终局，知时局，揽全局”的目的是“应变局”。面临变局的企业就像一辆正在平坦公路上行驶的汽车，突然被沟壑和山峰挡住了去路，从而不得不寻找新的道路。企业只有随时为变局做好准备，才能在事到临头之时“知机识变，处变不惊”。

《大学》在讲完“在止于至善”后，接着讲的是“知止而后有定，定而后能静，静而后能安，安而后能虑，虑而后能得”。在我看来，对于企业战略而言，“至善”就是终局，“知止”就是能够见终局，“有定”就是能够知时局，有了知时局这颗定心丸之后，才能“静”观全局，“安”心发展，并考“虑”变局，最后“得”到自己的终局。

曾鸣先生总结过阿里巴巴制定战略的四个步骤，分别是终局、布局、定位、策略。首先，阿里巴巴提倡“终局思维”，而终局思维意味着要能够先见终局。在见终局的过程中，“相信”非常重要——“因为相信，所以看见”。换言之，只有相信自己的战略判断，才能看到终局，才能有方向。其次，终局毕竟是未来的模糊影像，见到终局后还要对照当前的全局情况。全局就好像制定战略时要看的地图，企业只有纵览全局，才能部署好自己的兵力。再次，企业制定战略时不仅要考虑全局的情况，还要重点考虑自己的实际情况，定位于最佳战略位置，而只有知时局才能准确定位。最后，在总体战略之下，企业要制定具体的策略，而具体的策略的目的就是应对变局。不难看出，阿里巴巴制定战略的这四个步骤和“见终局，知时局，揽全局，应变局”的战略思路非常吻合。

国内领先的建筑行业数字化企业广联达创始人刁志中先生认为：“企业的变革转型，不能摸黑前行，需要一套周详的战略路径规划，来为具体实践进行指导和开路。”广联达形成了一套成熟的思路和方法：看终局，探路径，布当局。“看终局”是指要高瞻远瞩，要思考每个行业如果跟数字化结合，今后它发展的终极目标、终极场景是什么，衡外情、量己力，要对社会、产业、行业、企业各个维度有综合考量。如果“看终局”是点燃理想，“探路径”就是制定攻略——刁志中认为，“一定要找对切入点，这比‘看终局’还难”。在“看终局”和“探路径”之后的战略落地就是“布当局”，对于广联达而言，产业互联网转型的“当局”就是以数据为驱动力，实现与客户的正向互动，打造“环形价值链”。不难看出，广联达的“看终局，探路径，布当局”和“见终局，知时局，揽全局，应变局”的战略思路也有异曲同工之妙。

《隆中对》里的战略规划

《隆中对》经常用来诠释战略的大格局和大视野。诸葛亮在分析时代大势时说：“自董卓以来，豪杰并起……曹操比于袁绍，则名微而众寡，然操遂能克绍……孙权据有江东，已历三世……荆州北据汉、沔，利尽南海……益州险塞，沃野千里……刘璋暗弱，张鲁在北……将军既帝室之胄，信义著于四海……天下有变，则……诚如是，则霸业可成，汉室可兴矣。”

《隆中对》的叙事逻辑很好地诠释了“战略＝格局 × 视野”的战略思维框架。见终局对应整个战略规划的目标——“成霸业，兴汉室”。揽全局对应战略规划的环境分析——看到了董卓、曹操、孙权等人群雄并起的时代背景。知时局对应聚焦战略规划分析对象所处的局部位势——就刘备当时所处的地理位置而言，北有曹操，东和南有刘表，西有刘璋，西北有张鲁……换言之，刘备处于四战之地。应变局对应“天下有变，则命一上将将荆州之军以向宛、洛，将军身率益州之众出于秦川，百姓孰敢不箪食壶浆，以迎将军者乎？”——战略规划者应关注战略规划期间的变化，给出战略行动方案。

战略规划的一个重要前提是绘制“全景地图”。地图绘制者首先要知道自己在哪里，其次要知道自己最终去哪里，要通过绘制地图了解“疆域”的边界，还必须能够应对“山川、河流”等障碍。我们可以用图 1-2 来理解全景地图绘制的过程：知道自己在哪里叫作“知时局”，探索并了解疆域的边界叫作“揽全局”，知道自己最终要去哪里叫作“见终局”，应对路上的各种障碍叫作“应变局”。

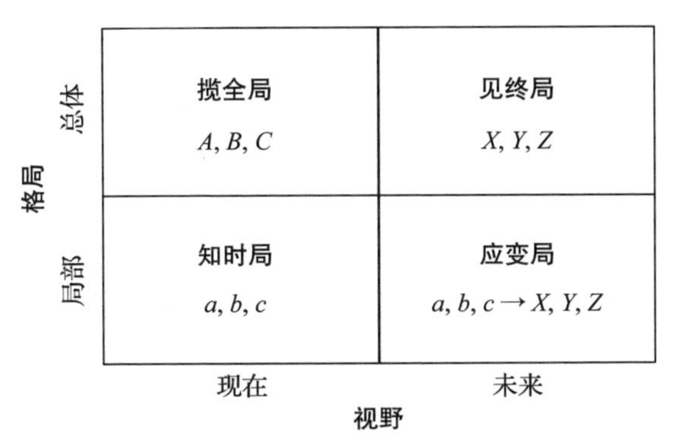

图 1-2　绘制战略全景图

如图 1-2 所示，知时局要求战略规划者能够清楚地知道自身现在的情况（a, b, c）。例如，诸葛亮非常清楚地指明了刘备当时处于群雄包围之中的劣势地位，分析了刘备面临的将寡兵弱的现实情况。只有清楚地知道自身的现实情况，才能更有紧迫感，才能更好地把握时代机遇。

揽全局要求战略规划者能够清楚地了解全景地图范围内的总体情况（A, B, C）。例如，诸葛亮在给出战略规划建议时，不仅考虑了控制区域与刘备直接相接的曹操，还考虑了近在咫尺的张鲁、刘璋、孙权，以及远方的少数民族政权。即使这样，《隆中对》所呈现的全景地图还不够“全”，没有包括当时“中原人”认知范围之外的区域，而这些区域将来很可能带来新的不确定性。

见终局要求战略规划者能够预见局势发展的未来趋势，预判几年后的全局状况（X, Y, Z）。诸葛亮心目中的未来趋势是“分久必合”，他期望的终局是“成霸业，兴汉室”，而在这个终局中获胜的无疑应该是刘备。诸葛亮对未来趋势的判断不错，然而，成就霸业的并不是刘备。

应变局要求战略规划者能够从自身情况出发，结合环境的全局，以未来的终局为目标，应对现实中瞬息万变的情况（$a, b, c \rightarrow X, Y, Z$）。诸葛亮应变局的策略是，“天下有变，则命一上将将荆州之军以向宛、洛，将军身率益州之众出于秦川”。然而，在这个变局中还存在变局——荆州先失，规划中的两侧夹击变成了孤军奋战，最终导致了诸葛亮的战略规划未能实现。

结合格局和视野的SWOT分析

在一个以时间加速和空间折叠为特征的复杂环境里，企业不仅需要有“见终局，知时局，揽全局，应变局”的战略思维，还需要有能够让战略具体落地的行动工具。SWOT分析是大家耳熟能详的战略分析工具之一（S、W、O、T分别对应优势、劣势、机会、威胁），将其与格局和视野这两个维度结合，能让我们对企业战略进行更加系统的和动态的分析，我们可以分析企业现在局部的SWOT、现在全局的SWOT、未来局部的SWOT和未来全局的SWOT。

下面我们以得到App为例进行结合格局和视野的SWOT分析（见图1-3）。如果把时间点定在2019年初，那时得到App作为一款发布仅约3年的产品，已经成为知识付费领域的领先者，聚集了大批粉丝，用户付费意愿较高（优势）。然而，得到App相对封闭的产品开发模式和较为严格的品控导致课程产品开发周期较长，可供用户选择的产品数量较少（劣势）。从行业机会方面看，知识付费行业发展的窗口已打开，用户群不断扩大（机会）。从企业面临的威胁来看，知识付费行业同类竞品日渐增多，导致现有用户续费意愿下降。

我们还可以从全局角度来分析一下。狭义的知识付费行业的发展从线上音频课程开始，但知识付费所适用的范围远远超出了手机上的付费音频，而是能够覆盖所有的学习场景。得到App从手机端的音频产品切入市场，得益于手机和移动支付的普及，音频可以非常便捷地分发，而这个趋势将影响到所有的学习场景。但是，因为手机屏幕小以及时间碎片化等限制，以手机为载体的学习场景普遍面临难以进行深度学习的困境。从全局看，知识付费的机会不仅存在于得到App早期切入的商业、社会、心理、科学等学科分类，更存在于各个学科之间的跨界整合。此外，得到 App 较为封闭的平台体系也面临着更大、更开放的平台（如喜马拉雅、今日头条）的威胁。

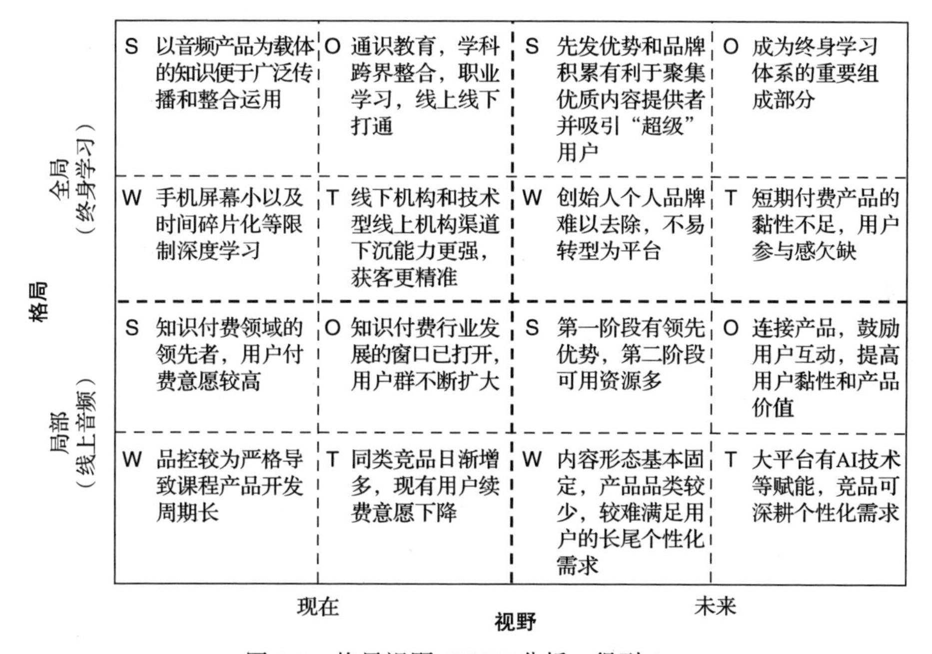

图 1-3　格局视野 SWOT 分析：得到 App

从未来全局看，为知识付费是一件再正常不过的事情，而为终身学习者服务也会产生非常多的行业机会。对于服务于终身学习，重点应该放在“终身”上——如果终身学习产品不能提高用户黏性，就会面临非常大的可持续发展威胁。对于得到 App 而言，前期的先发优势有利于优质内容的持续积累，而知识付费的早期用户更可能成为黏性高的“超级用户”。需注意的是，如果得到 App 未来要做成真正的平台，将面临如何弱化创始人品牌，避免其和其余知识付费产品争夺用户时间的问题。

从未来局部看，得到 App 的先行者优势将会持续一段时间，早期积累的优质用户优势和作者品牌优势将持续发挥作用。但是，由于现有产品之间的差异性不高，产品的品类比较少，较难满足用户的长尾个性化需求。从机会来看，得到 App 可以在现有产品之间建立连接，并通过举办社群活动等方式让用户更积极地参与到互动中来，提高用户黏性和产品价值。从威胁来看，喜马拉雅和今日头条等大平台利用 AI 技术等进行用户拉新、留存、运营的能力可能更强。

上面的例子分析了得到 App 现在局部、现在全局、未来全局和未来局部的 SWOT。进一步，我们可以结合格局和视野，分析一下得到 App 如何在全局和局部之间，以及在现在和未来之间，进行从威胁到机会、从劣势到优势的转换（见图 1-4）。

局部W→全局S	局部T→全局O	未来W→现在S	未来T→现在O
先用较为严格的品控形成较高质量的内容，再拓展到线上和线下的全线产品（例如，开设线下大课）	利用先发优势，在知识整合领域深耕，和后来的跟随者一起打造知识付费产品新的品类	关注知识付费服务最核心的领域，即知识付费服务本身，专注深耕知识付费产品而不是做无边界平台	把音频付费产品变成用户漏斗入口，通过增加不同深度类别的产品，层层过滤，满足不同层次用户的需求
全局W→局部S	全局T→局部O	现在W→未来S	现在T→未来O
通过打通知识付费产品（如各种电子书和课程文稿）之间的全局搜索，帮助用户扩展认知维度	把线上用户转移到线下，通过多地开设线下课程，提高收入和用户黏性	转变流量思维为存量思维，深挖现有存量超级用户的潜在需求，为形成未来的长期优势发力	引入AI等相关技术，对平台用户和数据进行精准分析，形成未来业务图景

图 1-4 格局视野 SWOT 动态转换分析：得到 App

对于得到 App 来说，现在局部的劣势可以转换成现在全局的优势，例如，可以先用较为严格的品控形成较高质量的内容，再拓展到线上与线下的全线产品（如开设线下大课）；现在全局的劣势可以转换成现在局部的优势，例如，通过打通知识付费产品（如各种电子书和课程文稿）之间的全局搜索，帮助用户扩展认知维度；现在局部的威胁可以转换成现在全局的机会，例如，利用先发优势，在知识整合领域深耕，与后来的跟随者一起打造知识付费产品的新品类；现在全局的威胁可以转换成现在局部的机会，例如，把线上用户转移到线下，通过多地开设线下课程，提高收入和用户黏性。

类似地，得到App可以把现在的劣势转换成未来的优势，例如，变流量思维为存量思维，深挖现有存量超级用户的潜在需求，为形成未来的长期优势发力；可以把未来的劣势转换成现在的优势，例如，关注知识付费服务最核心的领域，即知识付费服务本身，专注深耕知识付费产品而不是做无边界平台；可以把现在的威胁转换成未来的机会，例如，引入AI等相关技术对平台用户和数据进行精准分析，形成未来业务图景；还可以把未来的威胁转换成现在的机会，例如，把音频付费产品变成用户漏斗入口，通过增加不同深度类别的产品，层层过滤，满足不同层次用户的需求。

第二节 战略＝空间 × 时间

战略时空观

上节从格局和视野两个维度来解读战略，我认为，格局和视野也可以表示为空间和时间。图1-5中的立方体可帮助我们进一步理解战略的概念。立方体有三个维度，如果我们用立方体来类比企业战略，第一个维度可以表示为“规模”，第二个维度可以表示为“范围”，第三个维度可以表示为“时间”。考虑到企业的发展包括把现有业务规模做大和扩大业务范围两个方面，规模和范围可以合并成“空间”维度。

如果站在图1-5中立方体的左下角，*A*点就是企业目前的局部情况（时局），而由*A*、*B*、*C*、*D*四个点构成的平面就代表着企业现在面对的全局。随着时间的流逝，*ABCD*这个平面会逐渐移动，到达*XYZW*的位置，*XYZW*就是从*A*点出发的企业的终局，而*Z*点可能就是该企业所要达到的目标。从*A*点到*Z*点有很多路径，企业在这些路径中所做的选择可以被看作应对变局的措施。

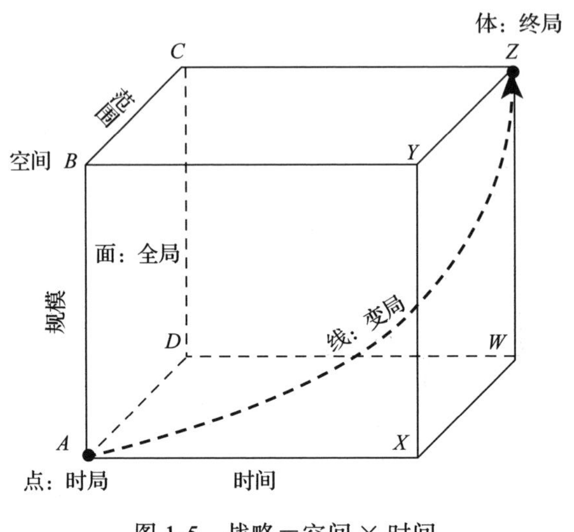

图 1-5 战略＝空间 × 时间

用方方正正的立方体类比企业战略，可能给人的印象是战略是提前规划出来并遵照计划实施的。然而，现实中企业战略的规划和实施往往要复杂得多。在全球化和网络化的商业环境中，企业发展的时间和空间呈现了与以往不同的两个重要变化，可称之为“时间加速”和“空间折叠”。

首先，我们可以从环境变化速度的加快和企业生命周期的缩短来理解时间加速。你可能注意到了，近些年影响巨大的经济危机或金融危机爆发的间隔好像比以往缩短了，一些行业巨头的衰落也好像加速了。在观察到一些企业迅速崛起的同时，我们看到了更多创业企业未大先死，许多“独角兽”企业未老先衰。在我们身边，像乐视这样快速经历整个企业生命周期，迅速成长又迅速衰落的企业越来越多。对于这些企业而言，时间好像加速了。

其次，我们可以从全球化和企业区域扩张的角度来理解空间折叠。近几年，虽然出现了逆全球化力量，但企业和经济层面的全球化趋势不可逆转。在多年全球化进程中形成的全球价值链传统体系正在被打破，一些来自发展中国家的企业正在向价值链的上游移动，它们和传统发达国家的企业的竞争在制造、销售、品牌、研发等多个维度展开。

如果简要总结一下时间加速和空间折叠背后的原因，就是“世界变得越来越快，企业活得越来越短；世界离得越来越近，企业走得越来越远”。时间加速和空间折叠改变了传统意义上企业间竞争的格局和企业发展的规律。我们可以借用图1-6中的立方体图形更好地理解当今复杂环境中企业发展的时间和空间。和图1-5相比，图1-6所呈现的是，企业发展的终局更加模糊了，企业环境的全局更加复杂了，企业面临的变局更加不确定了，企业所在的时局更加动荡了。企业从A点到Z点的发展路径可能不再是一条直达的曲线，而变成类似“$A \to B \to C \to D \to E \to F \to G \to Z$”的更加复杂的过程。

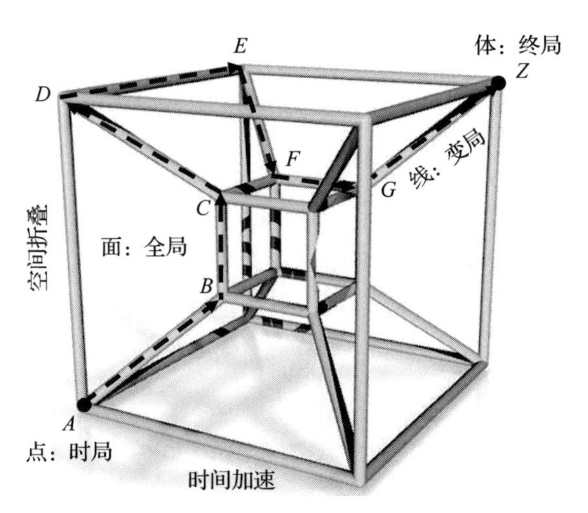

图1-6 未来＝时间加速×空间折叠

“物有本末，事有终始，知所先后，则近道矣”，《大学》中这句话的意思是，所有事物都有本有末，都有终有始，理解了其中的次序，就离把握事物发展的真谛不远了。

企业有本有末，企业的本就是现在的定位，企业的末就是未来的愿景。战略有终有始，战略的终就是未来的终局，战略的始就是现在的时局。企业进行战略思考，要从格局和视野两个维度出发，理解“战略＝格局 × 视野”这个公式，理解“见终局，知时局，揽全局，应变局”中的逻辑顺序——知所先后，则近道矣。

企业何以“做大”

“做大”是所有企业的梦想，做大要从空间和时间两个维度考量。从空间维度看，又分为规模和范围两个子维度。企业从创业开始，不断寻找发展机会，直到找到一个能够快速成长的方向，形成主打产品或服务，然后逐渐做大规模，占据“做大”的第一个空间维度。图 1-7 中“大”字的一“撇”可用来形象地类比企业在成长阶段做大规模的过程。

在主打产品或服务做大规模之后，企业往往会扩张经营范围。扩张经营范围不仅仅是为了复制主营业务领域取得的经验，更是为了获得企业进一步发展的支撑点。就像图 1-7 中“大”字的一“捺”那样，经营范围的扩张和转换是企业跨越不连续性必须走出的一步，而不连续性就来自企业经营涉及的另一个重要维度：时间。

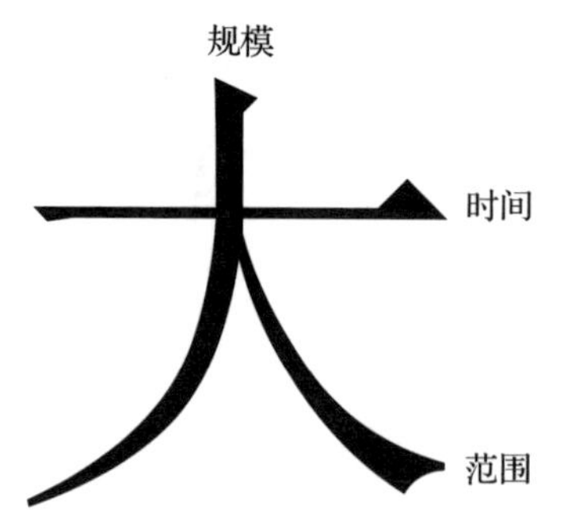

图 1-7　大＝规模 × 范围 × 时间

时间就好像图 1-7 中“大”字的那一“横”，其尾部指向无尽的未来。企业要想“大而不倒”，必须在规模和范围之间取得平衡，同时要能够经得起时间的考验。通用电气和苹果公司所经历的起起伏伏，充分体现了大企业在规模和范围之间取得平衡，并在时间长河中做到大而不倒的难度。

我们可以简单地把企业“做大”理解成三个要素的集合：规模、范围和时间。规模强调的是企业在成长阶段要把主营业务做起来，范围强调的是企业在成熟的时候要把业务范围扩张开来，而时间强调的是企业在转型阶段要能在新旧业务之间顺利转换，跨越时间带来的不连续性。

如果把企业比喻为在高空走钢丝的演员，他要想做“大”，代表演员个头的“规模”不可能（也不应该）太高，代表演员步幅的“范围”不可能（也不应该）太大，而代表平衡杆的“时间”不可能（也不应该）太长。这里说的“时间”，实际上指的是迈出下一步的时间。演员一定会遇到钢丝摇晃的情况，企业也一定会面临环境多变的情况，环境越动荡，企业做出调整的速度也应该越快。企业只有根据环境的变化，在规模和范围之间，在不同业务之间做出适当的调整，才能做到“大而不倒”。

从“产品创新”到“平台创新”，再到“生态创新”

改革开放40多年，中国诞生了许多世界一流的大企业。在2021年《财富》世界500强榜单上，中国企业数量达到143家。《财富》世界500强榜单的入选标准，考虑的主要是企业营业收入，所以这个榜单更像是“《财富》世界500大”。那么，中国企业是如何在40多年的时间内迅速做大的呢？中国企业又如何能在未来的发展中做到“大而不倒”，乃至“世界一流”呢？

我们可以关注“大”这个字。可以说，“大”的一“撇”好似企业主营业务规模的增长，一“捺”好比企业业务范围的扩张，而一“横”恰如企业所经历的时间考验。按照“大”字的寓意延伸我们可以得到企业演化的平面图（见图1-8）。

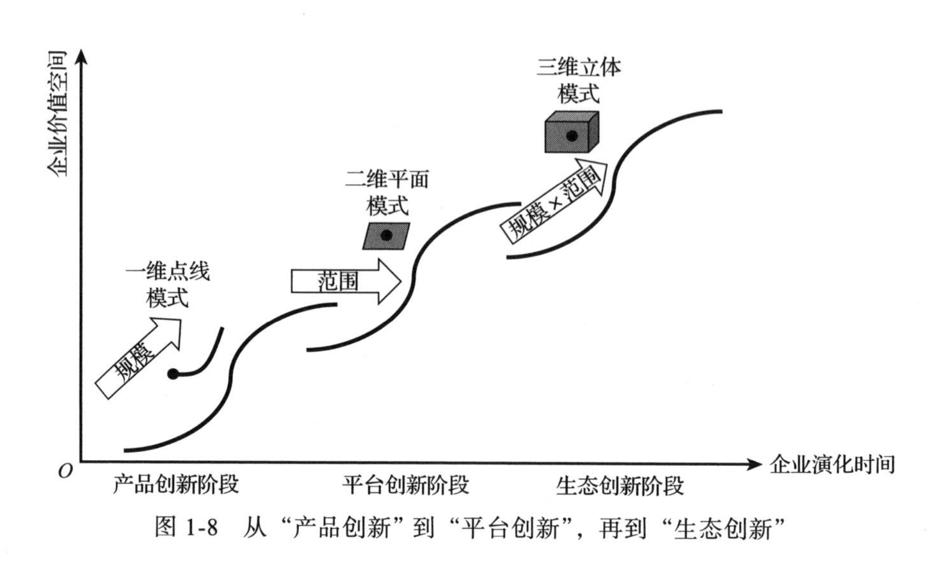

图 1-8 从“产品创新”到“平台创新”，再到“生态创新”

图 1-8 中，纵轴为企业价值空间，横轴为企业演化时间，进而把企业的演化分为“产品创新阶段”“平台创新阶段”和“生态创新阶段”。在产品创新阶段，企业往往是从一个单点实现突破，继而通过对单点的复制形成一条快速成长的曲线并做出规模。所以，可以把产品创新阶段的企业成长模式称为一维点线模式。随着时间的推进，基于产品创新的企业价值空间会遇到“天花板”，主要原因在于所有的产品都有生命周期。当企业主要产品的生命周期走到尽头，企业的发展速度也会断崖式下滑，出现“大而易倒”的状态。

为了实现可持续发展，企业通常会在主营业务之外探索新的发展方向，创造新的产品。然而，如果企业仅仅采用产品创新的模式，走的仍然是一维点线模式，最终会受限于自身的创新能力。所以，发展到一定程度的企业，往往会转换增长模式，进行平台创新。

平台创新就是打开企业边界，开放企业资源，由一维点线模式转向二维平面模式（这也就是我们常说的“平台战略”）。采用二维平面模式有利于企业扩大经营范围，用有限的企业资源撬动更多的社会资源，联结上游企业和下游用户，形成双边市场。

二维平面模式的典型代表是淘宝、京东等平台。按照开放程度，平台可以分为开放式平台、半开放式平台等。淘宝是比较典型的开放式平台，在淘宝平台上，其自营业务比较少，主要是充当交易中介的角色。京东则是比较典型的半开放式平台，除了开放平台资源给品牌商建立直营店之外，京东自营业务占据较大的比例。

需要强调的是，无论企业的二维平面模式采取哪种具体形式，都是在规模和范围之间寻找平衡，具体选择也和企业发展的路径密切相关。与以一维点线模式起步的传统企业不同，某些企业自诞生之初起，采取的就是二维平面模式：淘宝诞生之初追求的首先是范围，然后才是规模；京东诞生之初主打的是某些品类，追求的首先是规模，然后才是范围。

从一维点线模式到二维平面模式，企业从追求规模到追求范围，但最终都会遇到难以在规模和范围之间取得最佳平衡的窘境。以电子商务平台为例，如果把某些品类的规模做得太大，就会影响其他品类的规模，也就会影响整个平台品类的数量或者平台的经营范围。反之，如果平均分配资源，把平台的经营范围做大，就会影响主要品类的规模。

规模和范围之间的矛盾来自它们背后驱动力的不同。影响规模的主要驱动力是创新，例如，只有创新度高的产品（如 iPhone)，才能产生足够大的势能和吸引力，才能通过后续的流程优化、降低成本，形成更大的规模。影响范围的主要驱动力是成本，例如，只有成本足够低的平台(如淘宝)，才能产生足够大的流量，吸引更多品类加入平台。

要想实现规模和范围之间的平衡，仅靠二维平面模式是不够的，需要升级为“三维立体模式”（对应生态创新阶段）。可以把“三维立体”看作“二维平面”和“一维点线”的组合——如果把长方体的“长”和“宽”组成的底面比作“范围”，那么长方体的“高”就是“规模”。

生态创新是产品创新和平台创新的有机结合，产品创新解决的主要是规模问题，而平台创新解决的主要是范围问题。从产品创新到平台创新，再到生态创新，是一个自然演进的过程。中国改革开放40多年的历程，让我们有幸目睹一些企业完整地经历了从产品创新到平台创新，再到生态创新，并跻身世界一流企业行列的过程。下面，就以海尔为例，分析一下企业如何通过生态创新，从“做大”到“世界一流”。

从“海尔是海”到“海尔是火”

纵观海尔近40年的发展历程，其先后经历了传统工业时代、互联网时代和物联网时代三个时代。正是中国经济的迅猛发展，使得中国企业有了独特的历史机遇，从默默无闻达到世界一流的水准，也使得以张瑞敏为代表的企业家有了时代赋予的战略高度和思维深度。

1984年12月，张瑞敏来到青岛电冰箱总厂（海尔前身）任厂长。当时，这是一家只有约600人且资不抵债的街道小厂，累计亏损147万元，发不出工资，濒临倒闭。张瑞敏到任后，先做了两件事情。第一件事情是到附近的农村大队借钱给工人发工资，第二件事情是通过制定“管理十三条”整顿劳动纪律，其中最著名的一条是“不准在车间里大小便”。

通过引进先进技术以及“砸电冰箱”事件等，海尔在产品创新阶段取得了产品质量上的突破，1988年，海尔拿下了同行业全国质量评比金牌，从此海尔奠定了在中国电冰箱行业的领军地位。从1984年到1994年，海尔经历了超常规发展的阶段，在短短10年内，海尔的营业额从1984年的约0.03亿元增加到1994年的约25.6亿元，完成了从传统电冰箱工厂向具有一定生产和经营规模的现代化企业的转变。

在海尔快速发展的过程中，出现了一些质疑的声音，有些人认为海尔发展得太快了，张瑞敏太冒进了。面对这些质疑，1994年2月，《海尔人》刊发张瑞敏署名文章《海尔是海》。在这篇文章中，张瑞敏说道：“海尔应像海。唯有海能以博大的胸怀纳百川而不嫌弃细流；容污浊且能净化为碧水……海尔应像海。因为海尔确立了海一样宏伟的目标，就应敞开海一样的胸怀，不仅要广揽五湖四海有用之才，而且应具备海那样的自净能力，使这种氛围里的每一个人的素质都得到提高和升华……我们还应像大海，为社会、为人类做出应有的贡献。”[㊀]

《海尔是海》反映了海尔在产品创新阶段，以及在由产品创新阶段向平台创新阶段转换初期的发展思路。20 年后，2014 年 11 月，《海尔人》刊发张瑞敏署名文章《海尔是云：致创客的一封信》，在这 20 年中，海尔的营业额从 1994 年的约 25.6 亿元增长到 2014 年的约 2 007 亿元，增长了约 77 倍。

与高速增长并存的是巨大的挑战。在 2015 年，海尔经历了一次明显的营业额下滑。与 2014 年的约 2 007 亿元相比，2015 年海尔的年营业额约为 1 887 亿元，下降近 6%。

张瑞敏实际上在 2014 年底就预见了 2015 年即将面临的挑战，他在《海尔是云：致创客的一封信》中指出，“历经 30 年的创新发展……我们追上了曾经奉为经典的榜样，同时也失去了可资借鉴的标杆。面对新的挑战，我们剩下唯一没有被时代抛弃的武器是永远的‘两创’精神——永远创业，永远创新”。

如何能够做到创业、创新？张瑞敏给出的答案是“破一微尘出大千经卷”。张瑞敏要表达的意思是，大千世界里面，茫茫宇宙当中，每个人就是一粒微尘，每个人都微不足道，但是，在实践中，每个海尔人又都是独一无二的，都有不可限量的潜力，问题是能不能把每个人的潜力发掘出来。

面对互联网时代带来的挑战，仅仅在原来的层级制组织架构中进行“小改小革”已经不足够。2015 年，海尔提出“人人创客，引爆引领”的口号，力图实现组织平台化转型，激励员工自主创业。此前，海尔于 2005 年提出“人单合一双赢模式”，主要是两点：第一，从集团的角度，把管控组织变成投资平台，三权——决策权、分配权、用人权彻底让渡；第

㊀ 张瑞敏．海尔是海：张瑞敏随笔选录 [M]. 北京：机械工业出版社，2015.

二，从员工的角度，助其实现自我突破，“破一微尘出大千经卷”。自此，海尔开启了“人人创客”的时代。自2005年海尔首次提出人单合一双赢模式之后，2015年人单合一双赢模式已进入了“自演进”的第10个年头。2015年9月，海尔提出了人单合一共赢模式，即人单合一双赢模式2.0阶段。

与人单合一双赢模式不同，人单合一共赢模式扩大了利益相关方的边界，成为物联网时代的生态创新模式，在战略、组织、薪酬三方面进行了颠覆：战略上，从封闭的企业变为开放的创业平台；组织上，从科层制变为网络化组织；薪酬上，从企业付薪变为用户付薪，创客为用户创造多少价值就能拿到多少回报。这样海尔就成为“人单合一、共创共赢的生态圈”，企业从出产品变为出创客，以实现用户终身价值为目标。

2018年1月1日，张瑞敏发布署名文章《新年只是一个数字，新我才能迎接新的太阳！》。在这篇后来被称为《海尔是火》的文章里，张瑞敏没有过多地回顾海尔的发展历史，而是把目光聚焦于未来。他指出，正如“天、地、人”循环往复、无始无终那样，海尔发展过程中的战略、组织和人也在共同演化，因为物壮则老，所以必须革新。海尔通过消灭科层制而使得组织长存，通过拥抱物联网时代打造生态圈。在海尔人单合一实践中，永远不变的是“人的价值第一”“自以为非”和“始终坚持共创共赢的创造价值和传递价值体系”。

张瑞敏用极其简练的两句话回顾了海尔30余年的发展历史：“在传统时代，我曾说，有容乃大！在互联网时代，我曾说，连接万端！”展望未来，张瑞敏如此寄望于海尔：“在物联网时代，我希望海尔是火，融入每一个用户的生活和每一个创客的生命中，薪火相传，生生不息。”

从“海尔是海”，到“海尔是云”，再到“海尔是火”，海尔在近40年间连续跨越了3条“不连续曲线”（阶段时间有重叠，见图1-9）。1984年到2005年，海尔在产品创新阶段经历了21年，跨越了名牌发展战略阶段、多元化发展战略阶段和国际化发展战略阶段。在这个时期，海尔先后通过创名牌、激活“休克鱼”和海外设厂等方式，从濒临倒闭的小厂，成长为家电国际巨头企业。1998 年，哈佛大学商学院推出了“海尔文化激活休克鱼”案例。在产品创新阶段，海尔是海，有容乃大。

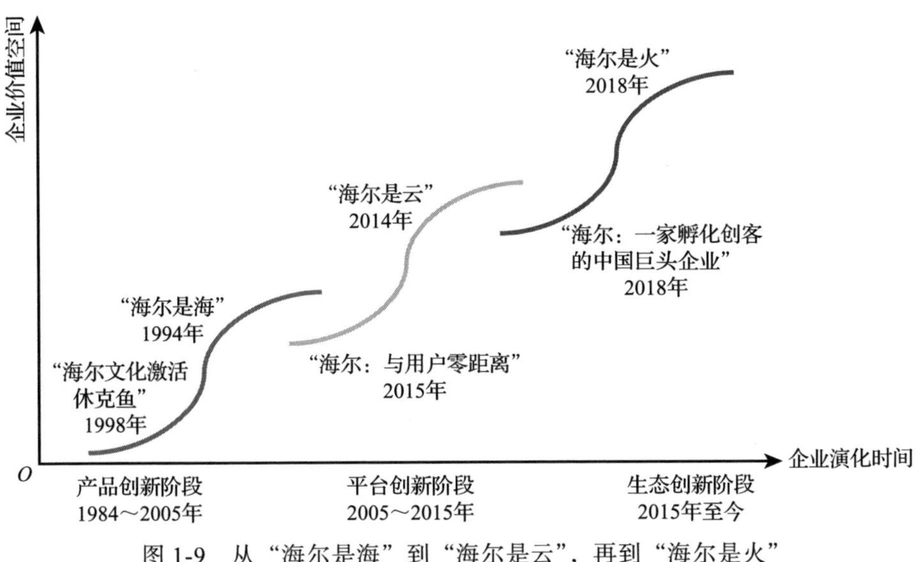

图 1-9　从“海尔是海”到“海尔是云”，再到“海尔是火”

2005 年到 2015 年，海尔在平台创新阶段经历了 10 年，跨越了全球化品牌发展战略阶段和网络化发展阶段的前期。在这个时期，海尔先后通过洲际化发展战略和人单合一双赢模式探索满足互联网时代用户的个性化需求的模式。2015 年，哈佛大学商学院推出了“海尔：与用户零距离”案例。在平台创新阶段，海尔是云，开放创新。

经过 10 年的探索，海尔终于迎来了物联网时代，那时的海尔清晰地认识到，只有利用物联网时代的大规模定制模式，才能真正满足用户的个性化需求。从 2015 年开始，海尔积极探索物联网生态创新，于 2018 年提出“以三生体系引爆世界级物联网范式”的口号。2018 年，哈佛大学商学院推出了“海尔：一家孵化创客的中国巨头”案例。在生态创新阶段，海尔是火，生生不息。

第三节　复杂=不确定性 × 不连续性

VUCA 新解

从企业实践角度，战略可以被看作在资源有限的约束条件下，企业在面对未来的众多不确定性方向中逐渐厘清确定性方向，在达到目标的不连续性路径上逐渐找到连续性路径的决策和执行过程。

这个战略的定义中有三个关键点，一是资源的有限性，二是方向的不确定性，三是路径的不连续性。现实中，企业不可能拥有无限的资源，也就不可能在无限的方向上进行尝试，不可能投入无限的资源去攻克发展道路上的某个或多个障碍。由此，战略的作用就是帮助企业在有限的资源约束下，在多个可能的方向中选择"最合适"的方向，并在通向选定方向的多条可能路径中选择"最合适"的路径。

如果要选一个汉语词来描述现实世界或营商环境，人们往往会用"复杂"这个词，而"VUCA"就是人们用来表述"复杂"的舶来词。VUCA 一词最初是美国陆军作战学院在 1987 年描述冷战后期错综复杂的国际局势时发明的，包括四个词语：不稳定性（Volatility）、不确定性（Uncertainty）、复杂性（Complexity）和模糊性（Ambiguity）。

我于 2021 年 4 月在百度上搜索 VUCA，约有 425 万条结果；在谷歌上搜索 VUCA，约有 665 万条结果。然而，仔细阅读这些使用 VUCA 一词的新闻、演讲、报告甚至学术论文，我发现人们通常只是把 VUCA 作为时代背景，甚至是"口头禅"来使用，并没有认真探究 VUCA 的含义，以及 VUCA 与使用者所讨论问题的关联性。作为一个如此高频使用的词语，VUCA 的含义及其在商业分析中的运用，值得我们重新审视。

复杂科学家梅拉妮·米歇尔在《复杂》[1]一书中给复杂系统下的定义

[1] 米歇尔 . 复杂 [M]. 唐璐，译 . 长沙：湖南科学技术出版社，2011.

是：复杂系统是由大量组分组成的网络，不存在中央控制，通过简单运作规则产生出复杂的集体行为和复杂的信息处理，并通过学习和演化产生适应性。可见，现实世界之所以是复杂的，是因为许多种元素混合在一起，形成了具有系统性和动态性的体系。

用“复杂”的视角看待现实世界，人们会发现世界有两个突出特点，一个是系统性，另一个是动态性。系统性来自世界是由大量组成部分组成的网络这一基本事实，而动态性来自组成世界的各个部分通过不断学习和演化来适应环境的普遍规律。首先，构成世界的大量组分之间存在着“不确定”的相互关系，即组分混杂在一起会产生什么结果往往是无法事先确定的。其次，各个组分在环境之中的学习和演化过程是“不连续”的，即组分可能在演化过程中发生突变。

由此，我们可以从“不确定性”和“不连续性”两个维度来思考现实世界的复杂性，可以用“复杂＝不确定性 × 不连续性”这个公式来描述世界发展过程中的复杂性，即从“未来发展方向的不确定性”和“未来发展路径的不连续性”两个维度来理解复杂的世界（见图 1-10）。

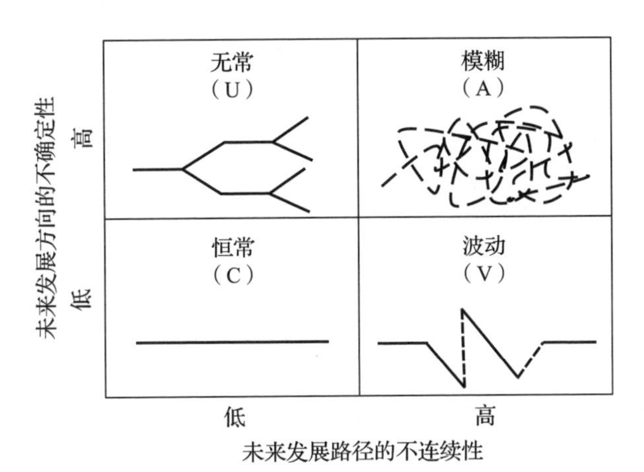

图 1-10 复杂＝不确定性 × 不连续性

“未来发展方向的不确定性”和“未来发展路径的不连续性”都可以

分为“低”和“高”两种情况。不确定性和不连续性都高的情况可以用图 1-10 右上角的混乱足迹一样的图形表示。不确定性高的同时不连续性高，意味着未来往哪个方向发展以及能否达到目标都不清楚——好比在重度雾霾天气行走的人，不确定前进的方向，也不知道下一步会不会撞到东西。这种情况可以称为具有模糊性。

不确定性低但不连续性高的情况可以用图 1-10 右下角的折线图形表示。不确定性低意味着前进方向是比较确定的，不连续性高意味着前进的道路上需要克服很多障碍——好比参加挑战赛的人，虽然终点的方向已经确定，但要自己想办法克服困难才能到达终点。这种情况可以称为具有波动性。

不确定性和不连续性都低的情况可以用图 1-10 左下角的直线图形表示。不确定性低意味着前进的方向是确定的，不连续性低意味着前进的道路是平坦的——好比在平坦的高速公路上开车，只要动力充足，可以一直开下去。这种情况可以称为具有恒常性。

不确定性高但不连续性低的情况可以用图 1-10 左上角的树状图形表示。不确定性高意味着前进的方向出现了多种可能性，不连续性低意味着虽然不同的选择会通向不同的方向，但这些选择的可行性比较高——好比开车开到岔路口，虽然每条岔路都走得通，但每条岔路通向的目的地是不同的。这种情况可以称为具有无常性。

从图 1-10 可以得出一个新版本的 VUCA，包括复杂世界的四种情况：波动（Volatility）、无常（Uncertainty）、恒常（Constancy）和模糊（Ambiguity）[⊖]。这里需要注意的是，我们不能一提起“复杂”就只联想到“混乱”和“无序”，“恒常”也是复杂世界的一种基本形态，而且可能是一种较为普遍的情况。

⊖ 下文中应用此 VUCA 框架，除非标明是沿用原有的 VUCA 定义，则均以作者的新定义为准。

"复杂＝不确定性 × 不连续性"这个方程式具有普遍意义。首先，当遇到概念A（如"复杂"）时，我们可以通过"A＝B×C"的形式来理解概念A，而B和C是A的两个基本维度。通过分析B和C这两个基本维度，我们可以更系统地理解概念A。当然，你也可以用这个方法去分解维度B和C，从而进一步理解概念A。不难看出，这个方法符合"道生一，一生二，二生三，三生万物"的道理。

其次，该方程式可以图形化为图1-10中的2×2分析框架。2×2分析框架具有"相互独立、完全穷尽"（Mutually Exclusive Collectively Exhaustive，MECE）的特点，可以帮我们系统且全面地理解某一事物——正如图1-10可以帮我们理解企业在生命周期不同阶段面临的不同环境，从而理解企业在生命周期不同阶段实行不同战略的必要性。

企业生命周期各阶段的战略类型

人们之所以特别喜欢用"VUCA"来描述自己所面对的现实世界，是希望能够借此找到复杂世界中事物发展的规律，从而让自己能够更轻松自如地应对各种挑战。如上所述，从不确定性和不连续性两个维度来理解"复杂"的概念，把复杂世界分为波动、无常、恒常和模糊四种情况，可以帮助我们理解企业在生命周期中的创业、成长、扩张和转型各阶段的发展规律（见图1-11）。

首先，处于创业阶段的企业面临着发展方向不确定性高和发展路径不连续性高的双重挑战。发展方向的不确定性高意味着企业还没有确定未来往哪个方向走，发展路径的不连续性高意味着企业的成长道路上会有很多坑。面对高度的不确定性和不连续性，创业企业往往没有整体和长远的战略，通常根据情况变化采用适应式战略。用创业者的话说就是，"脚踩西瓜皮，滑到哪里算哪里"。

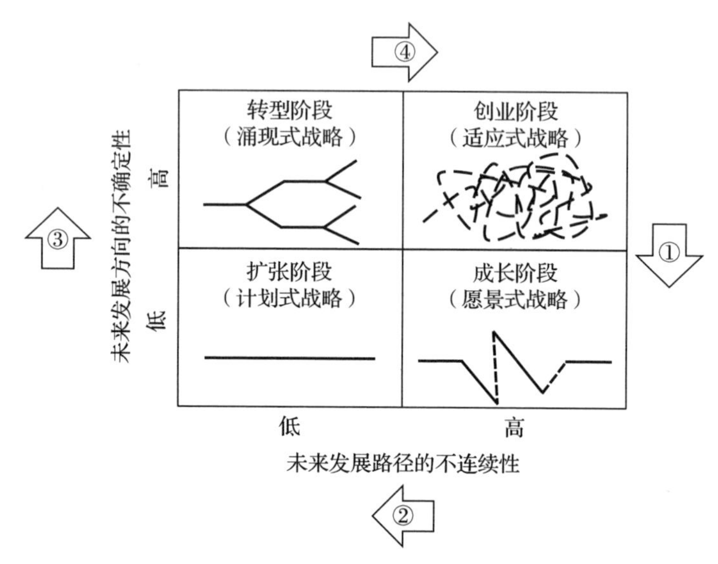

图 1-11 企业生命周期各阶段的战略类型

其次，经过创业阶段的发展，处于成长阶段的企业可能找到市场需求和企业产品之间的匹配性，企业发展方向的不确定性下降，企业对行业未来发展趋势的了解越来越清晰。对于进入成长阶段的企业而言，轻易改变发展方向是致命的，企业需要定下心神，朝着自己在创业阶段摸索出来的发展方向坚定地前进。虽然成长阶段的企业发展方向的不确定性比较低，但是发展路径的不连续性还比较高。成长阶段的企业通常采取愿景式战略，坚定地朝着愿景的方向前进。用企业家的说法，就是“因为相信，所以看见”。要注意的是，能否实现愿景，还取决于企业克服发展路径的不连续性的能力。

再次，经过成长阶段的发展之后，企业积累了一定的资源和能力，会进入扩张阶段。进入扩张阶段的企业，克服发展路径的不连续性的能力有了实质性的提高，同时，由于企业发展模式已经比较成熟，在未来一段可预见的时间内，企业发展的方向也比较确定。所以，成熟的企业往往采用计划式战略，也就是按照既定的方向制定战略，并且脚踏实地地实施战略。

最后，企业在一段时间的稳定发展之后，将会面临复杂环境中的新变化。这个阶段的企业，在资源和能力方面的积累往往比较多，发展的连续性相对较好。此时，企业面临的最大挑战来自发展方向的不确定性的上升——企业站在一个岔路口前，由于资源和能力的限制，企业往往只能选择一条路，而选择不同路径的最终结果的差别非常大。转型阶段的企业往往采用涌现式战略，即企业的发展方向通常不是自上而下制定出来的，而是自下而上涌现出来的。

华为企业生命周期中的战略演化

生命周期体现了企业发展的基本规律，所有企业的生命周期以及在生命周期不同阶段的战略，都可以从企业面临的不确定性和不连续性两个维度来理解。接下来，我们借助华为的发展过程来了解一下企业生命周期中不同阶段的战略演化规律（见图 1-12）。

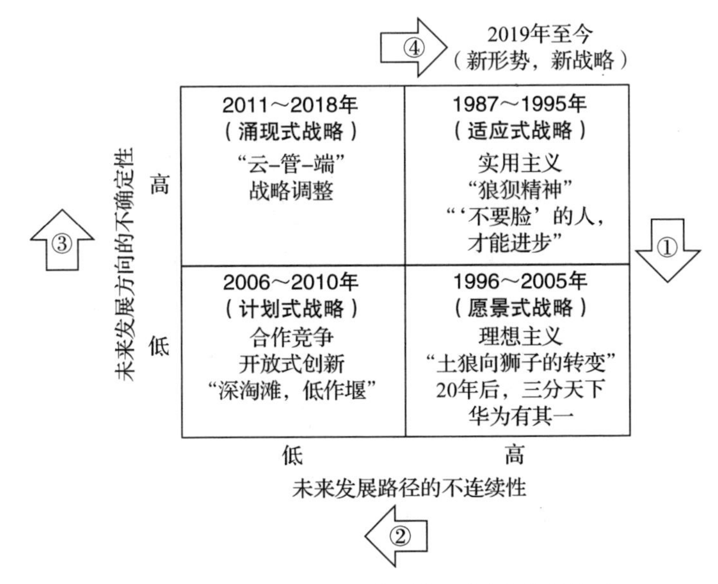

图 1-12　华为在企业生命周期不同阶段的战略

华为创立于1987年。在1987～1995年，由于公司的技术能力薄弱、资金短缺，华为以代理起步。为了捕捉发展的机遇，华为很快就开始自主研发适合小型用户的交换机，后来启动了局用数字交换机的研发。

创业阶段的华为面对着高度不确定的发展方向和非常不连续的发展路径。进入局用数字交换机领域之后，华为面临“外有强敌，内有追兵”的局面，要在国际巨头和国内同行的“围追堵截”中寻求一条生路。华为当时奉行“实用主义”，为了争取更多合作机会，提出了“狼狈精神”；为了抓住稍纵即逝的市场机会，喊出了“‘不要脸’的人，才能进步”。[㊀]可以说，创业阶段的华为采取的就是适应式战略。

1996年是华为战略发生转折的一年。一方面，随着万门局用数字交换机业务的发展，华为的战略方向越来越明确。另一方面，随着公司人员从1995年的约800人快速增加到1996年的约2 500人，华为内部管理出现了一系列问题。为了解决发展中的问题，华为在1996年发生了“市场部大辞职”，并成立了《华为基本法》起草小组。“市场部大辞职”事件帮助华为重新梳理了公司的人才体系，而《华为基本法》的起草有助于华为克服未来10年发展路径上的不连续性。

1996～2005年这段时间，可以看作华为的成长阶段：华为的员工数量增长到约4万人，国际化从1996年进入俄罗斯市场开始起步，2005年国际市场收入首次超过国内市场收入。在国际化的初期，华为提出了“三分天下华为有其一”的愿景，还提出了“从土狼向狮子转变”的口号。正是凭借愿景的引导，华为才能够用近10年时间就成为全球运营商设备领域的主要供应商，克服了发展路径上的不连续性。

2006年，华为国际市场收入突破总收入的65%。随着国际化进程的发展，相关运营风险开始显现。为了应对国际化风险，华为于2007年启动了财经体系变革，目的是解决财务部门与业务部门间的沟通和联结问

㊀　田涛，吴春波．下一个倒下的会不会是华为[M]．北京：中信出版社，2017.

题，提高公司对各业务区域的管控能力。随着企业的发展，华为和全球客户的关系已经变成互相促进、彼此依存的战略伙伴关系。2009年，任正非提出“深淘滩，低作堰”，一方面强调挖掘内部潜力增强核心竞争力，另一方面强调不要因为短期目标而牺牲长期目标。

2006～2010年，可以看作华为的扩张阶段。在这个阶段，华为的员工数量增加到了11万人，成了一家名副其实的大企业。为了适应企业规模成长和全球布局的要求，华为采取了计划式战略，加强了对全球业务的管控，在集团层面强调了与合作伙伴的合作竞争和开放式创新。

2008年的金融危机对包括华为在内的电信基础设施供应商造成了很大影响，由于基础设施投资存在滞后的特点，这些影响在2010年前后开始显现。2011年初，华为意识到需要进行深刻的变革，明确提出了针对“云–管–端”的战略调整，开始向企业业务和消费者领域延伸，把业务拆分为运营商业务、企业业务和消费者业务三大板块，并于2017年成立华为云事业群，相关业务成为第四大业务板块。

2011～2018年，可以看作华为的转型阶段，这个阶段的特点是自上而下的战略调整和自下而上的业务涌现相结合。在2011年的组织架构调整中，“云–管–端”三大核心业务被赋予了很大的自主权。此后，消费者业务和企业业务快速扩张，消费者业务的发展造就了全球领先的华为手机品牌。但是，各个业务的快速扩张造成了资源浪费，产品重复开发现象愈演愈烈，这使得华为不得不在2014年再次进行组织架构调整，减少事业群的自主权。

不难看出，华为2011年以后的组织变革强调自下而上地涌现，鼓励员工敬业、创新、奋斗，这是为了应对金融危机和行业变革带来的发展方向不确定性的上升。面对不确定性，华为打造耗散结构，激发员工创业创新能力，实施涌现式战略，让企业未来的发展方向自下而上地涌现。

在复杂的现实世界中，企业面临的不确定性和不连续性是持续变化的。进入 2019 年，美国政府把华为列入“实体清单”，华为在未经美国政府批准的情况下无法从美国企业获得元器件和相关技术，这使华为未来的发展路径上出现了新的不连续性。为了应对复杂环境中出现的新的不连续性，华为启用了自己在长期发展中积累形成的有关芯片、操作系统等的“备胎”方案。多年之后，回顾华为 2019 年之后的发展，我们应该能够得到一个世界级大企业跨越高度不确定性和不连续性的二次创业案例。

跨越发展中的不确定性和不连续性

通过华为在企业生命周期不同阶段的战略演化，我们不难看出，企业在发展过程中面临着源自复杂世界的不断变化的不确定性和不连续性，而企业需要针对不同情况采取不同的战略。

在创业阶段，企业面临的发展方向的不确定性和发展路径的不连续性的程度都很高。为了应对由此产生的模糊性，企业往往采用适应式战略，通过快速调整自身的发展方向并积极克服发展路径上的障碍，解决创业阶段由不确定性和不连续性都高带来的问题。

进入成长阶段，企业面临的发展方向的不确定性下降，但面临的发展路径的不连续性仍较高。为了应对较高的不连续性带来的波动性，企业往往采用愿景式战略，基于愿景确定企业发展的方向，通过愿景引领企业克服发展路径的不连续性。

进入扩张阶段，企业面临的发展方向的不确定性和发展路径的不连续性都有所下降，企业会进入一种恒常的状态。在这种情况下，企业往往运用计划式战略，基于自上而下的战略制定和战略实施，管理体量庞大的企业，利用企业扩张的机会窗口，实现快速发展。

经过创业、成长和扩张阶段的企业，会面临发展方向的不确定性上升带来的无常状态。虽然此时企业拥有较多的资源和较高水平的能力，但来自行业发展范式层面的变革仍然会使企业面临关于发展方向的艰难选择。面对这种情况，成熟的企业往往采取自下而上的涌现式战略，让“听得见炮火”的一线员工参与指挥，围绕用户需求的变化选择新的发展方向。

对于希望能够“基业长青”的企业而言，发展永远不是线性的过程和有限的游戏：经历了创业、成长、扩张和转型阶段，还会经历二次创业、二次成长、二次扩张和二次转型阶段（见图1-13）。在二次创业到来之时，企业会重新面临未来发展方向的高不确定性和未来发展路径的高不连续性，企业会重新经历从模糊到波动，到恒常，再到无常的复杂环境变化。面对VUCA环境，企业需要恰当的应对战略，需要进行从适应式战略到愿景式战略，到计划式战略，再到涌现式战略的转变（以及“新一轮”转变）。

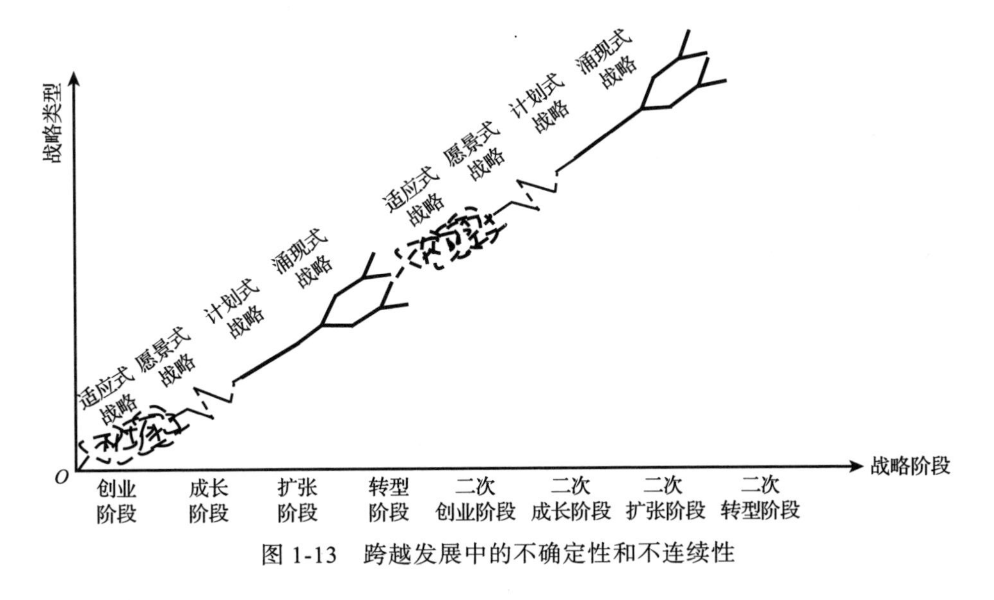

图1-13　跨越发展中的不确定性和不连续性

不确定性和不连续性分析

在《隆中对》里，诸葛亮替刘备做出了一套系统的战略设计，但没有强调战略实现过程中的一些不确定性和不连续性。例如，“天下有变”

发生的时间和具体形式是不确定的，能否“命一上将将荆州之军以向宛、洛”，以及将军能否“身率益州之众出于秦川”也是不确定的。由于关羽丢了荆州，“将荆州之军以向宛、洛”的战略路径就不连续了。

我们可以按照战略规划所面临的不确定性和不连续性的程度高低把战略规划分为战略计划、战略情景规划和战略愿景三类。如图 1-14 所示，战略计划所面临的不确定性和不连续性都比较低，一般只需要在短时间和小范围内进行计划，计划的目标往往比较确定，计划的路径也比较连续。当战略所面临的不确定性和不连续性都非常高时，计划就演变成愿景了——愿景通常是对相当长时间以后的或相当大的目标进行规划，其实现通常有很高的不确定性和不连续性。对于战略规划者而言，其所面临的相当多的情况是不确定性和不连续性都处于适中的状态，既没有高到难以做出判断的程度，也没有低到不需谨慎思考的程度——对应的是战略情景规划。

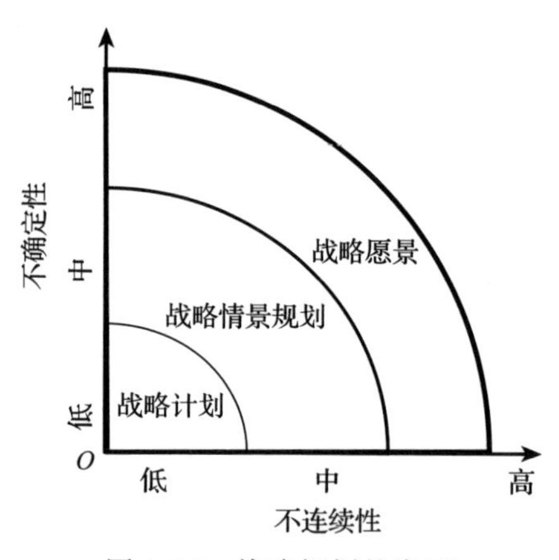

图 1-14　战略规划的类型

如图 1-15 所示，当不确定性和不连续性不同时，战略规划的代表性形状是不同的。当不确定性和不连续性都低时，战略规划就好像是在纸上画一条直线，方向确定且路径连续。当不确定性上升时，战略规划的线条开始分叉，在一定时间以后开始分化，并朝着不同的方向发展。若不确定性继续上升，战略规划的方向可能越来越多。如果在不确定性上升的同时，不连续性也有所上升，那么发展路径将不再是延续的直线，会变成间或中断的虚线——在战略规划的执行过程中企业需要克服障碍，然后才能沿着规划的原有方向继续前行。随着战略规划面临的不确定性和不连续性越来越高，变数也会越来越多，战略规划者需要预见可能的变数，并相应改变资源分配方案。

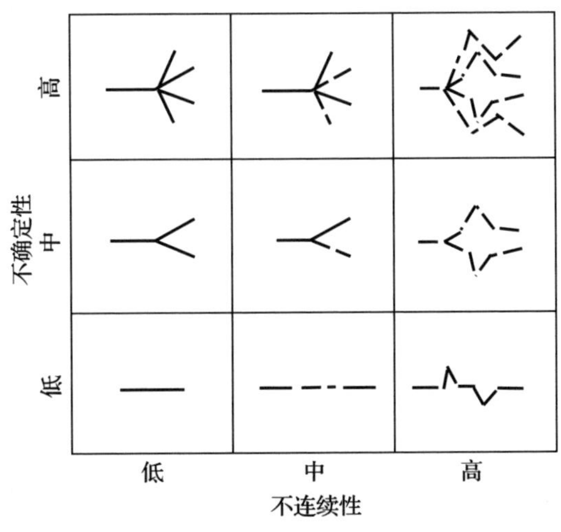

图 1-15 战略规划的代表性形状

基于上述逻辑，企业可针对现有业务的未来可能的方向和可能存在的障碍两个维度进行分析，从不确定性和不连续性两个角度展开，构建不确定性和不连续性分析的决策树，形成包括业务发展的可持续性、业务发展的不连续性和未来新方向的可能性等信息的决策表格，分析企业业务价值、未来的挑战和可能存在的机会。

游戏：VUCA 多米诺骨牌

“VUCA 多米诺骨牌”是我主导设计的，该游戏利用多米诺骨牌，可帮助学员理解不确定性和不连续性，直观感受复杂环境中的波动、无常、恒常和模糊，从而深入理解 VUCA 内涵。

“VUCA 多米诺骨牌”包括 48 块多米诺骨牌和 48 张贴纸，每张贴纸上印有“共演战略密码”中的 48 个战略演化。游戏的基本玩法是，玩家用多米诺骨牌摆出代表危机过程和企业成长过程的图形（见图 1-16）。玩家完成摆牌之后，便可将第一张多米诺骨牌推倒，在多米诺骨牌倒下的过程中体会不确定性和不连续性，并可结合自己工作和生活中的不确定性与不连续性进行讨论。

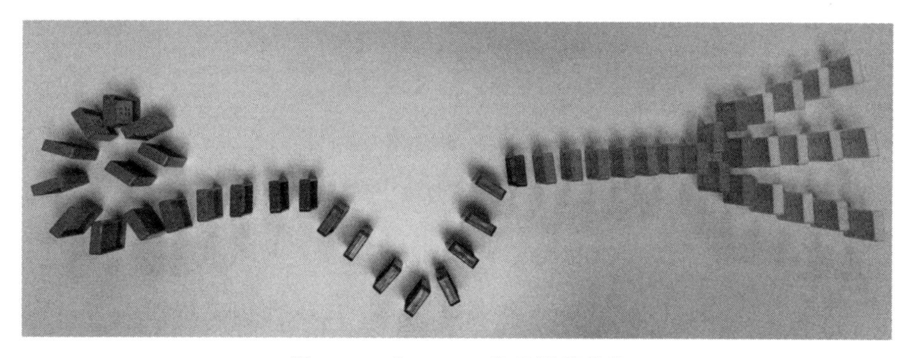

图 1-16 “VUCA 多米诺骨牌”

我们在知识学习过程中往往习惯用文字表达概念，这种抽象的表达方式虽然能够传递丰富的内涵，但直观性较差。除了文字表达方式，我们也会用图形来表达，图形虽然比较直观，但是学员（读者）与图形之间没有直接的互动，其对图形表达的含义的理解往往不够深刻。设计“VUCA 多米诺骨牌”的初衷是，利用直接互动的方式让学员（读者）动手展现图形的结构，切身体会多米诺骨牌摆放和倒下过程中的不确定性和不连续性。

游戏：木桶熊

“木桶熊”是知名桌游公司一刻馆代理的动作类桌游。游戏的故事背景是，一群熊发现了两桶蜂蜜，想一起把蜂蜜搬回家，可蜂蜜桶很粗很滑，熊无处下掌，于是想把蜂蜜桶滚回去。因为蜂蜜桶（“木桶”）是一头大一头小的形状，横着滚很容易掉到路边的悬崖下，所以熊决定尝试推桶朝上的一面，让桶倒立，然后这样翻跟头似的把桶滚回家。于是，熊之间展开了竞赛……

游戏中，玩家的角色就是熊。玩家围成一圈，位置正对着的两位玩家推蜂蜜桶开始游戏。如果玩家能一次就把蜂蜜桶推倒立起来，他可以把桶传给其他任何一位手中没有桶的玩家。如果一位玩家多次尝试才能把蜂蜜桶推倒立起来，他只能把桶传给位于自己右手的玩家。如果两个桶都传给了同一位玩家，这位玩家就输了。玩家们可以自己定义惩罚方式（讲真心话、玩大冒险等）。

“木桶熊”可以说是一款没有“文字量”的桌游，虽然原版桌游配了七八种语言的说明书，但基本可以不看。原版桌游也配了一些代表得分的蜂蜜形状的小纸片，但也基本可以不用。玩家可以根据自己对两只“蜂蜜桶”的理解定义游戏规则。上述“官方游戏规则”的核心要求是玩家在压力之下，要尽可能地平衡自己的心态，把握翻转桶的力度和角度，争取尽快甚至一次把桶翻转过来。

这游戏听起来容易，但实际做起来非常难。蜂蜜桶实际为铁质的，内腔中有一个铁球，所以能在外力的作用下重心发生偏移。要把蜂蜜桶倒立起来，所用的力度要恰到好处：力度过大，蜂蜜桶会失去平衡，以各种形态滚向不同方向；力度过小，蜂蜜桶无法获得足够的动力，只会被放倒，而不会倒立。

“木桶熊”游戏的核心在于游戏的场景。在实际的游戏过程中，玩家通常是坐在桌子旁，或者蹲在地板上，输了要做才艺表演或接受其他惩罚的压力会让玩家“动作失常”，难以用最佳的力度和角度完成蜂蜜桶的翻转。在翻转过程中，玩家需要决定用多大的力，从什么角度，往哪个方向翻转木桶。如果第一次不成功，甚至连续多次不成功，玩家应如何调整心理状态？当另一只桶快传来时，玩家该怎么办？

这个游戏的魅力就在于在不同的场景、不同的心情、不同的玩家伙伴，会使玩家的个人体会和感悟大相径庭。例如，在桌面上和地面上玩这个游戏会很不一样，玩家是否结合正念、冥想等玩这个游戏的感受也会非常不同。

“木桶熊”这个游戏可以帮助我们领悟一些道理。例如，好游戏是“没有”文字的，正如好的管理是简洁的；蜂蜜桶中的铁球好比业务稳定器，企业要有自己的业务稳定器，以应对复杂的外部环境，在不确定性中找到确定性，在不连续性中创造连续性；推动蜂蜜桶的力道要恰到好处，推动蜂蜜桶就像在推动业务，力度小了不行，力度大了可能效果更差；推动蜂蜜桶时的心态要平和，正如好的管理应是“上善若水”——水利万物而不争；作用于蜂蜜桶的力量的方向也有讲究，正如没有人规定管理一定要“推动”，也可以“拉动”，玩家可以把自己当作企业管理者，如果自己总是躲在最后，“推动”企业运行，则可能难以把握正确的方向和力度，如果自己站在企业前面，“拉动”企业运行，则用力的方向和大小可能更容易把握……

“木桶熊”简单的游戏规则也给我们留下了很多创新规则的空间，下面举一个玩家可以从围成圆圈坐变换成分组后沿着一条直线进行接力。从起点开始，第一位玩家成功地将桶倒立之后，第二位玩家从桶倒立的位置开始尝试使桶翻转倒立，如此进行下去，可以分组进行对抗，哪个小组最先滚完特定的距离（例如五米）则获胜。玩家亲自玩一下就能够体会到，这个游戏的魅力实际上不在于对抗，而在于合作。试想，规则稍微变一下——每一个小组有两只桶，他们可以怎么样显著提高桶翻转倒立的概率？我在这里不给出答案，请玩家自行尝试。

“木桶熊”是一款配件非常简单，但玩法创新空间很大，很容易让人上瘾的游戏。我介绍“木桶熊”游戏想表达的是，人们可以利用游戏体会现实中的道理，这种体会往往比从现实中直接取得相关经验来得更加便捷，成本更低。

游戏：格局视野

“格局视野”是我主导设计的，可帮助学员理解战略的格局（空间）和视野（时间）两个维度，并有效记忆“见终局”“知时局”“揽全局”“应变局”这一战略思路。

“格局视野”的基本配件包括6种牌，分别是“见终局”牌（12张）、“知时局”牌（12张）、“揽全局”牌（12张）、“应变局”牌（12张）、“格局”牌（6张）和“视野”牌（6张），共计60张牌（见图1-17）。当6位玩家玩时，每人10张牌；当5位玩家玩时，每人12张牌；当4位玩家玩时，每人15张牌。

以4位玩家玩牌为例，每位玩家拿到自己的手牌后，牌面朝下，牌背朝上，这样拿在自己手中。第1位玩家从自己的手牌最上面一张开始出牌，牌面朝上放在中央牌堆，出牌的同时喊“见终局”；接着，顺时针方向的第2位玩家从自己的手牌最上面一张出牌，牌面朝上放在中央牌堆，出牌的同时喊“知时局”；之后，顺时针方向的第3位玩家从自己的手牌最上面一张出牌，牌面朝上放在中央牌堆，出牌的同时喊“揽全局”；然后，顺时针方向的第4位玩家从自己的手牌最上面一张出牌，牌面朝上放在中央牌堆，出牌的同时喊“应变局”……

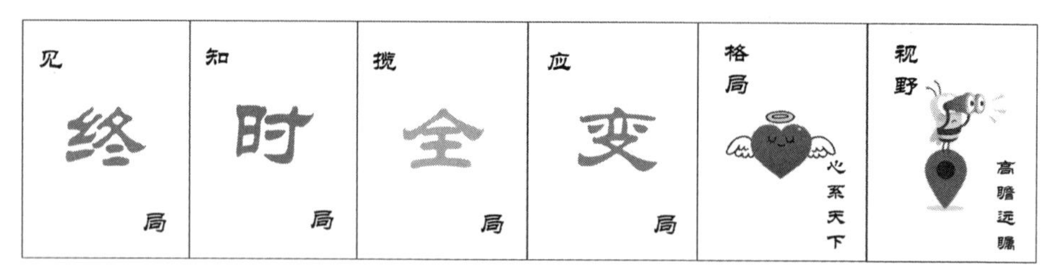

图1-17 “格局视野”

当某位玩家喊出的关键词和所出牌上的关键词一致时，所有玩家把手拍向中央牌堆，动作最慢的玩家要把中央牌堆所有的牌收下，当作自己的手牌。当某位玩家打出的牌上面写着“格局：心系天下”时，所有玩家用手在心脏处比出心形，然后出手向中央牌堆拍下去；当打出的牌面上写着“视野：高瞻远瞩”时，所有玩家用手在双眼处比出望远镜形状，然后出手向中央牌堆拍下去——同样地，动作最慢的玩家要把中央牌堆所有的牌收下，当作自己的手牌。在游戏中，首先出完手中牌的玩家获胜。

“格局视野”利用非常简单的游戏规则，让所有玩家通过喊出关键词并做出相应动作的方式记住“见终局”“知时局”“揽全局”“应变局”这一战略思路，能够在很大程度上提升玩家（学员）对关键知识点的记忆效果。

第二章

▲

2 个战略维度

——

第一节　第一性原理

从确定性出发

最近几年，在创业者和企业家的圈子里，“第一性原理”这个词儿特别火。第一性原理之所以火起来，主要是因为特斯拉（Tesla）的创始人埃隆·马斯克多次说他喜欢用第一性原理来思考问题。马斯克说：“第一性原理的思考方式是从物理学的角度看待世界，也就是说一层层剥开事物的表象，看到里面的本质，然后再从本质一层层往上走。”

马斯克曾发现，购买一枚传统运载火箭的费用高达6500万美元，这远远超过了他的预期。后来，马斯克回忆道：“对于这一问题，我尝试运用第一性原理去分析，先看看火箭是由什么制成的，发现主要是航空铝合金，再加上钛、铜和碳纤维。然后我问了问，这些材料在市场上值多少钱。结果是，材料的成本大约是火箭价格的2%！”

于是，马斯克决定创办一家自己的公司——SpaceX，与其花几千万美元购买一枚已经造好的火箭，还不如购买便宜的原材料，自己造火箭。几年时间内，SpaceX就将发射火箭的成本削减至原本的十分之一。马斯克因采用第一性原理思考方式将复杂的情况分解为最基础的问题，得到了更有效的解决方法。

再如，在特斯拉早期研制电动汽车的时候，遇到了电池成本过高的难题——当时储能电池的价格是每千瓦时600美元，85千瓦的电池价格将超过5万美元。马斯克仔细分析发现，如果从伦敦金属交易所购买组成电池的碳、镍、铝等原材料，然后组合成电池，每千瓦时只要80美元。他发现其中有巨大的价格差，于是自己建立了电池厂，投产之后电池价格下降了不少，特斯拉电动汽车的竞争力随之提升。

实际上，早在两千多年前，亚里士多德就对第一性原理有这样的表述：“在每一个系统中，都存在一个最基本的命题或假设，这些命题和假设不能被省略或删除，也不能被违反。”

第一性原理在科学发展中起到了非常重要的作用。例如，欧几里得的几何学体系最初是从五条公设推出来的：任意两个点可以通过一条直线连接；任意线段都能无限延伸成一条直线；给定任意线段，可以以其一个端点作为圆心，该线段作为半径作一个圆；所有直角都全等；若两条直线都与第三条直线相交，并且在同一边的内角之和小于两个直角，则这两条直线在这一边必定相交。

因为任何事物都有一个唯一的、确定性的起源，所以，如果能找到这个确定性的起源，我们就可以有认识复杂事物的基础，也就可以有应对不确定性的办法。同时，当我们从这个确定性的起源，脚踏实地地一步步往“上”走时，就能找到连续性的路径。只有明白了运用第一性原理在本质上是为了寻找确定性和连续性，才能真正理解埃隆·马斯克看重第一性原理的原因。

五个为什么

第一性原理的一个重要作用是可以帮助我们突破思维局限——一步一步追根溯源。“五个为什么”（也称“5 个 Why”）提问方法是丰田佐吉首先提出的，丰田汽车公司在发展完善其制造方法的过程之中也采用了这一方法，用来探求问题的根本原因。丰田汽车公司早年买下了一家工厂，该工厂生产的刹车片不好，于是丰田汽车公司从“为什么刹车片不好？”这个问题开始追问，发现是因为水管漏水，接着追问“为什么水管会漏水？”，发现是因为开关没有拧好，接着追问“为什么开关没有拧好？”，发现是因为操作手册没写清楚，而且拧开关的时候没有“咔嗒”的响声提示，接着追问“为什么没有‘咔嗒’的响声提示？”，发现是因为采购开关的时候没有考虑到这一点，接着追问“为什么采购的时候没有考虑到这一点，其他的开关是不是也有这样的问题？”，发现其他的开关确实也存在这样的问题。就这样一步一步，丰田汽车公司把每个流程

都打造得非常极致。[一]

由于“五个为什么”提问方法简单实用，能够帮助使用者迅速地对问题进行求解，其已广泛应用在各种持续改善法、精益生产法之中。该方法适用场景多样，举个例子，百老汇剧目《长靴妖姬》讲的是一家制鞋厂通过发掘顾客深层需求成功创造利基市场的真实故事，该剧目其实也使用了这一方法。

一家英国的老牌制鞋厂因为手工生产成本过高濒临破产。一天，这家制鞋厂来了一位想修复女式高筒靴的男顾客。通常，店家按顾客的要求修好就完事了，但这家制鞋厂的老板因十分好奇，问了这位男顾客五个问题。

第一个问题：为什么一位男顾客要修复女式高筒靴？

（男顾客的答案是并不是帮他的太太或女友，而是为自己修鞋）

第二个问题：为什么这位男顾客会穿女鞋呢？

（男顾客的答案是他有易装癖，喜欢穿女鞋）

第三个问题：为什么鞋坏了呢？

（男顾客的答案是他身材高大，而为女性设计的高筒靴的鞋跟太细，承受不了他的体重）

第四个问题：为什么不能用耐用的大号女鞋代替呢？

（男顾客的答案是他觉得耐用的大号女鞋不够华丽、性感）

第五个问题：为什么市面上没有既华丽、性感，又适合体重大的顾客的高筒靴呢？

（男顾客的答案是一般的鞋厂如果只针对女性顾客，不需要将鞋跟加固，而如果只针对传统男性客户，不需要将高筒靴设计得如此华丽、性感）

[一] 莱克．丰田模式：精益制造的14项管理原则[M]．李芳龄，译．北京：机械工业出版社，2011.

> 这家制鞋厂的老板意识到这可能意味着一个蓝海商机、一个新利基市场的产生——市场上还没有满足这样需求的产品，而随着社会的多元化发展，这位男顾客的需求可能并不“独特”。

“五个为什么”提问方法也可以用于分析企业短期战略目标和长期使命愿景，找出二者之间的联系和逻辑关系。例如，一家企业制定了扩张业务种类、做大业务规模的战略目标。对于这个战略目标，我们可以用“五个为什么”提问方法分析其是否与使命愿景一致。

> 第一个为什么：为什么要扩张业务种类、做大业务规模？
> （回答：为了提供多元化服务并降低成本）
> 第二个为什么：为什么要提供多元化服务并降低成本？
> （回答：为了实现业务互补和规模经济）
> 第三个为什么：为什么要实现业务互补和规模经济？
> （回答：为了吸引更多买家和卖家）
> 第四个为什么：为什么要吸引更多买家和卖家？
> （回答：为了充分发挥网络效应）
> 第五个为什么：为什么要充分发挥网络效应？
> （回答：为了提高买家和卖家的匹配效率）
> 第六个为什么：为什么要提高买家和卖家的匹配效率？
> （回答：为了让天下没有难做的生意）

虽然“五个为什么”这一名称中用了“五”这个数字，但实际使用中不一定局限于问五次，而是要一直追问下去，直到找出根本原因。从战略目标到使命愿景，可以用“五个为什么”提问方法，相应地，从使命愿景到战略目标，可以用“五个如何”（也称“5个How”）来分析。我们还可以用上面的例子，从企业的使命愿景出发，分析具体的战略目标是否和使命愿景相一致。

第一个如何：如何做到让天下没有难做的生意？

（回答：要提高买家和卖家的匹配效率）

第二个如何：如何提高买家和卖家的匹配效率？

（回答：要充分发挥网络效应）

第三个如何：如何充分发挥网络效应？

（回答：要吸引更多买家和卖家）

第四个如何：如何吸引更多买家和卖家？

（回答：要实现业务互补和规模经济）

第五个如何：如何实现业务互补和规模经济？

（回答：要提供多元化服务并降低成本）

……

第 N 个如何：如何提供多元化服务并降低成本？

（回答：要扩张业务种类、做大业务规模）

第二节　先人后事，由外而内

管理对象和管理边界

如果问企业家，“管理中最本质的问题是什么？”，得到的答案往往是关于管理对象和管理边界的。一方面，企业作为客观存在，一定有组成部分，本质上无非是“人”和“事”两个方面；另一方面，企业作为客观存在，一定有边界，从而把世界分为企业的“内”和“外”两个部分。

管理就是要把“人”和“事”的关系管好、理顺。关于管理，有一种说法叫“管人理事”，强调把“人”管好，把“事”理顺。关于管理，有另一种说法叫“管事理人”，强调把“事”管好，把“人”理顺。这两种说法都有道理，但也都有偏颇之处。实际上，“人”和“事”是管理的要素，管理的目标不仅仅是处理好“人”和“事”这两大要素，还要处理好二者内部和二者之间的关系，即“人”与“人”的关系、“事”与“事”的关系、“人”与“事”的关系。

联想集团创始人柳传志曾提出著名的“联想管理三要素”：建班子、定战略、带队伍。建班子，讲的是把管理的核心团队建立起来，主要考虑的是构成核心团队的人，但也要考虑人之间的关系。定战略，讲的是把企业发展的方向定下来，主要考虑的是构成战略的事，但也要考虑企业的人能否干成这些事。带队伍，讲的是战略的执行，主要考虑的是怎么把定下来的事干成，但也要考虑队伍之间的关系。

复杂系统定义中有一个重要的概念：简单运作规则。人们相信，在复杂的世界背后有简单的运作规则。例如，物理学家认为物理学的最终目标是找到“大统一理论”（grand unified theory）。要统一些什么，归纳起来有三个方面：一是物理规律的统一， 二是物质本源的统一，三是相互作用的统一。以相互作用为例，微观粒子之间存在四种相互作用力，万有引力、电磁力、强相互作用力、弱相互作用力。理论上宇宙间所有现象都可以用这四种作用力来解释。科学家希望研究四种作用力之间联系与统一，寻找能统一说明四种相互作用力的理论，即大统一理论。

宇宙是一个非常庞大的复杂系统，不同维度上的规律很难用某一理论来统一解释。然而，理解宇宙是由物质、能量等基本要素组成的，是非常重要的。只有先理解宇宙的组成要素，科学家才能发现反映这些要素关系的普遍规律。

讨论构成管理的基本要素，为的是先理解管理这个复杂系统的组成部分，再理解这些组成部分之间的关系——和理解宇宙一样。科学界评价理论的最高标准是“具有简约美”，这与著名的奥卡姆剃刀原理所强调的“如无必要，勿增实体”异曲同工，而本书的目的就是探索企业从创业到卓越之路上的“简单理论”。

在信息化、网络化、智能化程度日益加深的今天，企业的“内”“外”边界和“人”“事”边界经常是模糊不清的，但用“人”和“事”“内”

和“外”两个维度进行分析，是有助于管理者简化战略思维，抓住管理核心的。我们可以用“企业管理＝人 × 事 × 内 × 外”这个公式来思考企业的基本事项。所谓战略，就是要“在不确定性中寻找确定性，在不连续性中寻找连续性”，而有了“人”和“事”“内”和“外”这两个基本维度，就有了能帮助我们理解企业面临的各种不确定性的确定性基础。从这个基础出发，一步步分析，就能够找到企业发展不连续性中的连续性路径。

把“企业管理＝人 × 事 × 内 × 外”这个公式画成一张 2×2 的矩阵图（见图 2-1），就可得到共演战略的四个基本要素：企业内部的人、企业外部的人、企业内部的事和企业外部的事。

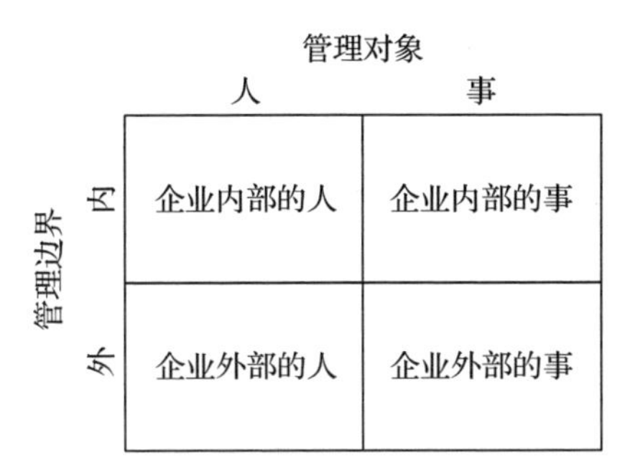

图 2-1　企业管理＝人 × 事 × 内 × 外

战略管理学派中的人和事

著名管理学家亨利 · 明茨伯格与合著者在《战略历程：穿越战略管理旷野的指南》一书中把战略管理领域分为十大学派。这十大学派包括把战略看作与组织结构设计密切相关的“设计学派”；把战略看作环境审查、战略评价和实施等阶段的“计划学派”；把战略看作在产业环境中寻找最佳定位的“定位学派”；把战略看作企业结构变化过程的“结构学派”；把战略看作企业适应外部环境变化的“环境学派”；把战略看作企业家构筑和实现愿景的“企业家学派”；把战略看作通过做企业认知世界的“认知学派”；把战略看作不断获取新的信息和反思做法的“学习学派”；把战略看作社会权力体系在企业内映射的“权力学派”；把战略看作企业文化形成和落地的“文化学派”（见表 2-1）。

表 2-1　明茨伯格等人划分的十大战略管理学派

学派名称	认为战略是什么过程	象征动物	关注点
设计学派	孕育过程	蜘蛛	强调“事”
计划学派	程序化过程	松鼠	
定位学派	分析过程	水牛	
结构学派	变革过程	变色龙	
环境学派	适应性过程	鸵鸟	
企业家学派	构筑愿景过程	狼	强调“人”
认知学派	心智过程	猫头鹰	
学习学派	学习过程	猴子	
权力学派	协商过程	狮子	
文化学派	集体思维过程	孔雀	

实际上，这十大战略管理学派可以分为强调“事”的学派和强调“人”的学派。强调“事”的学派包括设计学派、计划学派、定位学派、结构学派、环境学派，其中，设计学派和计划学派强调的主要是通过组织的设计和计划来完成组织任务，定位学派、结构学派和环境学派强调的主要是取得在行业和环境中的有利地位。

强调“人”的学派包括企业家学派、认知学派、学习学派、权力学派、文化学派，其中，企业家学派和权力学派强调的主要是发挥企业家的能力和通过权力在组织内合理配置完成组织任务，认知学派、学习学派和文化学派强调的主要是通过打造认知升级组织、学习型组织和文化组织实现组织战略目标。

先人后事

管理学大师艾尔弗雷德·钱德勒在研究美国 4 家大企业在 19 世纪

80年代到20世纪30年代之间的发展史后发现，企业的组织结构是随着经营战略的变化而变化的。钱德勒因此得出“结构跟随战略”的命题，指出：企业的经营战略决定着企业组织结构模式的设计与选择，反过来，企业经营战略的实施过程及效果受到所采取的组织结构模式的制约。然而，很多企业家和学者把“结构跟随战略”片面地理解为“先事后人”，认为创立一家优秀公司的第一步是为公司设定新的使命、愿景和战略，找到合适的人，再朝着这个方向前进。

这是一种误解。吉姆·柯林斯在《从优秀到卓越》[㊀]里谈到“先人后事”时指出，“先人后事”就是“把合适的人请上车，让大家各就各位，然后让不合适的人下车，之后再决定把车开向哪里”。柯林斯强调了三点：第一点，如果企业家从“做事”而不是“选人”开始创立公司，就很难适应这个变幻莫测的世界；第二点，如果有合适的人在车上的话，激励和管理他们就不是问题；第三点，如果车上的人是合适的，那么无论车子启动时的行进方向是否正确，都会在前进的过程中调整到正确的方向。

关于第一点，“企业家应该从‘选人’而不是‘做事’开始创立公司”，阿里巴巴是一个经典的案例。曾鸣先生在谈到阿里巴巴创业早期“人”和“事”的动态协同时强调，阿里巴巴在创业初期没有钱，但并没有因为没有钱就放弃找最好的人。阿里巴巴早年靠理想和愿景吸引到了包括蔡崇信、彭蕾、金建杭等人在内的“十八罗汉”一起创业。对于阿里巴巴而言，如果没有这些在阿里各个重要岗位担当重任的创始人在早期加入，阿里巴巴的航船恐怕早就在电商行业惨烈竞争的惊涛骇浪中沉没了。

柯林斯在《从优秀到卓越》中把经理人分成5级，其中，第4级经理人采取的是“1个明星和1 000个助手”模式，第5级经理人采取的是

㊀ 柯林斯. 从优秀到卓越：珍藏版 [M]. 俞利军，译. 北京：中信出版社，2009.

“1 个教练和 1 个优秀团队”模式。对应地，第 4 级经理人采用的是“先事后人”模式，即先由经理人自己确定企业的发展目标和路线图，再招募精明强干的助手，帮助自己实现目标；第 5 级经理人采取的是“先人后事”模式，即先让合适的人上车，组建卓越的管理团队，再选择通向卓越的最佳途径（见图 2-2）。

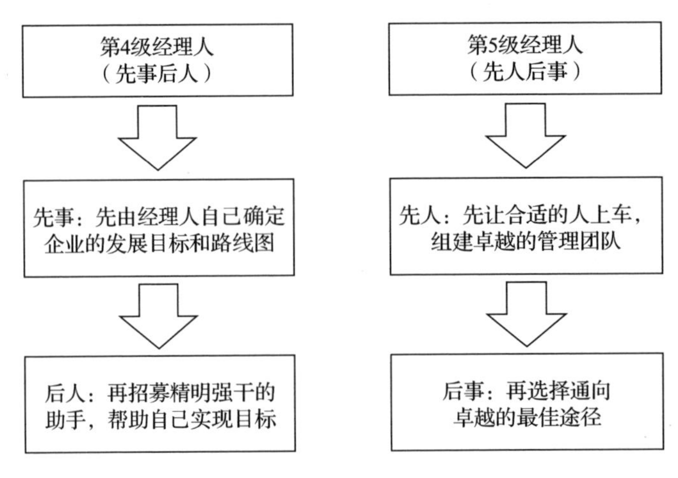

图 2-2　第 4 级经理人与第 5 级经理人

关于第二点，“如果有合适的人在车上的话，激励和管理他们就不是问题”，“罗辑思维”的 CEO 脱不花认为，合适的人才一定会自我激励。有一次，脱不花在朋友圈里说罗辑思维有 17 个副总裁。有朋友好奇，那时的罗辑思维作为一个不到 150 人的公司，设 17 个副总裁，如何管理？脱不花的回答是：“副总裁就意味着免管理”。在《重新定义公司：谷歌是如何运营的》[㊀]一书中，谷歌创始人表达的核心观点是：未来企业的成功之道，是聚集一群聪明的创意精英，营造合适的氛围和支持环境，充分发挥他们的创造力，快速感知客户的需求，愉快地创造相应的产品或服务。简而言之，这些创意精英不需要管理，只需要合适的氛围。

㊀ 施密特，罗森伯格，伊格尔．重新定义公司：谷歌是如何运营的 [M]. 靳婷婷，译．北京：中信出版社，2015.

关于第三点，“如果车上的人是合适的，那么无论车子启动时的行进方向是否正确，都会在前进的过程中调整到正确的方向”，在创业投资领域有很强的共识。例如，高瓴资本创始人张磊认为，真正的好公司是有限的，真正有格局观、胸怀又有执行力的创业者也是有限的，投公司就是投人。好的创业者应该既有格局观，又有执行力，有很强的对变化的敏感意识，以及对事物本质的理解。张磊决定投资京东的一个重要原因就是他认为刘强东“很真实”，值得投资。类似地，联想集团创始人柳传志提出的联想管理三要素“建班子，定战略，带队伍”也道出了先找合适的人，再确定适当战略的底层逻辑——先建班子，找到合适的合伙人，再定战略，确定企业发展方向，然后通过带队伍，使上下同心向战略目标前进。

柯林斯在《从优秀到卓越》里讲的是企业内部的“先人后事”，即先有合适的团队，再找合适的业务。“先人后事”这一原则在企业外部同样适用。在创业阶段，创业者往往面临资源困境，找投资难，找技术难，找商业合作伙伴难。创业者面临这些困境的主要原因是没有用户，没有满足用户需求。解决这些难题的一个方法是采用精益创业的思路：先理解用户需求，根据需求开发最小可行产品（MVP），不断测试商业假设，基于数据验证并修正商业模式，凭借经验证的商业模式吸引资源、投资、技术和商业合作伙伴。

在成长阶段，传统企业经常面临需求增长跟不上业务发展要求的情况，用户增长不够快，用户需求挖掘不够深，导致传统企业要投入大量资源进行营销和推广，但往往效果不佳。以互联网企业为代表的“新经济企业”解决这类问题的方法是采用“先人后事”原则，利用“粉丝经济”原理，先圈粉，再深挖需求。在利用“粉丝经济”原理方面，小米是个典型的例子。小米通过圈铁粉、磨产品、建社群、小内测、大传播、快量产、挖需求、建生态等步骤（见图2-3），按照“先人后事”的思路，在几年内从无到有建成了一个以手机用户为核心用户，以手机为核心产品的生态体系。

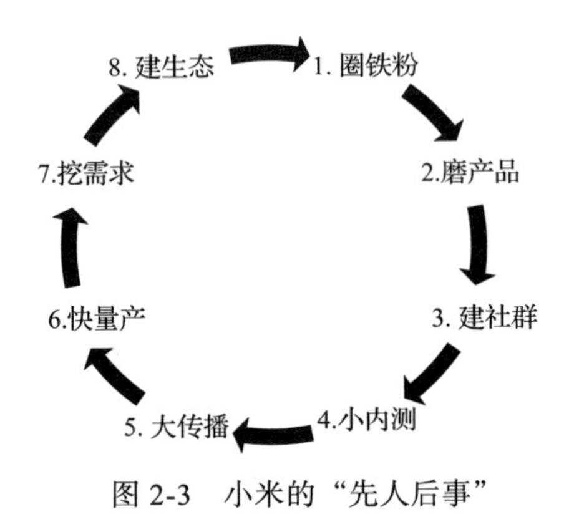

图 2-3 小米的“先人后事”

小米先通过“年轻人的手机”的概念吸引铁杆粉丝，把用户定位在手机发烧友群体，再通过挖掘发烧友的需求和吸引他们参与设计形成小米产品基本的特点和调性。同时，小米不断扩大粉丝群体，把用户从发烧友扩大到喜欢分享的年轻人，建立稳定的社群，并在社群内测试手机的各种新功能。当核心社群和产品核心功能稳定后，小米开始利用社群和新媒体进行大范围传播，提高小米品牌在大众用户中的认同度，同时开始快速量产。在手机产品系列成型后，小米开始挖掘手机用户的多元需求，打造了包括手机、手机周边产品、智能产品、生活用品等产品系列和生态系统。生态系统建成后，圈铁粉、磨产品、建社群等一系列的活动得以更高效地开展。

在转型阶段，企业同样需要采用“先人后事”的思路。克里斯坦森在总结为什么大企业会被技术和能力都不如自己的小企业和新企业颠覆时，强调的不是企业的技术水平和管理能力，而是用户需求——正因为大企业的发展方向是由现有用户推动的，大企业在面临未来发展方向的不确定性时难以做出方向的调整，同时，由于大企业需要持续依靠原有的成熟技术和模式取得大规模收入，其难以采用新技术和新模式来应对发展路径的不连续性。换句话说，被颠覆式创新颠覆的大企业是因为各种自身的限制，没能观察到需求的变化，没能及时做出反应，导致它们失去市场地位和资源优势。[㊀]应对颠覆式创新，克里斯坦森给出的药方是“洞悉客户的‘待办任务’”，是“先人后事”，是先洞察客户需求，再提供产品供客户“雇用”。克里斯坦森认为：“购买产品时，客户本质上是在‘雇用’该产品帮助他们完成任务。如果完成得好，下次遇到相同的任务时客户还愿意再次‘雇用’该产品。如果完成得不好，客户就会‘解雇’该产品，并寻找替代产品。”[㊁]

综上，“先人后事”强调的不是“人”比“事”重要，而是强调“人”和“事”之间应有这样的逻辑关系：先找“人”，再找“事”，不断寻求“人”和“事”的动态协同。因此，做企业的主体思路应该是：在企业范围外，先考虑用户需求，再考虑市场环境，最终达到用户需求和市场环境的协同；在企业范围内，先考虑组织和员工，再考虑产品和模式，最终达到组织、员工和产品、模式的协同。

由外而内

在战略管理思想的发展史中，有几次从“由外而内”到“由内而外”，又从“由内而外”到“由外而内”的变化。例如，第二次世界大战后，企业的外部环境是世界经济的快速复苏。在这个阶段，企业面临的是相对确定的发展方向和相对连续的发展路径，此时的战略管理思想强调企业内部因素。20 世纪 70 年代末，石油危机使得企业未来发展方向上的不确定性大增，催生了以迈克尔·波特为代表的定位学派（其提出了影响企业竞争格局的“五种力量”）。20 世纪 90 年代，全球企业并购风潮兴起，其背景是企业希望通过并购快速积累资源和能力，来应对企业发展路径上的不连续性。21 世纪初以来，消费者的新兴需求不断涌现，促

㊀ 克里斯坦森．创新者的窘境 [M]. 胡建桥，译．2 版．北京：中信出版社，2014.
㊁ 克里斯坦森，霍尔，狄龙，等．洞悉客户的“待办任务”[J]. 销售与管理，2016，11.

使新创企业快速发展——新创企业不仅面临较高的发展方向上的不确定性，而且面临较高的发展路径上的不连续性。虽然新创企业往往缺乏独特的资源和能力，但它们对用户和市场的反应速度往往较快。在此背景下，注重用户和市场的“由外而内”战略管理思想逐渐流行起来。

“由内而外”战略管理和“由外而内”战略管理的思考重点是不同的。前面曾谈到战略四要素包括用户、市场、组织、产品——“由内而外”战略管理思想的思考重点是组织和产品，“由外而内”战略管理思想的思考重点是用户和市场。

“由内而外”战略管理关注的主要问题有：组织擅长什么？如何更好地发挥现有能力？如何提高组织效率？可以进行哪些组织创新？我们的产品是什么？如何才能创造更多的销量？如何获得更高的市场份额？可以进行哪些产品创新？

“由外而内”战略管理关注的主要问题有：用户需要我们做什么？如何为用户创造新价值？如何才能更好地利用用户资产？应该进行哪些用户价值创新？市场要求我们怎么做？资源和资本为何青睐我们？如何和友商竞争与合作？应该进行哪些市场价值创新？㊀

正如彼得·德鲁克所说，“企业的唯一目的就是创造顾客”，“由外而内”战略管理以用户需求为一切决策的起点，而“由内而外”战略管理以资源能力为一切决策的起点。“由外而内”战略管理认为利润来自创造用户价值，用户是宝贵的资产，用户购买的是需求的满足，最好的点子来自用户，优质意味着“用户满意”，用户忠诚度是盈利关键；“由内而外”战略管理则认为利润来自降低成本、提高效率，用户是管理对象，用户购买的是产品性能，用户不清楚自己要什么，优质意味着“符合A质量标准”，升级产品是盈利关键（见表2-2）。

㊀ 戴伊，穆尔曼.由外而内的战略：利用顾客价值赢利[M].荣慧，译.北京：中国财富出版社，2015.

表 2-2　“由外而内”和“由内而外”战略管理思想的差异

“由外而内”	“由内而外”
用户需求是一切决策的起点	资源能力是一切决策的起点
利润来自创造用户价值	利润来自降低成本、提高效率
用户是宝贵的资产	用户是管理对象
用户购买的是需求的满足	用户购买的是产品性能
最好的点子来自用户	用户不清楚自己要什么
优质意味着“用户满意”	优质意味着“符合质量标准”
用户忠诚度是盈利关键	升级产品是盈利关键

阿里巴巴提出了“客户第一，员工第二，股东第三”，认为：只有满足了客户需求，员工快乐，才有可能创新；客户满意了，员工满意了，股东一定会满意。这个观念对应的正是“由外而内”战略管理思想。客户是企业外部的人，员工和现有股东是企业内部的人。阿里巴巴做的是平台生意，企业发展需要吸引更多的卖家和买家到平台上交易，这些卖家和买家就是阿里巴巴的客户。为了吸引更多的客户，阿里巴巴一是把“让天下没有难做的生意”作为企业使命，二是把“客户第一”作为企业经营的原则。要实现“客户第一”，必须有员工的努力，而员工努力的方向是满足客户需求。同时，股东作为提供企业创始和持续发展资本的资源提供方，必须认可企业为客户创造价值的使命，认同员工为客户创造价值的努力，否则就会频发资源提供方为获得高额资本回报操纵企业发展方向的现象。

需要注意的是，“由外而内”不是强调企业外部比内部重要，而是强调企业外部和内部间应有这样的逻辑关系：先考虑外部的用户需求和市场环境，再考虑内部的组织和产品（调整与定位）。

游戏：“人事平衡”和“外圆内方”

“人”和“事”是企业的管理对象，“内”和“外”是企业的管理边界，管理对象和管理边界是构成共演战略的基本要素，是理解企业战略的重要基础。在现实中，不同企业管理“人”和“事”的方式非常不同，处理“内”和“外”关系的手段大相径庭。为了帮助学员理解“人”和“事”以及“内”和“外”的平衡关系，我主导开发了“人事平衡”和“外圆内方”两款游戏。

这两款游戏都有1～100的数字手牌，黑白两色的标志物，以及若干张任务牌。以“人事平衡”为例，其有8张“人”的任务牌，8张“事”的任务牌（见图2-4），代表“人”的圆形黑白标志物各25个，代表“事”的方形黑白标志物各25个。

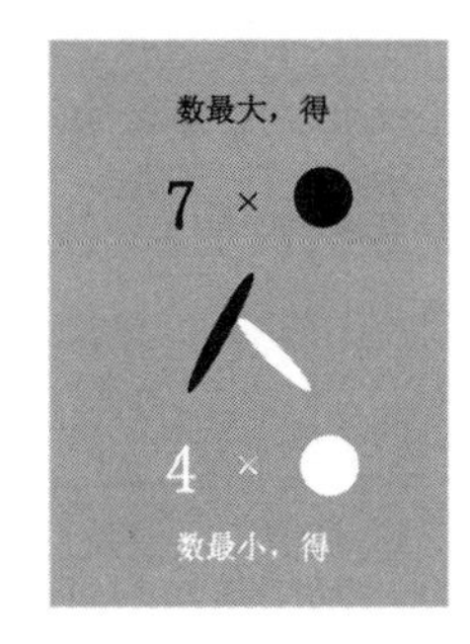

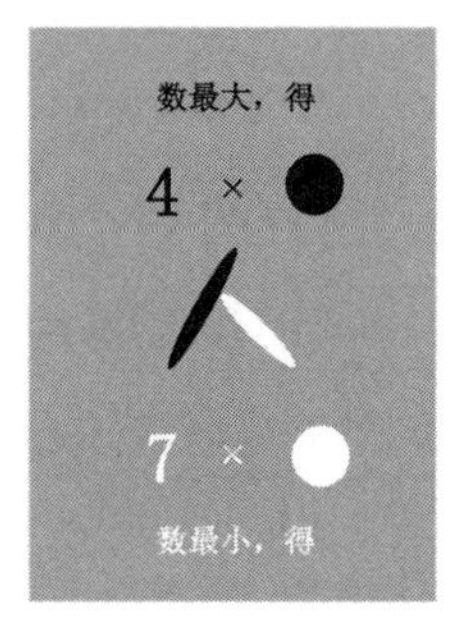

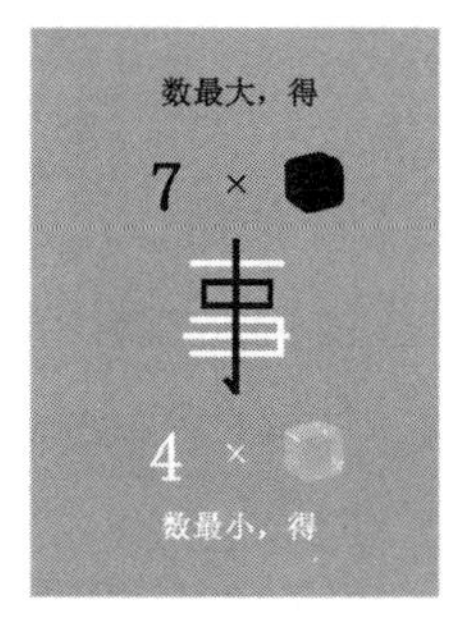

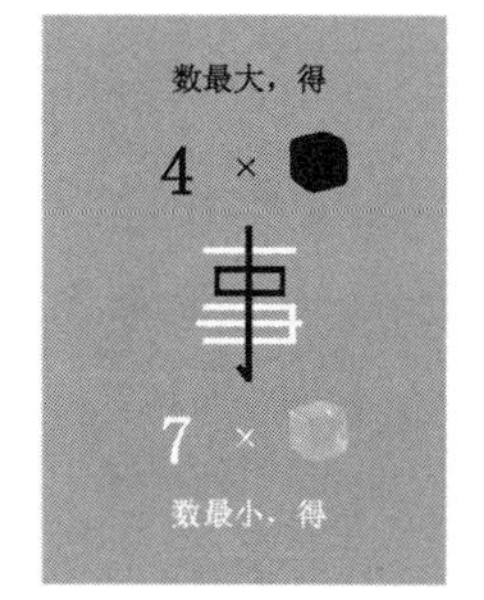

图2-4　“人事平衡”的任务牌（示例）

“人事平衡”的游戏规则非常简单。首先，每位玩家拿取数量等于“人”和“事”任务牌总数的数字手牌。然后翻开一张公共任务牌，每位玩家要打出一张数字手牌，并根据任务牌的说明获得相应的标志物。“人”和“事”各自的黑白色标志物相互抵消，玩家可归还抵消的标志物。当所有手牌打完后结算，每个代表“事”的方形标志物计“+1”分，每个代表“人”的圆形标志物计“-1”分。

我希望通过这款游戏，让玩家体会到“做人要讲灰度，做事非黑即白”。人性是复杂的，因此在企业的人才队伍构建过程中，灰度管理是非常必要的。从灰度管理的角度来看，人才是一种资源，管理者的使命就在于激发人的正能量，抑制人的负能量，团结一切可以团结的力量，调动一切可以调动的资源，挖掘一切可以挖掘的潜力，实现企业的战略目标。

灰度管理还应体现在对人才的认识不拘泥于“完人”。对“人才”的认识可以从“人”和“才”两个角度展开，“人”代表着品格，“才”代表着能力。就“人”而言，要求“均值高、方差小”；就“才”而言，要求“均值高、方差大”。“人”的均值高、方差小，意味着组织内每个人要守住道德底线，不能突破道德底线，同时不让“好人”吃亏。“才”的均值高、方差大，意味着组织内的人要有较高的能力水平，同时要有一部分“天才”和“怪才”。只有“人”的均值高、方差小，才能保障企业的价值观得到遵守；只有“才”的均值高、方差大，才能使得企业的发展有多样化的创造力和驱动力。

在“人事平衡”游戏中，代表“人”的圆形标志物计负分，所以对玩家来说，圆形标志物越少越好。当某位玩家因为某张任务牌获得某种颜色的圆形标志物后，他的下一个目标就是获得相应数量的“相反”颜色的圆形标志物，以抵消圆形标志物带来的负分（体现了“做人灰度”）。同理，代表“事”的方形标志物计正分，所以对玩家来说，方形标志物越多越好。当某位玩家因为某张任务牌获得某种颜色的方形标志物后，他的下一个目标就是获得更多数量的相同颜色的方形标志物，以增加方形标志物带来的正分（体现了“做事极致”）。

“外圆内方”游戏和“人事平衡”游戏的机制一样，配件也一样，只是所要反映的道理不同。我希望通过“外圆内方”这款游戏，让玩家体会到在外要寻求平衡与和谐，在内要追求极致和自律。“外圆内方”和“人事平衡”这两款游戏，用非常简洁的机制和十分直观的方式，让玩家可以体会到管理艺术的博大精深，具有很强的启发性。

游戏：五个为什么

“五个为什么”游戏是我主导设计的用于实践“五个为什么”提问方法的游戏。游戏配件包括 1 个六面骰子和 10 个任务指示物，骰子的 6 个面上分别标注“Why”“What”“Who”“When”“Where”“How”，另有一张“五个为什么”模型思维卡。

游戏的基础玩法是一组玩家共用一个六面骰子，玩家轮流投掷骰子，首先，掷出“What”“Who”“When”“Where”“How”中任意一面的玩家把指示物放在“五个为什么”模型思维卡的相应位置上——冰山水面上的部分（即“What”“Who”“When”“Where”“How”）都摆满后，掷出“Why”的玩家把指示物放在水面下的位置上，玩家摆满 5 个“Why”之后，游戏结束。

游戏的进阶玩法是玩家一起选择一个希望深入理解的问题，就这一问题掷骰子，根据掷出的英文单词进行相关讨论，并在最后利用“五个为什么”提问方法进行分析。比如，玩家一起选择“为什么要用游戏化的方式学习管理？”这一问题，掷出“What”后，讨论“什么是游戏化的方式？”；掷出“Who”后，讨论“和谁一起？”；掷出“When”后，讨论“何时玩？”；掷出“Where”后，讨论“在哪里玩？”；掷出“How”后，讨论“如何玩？”。之后，玩家一起利用“五个为什么”提问方法分析用游戏化的方式学习管理的根本原因和目的是什么。

“五个为什么”游戏看似简单，但可以帮助学员加深和巩固对“五个为什么”的理解，并帮助学员把相关的思维逻辑应用到多样的情景中。

图 2-5 不仅展示了“五个为什么”模型思维卡，还展示了“黄金圈法则”“使命、愿景、价值观”以及“战略就是讲故事”模型思维卡，相关思维工具的理论层面的讨论参见第五章，此处仅就相关游戏玩法进行说明。

“黄金圈法则”和“五个为什么”的游戏逻辑相反——从“Why”开始，先搞清为什么做某件事情，再思考如何做、做什么、谁来做、哪里做和何时做。在“黄金圈法则”游戏中，玩家共用一个六面骰子（同“五个为什么”游戏的骰子），轮流掷骰子：首先，掷出“ Why”的玩家把指示物放在卡牌的相应位置上；接着，掷出“ How”的玩家把指示物放在卡牌的相应位置上；然后，掷出“What”“Who”“When”“Where”的玩家把指示物放在卡牌的相应位置上。在“黄金圈法则”游戏中，玩家还可以共同选择一个主题，然后就这一主题掷骰子，利用黄金圈法则依次分析。例如，选择“赚钱”这一主题，然后依次分析为什么要赚钱（Why）、有哪些赚钱途径（How）、具体干什么（What）、找谁一起干（Who）、什么时间干（When）、在哪里干（Where）等问题。

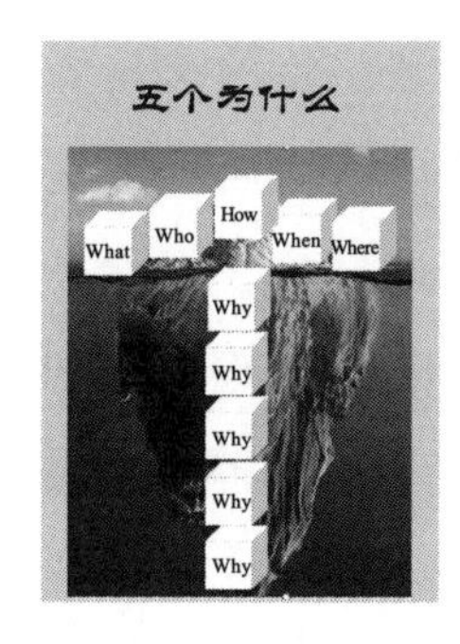

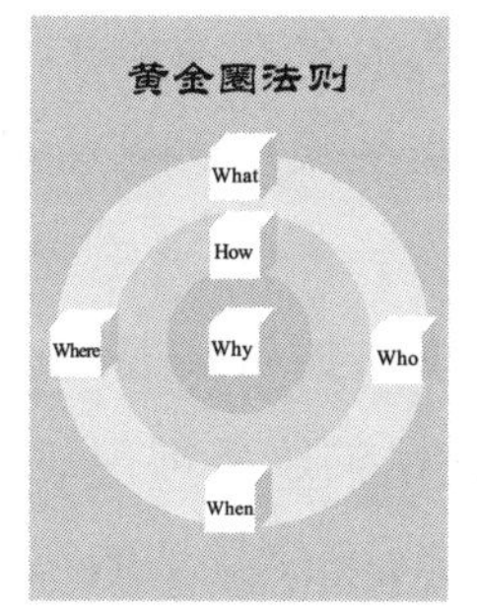

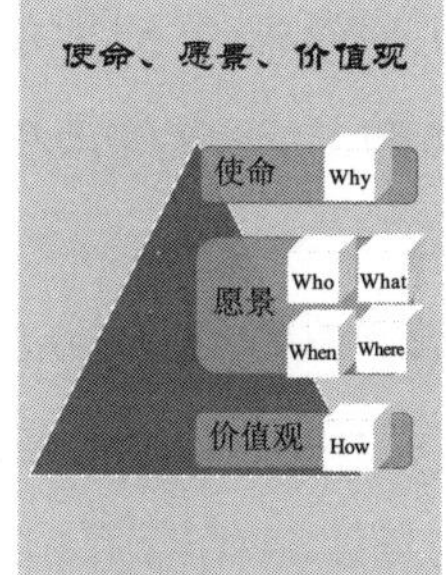

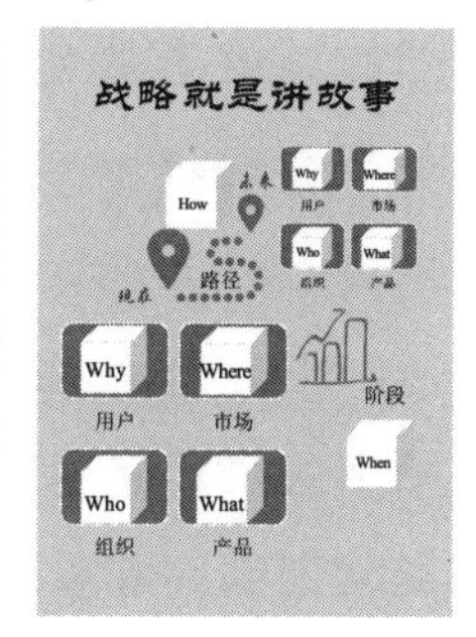

图 2-5 “5W1H”决策思维卡

“使命、愿景、价值观”的游戏逻辑是从企业的使命开始。与“五个为什么”游戏类似，首先掷出“ Why”的玩家把指示物放在“使命”的位置，之后掷出“What”“Who”“When”“Where”的玩家把指示物放在“愿景”的位置上，掷出“ How”的玩家把指示物放在“价值观”的位置上。在游戏中，玩家要做的是分析企业的使命、愿景、价值观的构成要件及其逻辑关系。

“战略就是讲故事”的游戏逻辑是从“ Why”开始，投掷出“ Why”“Who”“What”“Where”的玩家要分别描述企业的用户、组织、产品和市场的情况，投掷出“ When”和“ How”的玩家要分别描述企业的发展过程和发展路径。玩家可以单独使用“战略就是讲故事”思维卡讲述企业的战略故事，也可以接力讲述企业的战略故事。

游戏：快餐连锁大亨

“快餐连锁大亨”是由一刻馆代理的一款关于建立快餐连锁店的策略类桌游。该游戏支持2～5名玩家同时参与，每位玩家独立扮演一名致力于将便捷美食推向当地家庭的快餐店首席执行官，通过售卖食品和饮料赚取收益。当玩家获得银行储备的所有现金时游戏结束，拥有最高收益的玩家将成为游戏的获胜者。在游戏过程中，玩家需要通过市场招募和内部培训的方式获得核心员工，打造自己的人力资源体系，实现从原料采购到市场营销，再到产品销售的全流程快餐连锁店管理。同时，由于多名玩家需要在一张地图内争夺有限的资源，每一名玩家都需要通过差异化的产品和营销组合去吸引顾客来到自己的店里购买快餐。

搭建组织架构是“快餐连锁大亨”的鲜明特色，玩家在游戏中利用卡牌搭建自己的组织架构，构建自己的服务部门、市场开发部门、市场营销部门和食品与饮料生产部门，每一位员工的招募、聘用、培训和解聘都会影响公司战略的实施——直接体现了“先人后事”的战略管理思想。

在“快餐连锁大亨”中，只有两类人具有管理能力。第一类是首席执行官（也就是玩家自己）——首席执行官精力有限，能直接管理的人员只有3名。第二类是管理培训生、总经理助理、副总裁、高级副总裁和执行副总裁。管理培训生可以直接管理2名员工，总经理助理可以直接管理3名员工，副总裁可以直接管理4名员工，高级副总裁可以直接管理5名员工，执行副总裁则可以直接管理10名员工。在游戏中，能否合理配置首席执行官直接管理的管理人员将决定组织能否持续有效地运转。

将管理人员和业务成员组合在一起，玩家便可以构建出工作单元，再把不同的工作单元联系在一起，一个完整的组织便成型了。例如一个专注于扩张组织内部结构的快餐店首席执行官可以搭建出一个多职能组织：首席执行官管理着总经理助理、副总裁和高级副总裁；总经理助理领导女服务员、汉堡厨师和货车驾驶员，他们组成了服务单元和生产单元；副总裁和品牌总监、新业务拓展经理以及区域经理组成了市场开发单元；高级副总裁、人力资源经理、人力资源总监和培训指导员构成了人力资源单元。

对于“快餐连锁大亨”的玩家来说，需要让顾客在想要品尝美味汉堡的第一时间，脑海里蹦出自己店的品牌。为实现这个目标，玩家需要在自己的组织内培养合适的精英团队，充分发挥每名员工的能力，并打造自己的快餐品牌。

在游戏中前期，由于玩家手中资源有限，每一名内部培训出来的高级员工都是弥足珍贵的。因此，前期组织发展战略都会围绕首名高级员工进行设计。这就涉及常说的“选、用、育、留”人才管理策略：“选”指组织结合业务需求与内外部供给差距识别核心人才；“用”指组织构建有效的薪酬激励和绩效考核体系来充分发挥人才的专业能力；“育”指让员工在工作中成长，帮助员工制定职业规划目标、掌握专业技术，以及培养员工的企业主人翁精神；“留”指的不是盲目地把所有员工都留下来，而是留住人才。

“选、用、育、留”的人才管理策略也不是一成不变的。随着组织持续发展，声誉在业内不断增加，组织能够吸引的应聘者数目也会逐渐增多。此时，组织的人才管理策略可能变为“选、用、留、育”。例如，华为公司专门设立HRO学院，为华为政企外包人员提供独立优化的学习机会，旨在帮助外包人员快速获取知识，实现能力的持续提升。HRO学院通过设置相应的基础公共课程、基础专业课程、专题专业课程和技能认证，以任职牵引，激励外包人员学习和晋升。HRO学院的课程仅面向华为政企外包人员，言外之意，只有成功进入华为生态管理体系的员工才有资格接受培训，这便是“选、用、留、育”策略的应用。

当玩家决定搭建组织结构时，需要及时将不需要的高级员工解雇。每位高级员工，即使处于休假状态，每回合也会使用组织 5 元的资金。因此，解雇不必要的员工是玩家到后期必须考虑的问题。例如，玩家在游戏后期不再需要招募大量新成员，需要做的是将比萨厨师和货车驾驶员培养成服务范围更广的比萨主厨和飞艇驾驶员，以应对价格战以及产品边际收益降低的问题。此时，玩家可以选择解雇一名人力资源经理，并将更多资源留给招募比萨主厨这类业务单元成员。

除了“先人后事”，“快餐连锁大亨”还可体现“由外而内”的战略管理思想。游戏一开局，玩家面前会随机呈现一张地图。每位玩家需要依次决定将自己的店铺开设在哪里。店铺开设的两个关键原则是交通便利和靠近消费者。

“由外而内”战略管理思想以用户需求为一切决策的起点，认为利润来自创造用户价值，用户是宝贵的资产，用户购买的是需求的满足，最好的点子来自用户，优质意味着“用户满意”，用户忠诚度是盈利关键。这些在“快餐连锁大亨”中体现得非常明显。比如，在游戏中，顾客的需求是快餐店进行生产决策的起点，玩家必须先通过各种营销手段创造顾客需求，或者抢先满足对手创造的顾客需求，然后才能安排食品和饮料的生产，否则生产出的食品和饮料就会因过期而报废处理。又如，顾客购买的是需求的满足，在游戏中，玩家必须一次性满足顾客的所有需求，如果一名顾客需要汉堡和柠檬水，而玩家不能同时提供的话，就无法满足这名顾客的需求。再如，顾客忠诚度是盈利关键。由于快餐行业的竞争非常激烈，顾客对价格又非常敏感，提高顾客忠诚度非常不容易。在“快餐连锁大亨”游戏中，如果玩家可以占据一个“孤岛”，就可以利用顾客无法到其他快餐店购买食品和饮料的“忠诚度”，提高售价来获得高额利润。

第三章

▲

4个战略要素

——

第一节　战略空间观和战略四要素

从企业所处的空间看，可以把空间分为企业内部和企业外部两个部分；从企业相关要素的类别看，可以把要素分为人和事两个方面。内和外是企业的经营边界，人和事是企业的经营对象。如图 3-1 所示，基于“内”“外”“人”“事”，可以得到一个关于企业的 2×2 矩阵，矩阵的 4 个象限分别表示“企业外部的人”“企业内部的人”“企业内部的事”和“企业外部的事”。

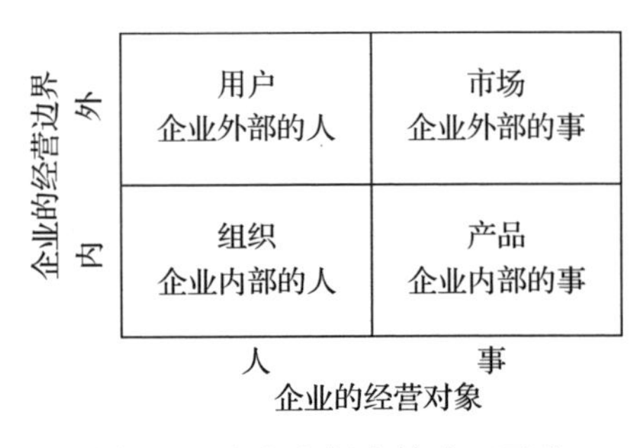

图 3-1　企业空间和战略四要素

“企业外部的人”指的主要是企业外部的各利益相关方，例如企业的用户、供应商、销售商等。因为用户是企业存在的基础，创造用户价值是企业存在的价值基础，所以在企业外部的各利益相关方中，最重要的往往是用户（客户）。在阿里巴巴的“新六脉神剑”价值观中，“客户第一”被明确地写了出来，凸显了这家企业为用户创造价值的宗旨。此外，阿里巴巴的愿景明确指出，“到 2036 年，服务全球 20 亿消费者，创造 1 亿就业机会，帮助 1 000 万家中小企业盈利”。这里说的消费者和中小企业都是阿里巴巴的用户（伙伴），其中帮助中小企业盈利突出了为企业端用户创造价值的理念。

“企业内部的人”指的主要是企业内部的各利益相关方，例如企业的创始人、员工和股东等。企业内部的各利益相关方是企业存在的组织基础——组织既包括创立组织的人（创始人），也包括加入组织的人（员工），还包括投资组织的人（股东）。阿里巴巴的“新六脉神剑”价值观提出“员工第二，股东第三”，表明了阿里巴巴把员工放在股东之前的理念（股东中也有阿里巴巴的创始人和合伙人）。“新六脉神剑”价值观中的其他五条都和组织有关，包括“因为信任，所以简单”“唯一不变的是变化”“今天最好的表现是明天最低的要求”“此时此刻，非我莫属”“认真生活，快乐工作”。

“企业内部的事”指的主要是各种经济业务，例如产品开发、营销推广和商业模式构建等。“企业内部的事”可以用“产品”或“业务”来概括——产品和业务是企业存在的商业基础。以阿里巴巴为例，阿里巴巴的业务主要包括2C的平台型业务、2B的平台型业务和2B2C的基础设施业务。其中，2C的平台型业务主要涉及中国最大的移动商业平台（淘宝）、面向品牌与零售商的第三方在线平台（天猫）、为全球消费者而设的交易市场（全球速卖通）；2B的平台型业务主要涉及外贸线上批发平台（Alibaba.com）、内贸批发交易市场（1 688）和数字营销平台（阿里妈妈）；2B2C的基础设施业务主要涉及云服务提供商（阿里云）、物流数据运营平台（菜鸟）。

“企业外部的事”指的主要是企业的外部环境，例如社会大趋势、资源和市场竞合等。“企业外部的事”可以用“市场”来概括，市场是企业存在的环境基础。1999～2019年，阿里巴巴之所以能够快速成长为一家世界级大企业，一个很重要的原因是把握住了社会、经济和技术的发展大趋势及机遇。从社会趋势看，20世纪末的国有企业改革让一些下岗职工面临再就业的压力，而淘宝为部分的下岗职工提供了低门槛的就业机会；从经济趋势看，中国经济的持续发展以及和全球经济的深度融合为阿里巴巴的国内贸易和国际贸易业务提供了独特的发展机遇；从技术趋势看，互联网（移动互联网）、云计算和金融科技的快速发展，为阿里巴巴的电子商务、物流、云计算和金融服务等业务提供了强大的助力。

图 3-1 展示了企业经营管理的 4 个战略要素，即用户、组织、产品和市场，“用户”代表企业外部的人，“组织”代表企业内部的人，“产品”代表企业内部的事，“市场”代表企业外部的事。此四要素构成了企业战略的 4 个基本模块，我们可以进一步使用战略杠杆模型分析四要素在企业战略中的实际运用。

战略杠杆模型包括四个主要部分：目标、支点、动力臂和动力。其中，目标是杠杆要撬动的标的，支点是杠杆获得支撑的基础，动力是使杠杆转动的力，动力臂是从支点到动力的作用线的距离。结合图 3-1，可以得到图 3-2。

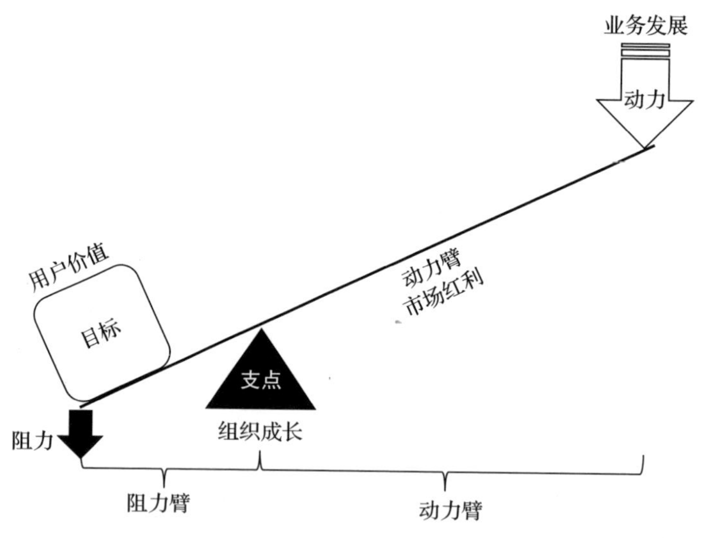

图 3-2　战略四要素的战略杠杆模型

如图 3-2 所示，“用户价值”是企业的战略目标，“组织成长”是企业的战略支点，“市场红利”是企业的战略动力臂，“业务发展”是企业的战略动力。换言之，用户、组织、产品和市场这 4 个战略要素，构成了企业战略杠杆，能让企业更高效地撬动更大的战略目标。

首先，企业的战略目标往往来自企业的使命。阿里巴巴“让天下没有难做的生意”这一使命说明企业的战略目标是在大范围内创造长期的用户价值。

其次，企业的战略目标越宏大，实现战略目标所需要的动力就越大。为了实现“让天下没有难做的生意”这个使命，阿里巴巴必须找到自己的战略支点，也就是持续的组织成长。阿里巴巴提出“新六脉神剑”价值观，其主要目的就是促进组织成长。

再次，为创造用户价值，企业必须找到足够大的市场红利或市场空间，将其作为战略杠杆的动力臂。要想创造更大的用户价值，企业战略杠杆的动力臂要足够粗、足够长，或者说要有足够大且持续足够长时间的市场红利。阿里巴巴正是抓住了前面所述的社会、经济和技术三方面发展的巨大红利，才得以快速而持续地发展。

最后，为了抓住市场红利，企业必须选好着力点并施以足够的动力。在阿里巴巴发展的整个过程中，业务着力点随着市场的变化而不断改变——从最开始的为国际贸易提供商品信息，到后来的为电子商务交易提供信用担保，再到如今的构建整个阿里巴巴商业生态，这些举动其实都是在根据市场环境的变化调整着力点（甚至是多点发力，力聚一点），目的就是创造更大的用户价值，撬动更大的战略目标。

第二节　用户、组织、产品、市场

用户：企业存在之因

在以不确定性高和不连续性高为特点的宏观环境中，企业的战略目标是什么？华为的答案是“活下去”。2000 年 4 月份的《华为人》发表任正非的文章《活下去是企业的硬道理》。文章指出，“一个人再没本事也可以活 60 岁，但企业如果没能力，可能连 6 天也活不下去。如果一个企业的发展能够顺应自然法则和社会法则，生命可以达到更长的时间。对华为来讲，长期要研究的是如何活下去，寻找我们活下去的理由和活下去的价值”。

企业活下去的理由和活下去的价值是什么？全球最有影响力的管理大师彼得·德鲁克给出的答案是“企业的唯一目的就是创造顾客”。

早期的华为是一家贸易公司，“十几个人，七八条枪”，既无产品，又无资本。要生存，就得在外企、国企的“铁壁合围”中打出一条出路。当时，华为最响亮的口号是“胜则举杯相庆，败则拼死相救”——那时候，活下来就是胜利。华为走出未来发展方向不确定和发展路径不连续的混沌状态的时点是 1994 年。在当年 6 月发表的讲话《胜利祝酒词》中，任正非讲道，在当前产品良莠不分的情况下，我们承受了较大的价格压力，但我们真诚为用户服务的心一定会感动他们，一定会让他们理解物有所值，逐步地缓解我们的困难。我们一定能生存下去……

在华为的发展过程中，任正非无数次强调客户（用户）的重要性：“从企业活下去的根本来看，企业要有利润，但利润只能从客户那里来。华为的生存本身是靠满足客户需求，提供客户所需的产品和服务并获得合理的回报来支撑；员工是要给工资的，股东是要给回报的，天底下唯一给华为钱的，只有客户。我们不为客户服务，还能为谁服务？客户是我们生存的唯一理由。”[1]

由此可见，创造用户是企业生存的唯一目的，创造用户价值是企业生存的唯一理由。换句话说，用户是企业生存的第一因！用户也是共演战略的第一要素。

---

[1] 《华为公司的核心价值观》，2007 年修改版。在《以客户为中心：华为公司业务管理纲要》一书中也有原文。

组织：企业能力之源

企业由谁组成和如何组织起来，这个问题看似简单，实则对应企业活下去的关键。之所以说简单，是因为企业自然是由企业家（创业者）、团队、员工组成的。至于关键，恰如任正非所说，企业的寿命可以远远长于个人寿命，但大多数情况下却是远远短于个人寿命的，造成这种差别的原因在于企业能不能以适当的方式把适当的人组织起来。

企业要达到活下去的目标，完成为用户创造价值的使命，就必须用适当的方式把适当的人组织起来并做适当的事。阿里巴巴有一个远大的使命：让天下没有难做的生意。完成这个使命，需要相当长时间，为此，企业的愿景是成为一家102年的企业。为了实现“让天下没有难做的生意”这个使命，阿里巴巴早年就提出了含“客户第一”“团队合作”“拥抱变化”“诚信”“激情”“敬业”在内的“六脉神剑”价值观体系。可以看出，在阿里巴巴的价值观中，“团队合作”等五个方面是为“客户第一”服务的。每年2月，有两个星期左右的时间，阿里巴巴各个部门的负责人要跟公司高管等人汇报近一年干了什么，新一年计划怎么干。公司高管从来没有问过“你们赚多少钱?”，从来问的都是三个问题：谁是你的客户？你给客户带来了什么价值？为什么别人不能给这个客户带来同样的价值？

由此可见，组织是企业完成创造用户价值目标的保障。组织也是共演战略的第二要素。

产品：企业价值之基

如果说创造用户价值是企业存在的目标，适当的人员和组织形式是企业存在的形式，那么产品（或服务）就是企业实现创造用户价值目标与获取所创造的部分价值的手段和载体。

商业模式可反映企业利益相关者的交易结构。企业提供的产品是交易结构的核心，是企业业务的交易对象，是企业资源和能力的运用结果，反映了企业的盈利模式，是企业现金流结构的保障，并最终体现着企业价值。以产品交易为核心的商业模式包含两个基本过程，一是价值创造，二是价值获取。

在传统的以价值链为基础的商业模式中，组织和用户之间发生联系是通过市场机制在组织和用户间交易产品而实现的。价值创造过程如下：组织生产产品，创造生产价值；组织将产品推向市场，创造流通价值；用户从市场上购买产品，创造交易价值。价值获取过程如下：市场从用户手中获得交易价值；市场将扣除流通价值的剩余部分传递给组织；组织将扣除生产价值的剩余部分传递给上游。在以价值链为基础的商业模式中，组织和用户不（或很少）发生直接联系，价值创造和价值传递过程是在产品生产出来后通过市场发生的。

我们把共演战略体系下的价值系统称为基于价值网的价值系统。在这个系统中，各战略要素之间的联系更加直接、紧密：组织和用户在产品生产出来之前即发生联系，组织通过更好地理解用户需求，为用户创造更高价值，并与用户共同分享价值；传统的价值创造和价值获取过程则由直线形变成U形。除了价值创造和价值获取过程中的顺序关系外，共演战略四要素之间发生着更多的直接联系。例如，用户和组织间存在着价值共创和价值共享关系，而这两种关系在基于价值链的价值系统中是不存在或不明显的。

市场：企业未来之路

市场是影响企业发展的重要因素，企业的发展史往往是一部从市场中发现机会和适应市场变化的历史。张瑞敏有一个著名的“三只眼”理论：企业必须长三只眼睛，第一只眼睛盯住内部管理，第二只眼睛盯住市场变化，第三只眼睛盯住国家宏观调控政策。正是紧盯市场变化和国家宏观调控政策的两只眼睛为海尔带来了各发展阶段所需要的资金、资源、技术和市场。

海尔的前身是1980年由几家集体所有制工厂合并后建立的青岛电冰箱总厂。1984年10月，青岛电冰箱总厂和德国利勃海尔公司签约引进当时亚洲第一条四星级电冰箱生产线。同年12月，张瑞敏就任青岛电冰箱总厂厂长。当时，海尔的基本情况是缺资金、缺技术，此外，市场竞争混乱。张瑞敏、杨绵绵等领导团队人员通过到当地农村大队借钱才给员工发上工资，并想办法解决了引进生产线所需的1 100万元“巨额资金”。海尔派出技术团队到德国利勃海尔公司系统学习电冰箱生产技术，补上了技术缺口。同时，张瑞敏分析了当时电冰箱市场品种繁多、竞争激烈的形势，提出了“起步晚、起点高”的原则，制定了海尔发展的“名牌战略”。

1992年2月，邓小平发表了南方谈话，刚刚成立的海尔抓住机遇，在青岛东部高科技开发区征地800亩[㊀]，建立了海尔工业园。同年，海尔还成为国内家电行业第一个通过ISO9001国际质量体系认证的企业。从1992年到1998年，海尔凭借自身的技术和管理优势，以低成本扩张的方式先后并购了青岛红星电器、广东顺德洗衣机、莱阳电熨斗厂、合肥黄山电视机厂等18个企业，初步实现了“多元化战略”。

1999年4～5月，海尔在美国南卡罗来纳州建立了生产厂，在欧洲和中东地区建立了销售网络，开启了“国际化战略”阶段。在1999～2005年，海尔通过和竞争者合作，先后和爱立信、声宝等公司建立了合作关系，通过市场竞合获得发展所需的技术、资金和资源。在此期间，海尔还明确了“走出去、走进去、走上去”的三步走国际化战略。在国际化战略取得初步成效的基础上，海尔于2006年开始推行“全球化品牌战略”。与国际化战略不同，海尔在全球化品牌战略实施过程中，更加注重本土化和开放平台的建设。通过全球研发资源整合平台的搭建，海尔

㊀ 1亩≈666.67平方米。

整合了全球超过 10 万名在知名高校、科研机构工作的专家学者，形成了“世界就是我的研发部”这一开放体系。通过重新定义竞争合作关系，海尔实现了全球资源、资本、技术的整合。

2012 年 12 月 26 日，张瑞敏宣布海尔进入“网络化和生态品牌战略阶段”。海尔进行这次战略调整的背景是用户、信息、技术、资源等的网络化。在这样的大背景下，海尔提出了“企业无边界、管理无领导、供应链无尺度”的“三无原则”——企业无边界，指的是用户与组织的边界变得模糊；管理无领导，指的是组织内部的层级结构被彻底打破；供应链无尺度，指的是企业产品生产和提供的过程变得更加灵活而富有弹性。

从海尔的发展历史，我们可以看出市场要素对企业的用户、组织和产品 3 个要素的重要影响。市场和用户、组织与产品 3 个要素一起，构成了共演战略的四大战略要素。

游戏：共演之路

“共演之路”是我结合共演战略理论体系主导设计的桌游，可帮助学员理解“见终局，知时局，揽全局，应变局”战略思维。“共演之路”假设各位玩家是白手起家的同时进入一个行业的创业者。玩家们将在“用户”“产品”“组织”和“市场”等维度展开竞争，同时要把握“机会”，并战略性地利用“风险”(此六者为战略要素)。

6种战略要素在游戏中体现为印有对应图形的筹码。玩家通过拿取这些筹码，换取印有不同战略要素和经营绩效的“发展卡”，争取最先达到获胜条件（通常为15分，也可以是其他特定条件)。游戏配件中的“用户”“产品”“组织”“市场”“机会”5种筹码分别有7个，而“风险”筹码有5个。发展卡对应“用户”“产品”“组织”“市场”“机会”5种战略要素，分为3级，不同级别卡牌上的要素数量和绩效分数不同。

“共演之路”游戏的规则非常简单。玩家把不同等级的发展卡分开，各自洗牌，共分成三堆摆放，然后从每堆翻出4张发展卡。同时，把6种战略要素筹码分类放置。游戏中，玩家可以通过拿要素筹码，或者通过积累发展卡右上角有不同要素的发展卡来获得战略要素。要素筹码为一次性要素，使用后要归还到公共区域，而发展卡右上角的要素为持续性要素，玩家可以保留并获得持续性效果。

每轮游戏由1位玩家开始，顺时针依次选择执行下列4个动作之一：拿走3个不同的要素筹码；拿走2个相同的要素筹码（但只有在该要素筹码有4个或以上时才可拿2个)；保留1张发展卡，并拿走1个“风险”要素筹码；从场上购买1张翻开的发展卡，或购买1张之前保留的发展卡。

“共演之路”游戏的机制可反映战略要素之间的驱动关系：第一，用户需求的变化带来经营风险；第二，经营风险影响市场演化；第三，市场环境塑造组织能力；第四，组织创新创造产品；第五，产品满足用户需求。换言之，“用户→风险→市场→组织→产品→用户”形成了要素驱动的闭环（见图 3-3）。

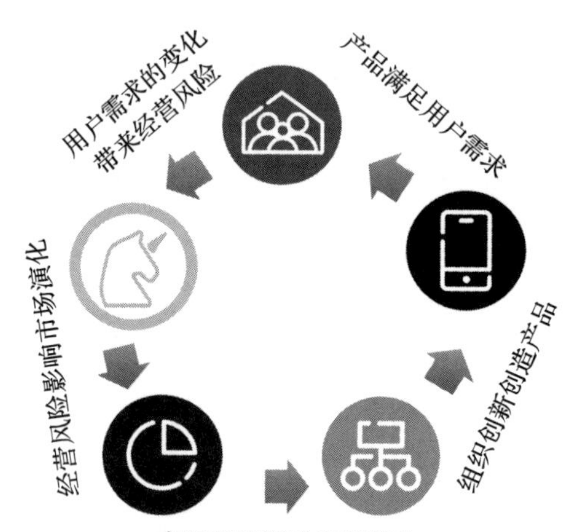

图 3-3　“共演之路”战略要素驱动的闭环

“共演之路”游戏卡牌主要是基于战略要素之间的驱动关系设计的。以含“用户”要素的发展卡为例（见图 3-4），获得 4 种发展卡都需要付出“产品”筹码：获得价值 5 分的发展卡需要付出 3 个“用户”筹码和 7 个“产品”筹码；价值 4 分的 2 张发展卡分别需要付出 7 个“产品”筹码，或者 3 个“组织”筹码、6 个“产品”筹码、3 个“用户”筹码；价值 3 分的发展卡则需要付出 5 个“组织”筹码、3 个“产品”筹码、3 个“市场”筹码和 3 个“风险”筹码。

图 3-4　含“用户”要素的发展卡

战略要素之间的驱动关系体现在要素发展卡的设计中。大家可以明显看到“产品”和“组织”两要素相对独立，而“用户”“市场”“机会”三要素闭环相关联。自然而然地，“产品”和“组织”（企业的内部要素）和“用户”“市场”“机会”（企业的外部要素）就变成了游戏冲分策略里最常见的两组要素搭配——它们不但互成体系，而且有更大的拿行业加分牌机会。

“共演之路”本质是一款竞速得分的德式策略游戏，考量的是如何高质量构筑资源飞轮引擎，最高效地获取资源，最大化地利用资源，在最短轮次内获得更高的分数和达到其他获胜目标。

游戏中有三种基本操作：拿筹码、扣牌、换牌。“拿筹码”对应着企业实践中快速获取资源；“扣牌”对应着企业实践中看准未来的发展机会（在早期即投入资源，冒一定的风险，为将来取得更大收益赢得期权机会）；“换牌”对应着企业实践中兑现前期投资的收益。

游戏中有两种基础类型的收益：资源收益和分数收益。资源收益是指获得更多的要素筹码或要素发展卡，分数收益是指获得要素发展卡上的分数。据测算，玩家有少于4张发展卡属于游戏前期，应优先兑换所需要的战略要素，此时资源“滚雪球”收益最大；玩家发展卡多于7张，属于游戏后期，此时再兑换仅印有战略要素的发展卡收益降低，应优先考虑包含分数的发展卡。

“共演之路”是一款竞争类游戏，玩家共同使用公共区域的筹码，积累一定资源后换取发展卡。由于筹码和发展卡都有限，玩家的策略之间难免有冲突。游戏中，玩家应该记好对手的扣牌，并意识到对手现在最需要兑换的牌是什么。玩家拿筹码时应优先拿自己所急迫需要的筹码，其次考虑选择对手需要的筹码。游戏的核心策略是更多地拿到自己需要的筹码，并且控制住对手需要的筹码。

“共演之路”的获胜策略整体上可以分为三个流派：速攻流、基建流和控筹流。速攻流玩家的优势在于可以充分发挥筹码兑分的高效性，但当被控筹流玩家控制后则会在节奏上吃亏；基建流玩家的优势在于充分发挥卡牌收益的优势，不依赖筹码，后期冲成的概率大，缺点是兑牌在没有收益的情况下会浪费轮次；控筹流玩家的优势在于灵活，可变速，遇到基建流可以灵活切换为速攻流，遇到速攻流玩家的可以卡筹码控节奏。

三种流派之间的关系是：速攻流克基建流；基建流克控筹流；控筹流克速攻流。这一点很像“贸”“技”“工”之间的关系。速攻流好比“贸”，基建流好比“技”，控筹流好比“工”。“速攻流克基建流”好比“贸克技”，“基建流克控筹流”好比“技克工”，“控筹流克速攻流”好比“工克贸”。速攻流、基建流和控筹流三种游戏策略孰高孰低没有定论，正如“贸、技、工”三种发展策略的选择要看企业的自身特点和外部环境条件一样。

在“共演之路”游戏进行的过程上，玩家可以进行多维度的战略管理反思。比如，可以从收益策略角度进行反思。游戏中一个非常重要的机制是组合（Combo），“打出 Combo”是游戏玩家常挂在嘴边的口头禅，这一点和商业模式中飞轮效应的应用非常相似。在游戏中，促进组织和产品之间的互动关系是一种非常高效的获胜途径。

“共演之路”游戏的一个获胜策略是前期尽可能获得更多的资源收益（增长为王），后期尽可能获得更高的分数收益（盈利为主）。前期获得更多的资源，一是为了自身的发展，二是为了制约对手的发展。后期获得更高的分数则是为了尽快获得游戏（竞争）的胜利。

“共演之路”游戏的另一个获胜策略是“根据获胜条件，选择获胜流派，抓住主要矛盾，获得关键资源”。这一点和企业战略中的“形成使命愿景，选择战略方向，赢得关键战役，保持战术稳定”非常相似。

游戏：共演四要素

“共演四要素”是我主导设计的一款桌游，可帮助学员理解共演战略“人和事”“内和外”两个维度，并有效记忆“用户”“产品”“组织”“市场”4个战略要素。

“共演四要素”的基本配件包括6种卡牌，分别是“用户”牌（12张）、“产品”牌（12张）、“组织”牌（12张）、“市场”牌（12张）、“黑天鹅”牌（6张）和“灰犀牛”牌（6张），共计60张牌（见图3-5）。当6位玩家玩时，每人10张牌；当5位玩家玩时，每人12张牌；当4位玩家玩时，每人15张牌。

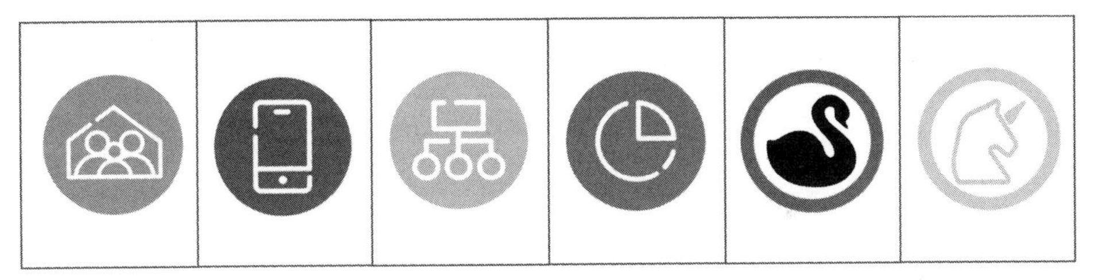

图3-5　“共演四要素”的6种卡牌

每位玩家拿到自己的手牌后，牌面朝下，牌背朝上，拿在自己手中。第1位玩家从自己的手牌最上面一张开始出牌，牌面朝上放在中央牌堆区域，出牌的同时喊“用户”；顺时针方向的第2位玩家从自己的手牌最上面一张出牌，牌面朝上放在中央牌堆区域，出牌的同时喊“产品”；顺时针方向的第3位玩家从自己的手牌最上面一张出牌，牌面朝上放在中央牌堆区域，出牌的同时喊“组织”；顺时针方向的第4位玩家从自己的手牌最上面一张出牌，牌面朝上放在中央牌堆区域，出牌的同时喊“市场”。

当某位玩家喊出的关键词和所出牌对应的关键词一致时，所有玩家把手拍向中央牌堆，动作最慢的玩家，要把中央牌堆所有的牌收入自己的手中。当某位玩家打出的牌上面画着“黑天鹅”时，所有玩家用手在身体两旁扇动模仿天鹅，然后出手向中央的牌堆拍下去；当牌面上画着“灰犀牛”时，所有玩家用手在鼻子上方比出犄角形状，然后出手向中央的牌堆拍下去。同样，在这两种场景中动作最慢的玩家，要把中央牌堆所有的牌收入自己的手中。首先出完手中牌的玩家获胜。

“共演四要素”利用非常简单的游戏规则，可让所有玩家通过喊出关键词，并做出相应动作的方式记住“用户”“产品”“组织”“市场”这四个共演战略的基本要素，能在很大程度上提升玩家对关键知识点记忆的效果。

游戏：市场骰

“市场骰”是我主导设计的桌游，可让玩家在投掷骰子的过程中体会获取占领某个市场所需要素的概率与无法获得所有要素的风险之间平衡。“市场骰”的配件非常简单，有 7 个六面骰子，每个六面骰子印有 4 个要素的图标——用户、组织、产品和市场。其中，市场要素在六面骰子的 6 个面中占据了 3 个面，分别表示 1～3 个市场要素。

除了六面骰子，“市场骰”的配件还有各大洲的国家市场卡。例如，亚洲国家市场卡包括韩国、新加坡、日本、中国等 4 张国家市场卡（见图 3-6）。每张国家市场卡上都有左右两列图标，右侧图标表示玩家获得这张市场卡需要投出的图标组合。例如，玩家要想获得分值为 3 的中国市场卡，需要分 3 次投掷出 1 个组织图标、2 个产品图标和 5 个市场图标。国家市场卡左侧图标表示玩家如果想从其他玩家手中抢夺这张市场卡，需要额外投出 1 个用户图标。

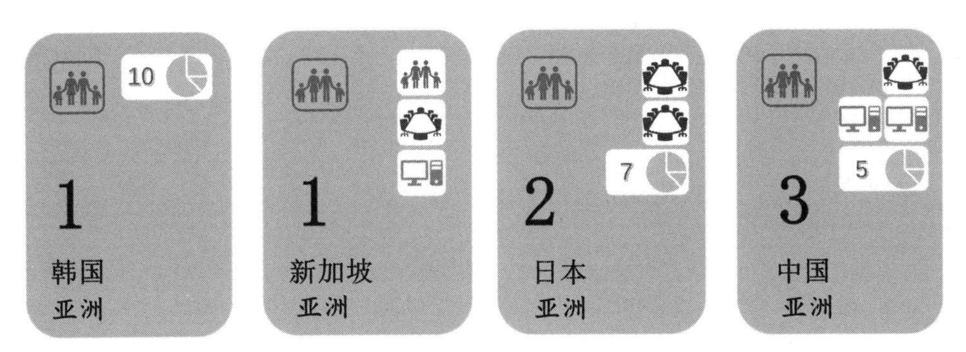

图 3-6 “市场骰”的亚洲国家市场卡

游戏开始后，玩家投掷 7 个骰子，并选择 1 张国家市场卡，用掷出的骰子填满卡牌右边一列任意一行的需求（同一行每一格中放上对应的骰子）。如果不能满足任何一行需要的图标数量，则需放弃一个掷得的图标，然后重掷。玩家继续投掷其余骰子，并重复上述步骤，直到玩家填满卡牌右边一列所有图标组合，此时即可获得该卡牌。如果玩家发现无法填满占领该国家市场所需的图标组合，该玩家回合结束。

如果某个国家市场被一位玩家抢占，其他玩家可以抢夺该市场，但必须在一轮投掷中投出卡牌左边一列的用户图标。当玩家抢占了一个大洲的所有国家市场，就征服了这个大洲，他可将该大洲的所有国家市场卡翻面——游戏结束时，获得该大洲所有国家市场卡上的分数。

玩家在“市场骰”这款游戏中需要进行几个方面的取舍。玩家要做出的第一个方面的取舍，是决定抢夺哪张国家市场卡。可供玩家抢夺的国家市场卡，包括公共区域的国家市场卡和其他玩家已经抢到手但没有翻面的国家市场卡。玩家需要根据国家市场卡能够提供的分数，以及其他玩家和自己之间的相对分数优势，选择所要抢夺的国家市场卡。玩家要做出的第二个方面的取舍，是决定在投出的六面骰子中选择哪些要素组合。由于每种要素组合产生的概率不同，玩家在手气好的时候，可能投出概率非常低的组合，这时就要优先选取。

第四章

▲

4 个战略阶段和 4 条战略路径

——

第一节 战略四阶段和战略时间观

战略四阶段

由战略空间观得出的用户、组织、产品和市场这 4 个战略要素，从企业创立开始就一直是企业的基本组成部分，并随着企业发展的不断推进而持续演变。

随着时间的推进，生命体会经历初生期、成长期、成熟期和衰老期。在生命周期的不同阶段，生命体有着不同的目标。在初生期，生命体的目标是“活下来”；在成长期，生命体的目标是“长起来”；在成熟期，生命体的目标是“传下去”；在衰老期，生命体的目标是“活下去”。

类似地，企业在整个生命周期中会经历创业阶段、成长阶段、扩张阶段和转型阶段。在创业阶段，企业的目标是“做成”；在成长阶段，企业的目标是“做大”；在扩张阶段，企业的目标是“做强”；在转型阶段，企业的目标是“做长”。每个企业都难免面临衰退问题，而卓越的企业往往能够成功实现转型，做到“重生”。

在图 4-1 中，我们把企业生命周期作为横轴，把企业价值空间作为纵轴。企业在创业阶段的初期，成长往往都比较缓慢。在经历一段时间的摸索之后，成功跨越成长鸿沟的企业会开始加速发展，进入快速发展的成长阶段。在一段时间之后，企业的增速会自然趋缓，进入成熟期，此时企业往往会寻求向其他领域扩张的机会。随着时间的进一步推进，企业发展的第一曲线会到达顶点，企业现有业务的价值空间开始逐渐缩小，现有业务进入衰退状态。在进入转型阶段之前，很多企业都会开始寻找新的增长点，或者说是第二曲线。寻找新的增长点的过程往往充满不确定性，有的企业可以找到第二曲线并重启增长，更多的企业则无法找到第二曲线，只能随着时间的推进沿着第一曲线向下滑落。

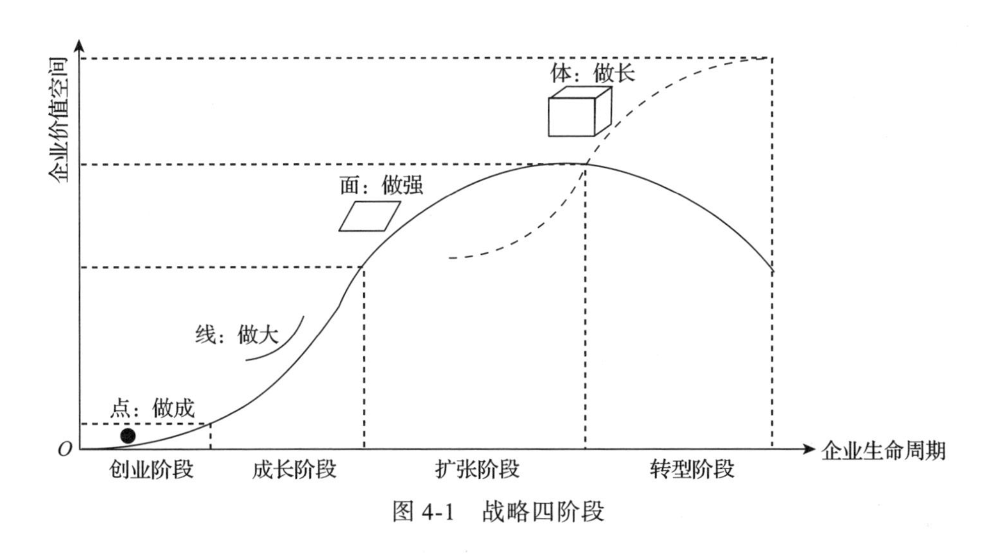

图 4-1　战略四阶段

许多成功企业之所以能够跨越生命周期并开启第二曲线，往往是因为它们抓住了企业不同发展阶段的要点，在正确的时间做了正确的战略决策。更准确地说，是因为这些企业具有时空战略观念，能够在企业成长的恰当时机重点发展适当的战略要素，从而使得各个战略要素在各个战略阶段能够较好地共同演化。接下来，我们将分析用户、组织、产品和市场 4 个战略要素在创业、成长、扩张与转型 4 个战略阶段的共同演化过程。

根据战略时间观，企业生命周期通常分为 4 个阶段：创业阶段、成长阶段、扩张阶段和转型阶段。根据战略空间观，企业发展涉及 4 个战略要素：用户、组织、产品和市场。在企业的实际发展过程中，战略时间观和战略空间观需要协同配合，即在恰当的时间重点发展恰当的战略要素，具体做法可总结为共演战略四阶段的“核心算法”（见图 4-2）。

创业阶段可以被进一步称作精益创业阶段。精益创业理论是过去十几年来在创业领域最广为创业者接受和推崇的创业理念。这里的“精”指的是精于用户研究，精研用户需求，精确把握用户痛点，并精准定位与竞品的差别。创业者圈内流行一句话，叫“一厘米宽，一公里深”，这里的“一厘米宽”讲的就是要从用户的痛点需求精准切入。

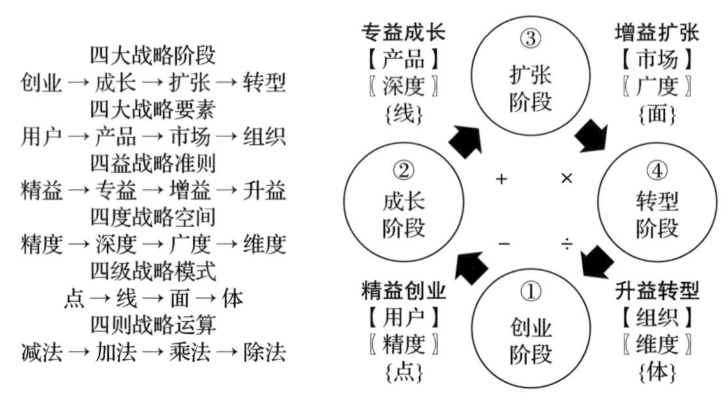

图 4-2　共演战略四阶段的“核心算法”

成长阶段可以被进一步称作专益成长阶段。这里的“专”指的是专注产品研发，专心产品迭代，专研业务模式，专长于产品增长。上面提及的“一公里深”，说的就是成长阶段的企业要脚踏实地、埋头苦干，通过做好产品，取得专益成长。

扩张阶段可以被进一步称作增益扩张阶段。企业进入扩张阶段后，往往是因为核心产品业务的增长遇到瓶颈而无法持续取得快速增长。为了取得进一步发展，企业需要在市场上寻找新的发展机遇，而新的发展机遇往往来自围绕企业核心业务进行的关联性扩张。增益扩张中的“增”强调的是企业围绕累积用户的多元需求，通过满足互补性需求，高效率取得市场增量。

转型阶段可以进一步被称作升益转型阶段。企业转型和企业衰退往往同时发生，转型的最大障碍通常来自企业自身的组织能力和组织结构。要想使转型取得成功，企业最需要做的可能便是升级企业组织结构，比如从传统的层级式职能组织结构升级为能够实现组织熵减的耗散结构，通过打开组织边界和激活组织个体来焕发组织活力。升益转型中的“升”指的就是升维组织结构。

从创业阶段到成长阶段，从成长阶段到扩张阶段，再从扩张阶段到转型阶段，我们看到企业从“精益”到“专益”，从“专益”到“增益”，再从“增益”到“升益”，经历的是从“精度”到“深度”，从“深度”到“广度”，再从“广度”到“维度”的升级过程。如果我们把“精度”看作“点”，把“深度”看作“线”，把“广度”看作“面”，把“维度”看作“体”，那么，企业在创业、成长、扩张和转型 4 个阶段所经历的过程就是商业模式从“点”到“线”，从“线”到“面”，再从“面”到“体”的演化过程。

企业在创业、成长、扩张和转型 4 个阶段所适用的“算法”并不同。在创业阶段，企业要做的是减法——在各种创业想法和机会中选择一个突破点实现单点突破，也只有通过减法才能让创业者手中的有限资源发挥最大效用。创业阶段的阿里巴巴，就是因为找到了中小贸易企业之间信息和信任缺失的痛点需求，推出了能够解决贸易中信息和信任问题的产品，从而实现了 B2B 贸易平台的单点突破。

在成长阶段，企业要做的是加法——在创业阶段所验证的产品和商业模式的基础上持续加码，把企业成长过程中获得的资源不断投入单一产品（或相关性较高的系列产品）中，实现产品和业务的快速成长。成长阶段的阿里巴巴，不断把在资本市场上获得的融资与在经营中取得的利润持续投入能够解决电子商务业务中的信息和信任问题的业务中，形成了淘宝和支付宝等一系列爆款产品。

在扩张阶段，企业要做的是乘法——围绕成长阶段发展起来的业务和积累下来的用户实现关联产品的打造和多元化需求的挖掘，争取能够在互补的消费和使用场景下为用户提供更多的关联产品，满足用户的互补性需求，实现有飞轮效应的商业模式。扩张阶段的阿里巴巴注重对累积用户的多元化需求的挖掘，通过菜鸟网络、余额宝等业务与产品的开发满足消费者的互补性需求，初步形成了阿里巴巴生态体系，并通过生态成员企业间的关联营销获得了范围经济的优势。

在转型阶段，企业要做的是除法——根据社会发展的趋势跳出现有的价值网络，把不符合未来发展趋势的和约束企业转型的因素去除，让企业能够甩开历史包袱，突破认知障碍，实现升维转型。转型阶段的阿里巴巴通过重新认识用户的潜在需求，以及投资并购等一系列措施，实现了从互联网到移动互联网的转型，更好地满足了用户升级的需求。在此过程中，阿里巴巴业务的发展重点从关注具体的交易向关注交易的基础设施转变——这逐步造就了今日的阿里巴巴商业王国。

企业何以“做长”

每位企业家都希望企业能够长盛不衰，能够“活下去”，这意味着企业不仅要“做大做强”，还要“做长”。企业要想做得长久，企业家就必须意识到企业和生命体一样，都有生命周期，必然会面对衰落——企业增长到一定程度就会遇到“天花板”，必须进行转型甚至自我颠覆。但是，现实中有些企业家往往只能看到企业的增长，很少能意识到企业衰落的必然性。

要想理解企业成长过程中衰落的必然性，我们可以先看一下“长”这个字。图 4-3 中“长”字的笔画有四画：一撇、一横、一竖提和一捺。其中，一“横”代表时间，一“竖提”代表空间，一“撇”代表随着时间的推移向上发展的可能性，而一“捺”代表随着时间的推移向下发展的可能性。

增长
长
时间
衰落
空间

图 4-3 “长”字的管理含义

代表时间的一“横”将“空间”分成了上下两个部分，横线上方代表事物容易被观察或关注的部分，即事物的成长；横线下方代表事物不容易被观察或关注的部分，即事物的衰落。企业家只有意识到随着时间的演化，存在一些不容易被观测到的因素可能会导致企业的衰落，才有可能把企业“做长”。

换一个角度看，“长”字的结构像一座“冰山”。人们往往只能看到冰山在水面以上的部分，而不容易观测到冰山在水面以下的部分。张瑞敏曾用“冰山之角”隐喻海尔，并提到了关于战略、组织和用户的三个观点：第一，海尔的战略是开放式战略，就如冰山周围的水资源无限一样，海尔秉承的理念是“世界就是我的人力资源部”“世界就是我的研发部”；第二，海尔的组织是无边界组织，就像冰山是自然组合而非人力所为一样，海尔的创业小微是自组织的；第三，对海尔而言，最重要的人是用户，就如冰山的形成和消失由温度决定一样，海尔通过“人单合一”模式贴近用户，目的是为用户创造最大价值和最佳体验。㊀

自 1984 年以来，海尔已经发展了 38 年，成为中国改革开放以后创立的企业中为数不多的寿命长的企业之一。张瑞敏的“冰山之角”的隐喻强调了战略、组织和用户对企业长久持续发展的重要性。

企业之所以具有生命周期，正是因为战略、组织和用户这些影响企业的重要因素有生命周期，并会伴随时间的推进及企业的演化发展。企业发展到一定阶段，现有的战略、组织和用户便不能促进企业继续发展，需要进行用户迭代、战略演讲以及组织变革。在新的发展阶段，战略、组织和用户的发展依然呈现“S 形”。

自 1984 年至今，海尔的发展跨越了传统工业时代、互联网时代和物联网时代，先后经历了 6 个战略阶段（各战略阶段实际上有时间上的重合），分别是名牌战略阶段（1984～1991 年）、多元化战略阶段（1992～1998 年）、国际化战略阶段（1999～2005 年）、全球化品牌战略阶段（2005～2012 年）、网络化战略阶段（2013～2019 年）和生态品牌战略阶段（2020 年至今）。创业以来，海尔一直处于自我颠覆、持续迭代的探索过程中，每进入一个新的战略阶段，海尔都会进行用户迭代、战略演进和组织变革，以适应时代发展和用户需求升级。

㊀ 张瑞敏 . 冰山之角 [N]. 海尔人，2017-5-17.

海尔的用户迭代

海尔始终坚持“人的价值第一”这一发展主线，以用户为中心，致力于为用户创造价值。无论是对产品质量的重视，还是对用户需求的快速响应，海尔各个战略阶段的核心一直是用户至上。[㊀]

在名牌战略阶段，海尔的用户对产品的要求比较单一，需要的是功能性好、高质量的电冰箱、洗衣机等家电产品。在这个阶段，海尔努力打造高质量产品，迅速占领了市场，为用户提供单一的标准化产品。如图 4-4 所示，图中的“黑点”代表用户，“箭头”代表产品，在名牌战略阶段只有 1 个箭头指向用户，代表此时海尔的用户需求是单一的标准化产品。

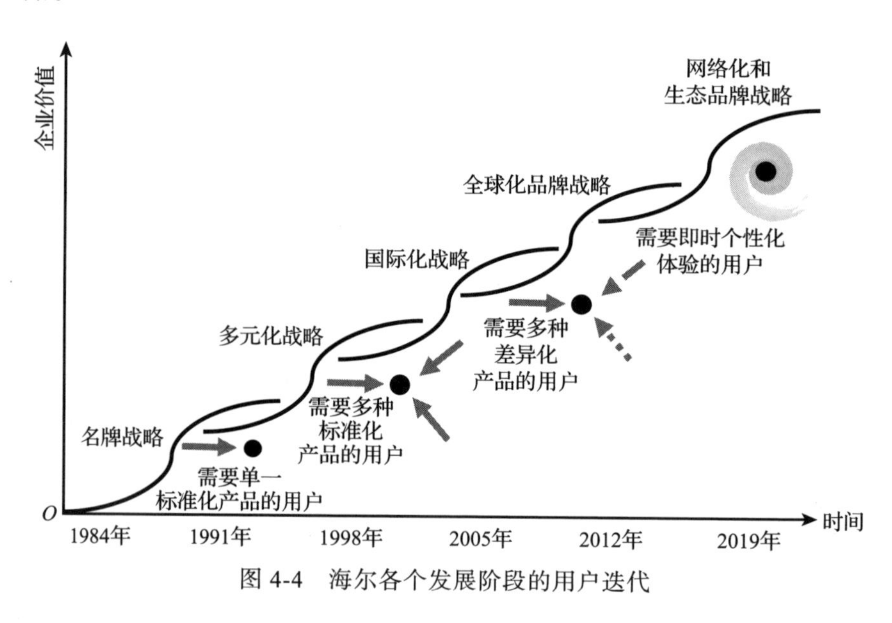

图 4-4　海尔各个发展阶段的用户迭代

1985 年的一天，一位用户来信投诉电冰箱有质量问题，张瑞敏组织员工把仓库里的 400 多台电冰箱全部做了开箱检查，发现其中的 76 台电冰箱存在各种不同的问题，于是，张瑞敏决定把 76 台电冰箱全部砸毁。

㊀ 整理自 2017 年 9 月 20 日张瑞敏在首届人单合一模式国际论坛上的演讲。

通过“砸电冰箱事件”，张瑞敏砸掉了员工“对质量无所谓，对用户不尊重”的观念，由此海尔产品有了高质量的基因。

在多元化战略阶段和国际化战略阶段，海尔的用户需求不断升级，用户需要系列化的高质量产品。在多元化战略阶段，海尔抓住改革开放加速的时代机遇，通过兼并收购，利用自身的管理质量和文化优势激活“休克鱼”，迅速扩大了产品线并进入了国际市场。进入国际化战略阶段，海尔抓住中国加入 WTO 的时代机遇，通过在全球多个国家设厂，满足当地用户的本土化需求。

在多元化战略阶段和国际化战略阶段，海尔能提供的产品种类更多了，层次更丰富了，海尔为用户提供的产品是多元化的，但仍不是差异化的。在图 4-4 中，在多元化战略阶段和国际化战略阶段，代表多元化产品的 3 个“箭头”指向用户，代表此时海尔的用户需求是多种标准化产品。

在全球化品牌战略阶段，受到互联网时代的影响，海尔的用户需求开始转变为成套的生活解决方案，此外，全球各地的用户需求是差异化的，海尔的用户迭代为需要多种差异化产品的个性化用户（海尔通过在海外设厂、收购兼并等方式，满足当地用户的差异化需求）。在图 4-4 中，在全球化品牌战略阶段，代表多种差异化产品的“箭头”指向用户，代表此时的用户需求是多种差异化的产品。

在网络化战略阶段和生态品牌战略阶段，受到物联网时代的影响，海尔要面对用户特征数据化、用户需求个性化和用户服务体验化的特征。海尔仍然坚持“人的价值第一”的发展主线，紧抓物联网时代的机遇，通过“流程零签字、用户零距离和体验零延误”的“三零体系”满足物联网时代用户即时个性化需求并创建诚信商业生态。在图 4-4 中，在网络化战略阶段和生态品牌战略阶段，海尔的产品和服务像涟漪一样，以用户需求为中心向外展开——通过不断的迭代创新，满足用户的个性化需求。

海尔的战略演进

海尔 38 年的发展过程中，海尔完整经历了从质量导向的“点”状战略，到规模导向的“线”状战略，到平台导向的“面”状战略，再到生态导向的“体”状战略（见图 4-5）。

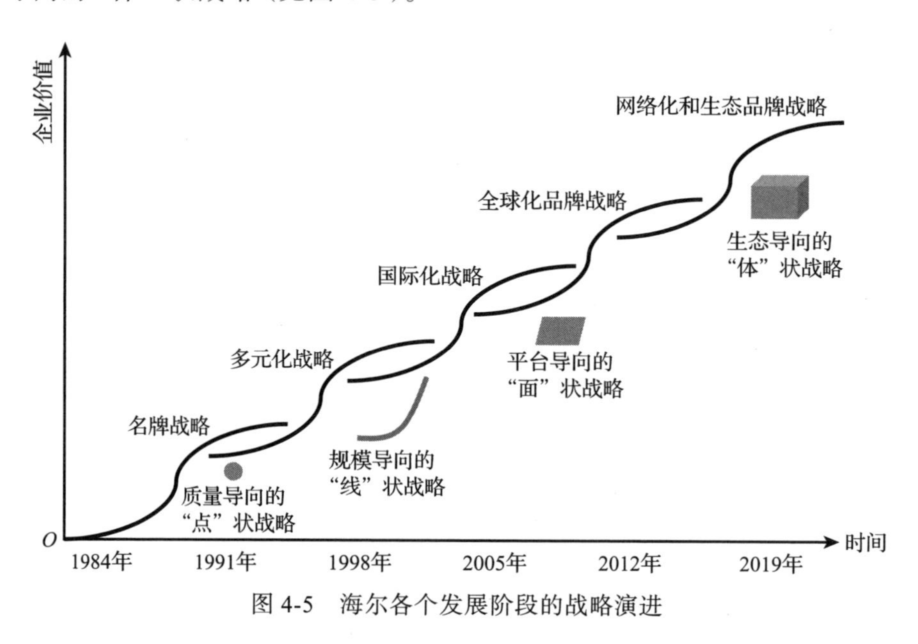

图 4-5　海尔各个发展阶段的战略演进

在名牌战略阶段，用户需要的是单一的标准化产品。1984 年，张瑞敏制定了海尔发展的“名牌战略”。1988 年，海尔拿下行业全国质量评比金牌，从此海尔奠定了中国电冰箱行业的领军地位；1990 年，海尔获得国家质量管理金奖。海尔在这个阶段的战略方向是以质量为导向的，可以理解为以产品为核心，力争做到质量单点突破的“点”状战略。

在多元化战略阶段和国际化战略阶段，用户需求向多元化方向升级，海尔的战略从以产品质量为导向演进到以产业资源和国际市场为导向。1997 年 9 月，以进入彩电业为标志，海尔进入“黑色家电”、信息家电生产领域。1999 年和 2001 年，海尔先后在美国（南卡罗来纳州）和巴基斯坦建立生产基地，持续探索实现国际市场上的品牌本土化——在当地设计，进入当地连锁渠道，为当地用户服务，成为当地的名牌。多元化战略和国际化战略的核心都是规模导向，可以理解为把名牌战略阶段的"点"连接为"线"，实现从"点"状战略到"线"状战略的转变。

在全球化品牌战略阶段，用户需求呈现个性化趋势，全球不同国家的用户需求是差异化的。海尔在发展具有全球影响力品牌的同时，提出了洲际化战略，也就是为不同国家和地区的用户提供符合他们本土化需求的产品。在这个阶段，海尔已成为全球领先的"白色家电"厂商，拥有巨大的品牌号召力，并通过开放式创新和打造无边界组织吸引了来自全球各地的资源，形成了具有平台特性的"面"状战略。

在网络化战略阶段和生态品牌战略阶段，用户的即时个性化需求决定了海尔的战略转向生态化——只有实施生态化战略，为企业打造热带雨林式的生态，而不是做有围墙的花园，才能够满足用户即时个性化的需求，从而适应物联网时代的变化。为满足用户的即时个性化需求，海尔提出了以"三生体系"（生态圈、生态收入、生态品牌）为核心的生态导向的"体"状战略。

海尔的组织变革

自 1984 年以来，海尔经历了多次组织结构调整（时间上有重叠见图 4-6）。1984～1991 年，海尔采用的是传统的金字塔形组织结构；1991～2005 年，海尔采用了矩阵式组织结构，其又可细分为采用事业部制（1991～1998 年）和战略经营单元（1998～2005 年）；2005～2012 年，海尔的组织结构转变为倒三角形；2012 年以来，海尔的组织结构历经了利益共同体（2012～2013 年）、小微（2013～2018 年）和生态链小微群（2019 年以后）的演变（这个阶段的组织结构可以归纳为引力场结构）。企业的战略变革与组织变革在时间上往往并不完全同步，组织结构往往跟随战略变革而调整。

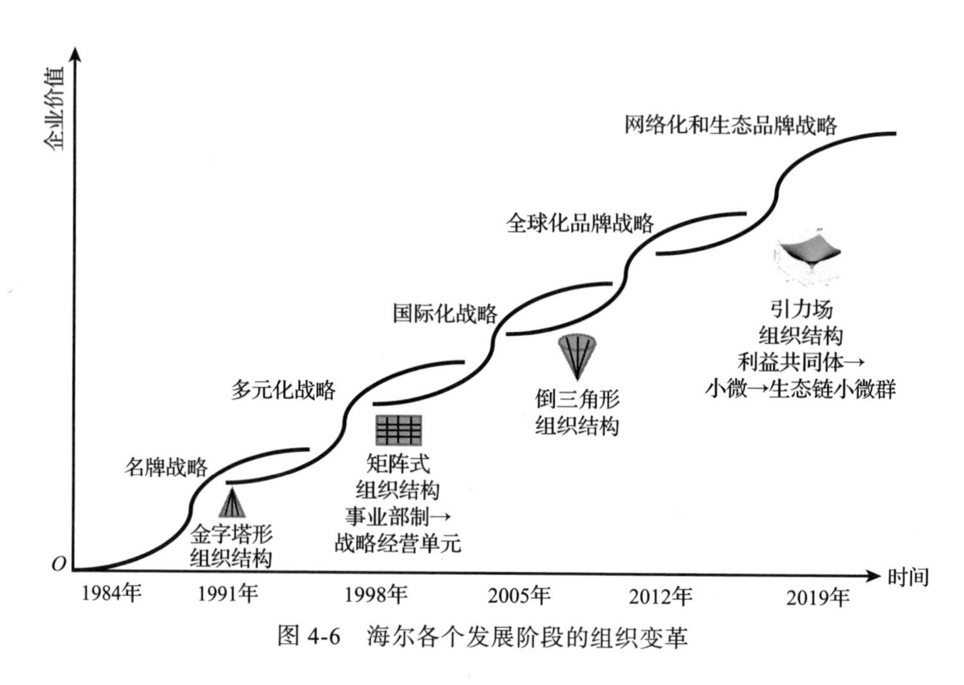

图 4-6 海尔各个发展阶段的组织变革

在名牌战略阶段，海尔的组织结构是传统的金字塔形结构，领导居于金字塔的顶层，普通员工居于金字塔的底层，金字塔内部有多个层级，每个层级都只为比自己高的层级负责。为了服务于名牌战略，提高产品质量，充分发挥员工的主观能动性并提高生产效率，海尔持续在组织内进行创新。例如，1990 年前后开始提倡全员创新，通过“员工命名创新”，激发员工“个体”的创新意识；通过“自主管理班组”，激发员工“团队”的创新意识。

在多元化战略阶段和国际化战略阶段，海尔的组织结构是矩阵式的，即按照企业的业务单元和经营区域组织人员，以组织结构扁平化为手段，让员工由对上级负责转变为对市场负责。1996 年，海尔开始实施事业部制，为了适应多元化战略，在事业部制的基础上采取“细胞分裂”的方式，组建战略经营单元，以避免组织僵化问题。此外，海尔通过“扁平化、信息化”等组织变革，大幅提高了内部沟通效率。“日清管理”模式在海尔深入人心——全方位、每个人、每件事、每一天都持续进行日清和优化，这让海尔在多元化战略阶段和国际化战略阶段能够保持规模与效率方面的平衡。

在全球化品牌战略阶段，海尔的组织结构是倒三角形的三级经营体结构——把员工置于组织结构的顶层，把领导置于组织结构的底层，倒逼领导层成为提供资源的平台。2005年，张瑞敏提出“人单合一”共创共赢模式，目的是让一线员工找到自己的市场和用户，形成自主经营体（一线经营体），自负盈亏、超利分享。职能部门为一线经营体赋能，形成企业的二级经营体；原来的领导者转变为战略经营体，从战略方向上为一线经营体和二级经营体提供支持。在此阶段，海尔的组织边界也打开了，提出了“世界就是我的研发部”“世界就是我的人力资源部”等主张，这让处于互联网时代的海尔可以无障碍地联结全球一流资源。

在网络化和生态品牌战略阶段，海尔的组织架构是引力场结构——海尔凭借自身的组织引力，把众多创客和利益相关方吸引到自己的平台生态中。海尔持续进行组织变革，将一线的业务单元和后台的支持单元（如研发、物流、供应链等单元）并联形成利益共同体。后来，利益共同体单独注册成为小微公司，每个小微公司都有“三权”，即决策权、用人权和薪酬权。2019年初，小微并联的组织结构演化为更加动态的生态链小微群，其以创造终身用户为目标，以实现用户体验迭代为路径，以用户体验场景为纽带，是满足“三零体系”的非线性自演进组织结构。

■ 工具栏

企业或业务部门发展阶段自我测评

完成如下12个问题，你将对企业整体或某业务所处的发展阶段有进一步的了解。

1. 本企业或业务部门的用户特征最符合如下哪个描述？

A. 用户数量比较少，目前还处在于与用户深度沟通、了解用户特征的阶段。

B. 用户数量增速非常快，这种情况已经持续一段时间了，并且在可预见的一段时间内还会持续。

C. 用户数量到达一个平台期，增长比较缓慢，但数量较多。

D. 用户数量已有一段时间没有显著增加，且用户群体已开始发生分化，部分用户群体存在流失现象。

2. 本企业或业务部门在满足用户需求方面最符合如下哪个描述？

A. 能够解决用户的一些需求痛点，但需求的刚性和频次并不高。

B. 着重满足用户的一种较为普遍的需求，具有一定的刚性和高频特性。

C. 除了能够满足用户的一种较为普遍的刚性需求外，还能够满足用户的一些相关需求。

D. 能够满足的用户需求已经到达瓶颈期，很难在现有的需求维度上进行相关拓展，下一步的目标是深入挖掘用户的潜在需求。

3. 本企业或业务部门吸引用户的方式最符合如下哪个描述？

A. 主要通过实现产品和服务与竞争对手的差异化来吸引用户。

B. 扩大用户群体所面临的最大挑战就是吸引与最初用户不同的主流用户的注意力。

C. 产品和服务最吸引用户的地方就是这些产品和服务之间存在很强的互补性。

D. 产品和服务最吸引用户的地方在于能够满足不同需求分层用户的深层次需求。

4. 本企业或业务部门的领导者最符合如下哪个描述?

A. 本企业或业务部门刚刚启航，领导者对前景充满了憧憬和期待。

B. 领导者已负责一段时间，在此期间比较重视个人成长在业务成长中的作用。

C. 领导者管理作风稳重成熟，体现在能够较好平衡“人和事”以及“内和外”的各种关系上。

D. 领导者认识到所面临的大企业病等问题，开始强调重拾创业精神，意在开启二次创业。

5. 本企业或业务部门的团队最符合如下哪个描述?

A. 团队刚刚组建不久，还在探索业务方向。

B. 已经历一段时间的成长，每位核心团队成员都已能适应所负责业务，每位成员在此过程中都获得了明显的成长。

C. 早期团队的部分成员已离开，他们原来的岗位已被新员工填补。

D. 团队开始出现一种久违的创新创业氛围，开始倡导创客文化，制定了一系列制度来避免大企业病的产生和蔓延。

6. 本企业或业务部门在组织管理方面最符合如下哪个描述?

A. 组织结构呈现一种扁平形态，领导者与普通员工之间的距离很近。

B. 组织结构逐渐呈现金字塔形，随着业务规模的扩大，管理层级与各层级间的距离在逐步增加。

C. 组织结构呈现为典型的事业部制矩阵结构，各业务条线和职能部门相互交叉。

D. 开始进行组织结构调整，目的是打破原有的组织内部业务和部门之间的种种壁垒，力争形成耗散组织结构，提高组织活力。

7. 本企业或业务部门的产品开发最符合如下哪个描述？

A. 主要采用敏捷开发的产品开发方式，主要产品尚未定型，正在快速迭代过程之中。

B. 已开发出至少一个爆款产品，产品销售呈现出爆炸性增长态势。

C. 已进入围绕主打产品开发关联产品的阶段，关联产品和主打产品存在紧密的联系。

D. 原来的产品已进入成熟阶段，最近在探索实现产品品类上的创新，力争在市场上推出一款全新产品，该产品甚至可能颠覆人们对某个行业的认知。

8. 本企业或业务部门的营销推广最符合如下哪个描述？

A. 主要的营销推广方式是口碑营销，主要靠用户之间口口相传扩大知名度。

B. 主要的营销推广方式是广告营销，通过一些主流媒体和互联网媒体上的投放，尽量达到精准触达用户。

C. 主要的营销推广方式是产品之间相互关联带货，用户在使用了我们的部分产品之后会主动搜寻并购买企业其他的相关产品。

D. 主要的营销推广方式是占据用户心智，打造某个品类产品在用户心中的领导地位。

9. 本企业或业务部门的商业模式最符合如下哪个描述？

A. 商业模式的核心是探索出一个集中发力的产品方向，寻求在这个产品上面的单点突破。

B. 商业模式的核心是围绕一款已在市场上获得初步认可的产品，集中发力实现在该产品方向上的规模经济。

C. 商业模式的核心是围绕一款已经在市场上获得较好用户基础的产品进行关联性产品开发，争取实现围绕这些相关产品的范围经济。

D. 商业模式的核心是沉淀公司已有的技术或用户基础，形成底层基础设施，建立中间层应用平台，实现与合作伙伴共赢的生态模式。

10. 本企业或业务部门的主要技术趋势最符合如下哪个描述？

A. 使用的主要技术是在行业内刚刚起步的技术，技术成熟度尚不高，但业内对该技术的期望值较高。

B. 使用的主要技术是在行业内已得到初步验证并日趋成熟的技术，技术稳定性和经济性开始显现出来。

C. 使用的主要技术在行业中已得到充分验证，技术稳定性高、经济性好，是行业的主导技术标准。

D. 正在探讨行业内的突破性技术，这种技术对行业内原有技术标准具有颠覆性，如果成功应用可能会引发行业技术范式的改变。

11. 本企业或业务部门的资本资源最符合如下哪个描述？

A. 资本主要来自创始人的早期投资，也有创业团队自身的部分投入。

B. 资本结构变化较快，最近一段时间有新的资本希望投进来，部分资本来自企业外部的投资机构（包括风险投资机构）。

C. 资本结构已比较稳定，拥有较为丰沛的可用于资本运作的资金，已展开对一些较为成熟企业或业务的并购。

D. 已经或正在考虑成立战略投资部门，投资一些初创项目，目的不限于获得财务回报，也包括达成转型的战略目标。

12. 本企业或业务部门的市场竞合最符合如下哪个描述？

A. 市场环境存在较大的不确定性，未来发展路径存在较高的不连续性，市场处于一种“混沌”状态。

B. 未来的发展方向已非常明确或较为明确，上下齐心，正在为了实现发展目标排除道路上的一切困难而努力。

C. 发展方向非常明确，过去几年及未来可见的一段时间内不会有较大的方向上的调整，有一定的实力能够实现未来几年的战略规划和战略目标。

D. 在过去的发展过程中已积累了较为丰富的经验和资源，但未来发展的方向开始出现一定程度的不确定性，面临发展方向上的战略选择。

以上12个问题对应共演战略的12个要点，你在完成测评后可以自己计算得分，选项A～D分别是1～4分。为了让测评结果更能反映实际情况，你可以基于以上测评问题制作测评问卷，打乱选项顺序，让团队内多位伙伴进行测评。测评结果可以反映企业或业务部门的发展阶段，以及不同伙伴对同一问题的不同理解等。

第二节　战略四要素的演化

考虑到用户、产品、组织和市场是共演战略四要素，对企业生命周期的理解也可以从这四要素的生命周期入手。共演战略四要素生命周期内的价值变动趋势可以描述为共演战略四要素的价值曲线，即用户要素价值曲线、产品要素价值曲线、组织要素价值曲线、市场要素价值曲线。

用户要素价值曲线

用户需求是有生命周期的，产品能力和用户购买力决定着用户的实际需求水平。当产品能力通过技术创新得到提升后，潜在需要转化为实际需要；当用户购买力因为价格下降或收入上升得到提升后，实际需要转化为实际需求。

需求生命周期曲线反映了在市场达到饱和之前，不同类型的用户进入市场的顺序和需求发展的阶段。从进入市场的顺序看，用户可分为创新者、早期使用者、早期从众者、晚期从众者和落后者等五类。其中，创新者和早期使用者在需求发展的萌芽期即进入市场，早期从众者在需求发展的成长期进入市场，而晚期从众者和落后者在需求发展和成熟期才进入市场。等到用户中的落后者全部进入市场，市场需求就会达到饱和。

不同类型用户的特征决定了他们进入市场的先后顺序。创新者一般是技术迷、发烧友，他们会从成为第一批体验新产品的用户这一经历中获得乐趣，即使此时产品并不完善且价格高昂，创新者也愿意尝试。早期使用者是第二批进入市场的用户，他们一般是时尚的追随者，或会因看到了产品在未来的重要应用价值而进入市场。对技术或产品的前瞻性追求促使创新者和早期使用者在需求发展的萌芽期即进入市场。根据统计，创新者的比例大致为 2%，早期使用者的比例大致为 13%，二者之和在 15% 左右。[㊀]

亚马逊的创始人杰夫 · 贝佐斯应被归为创新者。贝佐斯在 1994 年就看到利用互联网实现图书销售的可能性。作为用户，他比其他人更热衷于通过互联网满足自己的需求；作为创业者，他比其他人更愿意承担早期投身互联网行业的风险。中国互联网行业的早期使用者大多是受教育程度较高的从事和科技有关行业的白领人士和大学生。也正是因为这样的原因，中国早期的互联网社交平台大多选择从白领群体或学校切入。

在创新者和早期使用者之后进入市场的是早期从众者，他们代表着

㊀ 罗宾斯，库尔特 . 管理学 [M]. 李原，孙健敏，黄小勇，译 . 北京：中国人民大学出版社，2012. 本节内容里的类似数据引用皆出此书，不再标注。

大众市场上引领潮流的人群，他们的加入标志着需求发展的成长期的开始。早期从众者对新技术和新产品抱有好奇的态度，但他们也是实用主义者，会评估使用新技术和新产品带来的收益和成本，并且只有在新技术和新产品能够为他们带来超出成本的收益时才会考虑使用。早期从众者的人数通常比较多，大约为市场需求饱和时用户总量的35%。例如，中国互联网行业的早期从众者通常是一、二、三线城市的年轻人，虽然他们对于新技术和新产品相关信息的获得没有科技人员方便，但他们是更大程度上的实用主义者，对新产品的性价比非常敏感。正是基于这样的原因，小米等互联网品牌手机能够快速地通过互联网渠道抓住这些年轻人购买第一部智能手机的机会，快速成长为互联网手机领先品牌。

早期从众者证明了新产品可以满足他们的需求之后，大量晚期从众者才会进入市场。这些用户获得信息的渠道通常比较传统，获得信息的时间比较晚，而且对新事物的接受程度比较低。他们通常是一些年龄较大的人，或者生活在四五线城市。然而，晚期从众者的数量非常多，和早期从众者相仿，他们可以占到用户总量的35%左右，对企业而言非常重要。近年来，OPPO和vivo等手机品牌的快速崛起在很大程度上要归因于通过线下渠道抓住了晚期从众者使用智能手机的需求。

落后者是最后进入市场的用户群体，大致上占用户总量的15%。他们通常比较保守，不喜欢新鲜事物，或者认为新产品不能满足他们的需求。这些用户通常只是在不得不接受新产品的情况下才会进入市场。例如，现在我们还会偶尔听到有身边的朋友说没有用微信或刚刚开通微信。这些朋友或者是非常忙，不希望微信打扰他们；或者是交际圈非常窄，不需要微信带来的社交便利。

把传统的用户生命周期理论和共演战略的阶段性框架结合起来，创业者和企业家可以更好地理解用户要素在企业发展各阶段的作用。如

图 4-7 所示，共演战略过程可分为 4 个阶段：创业阶段、成长阶段、扩张阶段、转型阶段。和传统的用户生命周期曲线不同，以共演战略框架为基础的用户要素价值曲线分为两条可能的曲线：A 曲线和 B 曲线。

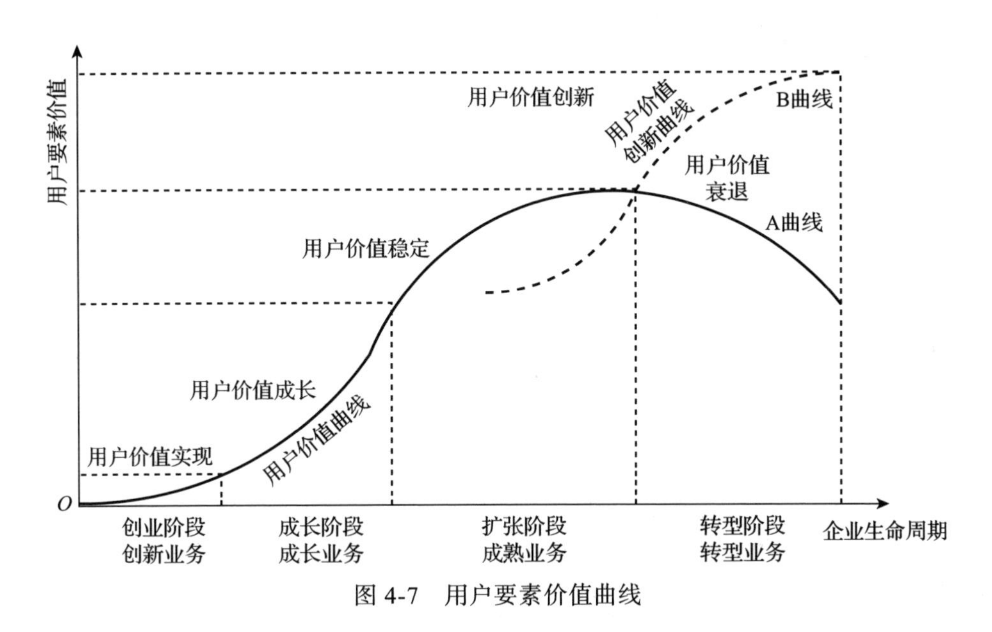

图 4-7　用户要素价值曲线

A 曲线和传统的用户生命周期曲线形状类似，包括用户价值实现期、用户价值成长期、用户价值稳定期、用户价值衰退期。在用户价值实现期，创业者发现创业机会，提供能够满足用户需求的产品以实现用户价值；在用户价值成长期，企业服务快速增长的用户群体，创造快速成长的用户价值；在用户价值稳定期，企业服务的用户数量的增长趋缓，提供的用户价值趋于稳定；在用户价值衰退期，企业服务的用户数量出现下降趋势，每个用户需求的满足程度也可能有所下降，两种趋势综合起来，使得企业提供的用户总价值下降。

B 曲线和传统的用户生命周期曲线（或 A 曲线）的不同之处在于，在用户价值稳定期之后，企业避免了用户价值衰退，并且通过用户价值创新实现了向另一条用户价值曲线的跨越。企业之所以能够跨越到 B 曲线，是因为企业在原有用户价值曲线刚刚发展到稳定期的时候，就开始了新的用户价值曲线的探索。

以小米公司为例。小米在创业阶段针对手机技术发烧友的需求，开发能更好满足发烧友个性化需求的MIUI系统。在成长阶段，小米针对智能手机首次使用者对性价比高度敏感的特征，满足他们对手机外观（如屏幕色彩与大小）、特殊性能（如打游戏时的流畅度）和心理方面（如“不服跑个分”）的需求，实现了用户数量的快速增长和用户价值成长。在扩张阶段，小米关注已有智能手机的用户对智能生活的需求，着力于围绕手机、电视、路由器三个流量入口的智能生活场景打造，初步形成了小米智能生活生态链。在转型阶段，小米首先面临了中低端手机换代用户对小米手机需求下降的挑战。2015～2016年，小米手机出货量出现严重下滑。

如果仍然延续着力于年轻用户对中低端手机和周边产品的需求，那么随着年轻用户需求的变化和对中低端手机需求的萎缩，小米的手机和智能硬件产业链将难以避免地进入衰退阶段。为了应对年轻用户需求变化的趋势，小米在2015～2016年开始针对更大范围的用户开发小米Note和小米MIX等产品，用户群的年龄定位从原来的17～35岁扩展到了17～45岁。其中，小米MIX更是采用了“全面屏”和“全陶瓷机身”等让用户新奇的设计。当时出现了很多iPhone用户转用小米手机的现象。实际上，小米发布面向更成熟用户的手机并不仅仅是看中了中高端手机的较高价格，而是在布局新的用户价值曲线。小米看中的是中高收入人群对智能硬件、软件和金融方面的衍生需求。中高端手机产品只是小米从一家以硬件为主的厂家，向一家通过软件服务和金融服务创造用户价值的企业转变的起点。㊀

㊀ 范海涛．一往无前[M]．北京：中信出版社，2020.

产品要素价值曲线

需求生命周期本质上体现了用户对产品需求的起伏变化，和产品生命周期紧密相关。产品生命周期理论由美国哈佛大学教授雷蒙德·弗农提出。弗农教授认为：产品和生命体一样，也要经历开发、引入、成长、成熟、衰退的阶段。产品的开发阶段和引入阶段可以合并作为产品的迭代研发阶段，而产品的成长阶段、成熟阶段、衰退阶段可分别对应共演战略的成长阶段、扩张阶段、转型阶段。

产品迭代研发阶段的特点是产品批量小、成本高。在这个阶段，用户对产品还不了解，关注产品的主要是极少数创新者和少数早期使用者，企业往往不得不投入大量的促销费用，对产品进行宣传推广。产品成长阶段的特点是，由于早期从众用户开始接受产品，产品销量上升，成本下降，价格也可能随之下降。产品成熟阶段的特点是，产品大批量生产并稳定地进入市场，随着晚期从众者增多，市场需求趋于饱和，产品普及并日趋标准化，成本低且产量大，产品价格下降压力和空间增加。产品衰退阶段的主要特点是，由于科技发展和用户消费习惯改变等原因，产品不能继续适应市场需求，市场上出现其他性能更好、价格更低的新产品可以满足用户需求，原有产品的销售量和保有量持续下降。

以 iPhone 为例。自 2007 年 1 月 9 日第一代 iPhone 发布，iPhone 已经历了引入阶段和成长阶段，后进入了成熟阶段和转型阶段。具体到 iPhone 各代产品，可以划归到引入阶段的产品大致有第一代 iPhone、iPhone3G 和 iPhone3Gs，可以划归到成长阶段的产品大致有 iPhone4、iPhone4s 和 iPhone5，可以划归到成熟阶段的产品大致有 iPhone5s 及 5c、iPhone6、iPhone6s、iPhone7，后续几代产品大体上可以归入转型阶段（见图 4-8）。

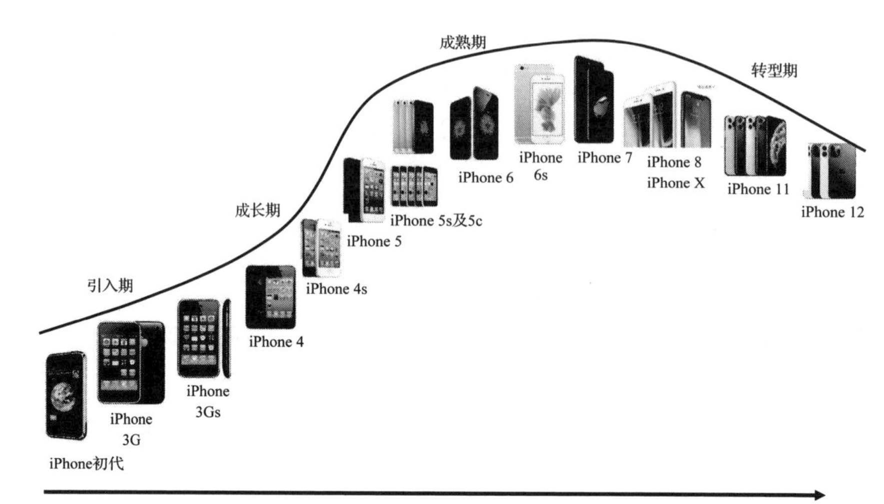

图 4-8　iPhone 产品生命周期曲线

作为全球第一款真正意义上的智能手机，第一代 iPhone 可以通过新型触摸屏幕播放音乐、浏览互联网和拍照，当时这部手机引起了非常大的震撼，完全可以说“重新定义了手机”。

然而，即使是苹果这样的公司和 iPhone 这样的产品，也需要经历一定的引入阶段。iPhone 的真正成长阶段是随着整个智能手机行业爆发而来临的。2010 年 6 月，美国加利福尼亚州旧金山，苹果公司首席执行官乔布斯在苹果全球开发者大会上发布 iPhone 4。因为患病原因，这是乔布斯最后一次站在发布会上介绍新一代 iPhone。iPhone 4 与 iPhone 3Gs 相比可以说有了质的变化：iPhone 4 厚度仅有 9.3 毫米，相对于 iPhone 3Gs 12.3 毫米的厚度，变薄了约 24%；iPhone 4 采用了视网膜（Retina）显示屏，分辨率为 960×640；内存也提升到 512MB，在运行流畅度方面可以说进一步加强。iPhone 4 发布后，iPhone 总销量从 2010 年的 39.99 百万台上升到 2011 年的 70.29 百万台，并在 2012 年跃升到 125.05 百万台。

从 iPhone 5s 及 5c 开始，iPhone 产品大致上进入成熟阶段，2013

年 iPhone 产品总销量为 150.26 百万台，只比 2012 年有小幅上升。苹果公司同时推出 iPhone 5s 和 iPhone 5c 两款针对不同人群的产品，说明 iPhone 在高端人群用户中的增长已经遇到了瓶颈。随后的 2014～2015 年，iPhone 总销售量分别为 169.22 百万台和 231.22 百万台。在 2016 年，iPhone 总销售量出现了小幅下滑（215.4 百万台）。2017 年 9 月，苹果公司发布 iPhone 8 的同时，发布了全面屏手机 iPhone X——集合了多项“黑科技”，这促使 2017 年的 iPhone 总销量有所回升（223.0 百万台）。2018 年后，全球手机行业竞争愈加激烈，以华为、OPPO、vivo、小米等为代表的中国手机厂家逐渐蚕食苹果的手机市场，iPhone 总销量在 2018～2020 年间始终徘徊在 200 百万台左右。

我们如果单看每一代 iPhone 的话，就可以看到一个产品在短短几年内经历从进入市场到退出市场的完整周期。为了改变人们长时间不更换苹果产品的习惯，苹果公司曾在官网上推出了一份文件，提出“产品使用年限”的概念并建议用户定期更新产品。该文件指出：“基于产品的第一所有者，OS X 和 tvOS 产品的使用期限一般为 4 年，而 iOS 和 watchOS 产品为 3 年。”如果用户手中还有 3～4 年前发布的苹果产品，往往需要升级到新的苹果产品，苹果公司不会持续提供低版本软件维护和硬件维修服务。这也意味着，苹果产品的生命周期在 3～4 年。

把产品生命周期曲线和共演战略框架结合起来，可以得出图 4-9 所示的产品要素价值曲线。与用户要素价值曲线类似，产品要素也在相应的共演战略发展阶段中经历产品价值实现、产品价值成长、产品价值稳定等阶段。随后，产品价值可能沿着图中 A 曲线的走向衰退，也可能沿着图中 B 曲线（新的产品价值曲线）的走向继续上升。

企业在创业阶段一般都是以少量产品做主打产品，甚至以“单点突破”为口号，力争找到产品与需求、组织和市场的结合点，从而实现产品价值。在成长阶段，企业往往围绕主打产品深耕市场和深挖用户需求，力争做到“一厘米宽，一公里深”，实现产品价值成长。在扩张阶段，企业的主打产品的需求增长会趋缓，这时企业需要做的是稳定主打产品需求，并开始尝试在新的产品价值曲线上探索。在转型阶段，企业需要在新的产品价值曲线上创新产品，避免企业整体的产品价值衰退。

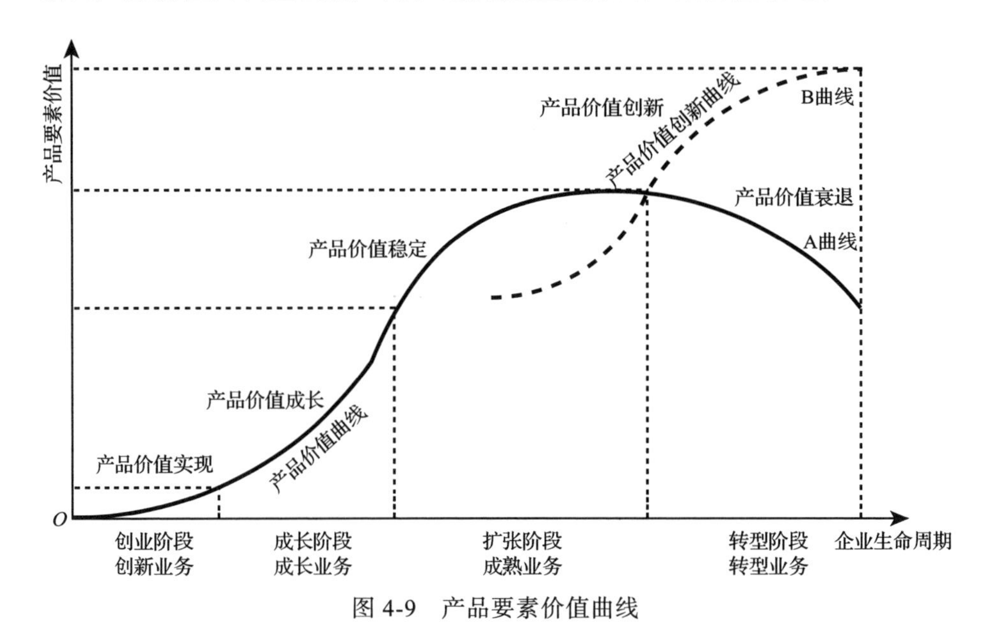

图 4-9　产品要素价值曲线

组织要素价值曲线

正如需求生命周期和产品生命周期密切相关一样，组织生命周期也和产品生命周期密切相关。在创业阶段，由于尚未形成完整的商业模式，业务规模也非常小，企业的组织发展主要围绕以创业者为核心的创业团队展开，并随着商业模式的清晰化和业务规模的扩大，增加或调整相应的组织功能。

在成长阶段，企业的核心业务已经基本确定并得到快速发展，而业务快速增长的驱动力不一定完全来自组织能力，可能来自市场环境和用户需求——带来了好的机遇。在这种情况下，企业的组织能力很可能跟不上业务的发展和组织规模的增长，而这会为企业的持续发展埋下隐患。在成长阶段，企业组织建设的核心任务是促进组织能力发展，包括创始人、高管人员和普通员工的发展，要及时调整组织架构，并根据业务的发展需要搭建规范的管理体系。

在扩张阶段，企业的业务结构趋于相对稳定，业务发展速度和行业的平均水平相差不大。这时候，相对稳定的业务决定了企业组织结构的稳定性，调结构不是这个阶段企业组织建设的重点，提升组织效率成为这一阶段组织建设的核心命题。

在转型阶段，企业原有业务增速放缓，需要寻找新的商业模式。在此阶段，企业不仅仅要面临寻找新商业模式的挑战，来自原有组织惯性的挑战更大。企业原有的业务逻辑和组织惯性会带来强大的惰性，这种惰性不仅仅来自普通员工和高管人员，企业创始人自身的局限也可能成为企业实现变革突破的最大障碍。在转型阶段，转变思维模式是组织创新的前提，这包括普通员工和高管人员对既得利益的重新认识，也包括企业创始人对自己认知边界的重新探索。

如果企业不能突破组织惯性的束缚，那么企业将在组织方面进入衰退阶段。在有些情况下，企业的业务虽然还在持续发展，但已失去必要的组织活力和组织能力。这样的企业也许还能凭借技术、需求、市场等方面的优势存续一段时间，但会如外强中干的枯木，在不期而至的暴风雨中毁灭。

我们可从共演战略的视角讨论组织要素的发展（见图 4-10）。在创业阶段，企业的组织结构可以比喻成“箭头”。创始人是箭头形结构的尖，而创始团队和早期员工是箭头两个侧面的刃。在创业阶段，创始人冲在业务最前线，与创始团队和早期员工一起冲破创业的障碍。此时，企业中所有人一起努力实现企业的组织价值，创始人与创始团队和员工的沟通是最直接和最有效的。

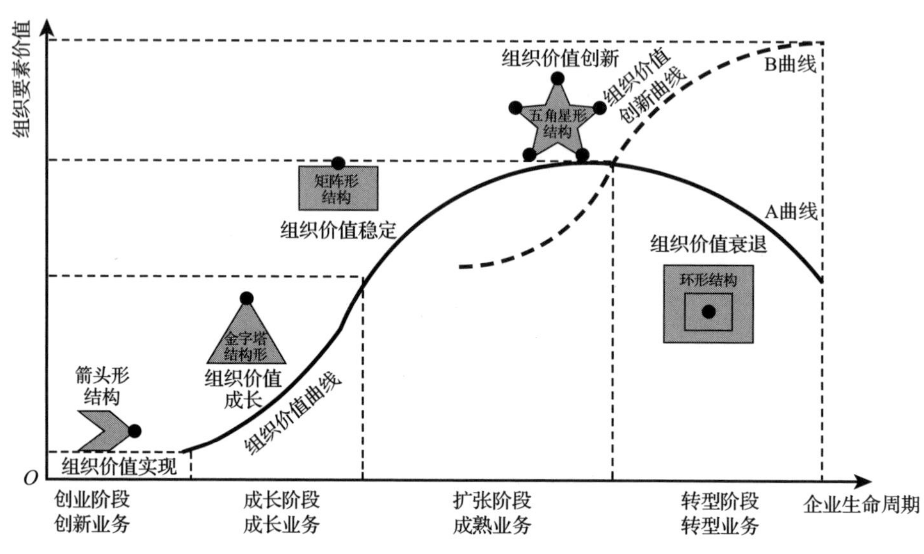

图 4-10　组织要素价值曲线

在成长阶段，企业的组织结构可以比喻成“金字塔”。企业领导者位于金字塔的顶端，高瞻远瞩，为企业发展指引方向。高管团队位于金字塔的中间位置，起到将企业发展战略落地和将战略实施效果反馈给领导者的作用。在这个阶段，企业的业务结构仍然比较单一，但增速较快。金字塔形结构可以使企业在业务规模快速增长的同时，不失去组织结构的稳定性，并保证一定的效率，使企业在业务增长的同时实现组织价值的成长。

在扩张阶段，由于企业业务线在多元化过程中持续增加，为保证管理效率，企业的组织结构通常从简单的金字塔形结构演变为“矩阵形”结构，按照不同的业务线组织事业部。事业部的内部结构是事业部总经理居于金字塔的顶端。各个事业部并行成为矩阵形结构，企业领导者居于这个矩阵形结构的顶端中心位置。矩阵形结构可保证处于扩张阶段的企业能够以较高的效率管理跨度很大的业务线，这些业务线以事业部的形式组织起来，在行业和区域两个维度形成交叉，以组织架构的稳定性支撑起企业的稳定发展。

然而，随着企业业务的不断扩张，各事业部和各部门的交叉支持可能变成“盘根错节”，官僚化可能出现并越来越严重，这会造成组织效率的持续下降，企业可能随之进入组织价值衰退阶段。这时候，如果从企业组织结构的顶端向下看，可能会发现一个类似于“环形”的组织结构。企业领导者居于中心位置，副总经理、事业部经理、部门经理、区域经理、普通员工等一层层向外展开。

与进入组织价值衰退阶段的企业不同，一些企业会及早进行组织价值创新，在尚未进入组织价值衰退阶段之前就构建新的组织价值曲线，通过组织结构、组织制度、组织领导和组织文化等多方面的调整，创新组织价值。这些企业往往会尝试和过往不同的组织结构，根据企业自身特点采用倒三角形组织结构、网络化组织结构或无边界组织结构等。这些企业的组织结构可以简化地用五角星形表示。在这些创新的组织结构中，企业领导者不再居于企业组织的“核心”或“塔顶”位置，而是像创业时一样，把目光投向企业外部，投向用户和市场，把自己放在战略和业务的最前线。

在图 4-10 中，企业的组织结构从创业阶段的箭头形结构，到成长阶段的金字塔形结构，到扩张阶段的矩阵形结构，再到转型阶段的五角星形结构，体现了组织结构随着企业发展不断复杂化，同时说明企业需要在复杂中保持组织要素的简洁和高效。

以小米公司的组织要素演变为例。在创业阶段，雷军和几位联合创始人连同 40 多位早期员工一起，采用箭头形组织结构，实行平层管理模式，这奠定了小米公司的组织要素基调。在成长阶段，小米公司一直采用“创始人 – 业务负责人 – 员工”的三层组织结构，以最简单的三层金字塔形组织结构支撑起小米手机核心业务线的快速成长。[1]

---

[1] 范海涛．一往无前 [M]. 北京：中信出版社，2020.

在扩张阶段，小米公司结合使用了矩阵形组织结构和网络形组织结构。以事业部结构存在的主要包括黎万强负责的电子商务事业部，周光平负责的硬件及BSP事业部，黄江吉负责的路由器及云服务事业部，洪峰负责的MIUI事业部，王川负责的小米盒子及电视事业部。此外，业务部门有王翔负责的国际业务、知识产权和法务部门，祁燕负责的内部管理及外部公共事务部门，周受资负责的财务管理和投资部门。以网络组织结构存在的主要是刘德负责的小米生态链业务和尚进负责的小米互娱业务。每一家小米生态链企业都是独立的，和小米公司是兄弟企业关系，它们以小米公司为核心，形成了"矩阵式孵化"网络结构。

从创立之初，雷军就把"找合适的人"放在"做合适的事"之前，引进了6位联合创始人。随着公司的发展，陆续有多位高管人员加入小米公司，依靠群体智慧促进公司发展。然而，随着公司人员超过1万名，业务范围不断扩大，以及产业链的不断扩张，小米公司出现了以机构越来越臃肿、组织越来越复杂为表象的大企业病。此时，快速增长造成的管理粗放问题和互联网公司基因带来的供应链短板制约了小米公司的进一步发展。为此，雷军在2016年亲自掌控小米供应链，试图缓解各类产品均缺货的局面。此外，小米公司在简化机构、提升效率、引入KPI等方面开始了新的尝试。小米公司试图通过这些组织要素的调整打造新的组织价值曲线，以避免组织价值衰退的出现。采取这些举措的结果是，组织价值的不断创新为小米公司后来的上市以及持续发展奠定了坚实的基础。

市场要素价值曲线

市场要素是企业发展的重要外部环境因素，技术趋势、市场竞合和资源资本是市场要素的三个重要组成部分。市场要素价值可以从这三个方面进行分析。

应用于商业的技术有其产生和发展的自身规律，通常会经历萌芽阶段、发展阶段、成熟阶段和衰退阶段4个阶段。企业在技术发展的不同阶段进入市场，对于企业后续发展有不同的影响。通常，在技术萌芽阶段即利用新技术进入市场的企业在用户心目中将拥有技术领先者的地位，但由于技术本身尚未成熟，使用最新技术的企业不一定能取得最好的绩效。

由于在行业发展的不同阶段市场中相互竞争的企业和潜在的合作者数量与地位不同，从市场竞合角度可以把行业发展分为萌芽阶段、发展阶段、成熟阶段和衰退阶段4个阶段。在行业的萌芽阶段，市场上的企业数量较少，它们之间的竞争或合作程度均有限；在行业的发展阶段，市场上的企业数量增多，企业的竞争对手和合作对象均快速增加，竞合程度增强；在行业的成熟阶段，由于行业增长空间变小，企业之间的竞争关系变得更加激烈，合作的可能性减少；在行业的衰退阶段，行业中所剩企业数量减少，出现企业共谋现象的可能性增加，企业间的竞争趋缓，合作或合并的可能性增加。

在行业的萌芽阶段，企业可以利用的是：行业相关资源稀缺，具有行业所需专门技能的人员很少，行业发展所依赖的供应链尚未形成。在此阶段，投资人对行业发展前景并不看好，企业获得资金和资本的难度较高。在行业的发展阶段，具有行业所需专门技能的人员开始增多并聚集，围绕行业需求发展起来的供应链甚至是供应商集群开始形成。在此阶段，投资人看好行业的发展前途，资金和资本开始从其他行业流入本行业。在行业的成熟阶段，随着行业内企业自身的发展和积累，行业内的相关资源达到峰值，拥有大量的专门人才储备和完善的供应链体系，先前进入本行业的资本开始获利退出。在行业的衰退阶段，由于行业发展空间萎缩，行业积累的大量资源的使用效率下降并开始流向其他行业。在此阶段，不仅新的资金和资本不再流入衰退中的本行业，并且本行业内企业的资本积累也会开始投向其他行业。

虽然技术趋势、市场竞合和资源资本这 3 种力量在一个行业的萌芽、发展、成熟和衰退的过程中发生作用的时点和频率不完全一致，但 3 种力量结合起来，可以决定行业和市场的生命周期。

IT 产业主要分为通信、硬件、软件三大行业。通信行业产生最早，1876 年——亚历山大·贝尔发明了电话，第二年贝尔电话公司成立。后来，由于技术专利的失效，美国市场一度冒出了 6000 多家电话公司，有线通信经历了快速发展阶段。之后，有线通信经历了长达 70 年的成熟阶段，并在无线通信和互联网的双重冲击下进入衰退阶段。

1928 年加尔文兄弟创办了摩托罗拉公司的前身加尔文制造公司，无线通信行业由此进入萌芽阶段，后经历了漫长的缓慢发展阶段。20 世纪 90 年代，美国对《电信法》进行了重大修改，目的是减少市话、长话、移动电话和有线服务商等之间造成的人为割裂，并全面放开市场——无线通信行业迎来了快速发展阶段和成熟阶段。近年来，随着移动互联网时代的到来，在 WhatsApp 和微信等即时通信软件的冲击下，无线通信可能开始步入衰退阶段。

IT 行业中的硬件和软件行业几乎是相伴而生的。第二次世界大战后，一些原本服务于军事领域的公司开始谋求在民用领域的发展。IT 硬件行业的第一波创新发生在大型机领域。1951 年，沃森请来冯·诺伊曼做顾问，IBM 从此开始领导电子技术革命的浪潮。就在 IBM 在大型机领域难逢敌手的时候，硬件的进步使得个人计算机的性能慢慢能够满足信息处理的需要，个人计算机开始抢夺大型机的市场。个人计算机产品在 20 世纪 90 年代前经历了快速发展阶段，随后，在以苹果公司的牛顿 PDA 为发端的手持网络设备的冲击下逐渐走入成熟阶段和衰退阶段——但牛顿 PDA 没有给苹果公司带来多么辉煌的业绩。几年后，陆续推出的 iPod、iPhone、iPad 等手持网络设备，以及日益流行的可穿戴设备促使

IT 硬件行业的第三波产业周期来到。

IT 硬件行业的产生和发展，IT 软件行业伴随左右，其与硬件行业相辅相成，共同发展。IT 软件行业最先发展起来的是基于大型机的企业解决方案，随后是基于个人计算机的软件，最近是基于移动网络设备的 App。

影响 IT 行业生命周期的因素很多，技术趋势、资源资本和市场竞合等因素共同决定着 IT 行业的萌芽、发展、成熟和衰退过程。把行业生命周期曲线和共演战略框架结合起来，可以得到市场要素价值曲线。市场要素价值曲线反映了企业根据自身发展阶段，利用市场要素（技术趋势、资源资本和市场竞合），完成企业市场价值的实现、成长、稳定和创新（见图 4-11）。

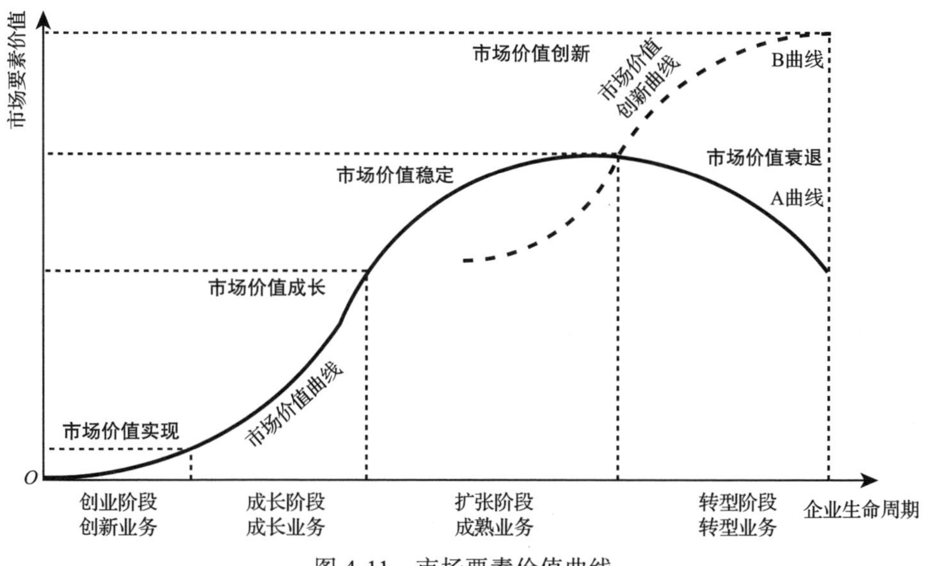

图 4-11　市场要素价值曲线

在创业阶段，创业者抓住新技术萌芽的趋势，运用自身可以得到的资源资本，利用市场上缺少竞争对手的市场空间，实现企业的市场价值。在成长阶段，企业顺应技术快速发展并得到普遍应用的趋势，把握市场"风口"，迅速获得必要的资源资本，并在市场竞争变得非常激烈之前获得发展的先机。在扩张阶段，企业利用成熟稳定的主导设计，凭借自身发展积累的资源资本，在市场竞合中取得战略平衡，最大化企业能够获得的市场价值。在转型阶段，有战略眼光的企业家为避免企业的市场价值出现衰退，往往提前布局，把握新的技术趋势，利用新的市场机会，充分运用资源资本，打造企业的市场价值创新曲线，并在原有市场价值曲线出现颓势时，把企业资源更多地转移到新的市场价值曲线上，以获得企业市场价值的持续提升。

以小米公司的市场要素曲线为例。在创业阶段，雷军等联合创始人抓住了安卓系统智能手机呈现的技术趋势和市场空白，通过自身的资本投入和引进风险投资，撬动产业资源资本。由于小米公司抓住了市场“风口”，当智能手机在中国的年轻人中迅速普及时，市场上没有过多的竞争对手。中国是全球手机的重要产地，手机制造业产业链成熟，这使得小米可以用较低的成本生产出较高质量的智能手机，从而被资本看好，迅速获得了很高估值和大量融资。随着智能手机市场的竞争愈演愈烈，大量资源资本进入这个行业，市场上迅速出现了众多竞争对手。在这个阶段，小米公司开始围绕智能手机等核心产品布局智能家居生态链，在一定程度上开启了和竞争对手的差异化竞争，此外，小米公司与很多手机行业之外的厂商取得了合作，这为其下一步的市场价值创新奠定了基础。随着智能手机、智能电视等行业的竞争日趋激烈，小米公司开始出现供应链断裂的危机，加之资本寒冬的到来，小米公司的市场估值迅速下降，面临着资金、供应链、技术瓶颈等方面的多重压力。为了渡过难关，2016～2017年，小米公司强调降速调整的战略。2017年初，小米公司更是提出了聚焦“黑科技”、新零售、国际化、人工智能和互联网金融5个核心战略，这5个战略方向可以说是组成了小米公司新的市场价值创新曲线。

2018年7月，小米公司在香港上市，由此开启了新的发展阶段。2019年，小米公司首次入围《福布斯》500强榜单。近年来的发展表明，小米公司成功地应对了竞争对手通过线下零售渠道和核心科技对小米公司做出的挑战，已顺利过渡到新的市场价值创新曲线上。

企业价值创造公式

在共演战略的不同阶段，企业创造用户价值的机制是不同的。在图 4-12 中，我用 4 个公式定义了企业在共演战略四阶段中创造用户价值的方式。

- 创业阶段
  企业价值 = 用户价值 = 用户 ∩ 组织 ∩ 产品 ∩ 市场
- 成长阶段
  企业价值 = 用户价值 × 用户量
- 扩张阶段
  企业价值 =（用户价值$_1$ + 用户价值$_2$）× 用户量
- 转型阶段
  企业价值
  =（原用户价值 + 新用户价值）×（原用户量 + 新用户量）
  = 原用户价值 × 原用户量 + 新用户价值 × 原用户量
  + 原用户价值 × 新用户量 + 新用户价值 × 新用户量

图 4-12　共演战略四阶段的企业价值创造公式

在创业阶段，企业价值等同于企业创造的用户价值，而“用户价值＝用户∩组织∩产品∩市场”。这里的“∩”表示交集，表示企业在用户、组织、产品和市场这共演战略四要素间找到交集、契合点和匹配点。换句话说，在创业阶段，企业要能够在用户需求、组织能力、产品属性和市场资源之间找到交集，这样才能够实现用户价值，才能够开发出未来能够被市场接受的产品。

在成长阶段，“企业价值＝用户价值 × 用户量”。这里的用户价值就是在创业阶段创造的用户价值。企业在成长阶段最主要的任务是突破创业阶段用户总量的局限，把用户价值带给更多的用户。

在扩张阶段，企业服务的用户数量缓慢增长，企业可能为这些用户带来多样的用户价值，企业价值可表达为“企业价值＝（用户价值$_1$＋用户价值$_2$）× 用户量”。

在转型阶段，企业除了原来创造的用户价值外，还会为用户带来新用户价值。更重要的是，企业除了服务原来的用户群体之外，还会服务新的用户群体。企业价值可表达为“企业价值＝（原用户价值＋新用户价值）×（原用户量＋新用户量）”。

利用以上公式，我们可以分析企业在不同的发展阶段是如何创造用户价值的，了解为什么有的企业可以在发展过程中不断找到创造用户价值的突破口。以腾讯为例，图 4-13 展示了腾讯的共演战略四阶段。在 1998～2000 年的创业阶段，腾讯主要是模仿 ICQ，对 OICQ 进行微创新，并获得了 MIH 的巨额投资，基本达到了盈亏平衡，实现了“用户∩组织∩产品∩市场”的企业价值。

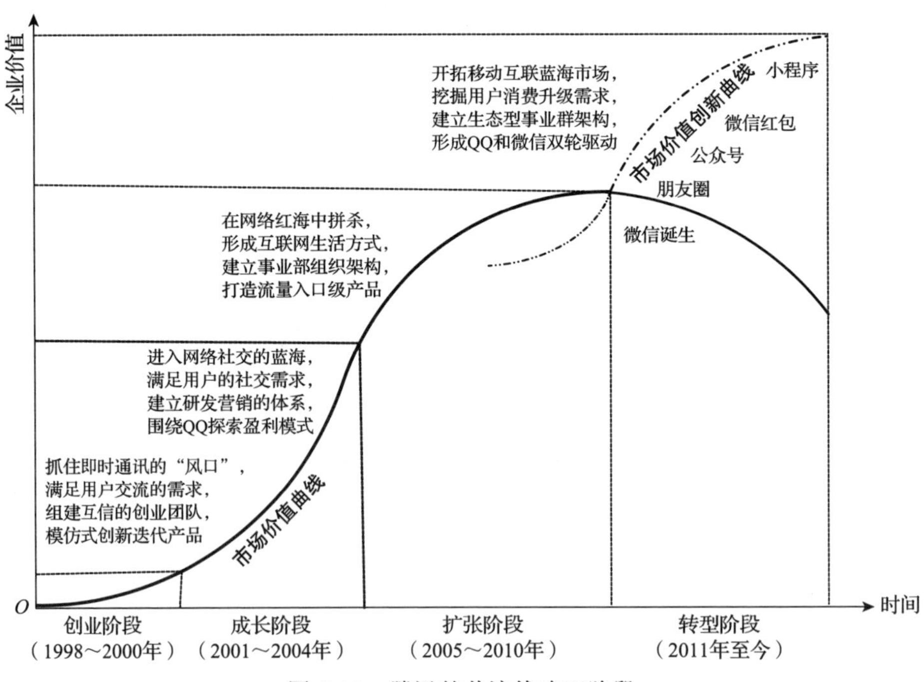

图 4-13 腾讯的共演战略四阶段

创办腾讯之前，创始人们就有一个“即时通讯”的梦想——所有准备用来注册的公司名称中都包含了“讯”字。1999 年 2 月，OICQ 上线，腾讯有了一款即时通信产品。腾讯的创始人们当时完全没有预料到这款产品的潜力，只是计划第 1 年发展 1 000 个用户，前 3 年累积 1 万个用户。有了 OICQ 的产品原型，张志东领导的产品团队以用户体验为“支点”，很快就拉起了一条指数型增长曲线，以至于整个腾讯都忙于找钱来“喂饱这只不停嘀嘀叫的小企鹅”。[⊖]

在好几年内，以 QQ 为核心产品的腾讯都找不到从 QQ 用户身上挣钱的方法，直到 2003 年初许良领导的“阿凡达小组”推出了“ QQ 秀”，为 QQ 用户提供衣服、饰品和环境场景等元素设计自己的虚拟形象。围绕即时通信挖掘出来的用户对虚拟化产品的需求，其相关产品一经推出，便一发不可收拾。直到现在，虚拟形象仍然是腾讯各产品线的主要收入来源（如游戏“王者荣耀”中的英雄皮肤）。

在 2001～2004 年的成长阶段，腾讯的主要成绩是改变了在创业阶段收入和利润主要依赖电信移动增值服务的局面，摸索出了 QQ 秀的虚拟商品收费模式和门户网站广告模式，并推动了 QQ 用户快速增长。2004 年，腾讯在香港上市。此阶段的腾讯实践了“企业价值＝用户价值 × 用户量”的成长阶段企业价值公式。

在 2005～2010 年的扩张阶段，腾讯打造了围绕 QQ 的“在线生活方式”，包括 QQ 的即时通信服务（对标 MSN）、QQ 空间的社交服务（对标 Facebook）、QQ 游戏的娱乐服务、门户网站、邮箱和广告服务。腾讯实际上是运用两大核心能力（资本和流量），通过收购为用户提供新的价值，并通过 QQ 导流为新业务带来巨额流量，实践了扩张阶段的企业价值公式——“企业价值＝（用户价值 $_1$＋用户价值 $_2$）× 用户量”。

⊖ 吴晓波 . 腾讯传：1998—2016 ：中国互联网公司进化论 [M]. 杭州 : 浙江大学出版社，2016.

发展到2010年的腾讯可谓顺风顺水。2010年3月5日，QQ同时在线用户达到1亿人。繁荣的表面之下也隐藏着危机，业界把对腾讯的不满归结为三宗罪，“一直在模仿，从来不创新”“走自己的路，让别人无路可走”“垄断平台，拒绝开放”。2010～2014年，发生在腾讯和360之间的“3Q大战”是这些不满的总爆发，也预示着基于传统互联网的即时通信软件行业开始走向衰落。

2011年，腾讯进入了转型阶段。首先是“3Q大战”的爆发促使腾讯重新思考过去的“封闭式”发展方式，进而采取开放战略，开始打造基于QQ平台的腾讯生态。同时，腾讯开发了微博和微信两个新的基础性平台。腾讯的幸运在于，虽然张小龙领衔的微信团队比雷军的米聊团队立项晚一个月，但微信凭借腾讯巨大的用户量基础一举成功，这为腾讯争取到了一张“移动互联网时代的站台票”。这张“站台票”意味着腾讯向移动互联网的全面转型。

在QQ之后，微信拉出了一条更为陡峭的增长曲线，仅用了433天就达到同时有1亿在线用户的成绩（QQ用了10年，Facebook用了5年半，Twitter用了4年）。毫不夸张地说，微信促成了腾讯的第二条市场价值创新曲线，并把腾讯的企业价值曲线向上拉升到新的高度。腾讯企业价值的提升源自它同时为原有用户（QQ用户，年轻人为主）和新用户（微信用户，覆盖各年龄段）提供了原用户价值（通讯、社交、游戏等）和新用户价值（自媒体、营销途径、支付手段、购物场景等）。腾讯的成功转型验证了转型阶段企业价值的公式——“企业价值=（原用户价值+新用户价值）×（原用户量+新用户量）”。

游戏：企业生命周期

“企业生命周期”是我主导设计的桌游，可帮助学员体验在企业创业阶段、成长阶段、扩张阶段和转型阶段，获得和积累企业发展所需的用户需求、组织能力、产品技术和市场资源等要素，实现企业发展并达到经营目标的整个过程。

在“企业生命周期”游戏中，玩家将创立全新的企业，利用自己的聪明才智，从市场获取资源，升级优化组织，创造创新产品，满足用户需求，根据市场行情调整企业的经营策略，使自己的企业在平稳度过完整的生命周期后，成为经营最好的企业。

游戏中，每位玩家轮流掷骰子，骰子正面的符号代表本轮得到的经营要素，使用经营要素可以获取不同的事件卡牌。事件卡牌给予玩家经营企业所需的各种资源、能力、技术和需求等要素。利用这些要素，玩家持续经营，一步步扩张自己的企业，并努力完成企业目标。游戏结束时，玩家从不同的卡牌组合得到成就分数。成就分数最高的玩家获胜。

“企业生命周期”的游戏配件包括108张卡牌、6个六面骰子、6份玩家个人版图和1份公共版图（见图4-14）。108张卡牌包括企业4个发展阶段各自对应的20张卡牌、经营目标牌8张、经营挑战牌12张、市场行情牌8张。玩家公共版图放在桌子中央供玩家放置4个发展阶段牌堆和每回合翻开的发展卡牌。

游戏特制的六面骰子印有“机遇”“挑战”“需求”“能力”“技术”“资源”6个面，分别用不同的图标表示（见图4-15）。“机遇”对应企业发展过程中面临的机会，“挑战”对应企业发展过程中面临的威胁，“需求”“能力”“技术”“资源”分别对应共演战略四要素中的“用户”“组织”“产品”“市场”。“企业生命周期”游戏是一款典型的骰子驱动游戏，玩家通过掷骰子获得企业发展所需要素，并通过利用骰子上的这些要素换取相应的卡牌，达到资源积累的目的，形成自身的发展优势。游戏中玩家使用的 6 个骰子，包括 5 个黑白骰子和 1 个彩色骰子。黑白骰子掷出的要素为玩家自己使用，彩色骰子掷出的要素为其他玩家本轮使用。彩色骰子的引入可以减少其他玩家在等待时间的无聊感。

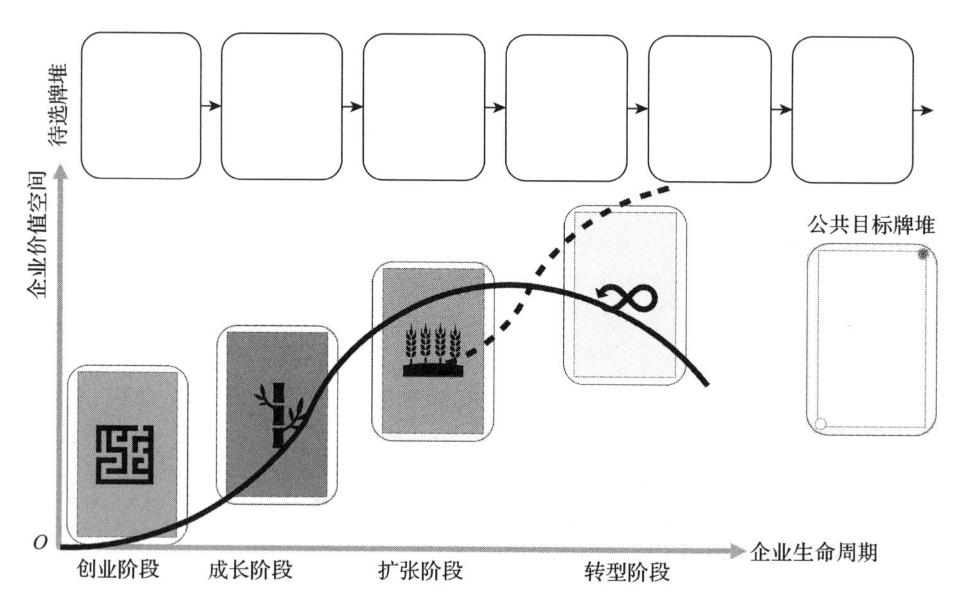

图 4-14 “企业生命周期”公共版图

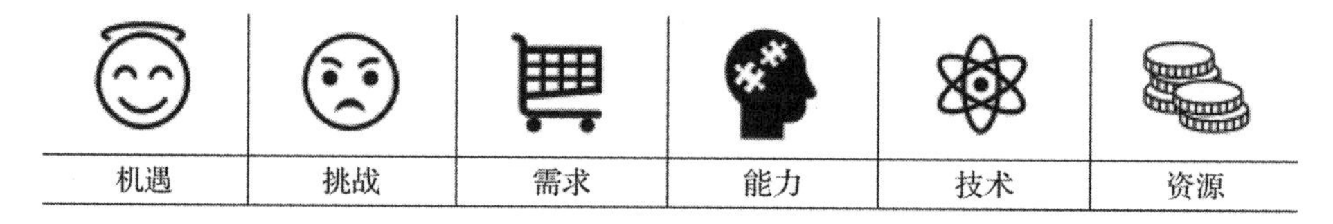

图 4-15 “企业生命周期”六面骰子的图标

发展阶段的游戏卡牌的内容有“卡牌名称”“卡牌花费”“卡牌效果”“卡牌收益”“卡牌类型”等。“卡牌名称”说明卡牌代表的事件。例如，有表示创业阶段用户开发事件的“解决用户痛点”，表示创业阶段涉及组织结构事件的“团队沟通高效”，表示创业阶段产品开发事件的“敏捷开发能力”，表示创业阶段涉及市场资源事件的“得到风投青睐”，表示环境危机事件的“遭遇资本寒冬”，表示企业目标的“用户为本”等。

“卡牌花费”说明了获得卡牌需要付出的代价。例如，要获得“解决用户痛点”，就需要付出一个“需求”和一个“机遇”，而这两个要素来自玩家投出的骰子或手上累积的卡牌的效果。

“卡牌效果”说明获得卡牌后带来的好处。例如，“解决用户痛点”可以抵消玩家的一个“挑战”，“团队沟通高效”可以让玩家在获取“组织牌”时少付出一个要素符号。

“卡牌类型”包括代表企业满足的用户需求的“用户牌”；代表企业拥有的组织能力的“组织牌”；代表企业提供的产品服务的“产品牌”；代表企业面对的市场环境的“市场牌”；代表宏观环境的“复杂环境牌”；代表企业经营目标的“目标牌”；代表危机事件的“挑战牌”（见图 4-16）。

	用户牌：代表企业满足的用户需求		**复杂环境牌**：一种持续生效的公共卡牌。在游戏中，复杂环境牌会给所有参与的玩家同时带来一些正面或负面的影响，模拟大环境中的不确定性和不连续性
	组织牌：代表企业拥有的组织能力		**目标牌**：代表企业的目标，如果玩家拥有满足目标要求的卡牌组合，则在游戏结束时得到额外的分数
	产品牌：代表企业提供的产品服务		**挑战牌**：一次性使用的卡牌。玩家可以在自己的轮次使用挑战牌的效果，然后将它弃掉。设置挑战牌的目的是让玩家更深刻地体会企业经营的不确定性和不连续性
	市场牌：代表企业面对的市场环境		

图 4-16　“企业生命周期”卡牌类型

在游戏准备阶段，公共版图要放置在桌子上，每位玩家拿到个人版图。玩家挑出所有的复杂环境牌，将剩余卡牌根据背面的标记分成不同的牌堆，并将每一堆分别洗牌，形成 4 个“**企业生命周期阶段**”牌堆。把 4 个牌堆的牌按照标记代表的阶段，背面向上分别放在公共版图的 4

个阶段牌堆放置区中。这 4 个牌堆统称为经营事件牌牌堆，其中的卡牌称为经营事件牌。将复杂环境牌放置在公共版图上的行情牌堆放置区中，然后从牌堆顶翻开一张，正面向上放在一旁的复杂环境牌放置区中。从创业阶段牌堆顶翻出 6 张卡牌，正面朝上放在公共版图上的卡牌待选区中。从目标牌堆中，发给每位玩家一张目标牌，玩家在查看牌面后，背面向上放置在个人版图上的目标牌放置区。

游戏会进行数轮。游戏中的玩家分为两类，“掷骰子玩家”和“非掷骰子玩家”。每轮有一位“掷骰子玩家”和多位“非掷骰子玩家”。起始玩家是第一位“掷骰子玩家”。之后每一轮，上轮“掷骰子玩家”顺时针顺序的下一位玩家成为“掷骰子玩家”。

每一轮，“掷骰子玩家”可掷 6 枚骰子，并可以重掷任意数量的黑白骰子 2 次，但掷出“挑战”图标的骰子不能重掷。掷骰子后，从“掷骰子玩家”开始，玩家依次选择卡牌，卡牌来自公共版图上卡牌待选区。“掷骰子玩家”每轮最多选择 3 张卡牌，“非掷骰子玩家”每轮最多选择 2 张卡牌（卡牌在上一位玩家选择后补齐）。

玩家必须支付卡牌所需费用，“掷骰子玩家”可以从掷出的黑白骰子要素、公共版图上复杂环境牌的卡牌收益区和自己个人版图各牌堆最上方卡牌的卡牌收益区中，选择适合的要素进行组合，得到想要获取卡牌上的卡牌花费。“非掷骰子玩家”可以使用彩色骰子掷出的要素，也可以使用公共版图上复杂环境牌的卡牌收益区和自己个人版图各牌堆最上方卡牌的卡牌收益区上的要素。一个要素在玩家的一轮游戏中只能使用一次。

如果玩家获取了一张挑战牌，则必须立即对场上的一名玩家（任意）打出这张牌，收到挑战牌的玩家需要马上执行该挑战牌卡牌收益区中描写的效果，例如，弃掉个人版图上对应类别的卡牌放置区中最上方的卡牌。挑战牌在使用后失效。

如果玩家有 3 个或更多机遇要素，每一组（3 个）机遇要素都可以用来获取卡牌待选区中的任意一张卡牌，不用支付卡牌上标明的花费。如果玩家有 3 个或更多挑战要素，每一组（3 个）挑战要素都将给玩家带来一次坏运气——玩家必须立刻从个人版图上选择一个卡牌放置区的牌堆，弃掉最上方的一张牌。

玩家拿走从公共版图卡牌待选牌堆中获得的卡牌后要将卡牌放入个人版图中。所有卡牌必须放在个人版图中对应种类的卡牌放置区中，形成一个牌堆。牌堆最上方的卡牌是生效的。卡牌带来的效果写在卡牌的“卡牌收益”部分。在游戏中，每个种类的牌堆只有最上方那张卡牌是生效的。

玩家用卡牌将公共版图卡牌待选牌堆的空格填满，卡牌来自当前的“企业生命周期阶段”牌堆。当需要从一个新的“企业生命周期阶段”牌堆翻出卡牌时，表示企业进入了一个新的发展阶段，此时需要从复杂环境牌牌堆顶部翻开一张新的复杂环境牌，原有的复杂环境牌被移出游戏，本次游戏不再使用。

当企业进入一个新的发展阶段时，统计每位玩家个人版图上已获取的卡牌总数，如有玩家的已获卡牌总数低于已获卡牌总数最多玩家的一半，则前者按顺时针顺序从当前阶段的“企业生命周期阶段”牌堆上方依次拿牌，使其个人版图上已获卡牌总数至少是已获卡牌总数最多的玩家的一半。

如果“转型阶段”牌堆卡牌全部补充到公共版图上的卡牌待选牌堆后，剩余卡牌少于玩家人数，游戏结束。如果玩家作为“掷骰子玩家”的次数不同，补偿掷骰子次数少的玩家 2 个成就点。玩家根据自己的已获卡牌计算最终的分数。

玩家应先分类计算自己拥有的用户牌、产品牌、组织牌、市场牌的数量的分数——根据版图上的表格显示的分数计算。例如，某位玩家积累了3张用户牌，则获得6分；某位玩家拥有4张组织牌，则获得10分。玩家将自己所拥有的用户牌、产品牌、组织牌、市场牌的数量对应的分数相加，得到自己的“要素数量成就点”。

然后，玩家根据自己的目标牌，计算自己拥有了多少组企业目标所需的卡牌组合，每组符合企业目标的卡牌组合获得相应的成就点。例如，某位玩家的目标卡显示“每有1张市场牌和1张用户牌，获得3点分数”，当这位玩家有4张市场牌和5张用户牌时，就有4组符合企业目标的卡牌组合，可以获得12个成就点（12＝3×4）。拥有最多成就点的玩家获胜，成为“企业生命周期”游戏中最有成就的企业家。

在“企业生命周期”游戏中，玩家通过掷骰子获得企业发展要素，并通过拿取卡牌累积发展要素，从而取得在创业阶段、成长阶段、扩张阶段和转型阶段的持续稳定的发展。通过参与这个游戏，玩家可以得到以下管理认知。

（1）在企业经营过程中，运气很重要（掷骰子），但能力更重要（拿卡牌）。

（2）为实现多重战略目标，企业往往有多条发展路径。

（3）企业目标越远大，经营成就越非凡。

（4）企业家要搞清楚企业每个发展阶段的重点：创业阶段，用户最重要；成长阶段，产品最重要；扩张阶段，市场最重要；转型阶段，组织最重要。

（5）企业发展要把握机会，也要小心挑战（危机）。

游戏：点、线、面、体

“点、线、面、体”是我主导设计的桌游，可帮助学员体验在企业创业、成长、扩张和转型的过程中，如何实现单点突破，取得规模成长，进行领域扩张，并完成升级转型。该款桌游的基础设定是5位玩家一组，每位玩家有5个连接用的钢珠和10根同颜色的磁力棒。游戏分为个人游戏和小组合作游戏两种玩法。

在个人游戏中，每位玩家使用自己的连接钢珠和磁力棒，完成点、线、面、体的拼接工作。在完成拼接工作的过程中，玩家可以带入个人的职业生涯规划（成人）或学业规划（学生）作为背景。

玩家首先要拿起一个钢珠，并思考如果这个钢珠是自己事业的起点或学业的基础，它应该包含什么内容。然后，玩家要把钢珠放在桌面上，使钢珠尽量稳定，以作为进一步拼接的起点。

接下来，玩家要拿起一根或多根磁力棒和钢珠连接，形成一个线段。玩家可以调整线段的长度和形状，以模拟自己事业或学业发展的轨迹。玩家还可以思考这条轨迹的延长线是什么形状，以规划自己事业或学业的未来方向。

然后，玩家要用多个钢珠和多根磁力棒构筑一个平面，将之看作自己进入事业或学业稳定阶段后的状况，并思考构成自己事业或学业平台有哪些稳定的和变动的要素，要素之间的连接结构是什么样子，以及如何保持平台的稳定性和变化性。

最后，玩家利用自己手上所有钢珠和磁力棒尝试拼接出一个立体图形，思考什么样的学业或事业图景是值得自己为之努力的目标，并思考在自己的发展轨迹中，为了构成最终目标的立体图形，可以如何借用之前发展阶段的积累。

完成个人游戏后，玩家可以进行讨论，每位玩家分享自己的体会，并借鉴其他玩家的思考方式。

在小组游戏中，小组成员要把小组设想为一个创业团队，小组成员是这个团队的创业合伙人。在游戏的第一步，成员拿出一个或多个钢珠，讨论创业项目的起点是什么，应该注重哪些要点。每个钢珠代表一个要点，小组成员要利用钢珠对要点进行排序，找到创业的突破点。

接下来，小组成员基于选定和讨论的创业突破点，利用钢珠和磁力棒规划业务成长的轨迹，并讨论业务成长过程中的要点和风险。

然后，小组成员利用更多的钢珠和磁力棒，构建企业成长和扩张阶段形成的多业务线，并在业务线之间形成连接，尽量形成较为稳定的业务体系。

最后，小组成员利用所有部件，构建心目中的终极企业形态。成员可以设想构成企业的各个业务、部门、利益相关方之间的关系，以及每个人在企业形态中的位置和作用，讨论企业发展过程中经历的“点、线、面、体”演变过程。

各小组完成小组任务之后，小组之间可进行交流，比较不同小组构建的终极企业形态，并请各小组成员分享不同企业形态的发展过程以及不同形态企业的特点等。

游戏：云城建筑师

“云城建筑师”是一刻馆代理的空间构筑类桌游，玩家在游戏中扮演城市建筑师，设计和建设由摩天大楼和空中走廊组成的立体城市。摩天大楼分为3种高度，大楼之间由空中走廊相连，每个空中走廊根据长度有8分、5分、3分、2分和1分的分值。当城市建筑完成之后，连接所用的空中走廊分值总和最大的玩家，就是城市建筑竞赛的赢家。

“云城建筑师”有4个基本步骤：①选取和放置地基版块；②选取摩天大楼，并按照地基版块对应颜色放置；③选取空中走廊，并用于连接同等高度的摩天大楼；④游戏进行8个回合后，统计每个人用于建设的空中走廊的总分。

“云城建筑师”有一些细节规则：①地基版块的摆放只限于3×3的区域（9块地基）；②只有同一高度的摩天大楼才可以相连，空中走廊不能斜放、交叉；③一栋摩天大楼最多可以搭建2个空中走廊；④不能在3个（或更多）相同高度的摩天大楼上搭建同一条空中走廊。在进阶模式里，还会有一些规则来增加游戏的难度，比如绿色建筑最多的玩家可以额外得6分，每个只有一条通道的建筑物可以额外得2分，没有云梯通道的建筑物扣2分。

正如企业发展需要资源一样，建设城市也需要资源。在“云城建筑师”中，这些资源包括标有不同颜色的地基版块、不同高度的摩天大楼、不同长度的空中走廊等。玩家只能在翻出的有限数量的地基版块中选取地基，所以每个玩家进行建设的起点不同。此外，不同地基版块上地基的位置有所差别，所以每位玩家可以用于建设的摩天大楼也不同。这就好比每个企业在创业时有着不同的资源禀赋和市场机会，企业需要利用有限的资源和机会，找到创意突破点，打好企业发展的地基。从这个角度讲，我们可以把“云城建筑师”中的地基版块看作企业在创业阶段的“业务突破点”。

找到业务突破点之后，企业的重点就是把相关业务的规模尽量做起来，从点到线，占据市场空间并获得稀缺资源。这一点反映在“云城建筑师”中，就是玩家要在相同颜色和高度的摩天大楼之间搭建长度更长的空中走廊。空中走廊根据长度不等有8分、5分、3分、2分和1分的不同分值，如果玩家可以在3×3的建设区域中相对距离最远的两点建设同一高度的摩天大楼并搭建分值为8分的空中走廊，玩家将获得更高的分数。在这款游戏中搭建长度最长的空中走廊，就好比企业最大限度地把一个业务的规模做大，形成具有规模经济的“线”。

在商业世界里，市场空间往往有限，正如“云城建筑师”的玩家只能在3×3的区域进行建设一样。“单一业务线”所能获得的最大分值就是8分，玩家要想获得更高的分数，一个优势战略就是多获取高分空中走廊，利用同一高度的摩天大楼获得最大分数。把这些同一高度的摩天大楼连接起来的空中走廊，就构成了玩家在一个高度平面的建筑群，这个建筑群可以类比为企业的一个事业群，也就是企业相关业务形成的业务层“面”。企业要想把生意做大，一个可选的战略往往是基于自己具有优势的业务形成相关的多元化业务，这些多元化业务对应的就是企业事业群。

我们知道，很多集团企业有多个事业群，这些事业群在不同层面构成立体的商业王国。例如，阿里巴巴在从线上交易这一“点”突破之后，形成了电子商务业务快速增长的“线”，继而连接利益相关方成为平台型企业（“面”）。但是，阿里巴巴商业王国的形成和巩固在很大程度上应归因于阿里巴巴在商业和技术的不同层面的扩张和积累。例如，菜鸟的物流业务为电子商务业务提供基础性服务，金融科技业务降低了电子商务和物流业务的成本，而云计算业务使大量、多来源的物流业务成为可能。从这个角度看，阿里巴巴商业王国好比“云城建筑师”游戏中的城市“体”——正是多个维度的错综复杂的商业逻辑和空间结构决定了商业王国和现代城市的复杂性与多样性。

“云城建筑师”桌游可用于战略规划类课程，帮助学员理解如何在激烈的市场竞争中获取稀缺资源，体验如何应对市场变化带来的不确定性，按照“点、线、面、体”的商业逻辑构建商业王国。虽然城市和企业在结构和特性上有所不同，但一款立体的桌游可以帮助习惯于抽象思考的学员（管理者）体验具象实践的乐趣，把心目中的商业王国真实地搭建出来，这有助于他们提升现实中的战略规划能力。

“云城建筑师”桌游也可以用于儿童立体思维能力、空间规划能力和计算能力的提升。这款桌游节奏非常紧凑，玩家从头到尾都会沉浸在紧张的思考和激烈的互动中。玩家最终成绩的差距往往在几分之间，玩家可以体验到险胜带来的满足感和惜败带来的遗憾感。

第五章

▲

6 个战略问题和 12 个战略要点

——

第一节　6 个战略问题

黄金圈法则和 6 个战略问题

在企业中流行的“黄金圈法则”的主要理念是：人人都知道自己要“做什么”（What）；部分人知道自己是“怎么做”（How）的；只有极少数人知道自己“为什么”（Why）要这样做；但唯有那些明白“为什么”的人，才是真正的领导者和企业家（见图 5-1a）。

西蒙·斯涅克提出的“黄金圈法则”没有讨论“谁来做”（Who）、“在哪里做”（Where）、“何时做”（When）的问题，而这些问题却是决定企业成败的关键。例如，如果不是乔布斯做而是换个人做，如果不是在硅谷做而是换个地方做，如果不是在 20 世纪 70 年代末而是更早或更晚一点，可能就没有苹果公司的成功。

因此，在企业发展的每个阶段，企业家都不仅要回答“Why”“How”“What”，而且要回答“Who”“Where”“When”等问题。其中，问题“Why”“Who”“What”“Where”分别和精益创业四要素用户、组织、产品和市场相关，而问题“When”和“How”分别和企业发展的阶段以及发展的路径相关。

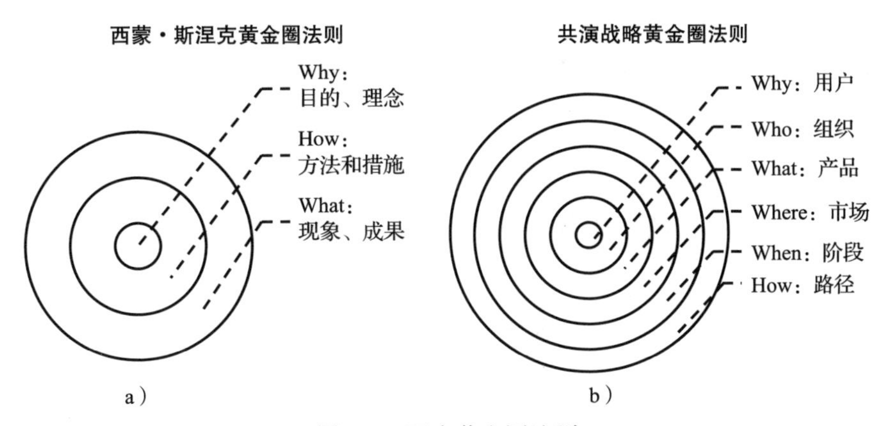

图 5-1　两个黄金圈法则

从图 5-1b 中可以看出：共演战略黄金圈的第一个要素（Why）是用户，即企业必须从为用户创造价值出发；共演战略黄金圈的第二个要素（Who）是组织，即企业必须由合适的创业者创办并带领员工构建高效的组织；共演战略黄金圈的第三个要素（What）是产品，即企业必须有过硬的产品；共演战略黄金圈的第四个要素（Where）是市场，即企业只有在适当的市场环境中才能持续发展；共演战略黄金圈的第五个要素（When）是阶段，即企业只有把握恰当的时机才能取得阶段性发展；共演战略黄金圈的第六个要素（How）是路径，即企业只有认真进行战略分析才能找到跨越阶段的发展路径。

第一，用户是企业存在的原因。彼得·德鲁克在《管理的实践》中提出："'我们（企业）的事业是什么'并非由生产者决定，而是由消费者来决定的；不是靠公司名称、地位或规章来定义的，而是由顾客购买产品或服务时获得满足的需求来定义的。因此，要回答这个问题，我们只能从外向内看，从顾客和市场的角度，来观察我们所经营的事业。时时刻刻都将顾客所见所思、所相信和所渴求的，视为客观事实，并且认真看待……"[⊖]因此，共演战略黄金圈的第一个要素是用户，即企业必须从为用户创造价值出发，来考虑自己的战略。

第二，组织是企业活力的来源。彼得·德鲁克在《管理的实践》中提出，管理的首要职能是管理企业；管理的第二职能是管理管理者；管理的第三职能是管理员工和工作；管理者和员工构成组织，既是管理的客体，也是管理的主体。因此，共演战略黄金圈的第二个要素是组织，即企业必须由称职的管理者带领团队员工，才能创造出价值。

第三，产品是企业价值的基础。彼得·德鲁克在《管理的实践》中提出："由于企业的目的是创造顾客，因而任何企业都有两个基本功能，而且也只有这两个基本功能：营销和创新。营销是企业的独特功能。企

⊖ 德鲁克．管理的实践 [M]. 齐若兰，译．北京：机械工业出版社，2019.

业之所以有别于其他组织，是因为企业会营销产品或服务。”单靠营销无法构成企业。“企业的第二个功能是创新，也就是提供更好、更多的商品及服务。对企业而言，只提供产品和服务还不够，必须提供更好、更多的产品和服务才行。”因此，共演战略黄金圈的第三个要素是产品，即企业必须持续进行有效率的创新和营销，把产品造出来、卖出去。

第四，市场是企业发展的环境。彼得·德鲁克在《管理的实践》中提出，“我们（企业）的事业将是什么？”这个问题涉及四个问题。首先，是市场潜力和市场趋势如何。其次，是市场结构会发生什么变化。再次，是哪些市场创新将改变顾客需求，创造新需求，淘汰旧需求。最后，是今天还有哪些市场需求无法从现有的产品和服务中获得充分满足。因此，共演战略黄金圈的第四个要素是市场，即企业必须在适当的市场环境中，获得所需资源，应对所面临的竞争，争取更多的合作，才能持续发展。

第五，阶段是企业发展的时机。彼得·德鲁克在《管理的实践》中提出，企业不只有大企业和小企业之分，而是至少有四种，甚至有五种不同的企业规模，每一种规模都有其独特的特性和问题。小企业最高主管和员工间隔只一个层级。中型企业，需要成立高层经营团队，大企业，比较适合采用联邦式管理原则。而超大型企业，只能采用联邦式管理结构。由此可以看出，企业发展是分阶段的，各个阶段之间的转换时点是企业发展的重要时点。共演战略黄金圈的第五个要素是阶段，即企业必须把握住时机，在正确的时间做正确的事情，才能实现稳步长期的发展。

第六，周期是企业成长的路径。彼得·德鲁克在《管理的实践》中提出，成长是企业面临的最大问题；成长必须要求能够在恰当的时机，把恰当的产品或服务投放在恰当的市场上；成长是有周期性的，管理者不应一味追求高增长；企业应该有成长目标，对成长做出计划，对成长进行战略管理；企业成长的关键是高层管理者，高层管理者面对企业成长必须愿意并能够改变自己。由此可以看出，企业的成长可能不是一帆风顺的，而是有周期性的。共演战略黄金圈的第六个要素是路径，即企业的战略必须具有前瞻性，不仅看到当前所面临的问题，而且看到下阶段可能面临的问题，为周期性的成长做好充分准备。

战略就是讲故事

我们小时候都学过怎么写记叙文，老师会告诉我们，记叙文有六要素：时间、地点、人物、起因、经过、结果。这六要素合在一起叫作“5W1H”，时间是“when”，地点是“where”，人物是“who”，起因是“why”，经过是“how”，结果是“what”。战略本质上是对企业发展的描述或者展望，要想讲好企业的故事，也用得上记叙文的六要素，也得有这“5W1H”。

第一是why。企业为什么存在？华为总裁任正非说：“企业要有利润，但利润只能从用户那里来。华为的生存本身是靠满足客户需求，提供用户所需的产品和服务并获得合理的回报来支撑；员工是要给工资的，股东是要给回报的，天底下唯一给华为钱的，只有用户。我们不为用户服务，还能为谁服务？用户是我们生存的唯一理由。”所以说，“企业为什么存在？”这个问题的答案是两个字：用户。

第二是who。企业由谁组成？这个问题的答案看似简单，实则非常关键。之所以说简单，是因为企业自然是由企业家（创业者）、团队、员工组成。之所以说关键，恰如任正非所说，企业的寿命可以远远长于个人寿命，但大多数情况下却远远短于个人寿命，造成这种差别的原因在于能不能以适当的方式把适当的人组织起来。所以说，“企业由谁组成？”这个问题的答案是两个字：组织。

第三是what。企业提供什么？如果说创造用户价值是企业存在的目标，适当的人员和组织形式是企业存在的形式，那么产品或服务就是企业实现创造用户价值目标和获取所创造的部分价值的手段和载体。所以说，“企业提供什么？”这个问题的答案也是两个字：产品。

第四是where。企业的环境如何？市场环境是影响企业发展的重要因素，企业发展史往往是一部从市场环境中发现机会和适应市场环境变化的历史。

实际上，共演战略的四要素，也就是“用户、组织、产品、市场”，恰恰回答了 why、who、what、where 这四个问题。那剩下的两个问题，也就是 when 和 how 该怎么回答呢？

我们先看看第五个问题 when。战略要素何时发生变化？共演战略把企业发展过程分为四个战略阶段，包括创业阶段、成长阶段、扩张阶段和转型阶段。这四个阶段就是对 when 的回答。

最后，剩下了第六个问题 how。战略要素怎么发生变化？有了四要素和四阶段，四要素在四阶段的变化就是对 how 的回答，可以称之为“四路径”，具体包括用户战略路径、组织战略路径、产品战略路径和市场战略路径。

总之，“用户、组织、产品、市场”这四要素回答了 why、who、what、where 这四个问题，“创业阶段、成长阶段、扩张阶段和转型阶段”这四阶段回答了 when 这个问题，而用户战略路径、组织战略路径、产品战略路径和市场战略路径这四路径回答了 how 这个问题（见图 5-2）。

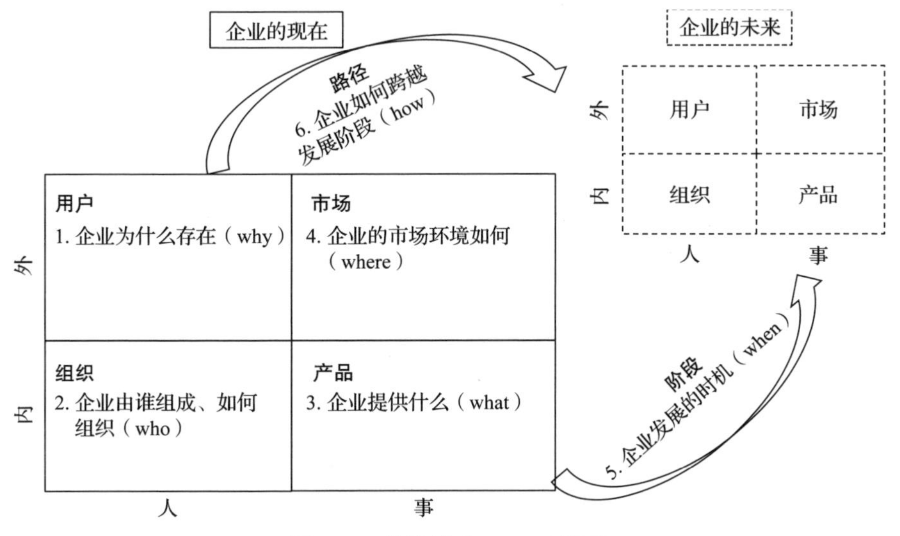

图 5-2　共演战略 5W1H 模型

2018 年初，小米递交上市申请时，雷军写了一封名为“小米是谁，小米为什么而奋斗”的公开信。如果把这封公开信读一下，可以很清楚地看到，雷军在这封公开信中回答了“5W1H”这六个问题。

第一是用户。雷军说，小米要“和用户做朋友，做用户心中最酷的公司”。第二是组织。雷军说，“小米是一家工程师文化主导的公司”。第三是产品。雷军说，小米要做“感动人心、价格厚道”的产品，采用“硬件＋新零售＋互联网服务”的商业模式。第四是市场。雷军说，小米要“建设全球化开放生态，我们的征途是星辰大海”。第五是阶段。雷军提及，小米 2010 年成立，2011 年推出手机，然而，作为一家年轻的互联网公司，小米的发展并非一路坦途，2016 年市场占有率出现下滑，2017 年“顺利完成‘创新＋质量＋交付’的三大补课任务，迅速重回世界前列”。第六是路径，小米通过用户、组织、产品和市场要素在发展的不同阶段共同演化，走出了一条共演发展之路（见图 5-3）。

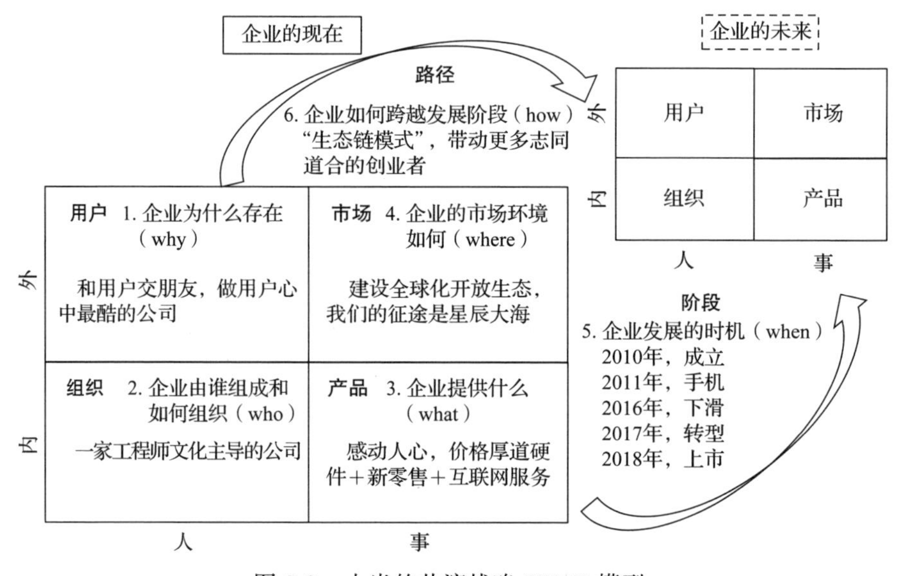

图 5-3 小米的共演战略 5W1H 模型

我们也可以用这个“5W1H”的框架来分析一下自己所在的企业或

单位。企业为什么存在？企业由谁组成？企业提供什么产品？企业外部环境如何？企业发展经历了什么阶段？企业发展关键路径是什么？

借用记叙文六要素（时间、地点、人物、起因、经过、结果）的框架，利用四要素（用户、组织、产品、市场）、四阶段（创业阶段、成长阶段、扩张阶段和转型阶段）、四路径（用户战略路径、组织战略路径、产品战略路径和市场战略路径），回答企业发展的5W1H（why，who，what，where，when，how）等关键战略问题，可以帮助企业进行系统、动态的战略规划，形成具体、实操的战略方案，更好地讲述企业的战略故事。

第二节　12个战略要点

共演战略12要点

战略思维强调系统性和动态性。从系统性角度看，理解企业管理有两个基本的思考维度：一是企业管理的对象，管理者既要管人，也要管事；二是管理的边界，企业既有内部，也有外部。于是，我们可以从“人和事”以及“内和外”两个维度把企业分为外部的人、内部的人、内部的事和外部的事等四个部分，并以用户、组织、产品和市场分别代表这四个组成部分，并称之为共演战略四要素。

共演战略进一步把用户要素分解为用户特征、用户需求和用户选择这三个要点，以回答“用户是谁？用户需要什么？用户为什么选择某企业的产品和服务？”这三个问题。类似地，共演战略把组织要素分解为领导者、团队员工、组织管理这三个要点，以回答“组织由谁来领导？组织成员包括哪些人？组织如何来管理”这三个问题。

此外，共演战略把产品要素分解为产品开发、营销推广、商业模式这三个要点，目的是回答“产品如何做出来？产品怎样卖出去？如何挣到钱？”这三个问题。最后，共演战略把市场要素分解为技术趋势、资本资源、市场竞合这三个要点，目的是解决“技术的发展方向和阶段如何？资金和资源来自哪里？如何处理与竞争对手和合作伙伴之间的关系？”这三个问题（见图5-4）。

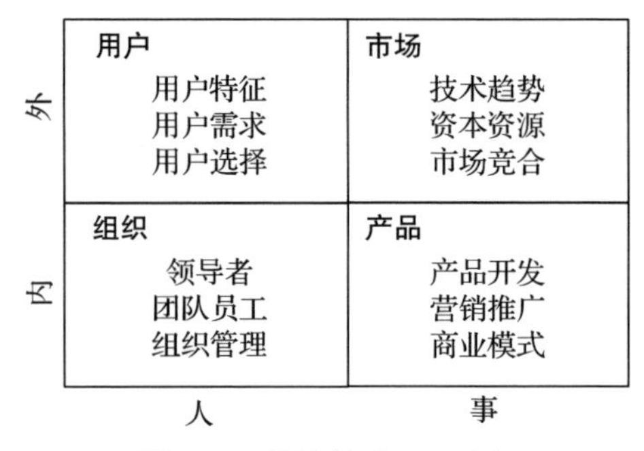

图5-4　共演战略12要点

用户要素

用户要素包括用户特征、用户需求和用户选择三个要点。用户特征通常包括多个层次，大致上可以分为个人生理特征、心理特征、社会特征等。个人生理特征包括年龄、性别、身高等，心理特征包括气质、能力、性格等，社会特征包括工作、收入、行为、价值观等。清楚和全面地了解用户特征非常重要，了解用户特征可以帮助企业准确定位产品、确定组织形式、认清市场竞争合作关系等。

用户需求说的是用户要购买什么样的产品和服务来满足他们的需要。理解用户需求可以从需求深度、需求广度和需求频度三方面考虑。需求深度和需求广度考虑的是用户需求可以挖掘的潜力和需求涉及的范围，需求频度说的是单位时间内需求发生的次数。理解用户需求，不仅要关注实际需求，而且要关注实际需要、潜在需求和潜在需要等概念，以及各个概念之间的转化路径。对这些概念的理解，能够帮助企业发现和开启新的战略路径和发展机会。

在用户特征和用户需求之后，我们来看用户选择。用户选择说的是用户为什么会选择某家企业的产品或服务，以及通过什么样的过程进行选择。

用户的选择意愿（Willingness to Choose）是一个重要的概念，它表明用户选择某产品或服务并为之支付企业要求的价格的愿望。只有当用户有足够的选择意愿和支付能力时，需求才能成为实际需求，交易才可能发生。除了选择意愿，还应该考虑用户的选择过程和选择障碍。选择过程说的是用户的选择有哪些流程和步骤，选择障碍指的是在流程的各个环节和各个步骤有可能妨碍用户选择的障碍。

企业通常习惯用用户漏斗来描述用户管理的过程，传统的用户漏斗包括获取用户、激活用户、留存用户、用户付费、用户推荐等步骤。我们可以通过对用户特征、用户需求和用户选择这三个用户相关要点的研究分析来进一步理解用户管理的过程。

我们首先可以通过研究用户特征，对用户进行打标签分类。其次，我们可以按用户需求对用户进行动态管理，随着时间和情景等因素的变化，把握关键用户需求，指导和管理用户的选择行为。最后，掌握用户特征并了解用户需求之后，我们需要对用户选择进行系统的管理，包括用户选择的渠道、选择的过程和选择的障碍等。

综合而言，用户管理是一个除法（漏斗）过程，从认识用户特征开始，到了解用户需求，进而有针对性地选择符合企业战略和能力的用户群体与用户需求，通过对用户选择的管理服务用户。我们可以从生理特征、心理特征、社会特征等方面分析用户特征，从需求深度、需求广度和需求频度等方面分析用户需求，从选择意愿、选择过程和选择障碍等方面考虑用户选择。

组织要素

共演战略的组织要素包括领导者、团队员工和组织管理这三个要点。“火车跑得快，全凭车头带”。领导者是企业的核心，是企业的头脑，领导者的眼界和格局决定着企业发展的方向和成败。然而，领导者作为个人，其生命有限的长度和宽度往往成为企业永续经营和持续发展的最大障碍。换句话说，很多企业之所以失败，是因为头脑先于身子死掉了。与领导者密切联系的战略问题包括领导经验、领导资源和领导潜力。领导经验说的是领导者是否有相关的创业和管理企业的经验，领导资源说的是领导者能够给企业带来什么资源，领导潜力说的是领导者是否有学习能力和成为更好领导者的潜力。

组织的第二个要素是团队员工。与旧式火车的“火车跑得快，全凭车头带”模式不同，动车和高铁采用的是分散动力，即动力分散在全列各节车厢（包括车头在内）。动力分散的优点在于加速快，容易达到较高的速度。企业中团队和领导者的关系就好比动车组和车头的关系。和领导者互补的高管团队能够给企业的长期、稳定发展带来源源动力。一般来说，高管团队的最佳模式是技能上互补，但在价值观上合得来。好的团队通常有如下特点：①有一个明确的团队核心；②团队成员之间彼此信任、相互尊重、相互理解；③亲兄弟明算账，股权结构清晰、合理。

组织要素的第三个要点是组织管理。组织结构是组织管理的重要内容，是领导者、高管团队和员工在组织内的关系体系。从人员分布规律的角度出发，我们可以绘制一张组织结构图，横轴体现个体之间的协作和流程关系，纵轴则体现不同层级之间基于责权的分工与管控关系。自上而下的层级体现了不同级别部门或岗位之间的汇报关系，而每一个层级内，个体之间的关系则体现了该层级结构划分的依据。

综合来看，可以从领导经验、领导资源和领导潜力等方面分析领导者；从团队规模、团队素质和团队成长等方面分析团队员工；从组织结构、组织制度和组织文化等方面考虑组织管理。在组织要素的三个构成要点中，领导者和团队员工是构成组织的人，组织管理是人组织起来的方式。

产品要素

如果说创造用户价值是企业存在的目标，适当的人员和组织形式是企业存在的形式，那么产品或服务就是企业实现创造用户价值目标和获取所创造的部分价值的手段和载体。从共演战略的角度理解产品，主要关注三个要点：第一，产品开发；第二，营销推广；第三，商业模式。从创新的角度来看，产品开发侧重技术创新，营销推广侧重营销创新，商业模式侧重模式创新。三个要点分别围绕产品讨论“卖什么”“卖多少”和“怎么卖”的议题。

传统的企业产品开发方式是瀑布式开发，从需求导入到产品推出，需要很长的开发周期，而且产品开发和市场需求距离较远。瀑布式产品开发思路假定用户面临的问题和产品的特征都是已知的，它的严格分级导致自由度降低，早期即做出产品承诺导致后期难以针对需求变化进行调整，失败代价高昂。在软件行业，瀑布式开发是传统的开发方式。Windows 和 Office 等软件的更新周期大致为 3 年，这 3 年通常会被分成若干个阶段，其中软件的规划和设计工作要占 6～8 个月，之后是 6～8 周的代码编写和为期 6 个月的测试阶段，接下来如果出现较大的需求变更，就需要 6～8 周的时间来进行第二轮的代码编写和 6 个月的第二轮测试，如果无须大的调整，则进入到 6 个月的稳定期直到产品最终发布。[1]

进入互联网时代以后，更多企业采取了迭代式的敏捷开发模式，强

[1] 纳德拉．刷新：重新发现商业与未来 [M]. 陈召强，杨洋，译．北京：中信出版社，2018.

调小步快跑和快速迭代。任何产品推出时肯定不会是完美的，完美是一种动态的过程，所以要迅速让产品去感应用户需求，从而一刻不停地升级进化，推陈出新，这才是保持领先的唯一方式。

产品要素的第二个要点是营销推广。与“将军赶路，不追小兔”的战略管理不同，营销是个细致活，需要基于对用户的深刻洞察采用相应的营销和推广行动。在移动互联网时代，无论是用户、产品还是渠道都发生了重大变化。首先，用户发生了变化。随着社会结构、经济结构的变化，用户和客户分离的情况越来越少。其次，随着用户受教育程度的提高，产品信息越来越透明，用户选择的多样化程度和理性程度也越来越高。最后，电商的发展冲击着线下产品渠道，自媒体的发展也冲击着传统广告渠道。

产品要素的第三个要点是商业模式。商业模式反映的是企业与其内外各种利益相关者之间的交易关系，主要包括四个方面：①企业拥有或可以从事什么样的业务活动；②行业周边环境可以为企业提供哪些业务活动；③企业可以为各个相互作用的主体提供什么价值；④从共赢的角度出发，企业应该怎么做才能将这些业务活动形成一个有机的价值网络。从共演战略的四要素及其形成的价值系统来看，商业模式是以产品为核心，支持用户、组织、产品和市场四要素间价值创造和价值获取的业务体系。

从用户角度出发，可以把商业模式简化为两大类：一类是流量模式，另一类是存量模式。我们还可以进一步把流量模式比喻成流水席模式，把存量模式比喻成杀猪菜模式。流水席模式的特点是换人不换菜，强调的是用户流量，通过不断吸引新的用户做大用户流量，为大量用户提供统一的服务以获得收入。杀猪菜模式则强调的是深挖用户存量，满足用户不断产生的多种需求。猪浑身都是宝，在流行吃杀猪菜的东北地区和江淮地区，人们能用猪身上的各个部位做出丰富的菜肴。

在产品要素的三个构成要点中，产品开发、营销推广和商业模式之间的关系和企业价值链类似：企业的产品或服务通过研发和推广到达用户，实现价值创造、价值传递和价值获取的用户价值全过程。实际上，企业的价值创造也是一个不断聚焦的过程。企业通过不断试错把很多创新想法变成可以实现商业化的产品，然后通过营销推广到达用户，并最终聚焦于少数几个产品，形成围绕这几个核心产品的商业模式。

市场要素

从共演战略的角度理解市场要素，我们主要关注三个要点：第一，技术趋势；第二，资本资源；第三，市场竞合。如果把市场比作战场，把企业比作军队，那么技术就是枪炮，资本资源就是钱粮，市场竞合就是与对手的搏杀、与兄弟部队的合作。

在新经济模式中，如果说资本的作用有所下降的话，那么重要性上升最明显的要素就非技术莫属了。熟悉技术成熟度曲线的读者应该知道，所有的新技术从产生到应用，再到扩散的过程不是一帆风顺和直线上升的，而是呈现为S形曲线。在技术产生的初期，人们对新技术的期望度上升很快，但是由于技术本身尚不成熟且商业化情景可能还不完善，人们对技术的期望度会快速下跌并进入谷底。而后，随着技术商业化应用逐渐成熟，技术开始进入稳定上升阶段并扩散成为普及性技术。

以苹果公司的iPod为例，iPod是在首个数字播放器问世很长时间之后发布的。但iPod以其独特的界面、简洁的设计迅速风靡全球，并结合iTunes商店，占据了市场主导地位，挽救了整个音乐产业。像很多产品一样，在iPod取得成功之前，数字音乐播放器经历了漫长的发展过程。而有关数字压缩标准的早期工作开始于20世纪80年代，也就是iPod出现的20年前。[1]

---

[1] 施兰德，特策利．成为乔布斯[M]陶亮，译．北京：中信出版社，2016.

大多数技术的产生和发展都遵循一条S形的成熟度曲线：①萌芽阶段。例如，20世纪80年代早期关于MPEG数字音频标准方面的工作只存在于实验室中，相关技术还没有投入商业使用。②新兴成长阶段。其特点是供应商开始早期的商业化，早期采用者开始实验项目，行业的领导者开始应用。比如，1998年11月，一个重2.5盎司[㊀]、只有小型寻呼机大小的Diamond Rio数字音频播放器问世，能够存储20首歌曲，价格为199美元。③快速成长阶段。其特点是厂商对技术商业化流程的理解加深，围绕创新的基础设施得到发展。在iPod推出时，虽然移动互联网还没有发展起来，但基于PC的互联网和Windows操作系统已经非常普及，这为iTunes的推出提供了条件。④主流市场阶段。其特点为某项技术在市场上占主流地位，其发展方向和商业价值比较容易预测。例如，iTunes商店的启用使iPod更受欢迎，iPod和iTunes相关技术标准开始进入主流市场阶段。苹果在基本款iPod的基础上不断推陈出新，发布了iPod mini、iPod Shuffle等一系列产品。

市场要素的第二个要点是资本资源。传统战略管理理论主要从企业内部角度考虑资本和资源，关注股东利益最大化和企业资源的独特性。随着组织边界的不断开放和分享经济理念的日益盛行，共演战略更关注资本和资源的动态变化以及企业与外部资本和资源的互动关系。

在《资本主义的窘境》一文中，克里斯坦森认为：当今，资本主义面临严峻的挑战，其原因在于资本主义本质上将资本视为稀缺资源。在“资本是稀缺资源”的指导思想下，社会经济结构是围绕着保护资本和资本利益最大化的目标来设计的。然而，在“后资本主义时代”，资本收益率逐渐降低，而资本丰裕程度在逐渐提高。因此，企业应重视在发展过程中资本的动态变化，而非在整个企业生命周期中仅仅为最初的资本投入方获取最大化的利益。

市场要素的第三个要点是市场竞合。对于企业而言，在市场竞争中取

㊀　1盎司=28.349 5克。

胜至关重要，然而在市场中取胜的一个关键要素是合作，企业需要在市场中寻求竞争与合作的平衡。近年来，平台型商业模式得到广泛应用，在互联网领域尤其如此。平台型商业模式的一个重要特征在于考虑互补者的作用，从价值网的角度出发来设计商业模式。企业的价值网包括企业及其供应商、用户、竞争者和互补者。企业从供应商处获得原材料，生产加工后提供给用户，企业除了面临竞争者的竞争，还需要充分考虑互补者的作用。具体地，在平台型商业模式中互补者在平台上提供产品或服务，供用户选择。互补者越多且提供的产品质量越高，则企业平台对用户的吸引力越大。

企业需要同时考虑竞争者和互补者，需要具有竞合思维，想办法把市场做得更大，而不是仅仅与竞争者争夺一个现有的市场，需要考虑如何通过发展互补性来扩大市场。

在市场要素的三个构成要点中，技术趋势、资本资源和市场竞合之间存在很强的相互促进关系。当一家企业精准把握了技术趋势，获得适当且充足的资本资源，并能够在市场上获得较好的竞争合作位置的时候，它才能够获得较大的市场发展空间。

共演战略基础画布

为了让共演战略 12 要点的框架变成实用工具，帮助创业者和企业家探索企业发展过程中的战略方向和战略路径，我们把共演战略 12 要点放在一张纸上，形成“共演战略基础画布”(见图 5-5)。

共演战略基础画布具有四个特点：第一，共演战略基础画布可以把企业战略的 12 个要点放在一张纸上，便于提炼企业战略的精华；第二，创业者和企业家可以通过不同版本画布的迭代逐渐形成完善的企业战略；第三，可以运用共演战略四阶段的画布分析企业未来发展不同阶段的战略方向；第四，可以运用共演战略画布分析各要素、要点之间的协调关系，做到协同作战。

1.用户特征 ①生理特征 ②心理特征 ③社会特征 ④其他	4. 领导者 ①领导经验 ②领导资源 ③领导潜力 ④其他	7. 产品开发 ①技术创新 ②流程创新 ③产品创新 ④其他	10.技术趋势 ①技术突破性 ②技术稳定性 ③技术经济性 ④其他
2. 用户需求 ①需求广度 ②需求深度 ③需求频度 ④其他	5.团队员工 ①团队规模 ②团队素质 ③团队成长 ④其他	8. 营销推广 ①营销定位 ②营销渠道 ③营销力度 ④其他	11.资本资源 ①资金资本 ②有形资源 ③无形资源 ④其他
3. 用户选择 ①选择意愿 ②选择障碍 ③选择过程 ④其他	6.组织管理 ①组织结构 ②组织制度 ③组织文化 ④其他	9.商业模式 ①业务模式 ②盈利模式 ③现金流模式 ④其他	12.市场竞合 ①市场竞争 ②市场合作 ③市场生态 ④其他

图 5-5　共演战略基础画布

图 5-5 列出了共演战略相关的指标体系。这张画布可以引导管理者、员工和企业的利益相关者从 4 要素、12 要点和相关的指标体系中思考企业战略的基本架构，有助于达成关于企业战略的统一认识和行动。

在研究用户特征时，可以从用户生理特征、心理特征、社会特征等方面进行分析。用户需求则可以从需求广度、需求深度、需求频度等方面进行分析。用户选择可以从选择意愿、选择障碍和选择过程等方面进行分析。

在研究领导者时，可以从领导经验、领导资源、领导潜力等方面进行分析。团队员工则可以从团队规模、团队素质、团队成长等方面进行分析。组织管理可以从组织结构、组织制度、组织文化等方面进行分析。

在分析产品开发时，可以从技术创新、流程创新、产品创新等方面来着手。营销推广则可以从营销定位、营销渠道、营销力度等方面进行分析。商业模式可以从业务模式、盈利模式、现金流模式等方面进行分析。

在分析技术趋势时，可以从技术突破性、技术稳定性、技术经济性等方面来着手。资本资源则可以从资金资本、有形资源、无形资源等方面进行分析。市场竞合可以从市场竞争、市场合作、市场生态等方面进行分析。

共演战略基础画布不仅提供了一套工具，而且更重要的是提供了一套思维方式，帮助创业者和企业家从企业战略的原点出发，从最基础的两个维度（人和事、内和外）出发，得到共演战略 4 要素（用户、组织、产品、市场），然后发展出共演战略 12 要点和战略 48 项指标。沿着这样一个缜密的思维逻辑，创业者和企业家可以根据项目和企业的特点，进行细致的战略规划，甚至发展出自己的战略思维体系。

如果把企业比喻为生命体，系统性描述的就是生命体的组成结构，而动态性描述的就是生命体的生命周期。企业的整个生命周期也会经历创业阶段、成长阶段、扩张阶段和转型阶段。在创业阶段，企业的目标是“做成”；在成长阶段，企业的目标是“做大”；在扩张阶段，企业的目标是“做强”；在转型阶段，企业的目标是“做长”。因为企业在各阶段的目标不同，所以生命体各个组成部分所要实现的功能也不同。为此，共演战略 12 要点在企业生命周期的四个阶段也呈现出不同的特点。

用户要素的演化

在创业阶段，企业需要对用户进行精准定位（见图 5-6）。弱水三千，谁才是那可取的一瓢？所有的创业和创新在刚开始都不可能满足大多数人的需求，只能在众多用户中选择和聚焦极少数的用户，这些用户就是创业企业的天使用户。同样，对于天使用户，创业者和创新者也不可能满足其所有的需求，必须抓住其痛点，精准切入。此外，满足少量天使用户的痛点需求，就要求创业者和创新者在产品定位方面与竞品之间形成差异，舍弃一些竞品中不需要的功能，开发一些竞品中没有的功能。

进入成长阶段，企业在用户方面的策略从“以舍为主”向“以取为主”转变，把目标转向原先暂时舍弃的大众用户，通过研究大众用户的特征，试图吸引大众用户对企业产品和服务的关注。在用户需求方面，企业在成长阶段所需要满足的用户需求也不仅是痛点需求，还包括高频刚需性质的普遍需求。企业通过满足大量用户的普遍需求，可以跨越用户增长的鸿沟。

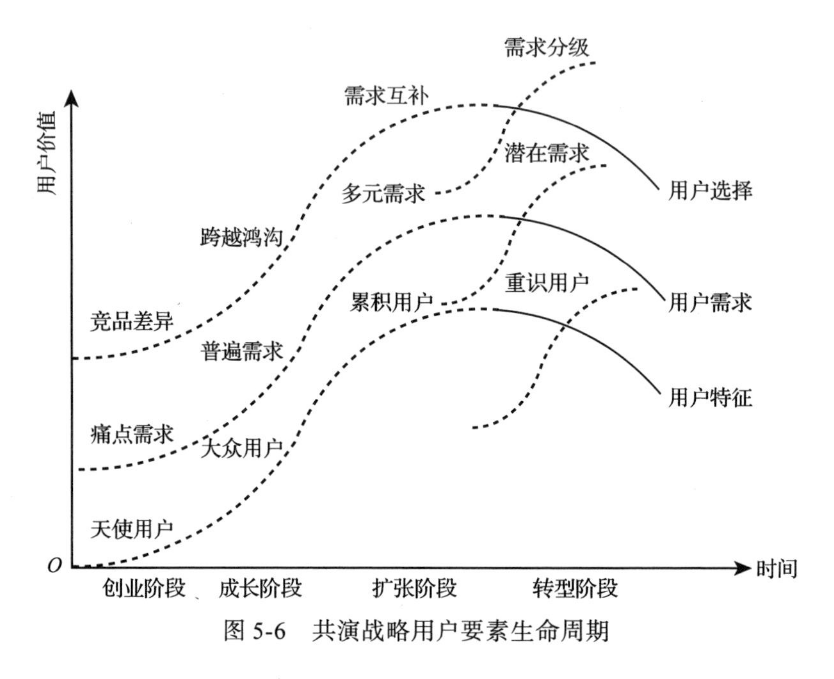

图 5-6 共演战略用户要素生命周期

进入扩张阶段，企业用户增速下降，此时企业在用户方面的策略从“流量为主”转变为“存量为主”。企业需要做的是把资源投入重点从新增用户转向现有用户，通过挖掘现有用户的多元需求，实现产品和服务的相关性扩张。在产品和服务的扩张过程中，企业还需要侧重于需求的互补性，尽量以简洁的产品和简化的服务，来满足用户的互补性需求，提升消费者剩余价值。

在转型阶段，企业原有用户开始流失，为了企业的长期发展，需要重新了解现有用户以及非用户的特征。通过研究非用户，企业能够理解“非”是否代表着未来的发展方向，为何他们之前没有选择自己的产品，自己的产品需要如何进行调整才能满足他们的需求。通过研究用户的潜在需求，企业可以把握未来的需求发展方向，在需求日益个性化的商业世界里，抓住需求分级的机会，实现企业用户战略的转型。

总之，在企业的生命周期中，用户战略的制定和实施是一个不断取舍的过程。在创业和成长阶段以“收敛”（舍）为主，先是收敛在天使用户的痛点需求上，然后是收敛在大众用户的普遍需求上。在扩张和转型阶段以“发散”（取）为主，先是向累积用户的多元需求扩展，然后是向非用户的潜在需求扩展。取舍之间，尽显用户战略的平衡之道。

组织要素的演化

企业在创业阶段组织建设（见图 5-7）的一个突出特点是“取长板”。在开始第一次创业之前，所有的创业者都没有创业经验，都是从零开始进行摸索。创业者身边的朋友、同事也非常有限，能够找到的志同道合且愿意一起冒险的伙伴往往不会很多，每个伙伴都还有不少缺点。创业阶段的团队组织不可能是“最优解”，只可能是“可行解”。创业团队在创业阶段所要做的事情不是“补短”，而是“取长”，取各人之长，补团队之短。因此，创业阶段企业的组织结构往往是扁平组织，每位创始团队成员发挥自己的特长，在自己有专长的领域尝试突破。

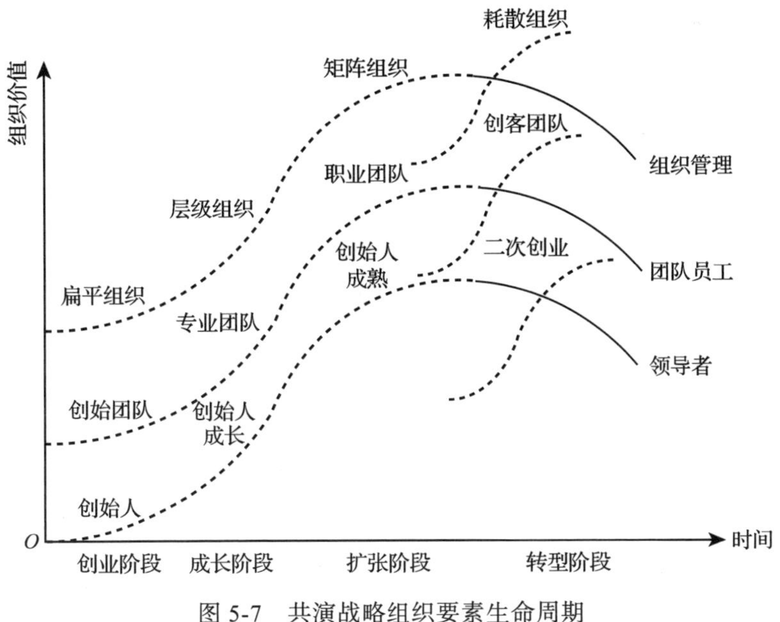

图 5-7　共演战略组织要素生命周期

进入成长阶段，企业组织建设的一个突出特点是“补短板”。包括创始人在内的所有创始团队成员，在经历了创业阶段的摸爬滚打之后，都在企业中找到了自己比较合适的定位。创始人作为企业发展的重要动力，必须尝试不断成长，通过补足个人短板带动组织发展。创始团队成员在企业进入成长阶段后的主要工作也是要补足自己的短板，避免在企业快速成长的过程中，因为个人能力的缺失而出现管理漏洞。在这个过程中，企业组织结构也发生了相应的变化，通过层级组织的建立，形成相对稳定的结构，用组织结构的稳定性弥补个人能力的不足。

企业进入扩张阶段，组织建设的突出特点是“换短板”。企业发展进入扩张阶段，已经具备了相当的资源和能力。驾驶一艘巨舰和驾驶一艘小船所要求的能力不同，扩张阶段的企业需要成熟的创始人。如果创始人不能随着企业的成长而成熟，那么创始人将面临被迫离开企业的窘境。事实上，很多快速成长的企业创始人都因为跟不上企业的成长而被迫中途离开。

企业的扩张也要求管理团队向职业化转变。在企业创业和成长过程中，虽然很多团队成员都取得了多方面的个人成长，但由于他们之前并没有管理大企业的经验，可能无法担任成熟企业的管理角色。这就需要企业调整管理团队的人员结构，从一个创业成长型的团队转变为一个成熟的职业化团队。与此相适应，企业的组织结构也越发稳定，成为条线交叉的矩阵式结构。

在企业进入转型阶段时，组织建设的突出特点是“创长板”。企业日渐成熟，原来的短板已经大致补齐，原来的长板也可能不再突出。此时，企业需要做的是重拾创业精神，开启二次创业，激活组织并把团队转变为一支创客团队，形成一个不内卷的“耗散组织”。

产品要素的演化

图 5-8 展示了与产品要素相关的产品开发、营销推广和商业模式这三个要点在企业生命周期里的演化过程。

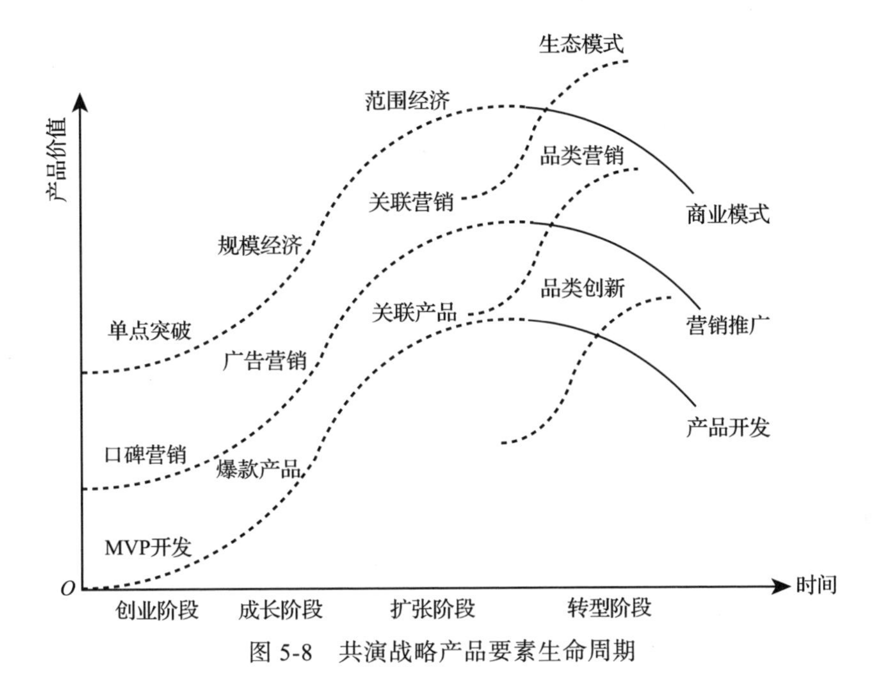

图 5-8　共演战略产品要素生命周期

创业阶段企业的产品开发通常采取快速迭代的方式进行 MVP（最小化可行产品）开发，MVP 开发的核心理念是舍弃多余的产品功能，只保留核心的产品功能，并在多轮的快速迭代中优化核心功能，以实现单点突破。为了形成产品开发闭环，敏捷开发往往围绕一些核心用户展开，通过口碑营销让产品触达自己的核心用户。

企业进入成长阶段之后，产品开发需要更加聚焦，把主要力量集中到一点，力争形成爆款产品。只有形成了爆款产品，产品的销售规模才能达到支撑对大众用户进行广告营销的水平，从而实现商业模式中的规模经济。

随着企业进入扩张阶段，产品开发围绕核心产品和核心功能开始扩展。需要注意的是，企业产品和功能的扩展并不是随机和随意的，而是要围绕企业核心产品和核心功能进行关联开发，形成关联产品。企业可以围绕这些关联产品进行关联营销，让用户在同一场景中使用本企业的多款产品，达到更高的使用效率。随着用户价值的创造，企业也就实现了商业模式中的范围经济。

随着时间的推移，所有企业的产品和服务都将面临老化的风险，品类创新是每一家转型阶段的企业所面临的重大挑战。要实现品类创新，企业往往需要“破圈”，需要创造出新的品类才能把握未来市场的先机。企业要想形成新的产品品类，所需进行的创新通常不限于产品层面，需要同时在商业模式层面进行创新，摒弃原有的产品和服务模式，形成新的生态模式。

市场要素的演化

所有企业都是在市场中成长，在市场中消亡，对市场资源的取舍和对市场趋势的把握决定着企业的兴衰成败（见图 5-9）。从创业阶段开始，企业就开始从市场中寻找各种资源，包括技术方向、资本资源和市场机会等。创业阶段的企业对市场要素的基本态度是能取则取，多多益善。例如，创业企业会尝试多种技术方向，试图从中找到最具先进性、稳定性和经济性的技术。再如，创业企业会多方尝试获取资源，通过内部和外部融资等方式获取初始资本。

当企业进入成长阶段后，对市场要素的态度应该发生转变。进入成长阶段后的企业需要做的是聚焦，而不是发散。这就要求企业在获取市场要素时精挑细选，避免被过多的市场要素带偏方向。现实中，很多企业都是靠市场要素来驱动企业的快速成长。这些企业大多忽略了市场要素的逐利本性，其兴也勃焉，其亡也忽焉。企业在成长阶段应该对技术、资金和市场进行谨慎选择，选择那些有足够窗口期的技术方向，用精益融资的方式吸引外部资源，选择具有潜力的蓝海市场。

进入扩张阶段的企业，对市场要素的态度再次转变为“取”。此时的企业已拥有一定的市场地位，可以凭借这些市场地位获得商业利益。例如，企业可能在前期的技术积累过程中，形成了某些行业标准和主导设计，可以利用这些优势获取授权费用。再如，企业在前期的发展中积累了大量的资本资源，可以利用这些资本资源进行并购和投资，以进入新的市场领域。

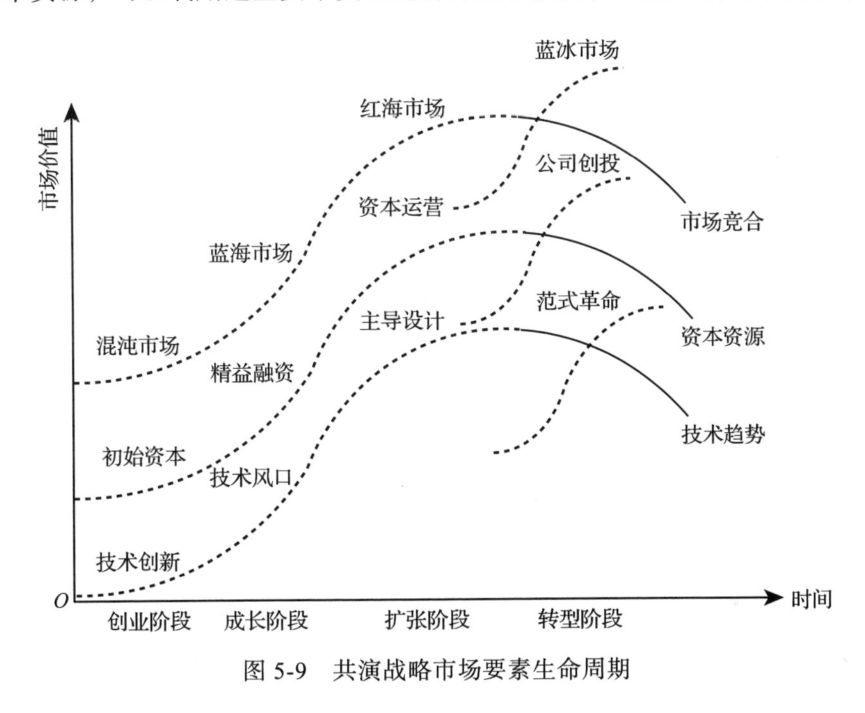

图 5-9　共演战略市场要素生命周期

当企业进入转型阶段后，对市场要素的态度需要更加谨慎。进入转型阶段的企业虽然还拥有一定的资本资源，但原来的业务增长空间有限，需要把有限的资本资源集中到未来具有突破性的方向上。例如，企业需要把握未来可能出现颠覆式创新的技术趋势，需要把一部分资本投入到未来可能取得突破性进展的创业型企业中，在一些未来具有巨大潜力的市场中深耕，争取在下一个商业生命周期中获得先机。

游戏：共演战略扑克牌

和企业战略类似，绝大多数游戏都具备资源有限、方向不确定和路径不连续这三个特点。比如，麻将牌张数有限，但赢牌的方式多种多样（方向不确定），也可能因为想要的牌被别人拿到而导致自己的牌被憋死（路径不连续）。再如，象棋的棋子有限，但赢棋的方式多种多样（方向不确定），可能因为想走的路径被对手或自己的棋子挡住而走不通（路径不连续）。

为了讨论扑克牌中的战略思维，我设计了一套“共演战略扑克牌”。和普通扑克牌一样的是，这套扑克牌包括 4 个花色，每个花色各 13 张牌，以及大小王，共计 54 张牌。但和普通扑克牌不同的是，这套扑克牌代表着企业战略思维的一系列要点，整套扑克牌浓缩了企业全生命周期的战略思维。

在“共演战略扑克牌”里，黑桃、红桃、梅花、方块四个花色分别代表着企业生命周期中的创业、成长、扩张、转型等四个阶段。同时，按照用户、组织、产品和市场这四个战略基本要素，每个要素之中选取三个代表性的要点，形成从 A 到 Q 等 12 张牌。此外，K 表示对从 A 到 Q 的 12 个要点的总结框架。最后，大王和小王分别代表企业应对不确定性和不连续性所需要具备的系统性思维和动态性思维（见图 5-10）。

每张共演战略扑克牌不仅点数不同，可以设计出比一般扑克牌更丰富的玩法，体现出企业的战略思维体系。例如：利用同一花色扑克牌所反映的企业同一发展阶段的战略要点之间的协同关系所设计的“共演接龙”游戏；利用不同花色扑克牌所反映的企业不同发展阶段所设计的“共演双升”游戏；利用扑克牌中的用户、组织、产品和市场这四个战略基本要素的组合设计的“共演斗地主”游戏，等等。接下来，我基于最简单的共演斗地主游戏，来对共演战略的思维进行简略阐释。

“共演斗地主”是基于共演战略扑克牌，在传统“斗地主”规则的基础上进行小的调整，所形成的扑克牌玩法。“共演斗地主”三个人一组，用一副共演战略扑克牌，对传统斗地主的规则做了两处调整。

图 5-10　共演战略扑克牌

首先，牌的大小按照点数排列。即 A 和 2 不再是大牌，分别按照“1”和“2”计算点数，K 是单张中仅次于大小王的大牌。其次，同花色的 A23、456、789、10JQ 加上同花色的 K 是共演战略炸弹（见图 5-11），之所以要求是同花色的 A23、456、789、10JQ 加上同花色的 K，是因为 A23 同为用户要素、456 同为组织要素、789 同为产品要素、10JQ 同为市场要素。各种炸弹从小到大的顺序为：传统 4 条炸弹（4 个 A<4 个 2<4 个 3……）<战略炸弹<王炸（大小王）。

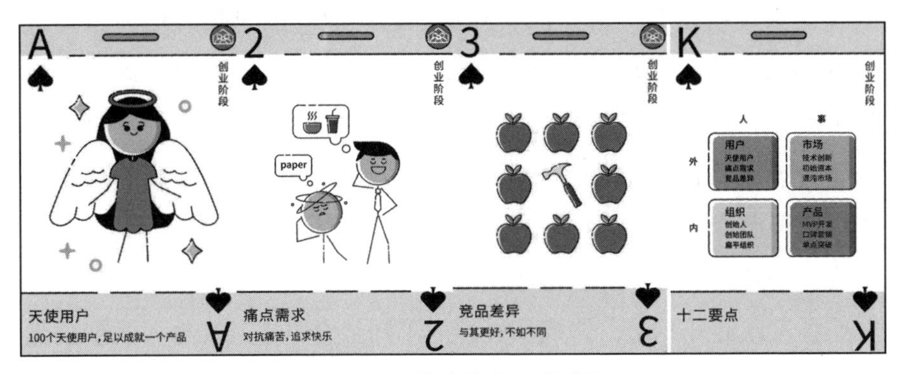

图 5-11　共演战略“炸弹”

“共演斗地主”可以让玩家在轻松的气氛中熟悉共演战略扑克牌中的知识要点、体系框架和内在逻辑。玩家在起牌和出牌的过程中可以了解共演战略扑克牌中的各个阶段和各个要素，形成感性认知，提升理性思维。

资源基础观是战略管理的一个重要观点。资源基础观认为企业具有不同的有形和无形的资源，这些资源在企业间是不可流动且难以复制的，是企业持久竞争优势的源泉。

资源基础观同时认为，只有当资源符合 VRIN 框架时，才可以作为企业竞争优势的基础。V（Valuable）指的是：有价值的资源是企业战略和运营的基础。R（Rare）指的是：资源必须稀缺，被大部分企业拥有的资源即使再有价值，也不能带来竞争优势。I（Imperfectly Imitable）指的是：无法被模仿的资源的稀缺性和价值。N（Non-Substitutable）指的是：资源要难以被替代，即不能存在一种既可复制又不稀缺的替代品。

由于扑克牌中的每张牌都是唯一的，扑克牌游戏中的单张牌的大小就是按点数排序的，而每一张牌要想发挥更大的价值，就需要和其他牌组合起来，形成更为稀缺、无法模仿和不可替代的组合。

“共演战略扑克牌”的每一张牌都代表着企业发展生命周期中不同的战略要点，反映着战略要点在企业从创业阶段到转型阶段的全生命周期中的演变，具有稀缺性、无法模仿性和不可替代性。

稀缺资源虽然有价值，但要真正成为企业的竞争优势还需要把资源转化为能力。战略管理学家 C. K. 普拉哈拉德和加里·哈默提出的核心竞争力理论认为，能够为企业带来比较竞争优势的资源，以及资源的配置与整合方式，构成了企业的核心竞争力。核心竞争力强调的是企业的某些关键资源或关键能力的组合，而不是单项资源或能力。

在扑克牌游戏中，对子是相同点数的扑克牌的组合，不仅可以成对打出，而且可以拆开单出，体现了资源的不同组合方式。和对子类似的是三张相同的牌，抽到三张相同的牌的概率比抽到对子的概率低，如果以之映射企业的能力，这个牌形可以说明实现多种资源的组合需要更强的能力。

现实中，企业通常处在动态变化的环境中。企业如果固守原有的核心能力，那些曾经给企业带来优势的核心能力很可能在环境变化以后成为阻碍企业发展的包袱。为此，核心能力理论逐渐演变为动态能力观，即把动态能力定义为整合、构建、重新配置企业的内部和外部能力以应对快速变化的环境的能力。从动态能力观的角度看，企业需要具备在动态变化的环境中跨阶段动态组合资源的能力。

在“共演战略扑克牌”里，黑桃、红桃、梅花、方块四种花色分别代表着企业生命周期中的创业、成长、扩张、转型四个阶段。因此，不同花色的同点数牌的组合，就代表着某种关键能力在企业不同发展阶段中的动态发展。

例如，图 5-12 中“对 2”里的黑桃 2 和红桃 2，分别代表着企业在创业阶段和成长阶段满足用户不同需求的能力。在创业阶段，企业满足的主要是少量天使用户的痛点需求；而在成长阶段，仅仅满足少量天使用户的痛点需求就不足以支撑企业的增长了，企业需要发展出满足大众用户普遍需求的能力。黑桃 2 和红桃 2 的组合，反映出满足用户需求是企业必备的核心竞争力，而这种核心竞争力需要随着企业的发展不断增强，形成企业的动态能力。

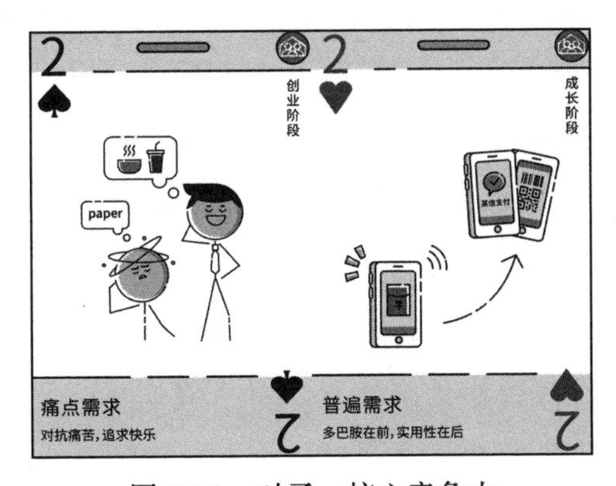

图 5-12　对子：核心竞争力

图 5-13 中的“三张 3”里的黑桃 3、红桃 3 和梅花 3 代表着企业为了在创业阶段、成长阶段和扩张阶段满足不同用户需求所应具备的动态能力。在创业阶段，企业需要实现和竞品的差异，以满足天使用户未被满足的痛点需求。在成长阶段，企业需要跨越用户需求的鸿沟，从满足天使用户的痛点需求跨越到满足大众用户的普遍需求。在扩张阶段，企业需要利用需求之间的互补性，满足用户的多元需求。

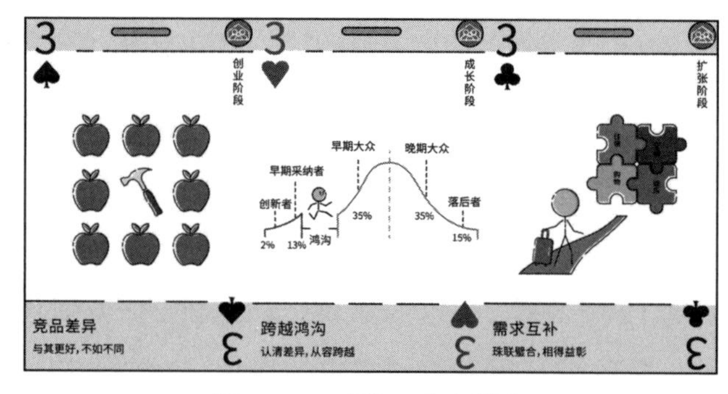

图 5-13　三张：动态能力

长板理论和木桶理论是两个看似相互矛盾的管理思维。长板理论认为，在开放合作的时代，企业的成功不需要所有能力都很强，只需要有一种非常强的动态能力，就可以通过与关联方合作来补足自己缺少的其他能力。木桶理论则认为，企业能否成功不取决于其最擅长什么，而是取决于其最不擅长什么，也就是说企业就像一个木桶一样，能盛多少水取决于最短木板的长度。

实际上，长板理论和木桶理论都有道理，只不过它们适用的企业发展阶段有所不同。长板理论主要适用于企业的创业阶段和成长阶段，木桶理论则更适用于企业的扩张阶段和转型阶段。

通常来讲，在创业阶段和成长阶段的企业，信奉的格言是“一根针捅破天”，而这一根针就是企业最擅长的长板。例如，小米公司在创业初期信奉“专注、极致、口碑、快”，把极致产品和互联网营销打造为企业的长板。但是，当小米公司进入了稳定发展阶段，就开始重视发展过程中形成的相对短板，比如组织架构、研发投入等方面的问题。

在“共演战略扑克牌”里，代表着企业战略要点的牌点之间存在着关联关系。例如，“4”代表企业组织要素的“领导者”要点，而“5”代表企业组织要素的“团队员工”要点。有这么一类企业，创始人能力非常强，能够抓住稍纵即逝的机会开始创业，能够凭借个人的成长带领企业快速成长，甚至能够成长为一位成熟的企业家，带领企业进入成熟稳定阶段。

但是，这类创始人往往有一个苦恼，就是自己企业的员工总是跟不上他的思路，跟不上他的发展。这种情况就好像图 5-14 中，创始人已经完成了创业阶段、成长阶段和扩张阶段的个人发展，而团队员工仍然停留在创业初期的能力水平。虽然创始人的长板能够带领企业取得一定成绩，但是团队员工的短板必然会限制企业的进一步发展。

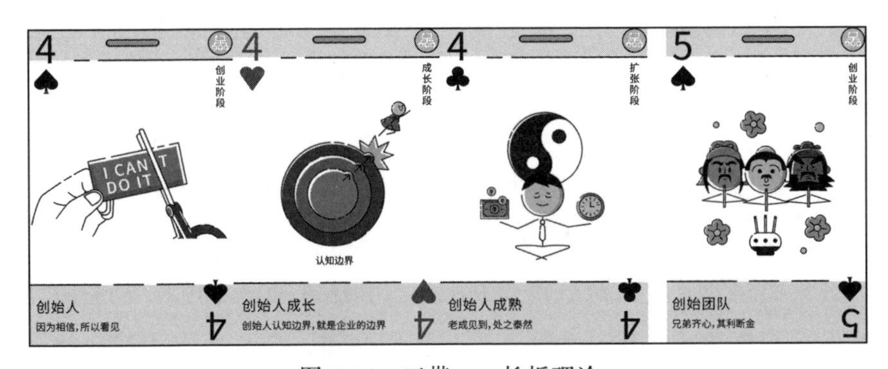

图 5-14　三带一：长板理论

图 5-15 则反映了木桶理论在企业发展中的应用。随着企业的发展，团队必须和创始人共同成长。进入快速成长阶段的企业，需要实现团队的专业化，通过不断学习让创业阶段临时“拼凑”起来的创业团队成长为专业团队。进入成熟阶段的企业，则需要实现团队的职业化，引入有成熟大公司管理经验的职业经理人加入核心团队，补足组织管理的短板。

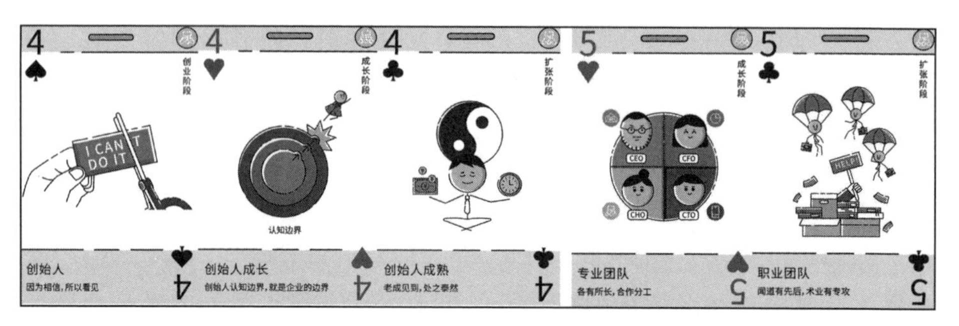

图 5-15 三带一对：木桶理论

在企业发展的过程中，除了要获取稀缺资源，建立核心能力和动态能力，发展长板和补足短板之外，管理要素的协同也非常关键。共演战略把企业管理分为用户、组织、产品和市场四大基本管理要素。管理要素的协同大致上可以分为管理要素之间的协同和管理要素内部的协同两大类。由于共演战略框架主要包括用户、组织、产品和市场等四个基本要素，管理要素之间的协同就可以分为用户要素和组织要素之间、用户要素和产品要素之间、用户要素和市场要素之间、组织要素和产品要素之间、组织要素和市场要素之间、产品要素和市场要素之间的六类协同。

以企业扩张阶段的用户要素和组织要素协同为例，扩张阶段的用户要素包括累积用户、多元需求和需求互补等三个要点，而扩张阶段的组织要素包括创始人成熟、职业团队和矩阵组织等三个要点。

图 5-16 展示了“共演战略扑克牌”里和这六个要点相对应的扑克牌，从梅花 A 到梅花 6 构成一个同花顺。我们知道，在斗地主和其他扑克牌游戏的规则中，同花顺是非常大的牌，即使不是同花的顺子也是大牌。如果映射到共演战略管理思维中，顺子成为大牌不仅是因为它出现的概率低，而且还因为它反映了企业战略要素之间的协同。在出牌过程中，顺子可以一次性地打出来，让玩家快速获得胜利。类似地，在企业经营过程中，管理要素的协同也能够在很大程度上提高企业经营的效率，让企业在竞争中获胜。

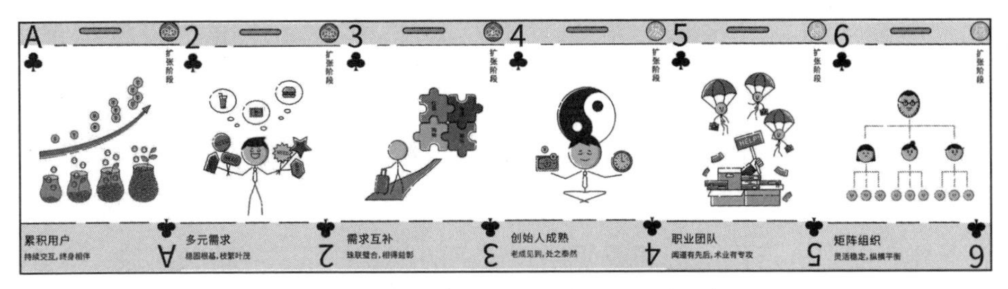

图 5-16　顺子：管理要素之间的协同

企业管理协同的另一个类型是要素内部协同。共演战略的产品要素包括产品开发、营销推广和商业模式等要点。这三个要点在企业创业阶段具体表现为 MVP 开发、口碑营销和单点突破，在企业成长阶段具体表现为爆款产品、广告营销和规模经济。图 5-17 中的“连对”展示了相应的要点在共演战略扑克牌中的组合。三连对之所以可以一起出，不仅是因为它出现的概率低，而且还因为连对反映了企业战略要素内部的协同。

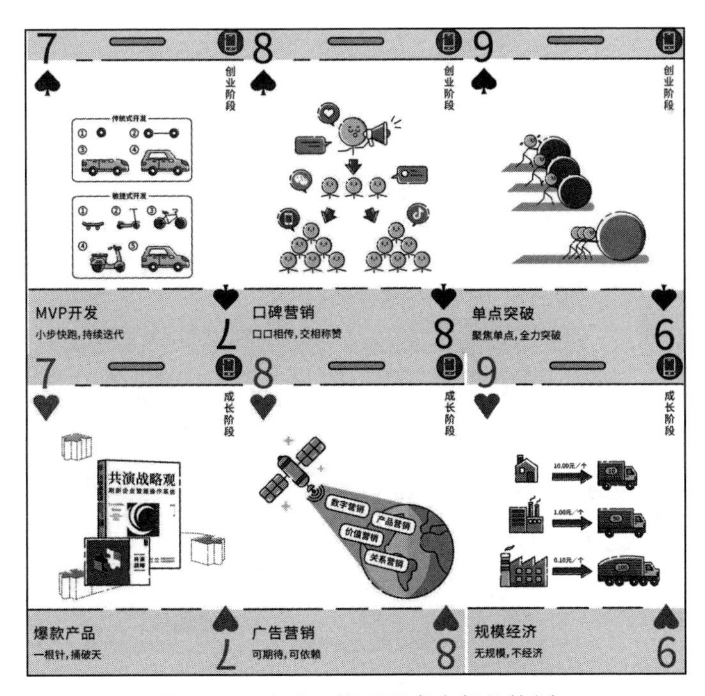

图 5-17　连对：管理要素内部的协同

斗地主里的“飞机”是由两组三张点数一样且相连的牌组成。图 5-18 中的“飞机”反映了企业的技术环境和融资环境在创业、成长和扩张三个阶段的跨阶段协同。其中，点数为 10 的三张牌分别代表了企业在创业、成长和扩张三个阶段所面临的技术环境和能力要求：在创业阶段，企业要有能力进行技术创新或使用有前景的创新技术；在成长阶段，企业要能够站在技术风口上或使用有成长性的技术；在扩张阶段，企业要能够在技术主导设计形成过程中占据一席之地。类似地，点数为 11 的三张牌分别代表了企业在创业、成长和扩张三个阶段面临的融资环境：在创业阶段，企业较难获得外部资本的支持，因此需要创业者自己投入资本；在成长阶段，企业与其一次性出让高比例的股权，不如按照自身的发展节奏进行精益融资；在扩张阶段，企业往往通过资本运营等手段进入相关行业。

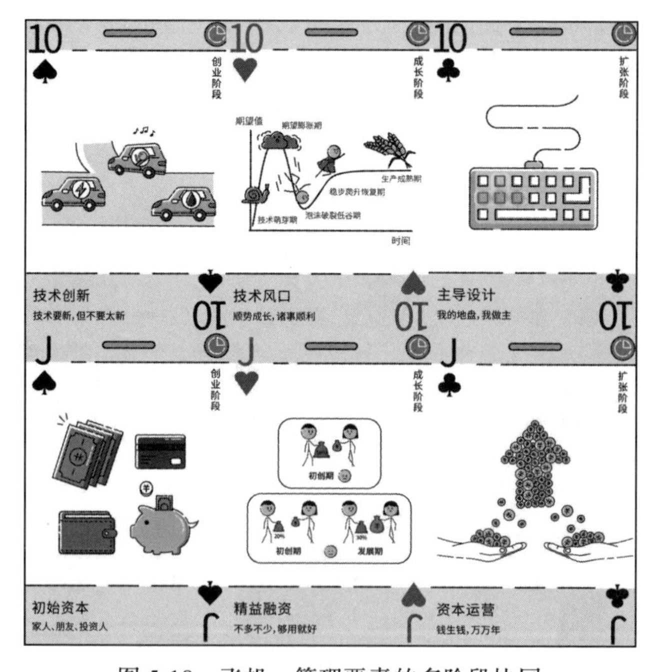

图 5-18 飞机：管理要素的多阶段协同

在斗地主的规则中，除了上面所述的“单张”“对子”“三张”“三带一”“三带一对”“顺子”“连对”和“飞机”之外，还有一种大牌，就是“炸弹”。“炸弹”由四张花色不同但点数相同的牌组成，一副牌可以有13种由4张牌组成的炸弹。“炸弹”之所以在斗地主和其他很多扑克牌游戏中是大牌，主要是因为出现炸弹的概率非常低，仅仅高于“王炸”出现的概率。然而，如果我们把黑桃、红桃、梅花、方块四个花色看成企业发展的四个阶段，那么四张花色不同但点数相同的牌就反映了企业某一战略要点在整个生命周期内的演化过程。

以用户要素中的“用户特征”要点为例（见图5-19），企业在创业阶段要精准找到“天使用户”（黑桃A）；进入成长阶段要能够服务于“大众用户”（红桃A）；进入扩张阶段后因用户数量增速趋缓而需要挖掘“累积用户”（梅花A）的需求；在转型阶段则需要“重识用户”（方块A）的潜在需求。

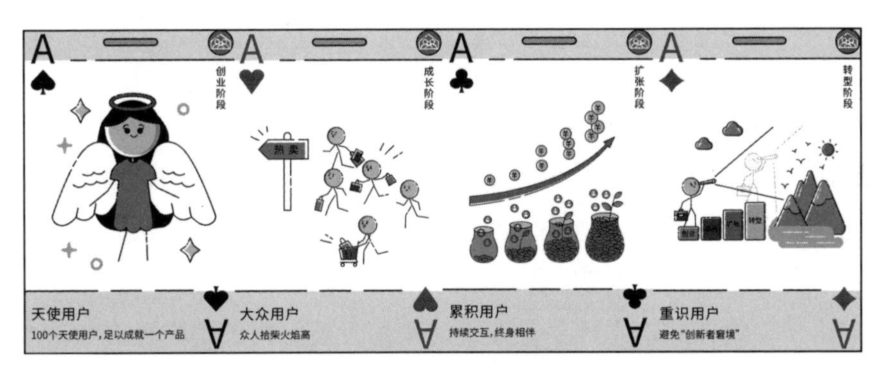

图5-19　炸弹：企业全生命周期中的用户特征

再以市场要素中的“市场竞合”要点为例，创业阶段企业的市场竞合状况可以用“混沌市场”（黑桃Q）来表示；而很多企业之所以能够快速进入成长阶段，是因为市场空间大、竞争不激烈，可以用“蓝海市场”（红桃Q）来表示；接下来，随着企业进入扩张阶段，整个行业也往往进入了缓慢发展的阶段，竞争加剧的状况可以用“红海市场”（梅花Q）来表示；最后，寻求转型的企业通常要开拓新市场，而新市场往往尚未开发，仍处在冰冻状态，可以用“蓝冰市场”（方块 Q）来表示。

为了应对未来发展方向的不确定性和未来发展路径的不连续性，企业需要对发展的全局和发展的阶段有总体认识。因此，企业战略要兼顾系统性和动态性两个原则。

所谓系统性，是说企业是一个整体，企业家需要对构成企业的基本要素有整体的认识。基于和几十位企业家的交流以及对上百个企业案例的分析，我从经营对象和经营边界这两个维度对企业进行解构。经营对象包括人和事两个侧面，经营边界包括内和外两个侧面。于是，企业经营的这个整体就被分成了外部的人、内部的人、内部的事和外部的事这 4 个部分。能够代表这 4 个部分的管理要素分别是用户、组织、产品和市场。战略的系统性指的就是，在企业经营过程中对用户、组织、产品和市场这 4 个管理要素进行整体上的系统思考。

所谓动态性，是说企业是一个生命体，企业家需要对企业的生命周期持动态的观点。基于对华为、海尔、阿里巴巴、腾讯、京东、小米等多家代表性企业的案例分析，我把企业生命周期划分为创业、成长、扩张、转型这四个阶段。随着生命周期的演进，企业创造的价值也在不断变化，在创业阶段开始创造价值，在成长阶段快速创造价值，在扩张阶段稳定创造价值，在转型阶段开始创造新的价值。

由于系统性和动态性是企业应对未来发展方向不确定性和未来发展路径不连续性的核心思维，所以，在“共演战略扑克牌”中分别用大王和小王来表示战略系统性和战略动态性（见图 5-20）。战略系统性代表各个战略要素共生共存的整体性，可以用“共”这个字来表示。战略动态性代表战略要素在企业生命周期中的演化，可以用“演”这个字来表示。上面提到的华为、海尔、阿里巴巴、腾讯、京东、小米等企业的战略，无一不是兼具系统性和动态性。为此，战略系统性和战略动态性构成了共演战略扑克牌中的“王炸”。

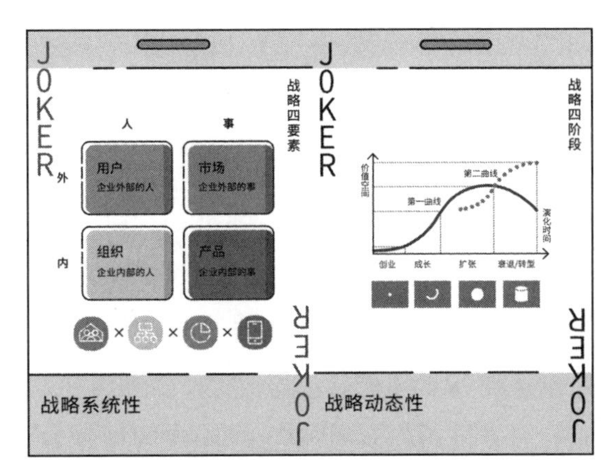

图 5-20 王炸：战略系统性和战略动态性

詹姆斯·卡斯在其著作《有限与无限的游戏》中，向我们展示了世界上的两种类型的游戏：有限的游戏和无限的游戏。有限的游戏，其目的在于赢得胜利；无限的游戏，却旨在让游戏永远进行下去。和所有棋牌游戏一样，斗地主是一种有限的游戏，其目的在于赢得胜利；而伟大企业的经营管理是一种无限的游戏，其目的在于让价值创造永远进行下去。

企业要想进行无限的游戏，必然会面临更大程度上发展方向的不确定性和发展路径的不连续性，也必然需要具备系统性和动态性的战略思维。企业不仅要拥有稀缺的战略资源，而且要发展持续更新的动态能力；不仅要培养战略能力的长板，而且要补足经营管理的短板；不仅要注重战略要素内部的协同，而且要关注战略要素之间的协同。

最后，企业要想将无限的游戏一直延续下去，必然要吸纳越来越多的年轻人。新一代的年轻人和老一代的创业者不同，他们不喜欢灌输式的管理方法。企业要想达到管理的上下同欲、左右同频，实现工作中的管理协同，必须采用适合年轻人的管理模式。

企业可以参考“共演战略扑克牌”的设计理念，把企业的使命、愿景、价值观、企业文化、战略、组织等方面的管理理念设计到一套扑克牌里，以游戏化的方式导入企业的管理理念中，让企业文化和战略目标在潜移默化中深入人心。

“共演战略扑克牌”可以配合“共演战略画布”一起使用。“共演战略画布”也是我设计的用于分析企业战略要点的画布工具。“共演战略画布”呈 4×3 格式，四列分别代表用户、组织、产品、市场等四个战略要素，三行分别代表每个战略要素的一个要点。“共演战略画布”可以用来分析企业战略的构成要素，也可以结合共演战略扑克牌让学员对共演战略的 12 要点有更加直观和具体的认识。

如图 5-21 所示，学员可以把共演战略扑克牌依次摆放在对应的共演战略 12 要点的格子里，按照创业、成长、扩张、转型四个阶段依次摆放，以获得对共演战略要点演化的直观感受。学员可以就每张扑克牌上的核心概念，讨论自身企业或者自己熟悉的企业的情况，分析共演战略要素在企业的不同发展阶段之间的演化过程，或者对比分析企业的不同业务类型之间各要素的异同。运用共演战略扑克牌和共演战略画布可以帮助学员对各种抽象的要素，形成直观感受和深刻印象，进而在深入理解最核心概念的基础上学会自如运用。

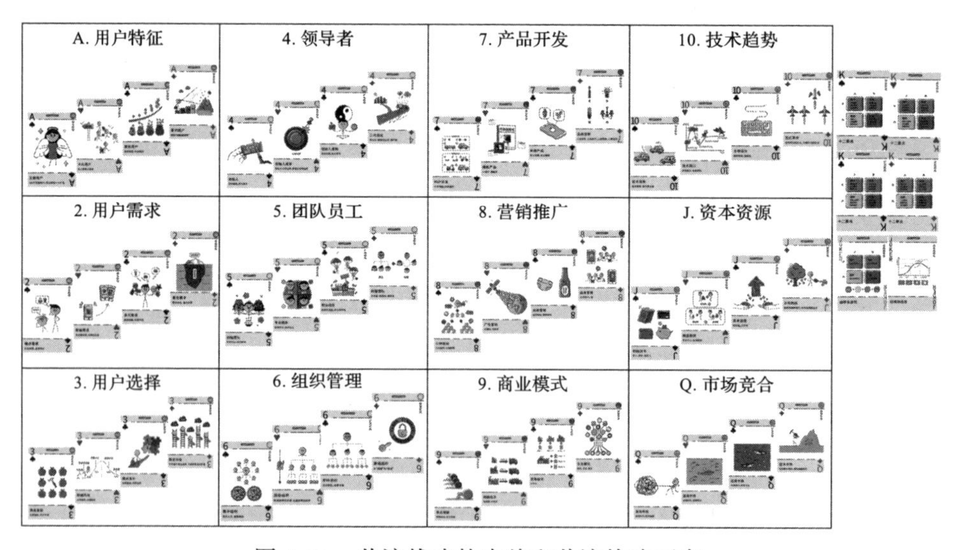

图 5-21 共演战略扑克牌和共演战略画布

游戏：共演行动代号

“共演行动代号”（见图 5-22）是我借鉴“行动代号”桌游设计的，帮助玩家记忆、理解和沟通共演战略核心概念的桌游。游戏中，玩家分为红蓝两队，每队选一位队长，两位队长站在桌子的一边，队员站在桌子的另一边。游戏开始前，玩家从写有共演战略关键词的 50 张卡牌中随机选出 25 张牌，洗混并摆成 5×5 的矩阵。两位队长从游戏配套的标有红色和蓝色方块的“任务卡”中随机选取一张，任务卡的正面对着队长，保证队员看不到任务卡。

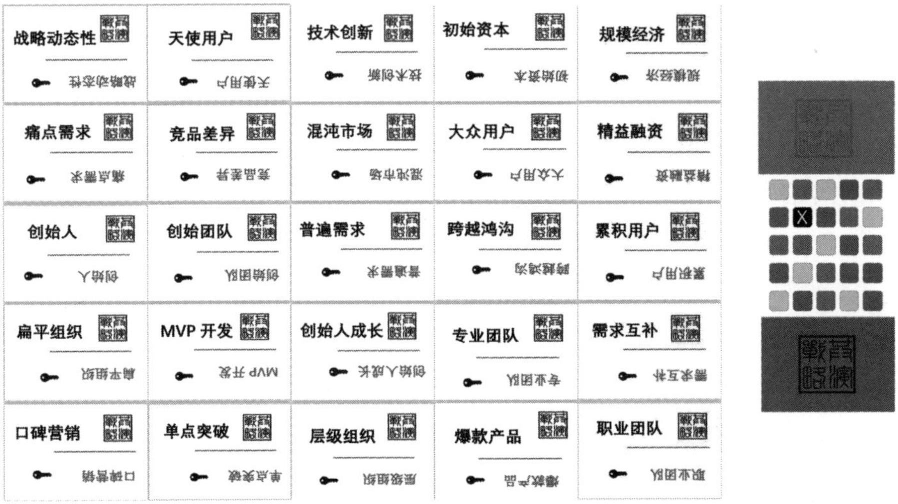

图 5-22　共演行动代号

游戏开始，先由一方队长根据自己团队的任务卡提示的关键词，给己方队员提示。提示词只能是一个词语，并且不能涉及共演战略关键词中的任何一个字。例如，红方队长看到任务卡中红方应该猜出“爆款产品”这个词，此时红方队长可以提示“ChatGPT”[㊀]。红方队员根据这个提

㊀ 美国科技创新公司 2022 年 11 月 30 日发布的人工智能聊天机器人程序，掀起“人工智能”狂潮。

示，可能会联想到“口碑营销”“爆款产品”和“蓝海市场”这些词，但对比了桌面上的卡牌之后决定选择“爆款产品”这个词。当然，如果恰好“口碑营销”和“爆款产品”这两个词都是红队应该猜出的词，红方队长就可以在给出“ChatGPT”这个提示词后增加一个数字“2”，意思是队员可以根据这个提示词猜出两个正确的词。如果红方队员能够猜出则可以得两分。游戏中，率先猜出“任务卡”上标明所有己方词语的队获胜。

“共演行动代号”的核心机制是玩家围绕需要大家形成共识的词语进行有限沟通和猜测。由于队长提供的提示词不能包括关键词中任何一个字，所以玩家可以用举例子等方法，把关键词中比较抽象的词和生活中的经历结合起来，达到将概念和实践结合的目的。基于这样的机制，玩家之间可以进行沟通的内容不限于共演战略的概念，可以扩展到玩家希望团队沟通并达成共识的其他任何内容。例如，玩家可以把企业文化的关键词提炼出来，做成“任务卡”，然后分组进行游戏，通过游戏来推动文化建设和团队共识的形成。

游戏：共演战略拼词游戏

在“共演战略拼词游戏”（见图 5-23）中，请用笔圈出 50 个共演战略关键词，包括“战略系统性”“战略动态性”以及 48 个战略演化要点。具体可参考【**共演战略扑克牌**】或本书第 6～9 章的内容。

竞	品	差	异	M	爆	共	技	术	风	口	碑	营	销	资	团	公	文	职	场
品	类	营	销	精	益	演	团	规	蓝	海	市	场	需	越	熟	司	团	业	层
积	创	始	人	成	长	蓝	略	销	冰	填	潜	越	多	海	团	创	始	团	队
用	新	重	识	设	计	品	混	沌	市	场	沌	爆	革	单	分	投	越	队	散
精	益	红	海	市	场	潜	术	需	场	设	潜	使	痛	点	需	求	积	散	广
主	围	共	洋	潜	使	用	融	海	规	范	围	经	济	突	求	散	初	跨	告
导	蓝	演	二	共	演	V	生	态	模	式	范	发	术	破	互	补	L	战	营
设	革	用	次	创	始	人	成	熟	经	革	销	告	真	香	补	共	演	益	销
计	团	织	创	客	需	共	性	客	济	命	创	业	M	异	充	潜	痛	大	战
多	多	专	业	团	队	演	散	战	互	技	设	M	V	P	开	发	熟	众	融
革	资	蓝	积	队	革	越	战	略	系	统	性	共	演	战	略	围	识	用	风
矩	熟	创	潜	多	P	多	多	动	性	爆	需	求	织	精	益	融	资	户	客
混	累	蓝	美	元	风	革	资	态	初	矩	技	术	创	新	需	初	本	P	设
异	补	普	遍	需	求	矩	熟	性	补	阵	痛	初	始	资	本	设	运	散	开
演	爆	用	初	求	创	混	累	积	层	组	P	共	人	红	共	演	营	熟	风
越	多	海	团	开	发	开	耗	散	组	织	益	关	联	营	销	革	革	重	初
潜	在	需	求	补	销	跨	熟	潜	告	诉	你	联	资	平	层	用	革	识	累
水	多	求	P	竞	积	越	P	共	围	爆	款	产	品	共	级	累	积	用	户
用	共	分	使	阵	创	鸿	鹄	演	碑	使	好	品	扁	平	组	织	革	户	重
潜	演	级	真	O	碑	沟	异	蓝	天	使	用	户	风	用	织	益	碑	型	共

图 5-23　共演战略拼词游戏

第六章

▲

48 个战略演化之创业阶段

第一节 创业阶段之用户

天使用户

天使用户是在企业的整个生命周期中最早使用和认可企业产品的用户。例如，Facebook 最早的 20 个用户和 Facebook 创始人马克·扎克伯格都是哈佛大学的同学，而且这些人中的大多数和扎克伯格都有室友、学习同一门课程或参加同一个学生组织等密切关系。天使用户往往是创始人身边具有密切关系的人。虽然 Facebook 的天使用户数量很少，但这些人之间的信任度很高，互动频率也很高，加之以哈佛大学的光环，Facebook 创立之初就获得了很大的势能。㊀

天使用户之所以重要，不仅仅是因为他们能吸引其他用户。天使用户还可以通过帮助创业企业抓住痛点需求，帮助创始人把握创业方向，帮助创业企业聚焦 MVP（最小化可行产品）功能和获得创新性技术等机制来影响创业企业的发展。

第一，天使用户能够帮创业企业抓住用户的需求痛点。小米公司上市时，创始人雷军发表致辞称，公司研发的第一个产品 MIUI 的第一版只有 100 个用户，但正是这 100 个用户的支持，帮助小米一步一步成长。雷军还特别邀请 6 位从小米创业开始就支持小米的米粉来到上市活动现场，并邀请米粉代表洪骏上台和他一起敲锣。

第二，公司创始人一定是产品的天使用户，有很多天才的创业想法是创始人作为用户时想出来的，这种用户变身为创业者的现象有一个学术名词叫“用户创业者”。健身 App“ Keep”创始人王宁就是从用户变身为创业者的。王宁在大学读书的时候曾是一个 180 多斤的胖子，通过在学校的操场跑圈和网上搜集的各类方法减肥，3 个月瘦到了 130 多斤，他把自己的减肥方式做了个 PDF 文档分享给身边的朋友，但 PDF 文档

㊀ 利维 . Facebook[M]. 江苑薇，桂曙光，译 . 北京：中信出版社，2020.

翻阅起来比较烦琐，而当时在 App Store 里面并没有合适的健身 App，于是他成立了 Keep，自己成了天使用户。

第三，天使用户的参与对创业企业的 MVP 开发非常重要，用户参与也有一个学术名词叫“用户社群”。杏树林是专门服务于医生的创业公司，创业初期推出医学文献、医口袋和病历夹三款产品，帮助医生获取文献、查阅资料、积累病人和病历信息。杏树林的原始创业想法来自创始人张遇升在北京协和医学院学习期间对“协和三宝”（图书馆、病案室和老教授）的深刻印象。“协和三宝”能帮助医生在遇到疑难杂症时快速找到参考资料。在原始创业想法的基础上，张遇升和几位医生（天使用户）深度交流，初步形成了杏树林的产品原型。

第四，天使用户也可能是创业企业创新性技术和创意的来源，它也有一个学术名词叫“用户创新”。例如，乐高保持创新活力的做法是激励用户参与创新，乐高建立了官方社区平台，乐高粉丝可以在这个网络社区里讨论乐高的产品和创意，成立研讨小组。乐高通过选拔“乐高大使”，让他们与公司的设计团队进行交流，以此来激发拼砌师的创意。对于那些被乐高聘用为兼职或全职的乐高设计师和拼砌师，乐高会颁发“乐高认证专家”证书给他们。

■ 工具栏

人物原型

人物原型有助于创业者站在天使用户的角度，建立一种对“用户是谁？如何思考？想做什么？要去哪里以及何时去？”等问题的移情性理解，深入理解用户，并分析创业机会。

人物原型是概括出来的具有代表性的目标用户人群，每一个人物原型代表了一类有类似观点、目标、行为的产品使用人群。人物原型通常会提供一个虚构的人名、一张人物照片或插图、一段叙述式的文字来描述他或她的生活状态，以及与产品相关的目标和行为（见图 6-1）。人物原型的关键是选择正确的对象，即最能代表关键人群需求的用户，之后将这些个体按照优先级排序。在满足最重要人群需求的同时，兼顾次重要个体的需求。

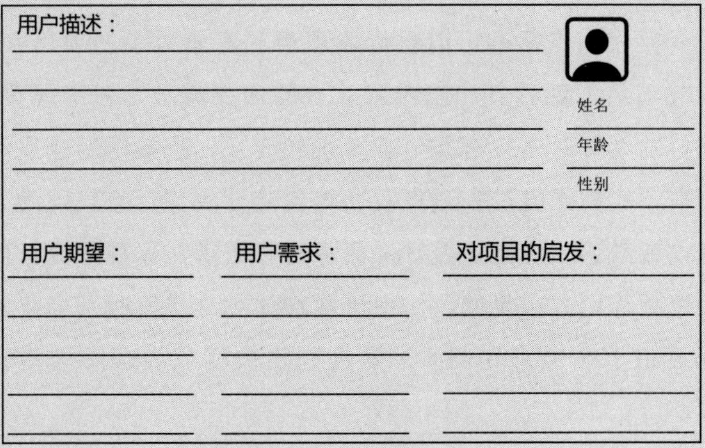

用户描述：

姓名
年龄
性别

用户期望：　用户需求：　对项目的启发：

图 6-1　人物原型画布

痛点需求

创业者在选择创业方向、确定要做的产品和服务之前，要问自己一个问题：用户为何会选择买单？人类商品经济的发展史表明，人们通常把钱花在两件事上：第一，对抗痛苦；第二，追求快乐。人们对痛苦和快乐的感受复杂性为创业带来了无穷的机会。创业者可以把眼光聚焦于减轻用户痛苦，在用户感到痛苦的地方找到切入点，也可以把眼光投向为用户创造快乐。就痛点而言，创业者可以想想那些让用户感到不安、沮丧、紧急或难受的事，听听那些让用户抱怨、吐槽、愤怒的事情，然后基于这些清楚认识并铭记于心的痛点，开发“让痛苦消失”的产品与服务。

解决痛点需求之所以重要，不仅仅是因为只有在产品抓住用户的痛点时用户才会买单，而且还因为痛点需求能帮助创业企业将自己的产品与竞品区分开来，帮助创业企业集中组织力量办大事，帮助创业企业实现产品的单点突破，并帮助创业企业在混沌市场中找到未来发展方向。

首先，抓住痛点需求可以将创业项目和竞争对手的项目区分开来。抖音的崛起满足了观看者和发布者双方的痛点需求。对于观看者而言，他们需要打发无聊时间，喜欢节奏欢快的音乐，想接触新潮事物。对于发布者而言，他们想通过表达自我获得肯定与关注，有较强的表现和模仿欲，追求新鲜感，想记录美好生活。这些需求在短视频流行前是靠图文或者长视频等形式满足的，但由于影像比图文更有吸引力，人们想以更快的速度追求愉悦感和刺激，短视频很快就成为解决这些痛点的新方式。

其次，抓住痛点需求可以帮助创业企业集中组织力量办大事。2021年6月，满帮集团登陆纽交所。创始人张晖在企业创立之初花了大量时间才找到货运市场的最大痛点：非标准化的程度太高，不仅货和货之间差别很大，车和车之间也千差万别。因为认识到“非标准化”是货运市场最大的痛点，张晖集中全部资源做了两件事：一是花大力气建立诚信体系，分别对司机和货主两端设置了一些运营准则，只要违规就会被拉黑。二是通过线下跑马圈地，依靠地推铁军把非标准化的货运市场整合起来。

再次，抓住痛点需求可以帮助创业企业实现产品的单点突破。润米科技是由开润集团和小米科技合资成立的一家小米生态链公司。润米科技针对市场上的旅行箱普遍质量差、颜值低的痛点，提出“极致单品”和“极致体验”的理念，推出了299元的基础款旅行箱和1 799元的金属款旅行箱，分别达到了市场上其他品牌千元级产品和五千元级产品的品质水平，很快实现了单点突破。

最后，抓住痛点需求可以帮助创业企业在混沌的市场中找到未来的发展方向。投资者常问创业者的一句话是："用户的痛点在哪里？你是如何解决的？"这句话的实质就是项目是否有市场需求，用户是否愿意买单。人们生活中的抱怨往往都是存在了很久的事情，背后的因素非常复杂，如果你希望找到一个完美的解决方案，就可能陷入完美主义的泥潭，无法自拔。正确的思路是从痛点里找小的切入点，如果想得太多，创业项目的设计就会复杂，一旦复杂，前期投入的成本就会增加，一旦成本和不确定性足够大，这个项目向下进行的可能性也会大幅降低。

■ 工具栏

用户移情图

用户移情图是一种对用户行为和态度进行剖析、呈现的直观视觉形式，它可以帮助团队更好地了解用户（见图6-2）。创建用户移情图可以由市场销售人员、产品开发人员和创意团队共同完成，以培养各方对用户的同理心，让他们"深入用户的头脑"。用户移情图能帮助团队进入用户的世界，从用户的视角出发，带着目标和疑问思考问题，从而更好地了解用户，获得直观信息，突出关键分析结果，方便快捷地达成团队共识。

用户移情图通常将一张大纸分成多个部分，用户放在中心位置。在用户周围，纸张划分为若干部分，每部分代表一个类别，用于探索用户的外部环境和内在思维：用户正在做什么、看什么、听什么、思考什么和感受什么（包括付出和收获）。团队成员基于对用户的了解和研究数据共同填充信息。

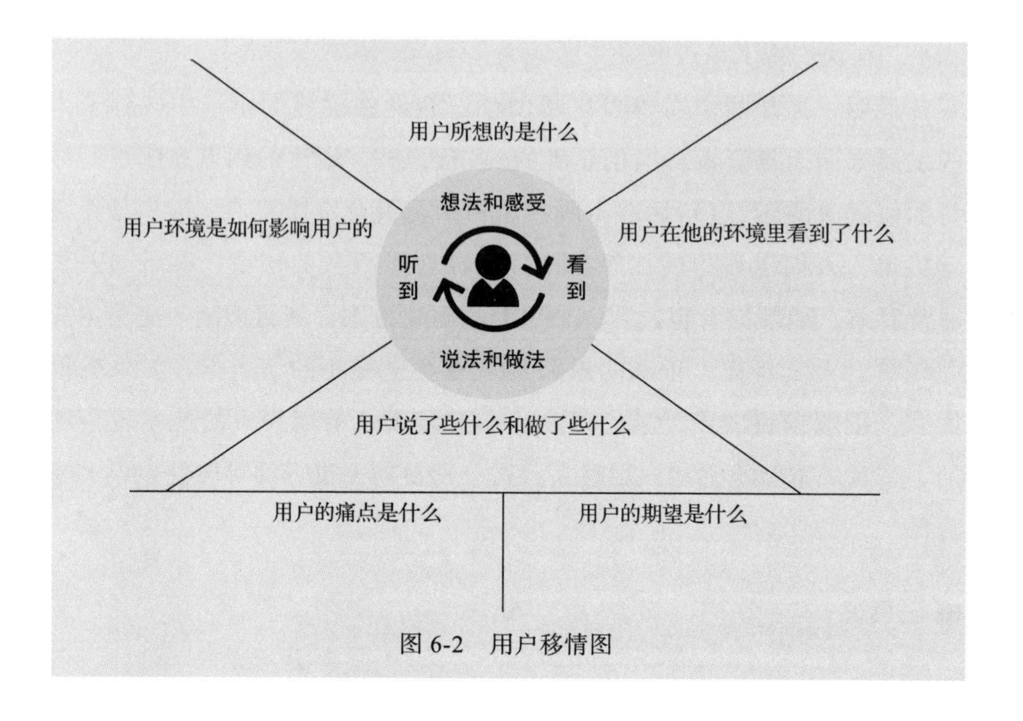

图 6-2　用户移情图

竞品差异

创业从来都是竞争最激烈的领域，但竞争也是最容易被创业者忽略的因素，其原因在于创业者往往被创业激情和辉煌梦想所激励，而忽略了眼前的“敌人”。在中国的创业圈，流传着一些心灵鸡汤，足以让创业者产生藐视竞争的心态。例如，“天下武功，唯快不破”“在风口，猪都能飞起来”等等。中国创业者经历和面临的却是千团大战、全民 P2P、行行 O2O、满城单车等严酷的产业竞争环境。

在种种浮躁心态的驱使下，很多创业者的目标并不是创造出有竞争力的产品，而是把目光投向政府、投资人的口袋。他们所做的事情既不是 2B，也不是 2C，而是 2G 或 2VC。在这种情况下，难怪在资本寒冬来临之际，很多投资人开始提醒创业者注意竞争的残酷性。例如，晨兴资本投资人刘芹在一次分享中指出：“我看到大量创业公司的战略会上讨论的全是怎么能够快速地取得市场份额。如果你去5～10家同行业公司的董事会，听到的都是类似的话，说明它们进入了同质化的竞争。优秀公司需要找到下一波的投资机会，摆脱这种同质化竞争，因此，差异化会是非常重要的一种要素。”

在精益创业阶段充分考虑产品与现有竞品的差异，对于企业抓住痛点需求，打造有竞争力的创业团队，开发MVP和运用创新性技术等方面都有重要影响。首先，产品和现有竞品的差异化，有助于创业者抓住用户未被满足的痛点需求。以装修行业为例，目前全国装修行业大约有4万亿元人民币的规模，其中约一半属于家装行业。行业内的现有企业面临着供应链中的利益不透明、交易效率低下、信息壁垒多、信任问题难解决、产业工人难管理、施工服务质量难统一等诸多问题。艾佳生活参照苹果公司App Store的模式，提出了硬装标准化与软装个性化相结合的模式，推出“定制精装＋个性软装＋……”的半标准化住房装修模式，从而让用户在住房装修和家庭布置的过程中用更少的时间、精力和金钱，获得了更好的效果。

其次，了解有哪些现有竞品以及竞争者团队，有助于创业者组织更有竞争力的创业合伙人团队。开润集团创始人范劲松，在2005年离开了工作三年多的联想，白手起家开始创业。本科学半导体专业的范劲松经过两年的摸索和尝试，发现了蕴藏在箱包行业的潜在机遇——尽管箱包行业是一个传统甚至低端的行业，但是箱包市场需求的前景十分广阔，关键是行业竞争对手的思维都很传统，竞争力比较弱。开润的核心团队成员均来自联想、惠普、溢达集团等各行业的领军企业，与传统箱包企业的核心团队成员相比，教育背景和综合素质都很突出，但对箱包行业涉猎很少。这种“跨界背景”赋予了团队独特的跨界思维，能够用创新的理念去重塑传统的箱包行业。

再次，参考现有竞品的基本属性进行创新，有助于创业者快速开发MVP。万帮新能源是江苏常州的一家民营企业，在进入该行业时，万帮新能源创始人邵丹薇发现，该领域的180家企业中，只有5家企业能生产互联网版本的充电桩，而且这5家企业都没有充分认识到智能充电桩产生的数据的价值。于是，万帮新能源在行业竞品基本属性的基础上，开发了智能充电桩的核心芯片，推出了智能充电桩产品，在短短两年内建立起了一个区别于竞争对手的智能充电平台。

最后，对比现有竞品所采用的技术，创业者可以适当采用创新性技术来获得优势。腾讯当年开发OICQ时，ICQ已进入中国市场。腾讯的OICQ（QQ）之所以能后来居上，技术微创新是一个重要原因。ICQ的产品设计是基于美国电脑的高普及环境的，ICQ把用户内容和朋友列表都存储在电脑的客户端上，由于几乎每个ICQ用户都有自己的个人电脑，这个产品设计不会带来用户的不便。可是在中国就大大不同了，那时拥有自己的电脑的人还不是很多，大多数人用的是单位或网吧里的电脑。当他们换一台电脑上线时，原有的内容和朋友列表就不见了，这是一个非常恼人的问题。OICQ开发团队解决了这个问题：把用户内容和朋友列表从客户端搬到了后台的服务器上面，从而解决了用户信息和好友名单丢失的问题。

■ 工具栏

竞品分析画布

创业者可以从用户重合度和需求重合度两个维度来分析自己的产品和竞品的关系。那些和创业者的产品的用户重合度低且需求重合度也低的现有产品，与创业者产品之间只存在潜在的竞争关系；如果用户重合度上升，那么现有竞品和创业者产品竞争的就是用户的不同需求，或者说用户的金钱和时间；如果需求重合度上升，那么现有竞品和创业者产品竞争的就是具有相同需求的不同用户；虽然创业者和竞争者可能暂时发展不同的用户群体，但最终当用户重合度和需求重合度都上升时，创业者和竞争者之间就存在双重竞争关系。

竞品分析画布（见图6-3）相当于竞品分析报告的MVP，用来低成本快速验证竞品分析的思路。使用竞品分析画布，首先要明确分析目标，最好能够解决产品当前面临的问题。选择竞品时先发散后收敛，初选阶段可以把眼界放宽，避免遗漏重要的竞品；精选阶段要收敛，聚焦三个左右竞品做重点分析。分析维度取决于分析目标，最好写出分析维度的选择理由。收集竞品信息除了常规渠道之外还要考虑合法的非正式渠道。结合经典的SWOT分析框架，分析企业内部的优劣势和外部的机会和威胁。竞品分析总结要具体考虑可操作性。

<table>
<tr><td>1.分析目标
为什么要做竞品分析
希望为产品带来什么帮助
你的产品所处阶段
目前你的产品面临的最大的问题与挑战
竞品分析目标</td><td>5.优势
与竞品相比，你的产品有哪些优点（提示：可以结合分析维度）</td><td>6.劣势
与竞品相比，你的产品有哪些缺点</td></tr>
<tr><td>2.选择竞品
竞品名称、版本及选择理由</td><td rowspan="2">7.机会
有哪些外部机会</td><td rowspan="2">8.威胁
有哪些外部威胁</td></tr>
<tr><td rowspan="2">3.分析维度
从哪几个角度来分析竞品
例如，功能、市场策略……（提示：结合产品阶段与分析目标来确定分析维度）</td></tr>
<tr><td colspan="2" rowspan="2">9.建议与总结
通过竞品分析，对你的产品有什么建议
采取什么竞争策略？得出了哪些结论（提示：要考虑可操作性）</td></tr>
<tr><td>4.收集竞品信息
你打算从哪些渠道收集竞品信息</td></tr>
</table>

图6-3 竞品分析画布

第二节 创业阶段之组织

创始人

在“大众创业、万众创新”的大潮中，很多的年轻创业者并没有想清楚为何要创业。有些人是因为就业压力大而创业，有些人则是因为不愿“被人管”而创业。《全球创业观察2020/2021》报告把创业动机分为四类：改变世界（to make a difference in the world）、赚大钱（to build great wealth or very high income）、延续家族传统（to continue a family tradition）和讨生活（to earn a living because jobs are scare）。[⊖]

在参与调查的43个国家或地区中，有9个国家或地区的超过60%的被调查者表示，“改变世界”是他们创业的重要动机，这些国家或地区既包括了发达经济体（如美国、加拿大），也包括中等发达和欠发达经济体（如印度、哥伦比亚、巴西、危地马拉、巴拿马、安哥拉）。同时，有8个国家或地区的少于30%的被调查者表示，“改变世界”是他们创业的重要动机，这些国家或地区中有4个在欧洲（如波兰、俄罗斯、意大利和希腊），还有4个在亚洲（韩国和塔吉克斯坦）和非洲（摩洛哥和布基纳法索）。

在参与调查的国家或地区中，有11个国家或地区的超过75%的被调查者表示，“赚大钱”是他们创业的重要动机，这些国家和地区的创业者中，赚钱动机最强烈的是来自意大利和塔吉克斯坦等国的创业者，随后是来自印度、伊朗、刚果、沙特、科威特等国的创业者。这11个国家或地区中有8个在中东和非洲地区。只有6个国家或地区的少于40%的被调查者表示，“赚大钱”不是他们的主要动机，这些国家和地区主要在北美和欧洲，其中来自挪威的被调查者比例最低。

虽然“改变世界”和“赚大钱”的动机听起来很美，但大多数创业者还是非常现实的。在参与调查的43个国家或地区的被调查者中，有34个国家或地区的超过50%的被调查者表示，“讨生活”是他们创业的主要动机。在把“讨生活”作为创业主要动机的被调查者中，比例较高的是来自印度、安哥拉、危地马拉等国家的创业者。而没有把“讨生活”作为创业主要动机的被调查者，主要来自北欧国家（如瑞典和挪威）。

通过《全球创业观察2020/2021》报告的数据分析，我们可以看到，创业动机多种多样。真格基金创始合伙人徐小平在一个节目中回答“创业创什么？”的问题时曾说：“创业创个求：人生欲求、职场诉求、市场

⊖ Global Entrepreneurship Monitor (GEM) Global Report (2020/2021). [R/OL]. London: Global Entrepreneurship Monitor, (2021-05-03)[2021-12-1]. https://www.gemconsortium.org/report/50691.

供求。”我们可以把徐老师的回答分为两个维度：“为谁创业”和“为何创业”（见图 6-4）。一个人可能为个人或他人创业，也可能为现实和梦想创业。创业的不同原因决定了创业的不同内容、为谁创业和为何创业。

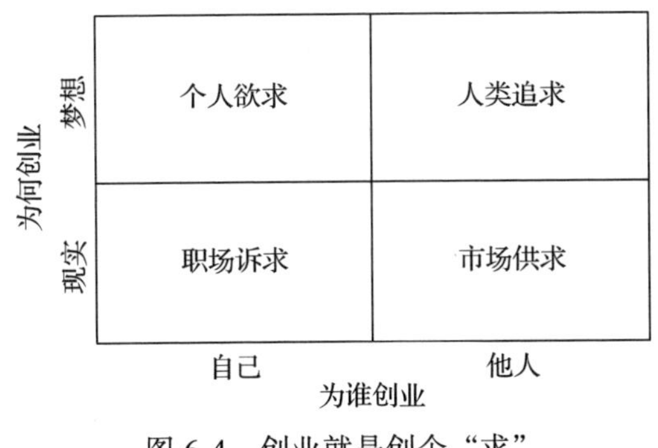

图 6-4　创业就是创个“求”

为解决个人面临的现实问题而创业是“职场诉求”的体现，这类动机类似于《全球创业观察 2020/2021》报告中的“讨生活”。例如，俞敏洪当年创立英语辅导班的初衷是为了解决自己作为北京大学教师的收入较低的问题，加之后来不得不辞去教职，只得创办了新东方。

为实现个人梦想而创业是“个人欲求”的体现，这类动机类似于《全球创业观察 2020/2021》报告中的“延续家族传统”。

为解决他人面临的现实问题而创业是“市场供求”的体现，这类动机类似于《全球创业观察 2020/2021》报告中的“赚大钱”。例如，徐小平在新东方开始做学生辅导时没有想到公司的出国咨询业务在未来能发展出独角兽级别的企业，当时，新东方开始做出国咨询只是因为很多人学了英语，考了托福，却办不下来签证，市场需求大得不得了。徐小平还为此提供了一个金句：“利己主义者觉得，别人的需求是负担；利他主义者觉得，他人有需求需要被解决，是好的创业机会。”

如果在徐老师说的三个“求”之外再加一个，它就是为实现他人（甚至是全人类）的梦想而创业，这类动机类似于《全球创业观察

2020/2021》报告中的“改变世界”。例如，特斯拉创始人埃隆·马斯克就是一位梦想创业家，他在清华大学的一次分享中提到，在读大学的时候，他决定参与能够促进人类向前发展的事业，有5个备选方向：互联网、可持续能源、太空移民、生物学、人工智能。马斯克迄今为止创办的X.com（Paypal的前身）、特斯拉和SpaceX就是他在互联网、可持续能源、太空移民这三个可能帮助人类实现更大梦想的方向上的创业。

想清楚了创业的原因之后，需要考虑的问题就是谁适合创业，以及谁和谁适合一起创业的问题了。首先，是搞定创始人的问题，或者说是谁适合创业的问题。学术界和业界对此有很多说法。总结起来，主要是态度和能力两个维度。态度主要指个人对于承担风险的态度，能力主要指学习与创新能力。

关于个人对风险的态度，在创业者圈子里有个流行的说法，叫“概率权”。也就是说，每个人都有在不同概率事件之间进行选择的权利，而对概率权的不同运用决定着一个人是否能够把握住机会。例如，在一个确定能得到一定金额（如100万元）和一个以一定概率得到一个更大金额（如10%的概率得到1 000万元）之间选择，多数人会选择前者。有一种鼓励创业者精神的说法把选确定性机会的思维叫“穷人思维”，把选概率性机会的思维叫“富人思维”。当然，这种说法有一定的偏颇之处。因为，从群体和概率的角度看，两个机会的结果是一样的。但是，从个体角度看，关键时点的概率选择的确能让有些人变得富有，而让另一部分人失去机会。

关于学习与创新能力，在创业者圈子里也有一个被奉为圭臬的名言，即史蒂夫·乔布斯在斯坦福大学毕业典礼致辞中所说的“Stay hungary, stay foolish”（求知若渴，痴心不改）。乔布斯之所以对斯坦福大学毕业生这样说，是因为他认为学习和创新是一个持续的过程，即使是对于毕业于斯坦福大学的精英而言，这也是一个巨大的挑战。对于个人来说，这意味着终身学习；对于企业来说，这意味着持续创新。

和乔布斯所见略同的是曾国藩。曾国藩在《曾国藩家书》中也提出，“拙”比“巧”要更为有用，即所谓“唯天下之至拙能胜天下之至巧”。任正非也有类似的说法，他在总结华为的成功经验时用了三个字：痴、傻、憨。“痴”指的是华为创业以来坚持做一件事，就是在信息通信领域持续耕耘。“傻”指的是华为不赚快钱，坚持在一个领域深挖，能守住“上甘岭”，能进攻“无人区”。“憨”指的是华为在向优秀公司（如IBM等）学习时，能够保持初心，求知若渴。

和创业相关的“概率权”的学术用语叫作风险承担倾向，有的人对风险的厌恶程度非常高，有的人则愿意承担一些风险。和乔布斯、曾国藩、任正非等说的“求知若渴，痴心不改”相关的学术术语叫作学习与创新能力。

图6-5用“重大风险承担倾向”与“持续学习与创新能力”两个维度把从业者分为四类。在整个人群中，重大风险承担倾向和持续学习与创新能力两个维度都低的占大多数，这些人多是普通职员。那些持续学习与创新能力低，但重大风险承担倾向高的人，可以被称为“赌徒”。他们可能偶尔成功，但凭借的只是独立概率而不是条件概率。

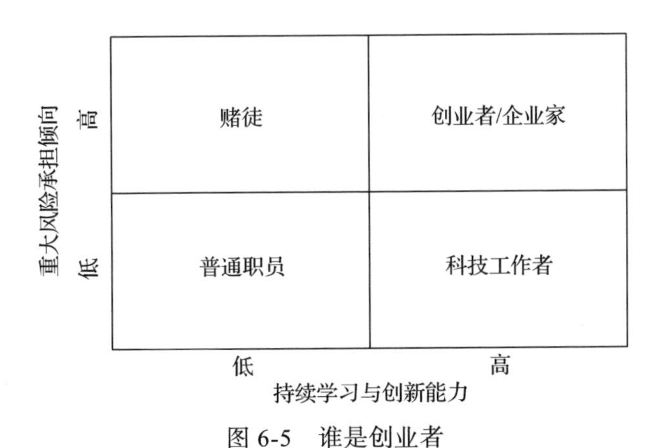

图6-5　谁是创业者

很多科技工作者的持续学习与创新能力很高，但因为不喜欢承担重大风险而倾向于从事稳定的科技创新工作。与普通的科技工作者不同，有一些具有较高风险承担倾向的科技工作者会选择成为创业者或企业家。当然，更多的创业者和企业家本身并不是科技工作者，但他们同样有持续的学习与创新能力。创业圈里有这样一句话："创业者的认知边界就是创业企业的边界。"于是，在中国的创业大潮中涌现出各式各样的"创业营"和"创业大学"，帮助创业者持续提升学习和创新能力。

■ 工具栏

创业者特征测评

创业者特征测评表（见表 6-1）的特征维度包括风险偏好、成就动机、自我控制、不确定性掌控等方面。创业者可以使用该测评表进行自我评价，也可以在自我评价的同时，请熟悉自己的朋友对自己进行评价，然后创业者对比自评与他评之间的差异。必要时，与朋友讨论自己各方面的特征，深入理解自己的创业动机。

表 6-1 创业者特征测评表

特征维度	特征表述	特征判断（1为最不同意，5为最同意）				
		1	2	3	4	5
风险偏好	我为了更高的回报，愿意承担更高的风险	□	□	□	□	□
	比较高风险、高回报和低风险、低回报的机会，我更喜欢前者	□	□	□	□	□
	我倾向于采取大胆的、非常规的行动来达到目的	□	□	□	□	□
成就动机	我渴望创业这种生活方式	□	□	□	□	□
	我喜欢承担具有挑战性的工作	□	□	□	□	□
	我会认真负责地对待创业过程中的任意一个事件	□	□	□	□	□
自我控制	在创业的压力下，我状态依然良好	□	□	□	□	□
	创业的成功与否取决于我自己	□	□	□	□	□
	创业者的目标能否达到，很大程度上取决于他们自己的努力	□	□	□	□	□
不确定性掌控	当决策存在不确定性时，我会朝好的方面去想，积极对待	□	□	□	□	□
	我喜欢创业不确定性所带来的刺激	□	□	□	□	□
	当实际情况与原计划存在较大偏差时，我会果断采取措施	□	□	□	□	□

注："选 5 得 5 分，选 1 得 1 分"。分数越高，创始人的创业者特征越明显。

创始团队

引入合伙人是个艺术活儿，也是创业中至关重要的部分。好的合伙人需要有共同的价值观，需要和创始人形成互补关系，最好和创始人有共同的经历；要为他们做好股权设计；合伙人中间要有一个领导核心；等等。图 6-6 列出了创业者选择自己独自创业还是合伙创业的决策过程。创业者首先要评估自己是否缺乏重要的经验、能力、社会关系、资本资源。如果缺乏，需要判断是否有必要在创业阶段就补足这些资源和能力。如果需要在创业初期补足，就需要引入合伙人。

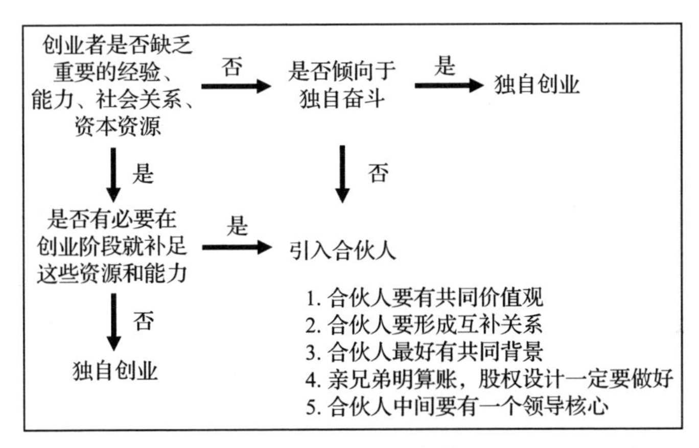

图 6-6　是否引入合伙人

对于引入合伙人的决策，创业者有诸多需要考量的因素。第一，合伙人要有共同的价值观。阿里巴巴赴美上市时，公司的 27 个合伙人拥有阿里巴巴 9.4% 的股份。用招股说明书里的话说，这 27 个人既是公司股东，也是“公司的运营者、业务的建设者和文化的传承者”。这 27 个人之所以能够成为公司文化的传承者，是因为其中有 7 个人出自阿里巴巴创业之初的十八罗汉，而阿里巴巴的企业文化是和创业时合伙人的共同价值观一脉相承的。

第二，合伙人需要和创始人形成互补关系。雷军创办小米前，花了很长时间找合伙人。最终加盟的其他 6 位联合创始人和雷军形成了很强的互补关系。例如，林斌曾任微软亚洲工程院工程总监和谷歌中国工程研究院副院长，有很丰富的大型软件开发管理经验。周光平曾任美国摩托罗拉手机总部核心设计组核心专家和戴尔星耀无线产品开发副总裁，有很强的硬件开发背景。其他的联合创始人，如刘德、黎万强、黄江吉、洪峰则在工业设计、营销、软件工程等领域有各自的专长。

第三，合伙人与创始人的共同背景有助于形成团队合力。我们经常会看到一些阿里系、腾讯系、百度系的创业公司，而这些大企业当初大多是由一批同学或同事创办的。例如，1998 年马化腾创办腾讯时，我的其他四位合伙人里面，张志东和陈一丹是马化腾在深圳中学和深圳大学的同学，许晨晔是马化腾在深圳中学的同班同学，曾李青虽然和其他四人不是同学，但也是同一年毕业的。

第四，好的股权设计是创业企业持续发展的基础。创业公司的股权设计主要涉及两个问题：一是如何在合理分配股权的基础上，保证创始人对公司的绝对控制力；二是如何通过股权分配帮助公司找到更多有力的合伙人和投资人，以便获得公司需要的更多资源。例如，1975 年比尔·盖茨和保罗·艾伦合伙创办微软时，盖茨占股 60%，艾伦占股 40%。1977 年，两人签署了一份非正式协议，明确规定两人持股份额分别为 64% 和 36%。1981 年，微软注册成为一家正式公司，盖茨持有 53% 的股份，继续保持绝对控股，艾伦持有 31% 的股份，鲍尔默、拉伯恩分别占股 8% 和 4%，而西蒙伊和利特文的持股份额则分别不到 2%。1982 年，为了调动员工的积极性，微软开始给员工配股。后来，随着微软的上市和快速发展，拥有股份的早期员工也获得了巨额财富。

第五，拥有明确的领导核心是创业企业发展的关键，否则讨论事情的时候很容易出现最终没有结果的状况。有时候，创始人的领导核心地位不仅仅来自对股权的绝对控制，同时还来自创始人的眼界和境界。华为创始人任正非和海尔首席执行官张瑞敏都是各自企业当仁不让的领导核心，但两人都不仅仅是靠对股权的控制而获得对企业的领导核心地位的。在经济环境纷繁复杂和快速变化的背景下，很多企业在发展过程中，尽管创始人没有对股权的绝对控制，或者从来没有拥有过高比例的股权，但依靠创始人的强大领导力取得了巨大的成绩。[㊀]

■ 工具栏

创始团队协同效率测评

创始团队协同效率测评（见表 6-2）包括 4 个主要维度："风险共担"衡量创始团队对承担风险的意愿和对模糊性的容忍性；"分享认知"衡量创始团队主动分享和被动分享知识以及愿意接受团队成员新观点的程度；"协作进取"衡量创始团队对环境变化和市场竞争的敏感性；"集体创新"主要从资源获取、新产品开发、新市场开发的角度衡量创始团队的创新能力和意愿。

表 6-2　创始团队协同测评表

维　度	表　述	与实际符合程度（1为很不符合，5为很符合）				
		1	2	3	4	5
风险共担	项目实施出现问题时，创始团队成员愿意一起分析原因	□	□	□	□	□
	创始团队成员愿意就新项目的成本与收益进行深入讨论	□	□	□	□	□
	如果项目没有取得预期收益，创始团队成员不会相互指责	□	□	□	□	□
分享认知	创始人愿意采纳创始团队成员所提供的有价值的新观点	□	□	□	□	□
	创始团队成员拥有决策所需的新知识且愿意主动与大家分享	□	□	□	□	□
	创始团队成员对所讨论的问题拥有新观点且愿意积极分享	□	□	□	□	□
协作进取	创始团队成员能够对外部环境的动态变化保持敏感性	□	□	□	□	□
	创始团队能比同行业的竞争对手更早地抓住市场机会	□	□	□	□	□
	创始团队比同行业的竞争对手更加重视市场机会的开发	□	□	□	□	□
集体创新	对于多种资源获取方案的选择往往采用集体决策法	□	□	□	□	□
	公司倾向于利用团队学习形式讨论新产品开发	□	□	□	□	□
	公司喜欢以集体智慧来完善市场开发方案	□	□	□	□	□

注："选 5 得 5 分，选 1 得 1 分"。分数越高，创始团队的企业家精神和协同效率越高。

㊀ 沃瑟曼．创业者的窘境 [M]. 七印部落，译．武汉：华中科技大学出版社，2017.

扁平组织

和成熟企业的层级制组织形式不同，创业企业的组织形式通常是扁平化的。在图 6-7 中，有三个小组（如图中的虚线椭圆所示），每个小组都有一个中心节点，但每个小组内部的关系结构各有差异。小组 A 的中心节点是 1 号节点，这个节点和小组内的其他三个节点有直接的联系，而其他三个节点之间没有联系。小组 B 的中心节点是 2 号节点，这个节点和小组内的其他五个节点之间是串联关系。小组 C 的中心节点是 3 号节点，这个节点和小组内的其他四个节点之间都有联系，而其他四个节点之间也都有联系。每个小组网络的类型，决定着小组内的沟通方式和效率。通常而言，内部沟通渠道比较多的小组（如 C 小组）的沟通效率高于只是通过中心节点进行沟通的 A 小组和用串联方式进行沟通的 B 小组。图中各小组之间的沟通是通过 4 号节点进行的，这个节点是整个组织的中心节点。由于联系着 A、B、C 三个结构，所以 4 号节点也叫结构洞，而 4 号节点和另外三个中心节点之间的联系叫作结构桥。由于连接着不同的结构，结构洞和结构桥对结构间的沟通非常重要。对于创业企业而言，创始人应该就是 4 号节点，而创业合伙人应该就是其他几个中心节点。当然，要让创业组织的沟通效率更高，可以在图中的各个小组间建立起更多的联系。

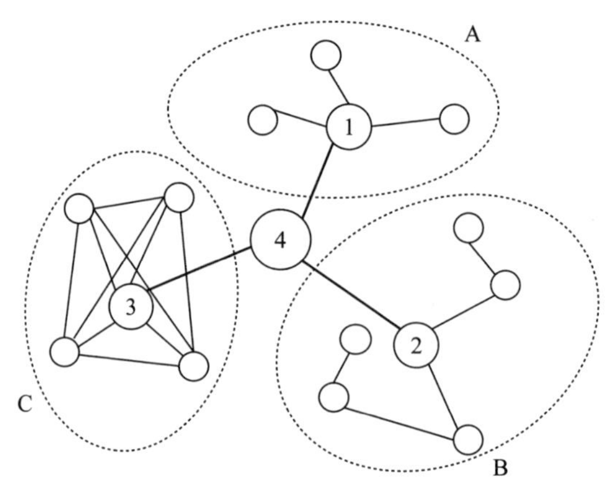

图 6-7　扁平组织结构

扁平组织可以帮助创业企业与天使用户产生密切互动，可以减少创业团队的管理负担，可以使MVP开发更为顺畅，还可以帮助创业企业在混沌市场中寻找机会。然而，扁平组织对领导者和团队员工的要求也很高。

首先，扁平化的结构决定了最上层的领导者一定掌握着最充分的能力集合。他们要负责分析信息、做出决策、发号施令，他们的一举一动甚至直接决定了企业的生死存亡。扁平组织中的短层级通道保证了决策的快速执行和同层级的快速复制，但没有留下“反悔时间”和“抵抗空间”。扁平结构决定了组织中的能力中心必须在上层，聚集于核心决策层，而中层和下层的组织成员的能力反而可以不那么强悍。所以，大部分采用扁平化结构的组织往往都拥有强势的领导人。小米在创业之初就采用了典型的扁平化的结构，整个公司只有三个层级，核心创始人、部门负责人、员工。这种模式的前提就是以雷军为核心的创始人团队拥有极为强势的地位和领导能力。

其次，扁平化要求横向的高度专业化和协作。扁平组织是一种横向扩展结构，信息处理更多的是在横向之间，而不是纵向之间，这势必会提高横向组织之间的沟通频率，而横向组织之间的沟通极易产生很多问题：本位主义、部门墙、推诿、流程不畅。现代社会已经为这种团队冲突提供了一些解决办法，实时共享的互联网通信为团队的协作创造了技术条件，但横向沟通仍然是内部管理的难题。

■ 工具栏

创业组织能力测评

采用了由于扁平的组织结构，创业组织需要发挥每位组织成员的潜力，组织能力蕴藏在组织的各个层级和每位成员之中。创业组织能力可以从机会能力、战略能力、管理能力、关系能力和学习能力等5个方面进行衡量（见表6-3），虽然不同行业的创业组织需要的能力有所差异，但创业组织各项能力的均衡性非常重要。

表6-3　创业组织能力测评表

维度	表述	与实际符合程度（1为很不符合，5为很符合）1	2	3	4	5
机会能力	创业组织有能力接触、获取顾客需求和未来市场需求趋势的信息	□	□	□	□	□
	创业组织有能力获取新技术、新产品或新服务的供给信息	□	□	□	□	□
	创业组织有能力利用市场信息形成商业模式	□	□	□	□	□
	创业组织能够捕获高价值的商业机会	□	□	□	□	□
战略能力	创业组织有能力制定适宜的战略目标与计划	□	□	□	□	□
	创业组织企业能够根据市场变化，及时调整战略目标和经营策略	□	□	□	□	□
	创业组织能够快速地调整资源组合以适应市场的变化	□	□	□	□	□
管理能力	创业组织有能力领导和激励员工去达成目标	□	□	□	□	□
	创业组织有能力组建高效运作的管理团队	□	□	□	□	□
	创业组织有能力制定合理的规章制度来规范员工的工作	□	□	□	□	□
	创业组织有能力保持组织顺畅地运作	□	□	□	□	□
关系能力	创业组织能够与税收、工商等地方政府部门建立良好的关系	□	□	□	□	□
	创业组织能够与各种中介机构建立长期的良好合作关系	□	□	□	□	□
	创业组织能够与掌握重要资源的人或组织建立良好的关系	□	□	□	□	□
	创业组织能够与周围的企业家、协会建立良好的关系	□	□	□	□	□
学习能力	创业组织有目的、有计划地定期学习	□	□	□	□	□
	创业组织善于总结本企业的经验教训	□	□	□	□	□
	创业组织善于学习、吸取优秀企业和失败企业的经验和教训	□	□	□	□	□
	创业组织鼓励员工参加各类培训	□	□	□	□	□

注：“选5得5分，选1得1分”。总分越高，创业组织的综合能力越强；分数越均衡，创业组织的综合能力越均衡。

第三节　创业阶段之产品

MVP开发

MVP开发是一种避免开发出用户并不真正需要的产品的开发策略。该策略的基本想法是，快速地构建出符合产品预期功能的最小功能集合，这个最小功能集合所包含的功能足以满足产品部署的要求并能够检验有关用户与产品交互的关键假设。MVP 开发的要点是用最快、最简明的方式建立一个可用的产品原型，这个原型要表达出你的产品最终想要实现的效果，然后通过迭代来完善细节。

MVP 开发是精益创业思想的重要组成部分。精益创业的核心思想可以由图 6-8 表示。精益创业的旅程开始于创业项目的“价值假设”和“增长假设”，即创业项目可以为用户创造价值，且创业项目可以实现增长。一旦有了这两个假设，第一步要做的就是开发一个最小可行产品。开发这个最小可行产品的目的不是为了投入市场，而是为了测量数据以检验假设。获得测量数据的目的是学习和完善产品开发的相关概念。开发测量和学习是精益创业循环的核心动作，这些动作的对象是产品、数据和概念。在实际操作中，也可以反向思考循环的顺序，即为了学习概念，创业者测量数据，为得到数据，创业者开发最小可行产品。㊀

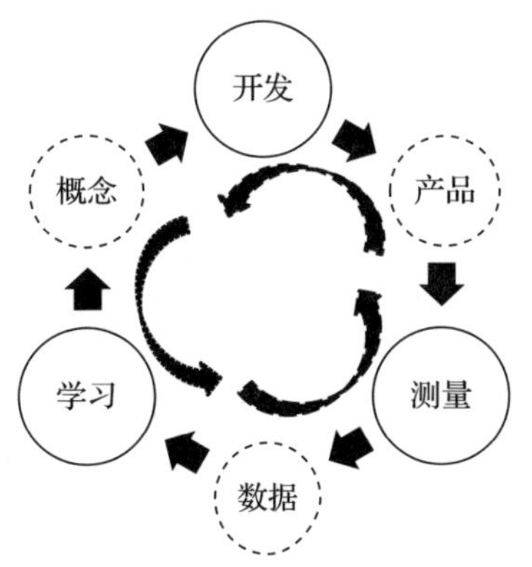

图 6-8　精益创业的“开发、测量、学习”循环

MVP 也是符合敏捷思想的产品迭代开发方法。MVP 开发首先着眼于用户的基本需求，快速构建一个可满足用户需要的初步产品原型。部署之后，通过用户反馈，逐步对产品设计进行修正，最终满足用户的绝

㊀ 莫瑞亚 . 精益创业实战：第 2 版 [M]. 张玳，译 . 北京：人民邮电出版社，2013.

大多数需要。而最关键的是，在各个迭代过程中，做出来的产品始终是可为用户所用的产品，而不是只有一部分功能却不能使用的产品。

MVP 适用于初创企业在市场不确定的情况下，通过设计实验来快速检验产品或方向是否可行。如果相关假设得到了验证，再投入资源大规模进入市场；如果没有通过验证，那就把它当作一次快速试错，尽快调整方向。创业企业可以通过做出最小可用产品，精简到不能再精简，发布之后收集市场反馈，逐步调整产品战略，调整项目的里程碑，尽快达成短期目标。MVP 产品仅包含必要的功能，从而能从早期的用户那里得到初始的资金和用户反馈。而仅包含必要的功能点意味着成本最小，最能展现核心概念；MVP 不一定是成品，也可以仅仅是理念；通常，构建 MVP 仅需要数天或数周时间。

MVP 开发是创业企业产品开发的起点，对创业企业实现产品的单点突破，抓住用户的痛点需求，形成扁平化组织结构，在混沌市场中找到方向等方面都很重要。

第一，MVP 开发有助于创业企业实现产品的单点突破。莉莉丝创始人王信文曾经举了《刀塔传奇》的例子来说明 MVP 开发在产品单点突破中的重要作用。在开发《刀塔传奇》游戏时，开发团队要做的第一个 MVP 就是游戏核心玩法的设计。开发团队不知道设计的玩法能不能成功，就用最小可行性产品来验证。王信文认为，MVP 开发最重要的是快，为了以最快速度做出 MVP，不要给自己太多束缚和限制，能用的资源全部都要用上。在做好第一个 MVP 之后，接下来怎么做？王信文选择在此基础上继续做 MVP，即验证了游戏的核心玩法确实很好玩之后，接下来给自己定了一个目标，要做一个可以让玩家玩两个小时的版本。按照传统的做法，会把所有功能先规划好，然后定好产品的完成时间，逐项完成功能开发。但是最后做出来的产品好不好玩，得到了最后一刻才知道。精益创业不是为了省钱，而是为了以更快的速度实现产品的单点突破。

第二，MVP 开发有助于创业企业抓住用户的痛点需求。正式推出“回家么”项目之前，王雨豪和团队一直在测试一个模型（MVP），即用户“结伴”参加活动的组织形式。所谓的“结伴”，指的是一个家庭在参加“回家么”平台上的活动时，可以邀请同一个小区的其他家庭一起参与。后来，王雨豪在“回家么”的基础上发展出“芝麻学社”。王雨豪说：“我们创办芝麻学社，是希望发现孩子的独一无二，让孩子在快乐中获得成功。孩子的天赋需要在恰当的时机、合适的环境下才能被激发和持续发展。我们希望用天才教育理念和革命性的教育方式来改变中国教育。”王雨豪创办“芝麻学社”的初心来自他自己作为父亲的痛点体验。对于父亲而言，每一个孩子都不是“别人家的孩子”，但从自己的第一个孩子出生以后，王雨豪逐渐意识到：“孩子的成长真不是父母能设计出来的”。从“回家么”的“结伴”参加活动模式到“芝麻学社”的“陪伴”成长模式，王雨豪一直在沿着 MVP 开发的思路进行探索。

第三，MVP 开发有助于创业企业形成扁平化的组织结构。洛可可设计集团创始人贾伟刚开始创业时，没有钱租办公室，花了 500 元租了一个饮水机旁边的办公位。贾伟还不舍得坐，把弟弟拉来坐在办公位上帮忙接电话，贾伟自己跑出去找项目。等到租第四个办公位的时候，贾伟发现能养活自己了，才去注册公司。贾伟把这种一个一个租办公位的方式叫作“精益组织开发”。如果把组织当作产品，正是这种精益组织开发的方式使贾伟能够成功地发展出现今的洛可可设计集团。贾伟在洛可可内部采用“细胞管理法”来构建组织架构，最基本的独立管理单元是不超过 7 名成员的“细胞”。通过“细胞”的裂变再组成事业部，进而形成事业群，最终形成了整个洛可可设计集团的扁平组织架构。

第四，MVP 开发有助于创业企业在混沌市场中找到方向。住在美国旧金山的两位设计师——布莱恩 · 切斯基（Brian Chesky）与乔伊 · 杰比亚（Joe Gebbia）为支付房租在家里地板上摆了三张气垫床，并搭建了一个简易的网站，用于出租气垫床。这个网站后来成为著名的 Airbnb。刚开始，Airbnb 的发展并不顺利。许多在 Airbnb 上张贴招租信息的人，并不懂得如何在发布内容时尽可能展现出房间最好的一面。他们拙劣的拍摄技术和糟糕的文案，掩盖了房屋本身的优势，让远在世界另一头的人们隔着屏幕难以做出判断。Airbnb 花 5000 美元租借了一部高档相机，挨家挨户免费为纽约的许多招租者的房屋拍摄照片。好卖相带来了好的收益。纽约当地的 Airbnb 订房量很快上涨了两三倍，月底时 Airbnb 的收入整整增加了一倍。这一做法日后被复制到了巴黎、伦敦、迈阿密等地。后来，他们干脆正式成立了项目组，专门为房东提供拍摄服务。任何房东都可以从 20 名 Airbnb 的签约专业摄影师中预约一位上门拍照。这在当时又引发了一场持续的流量井喷。在 Airbnb 的创业过程中，摆在地板上的三张气垫床和创始人亲自去拍摄的照片就是 MVP，而正是因为创始人亲自参与了这些 MVP 的开发，才使得 Airbnb 快速在短租这个混沌市场里找到了方向。

■ 工具栏

MVP 开发工具

读者针对一个想做但未行动的项目进行 MVP 开发时，要注意 MVP 所应突出的项目卖点，切中天使用户群的痛点需求，设计要切实可行，并有关键数据指标的驱动，以及可以验证的假设。总时间跨度最长不能超过一周，即可以完成验证。MVP 开发的关键是在有限时间内利用有限资源验证关于用户和关键功能的假设，进行用户痛点的访谈和排序，以及产品功能的访谈和排序。此时，可以利用表 6-4 所示的用户和解决方案访谈表。

表 6-4 用户和解决方案访谈表

日期和地点：	被访谈人：
访谈人：	被访谈人联系方式：
被访谈人特征：	
问题 1	
用户任务重要性（1~5） 用户痛点严重性（1~5） 用户获益必要性（1~5）	
问题 2	
……	
解决方案 1	
解决方案针对性（1~5） 用户痛点缓解度（1~5） 用户获益明显性（1~5）	
解决方案 2	
……	

口碑营销

当今的企业正面临着一个新的营销环境。信息传播不再是单向的自上而下模式，而是变成了多点对多点的网状结构模式。每个人都能自由地传播信息，你能听到几乎任何你想听到的声音，每个人都是独立的“自媒体”，是影响他人和被他人影响的网络节点。在这样的传播环境下，对于创业企业而言，口碑营销至关重要，口碑营销对于创业企业的作用可以分为三个方面：一是节约营销成本，二是提高营销效率，三是验证产品和市场的匹配程度。

就节约营销成本而言，创业企业用户数量少，如果采用广告营销模式，需要支付固定的广告费用，这些费用摊销到少量用户身上，获客成本会非常高。就营销效率而言，口碑营销传播的渠道是用户的口口相传，基于用户之间的相互信任，其传播效率很高。因此，硅谷 Y Combinator

创始人保罗·格雷厄姆总结说，“对于一个新产品而言，有100个非常狂热的粉丝，比有10000个觉得你还可以的人好得多”。就验证产品和市场的匹配程度而言，创业企业需要通过了解和研究“每一个”天使用户获得和使用产品的过程，来提升产品设计水平和用户需求水平，以及产品和市场的匹配程度。

沃顿商学院教授乔纳·伯杰的书《疯传》给出了一个通过口碑营销让企业的产品深入人心的方法，即STEPPS六原则。STEPPS六原则指的是：让你的产品成为大家的社交货币（social currency）；找到让用户把你的产品和他们的基本需求联系起来的诱因（trigger）；了解用户使用产品时的情绪（emotion）；利用产品的公共性（public），发挥产品的网络效应；一定要提供有实用价值（practical value）的产品；要有一个好故事（story）帮助传播。[㊀]

如果把伯杰教授的口碑营销六原则分为两个维度，应该是用户满意度和用户影响力。其中，为用户提供有实用价值的产品、了解用户使用产品时的情绪、把产品和用户的基本需求联系起来等三个要素决定了用户的满意度，而其他三个要素决定了用户的影响力。

创业企业利用口碑营销，一定要考虑口碑影响力的方向和程度。当用户满意度低且用户影响力也低的时候，用户口碑传达的是一种低程度的负向影响力。这种情况虽然对企业有负向影响，但影响程度不大。但是如果不满意的用户有很强的影响力，这些用户的负面口碑就会对企业产生高程度的负向影响。只有当用户满意度高的时候，用户的口碑才会发挥正向作用，而当具有高满意度的用户自身的影响力高的时候，口碑营销就能发挥出最好的效果。所以，在使用用户口碑策略时，应该着重消除具有强影响力用户的负面口碑，提升他们的正面口碑。

㊀ 伯杰.疯传：让你的产品、思想、行为像病毒一样入侵[M].乔迪，王晋，译.北京：电子工业出版社，2014.

在精益创业阶段，产品的运营应该是通过需求驱动和口碑营销实现的。需求驱动和口碑营销对于实现产品的单点突破，抓住用户的痛点需求，帮助企业建立扁平组织和在混沌市场中获得清晰的定位都很重要。

第一，需求驱动和口碑营销可以帮助企业识别痛点需求。例如，有一家社交网络公司，它的核心产品是相册，很明显和QQ空间是竞争关系。这个公司打算开发一个私人相册的功能，也就是外人看不了个人存储的照片。这个需求虽然很小，但如果有一部分用户愿意把照片传到相册，说明这个相册对他们很重要，那这部分用户可能就永远不会离开这个相册。围绕这个痛点需求，企业可以进一步开发满足用户的普遍需求的功能。

第二，需求驱动和口碑营销可以帮助企业实现单点突破。例如，有很多和音乐相关的App（QQ音乐、千千音乐、酷我音乐、酷狗音乐等），都提供搜索、下载、K歌、直播等功能。这些音乐App最初各有各的特长，例如，QQ音乐擅长社群，千千音乐擅长搜索等。但之所以最后都很像，是因为它们都提供了满足普遍需求的功能，可以满足用户搜索、下载、演唱、分享的需求。以用户需求驱动产品开发和运营的特点是先实现单点突破，然后逐渐满足用户的相关需求。

第三，需求驱动和口碑营销可以帮助企业建立扁平组织。以小米为例，当公司有5000多名员工时，只有三个层级：创始人组成高管团队，每人分管一个大部门，其中有若干个小组，每个小组5～10人，并设置一个小组长。根据项目需要，小组成员可以随时流动，从而实现了以客户为中心的快速反应。小米联合创始人兼总裁林斌曾表示："我们鼓励小组尽量从客户那里找到自己该做的事情，而不是去听领导的指令。这样以客户为中心的运作方式，让一线员工尽量做主，减少了很多不必要的上下沟通和等待的时间。"

第四，需求驱动和口碑营销能帮助企业在混沌市场中获得清晰的定位。由于刚创业时不被投资人看好、自有资金少、资源少，团队也没有经验，快看漫画团队签不到有名的作者，只能自己生产漫画。陈安妮找了一些新人做画手，包括一些刚毕业的学生和从来没有画过漫画的画手，由快看漫画团队负责策划剧情和剧本。快看漫画 App 上线的同时，创始人陈安妮在新浪微博上发布了漫画《对不起，我只过 1% 的生活》。这篇漫画描述了从小立志成为漫画家的安妮是如何一步一步坚持自己梦想的。很多人被这篇漫画感动，随着这篇微博所带来的 45 万次的转发量和超过 10 万余的评论，快看漫画 App 连续三天荣登 Apple Store 免费排行榜的第一名。不到一个月的时间，快看漫画的总下载量就超过了 100 万次。仅用了一年半时间，快看漫画的 DAU（日活跃用户）达到了 650 万，月活达到了 2000 万。在此之前，快看漫画基本没有做广告推广，产品增长主要靠漫画读者口口相传。

■ 工具栏

用户净推荐值

净推荐值（NPS）是计量用户将会向其他人推荐某个企业或服务可能性的一种指数（见图 6-9）。你可以问用户一个问题——他们是否会向朋友推荐某家公司——然后要求他们使用 0 到 10 的评分做出回应，0 表示“根本不想推荐”，10 表示“非常愿意推荐”。然后根据他们的回答将他们分类为不满意用户、被动满意型用户、推荐型用户。

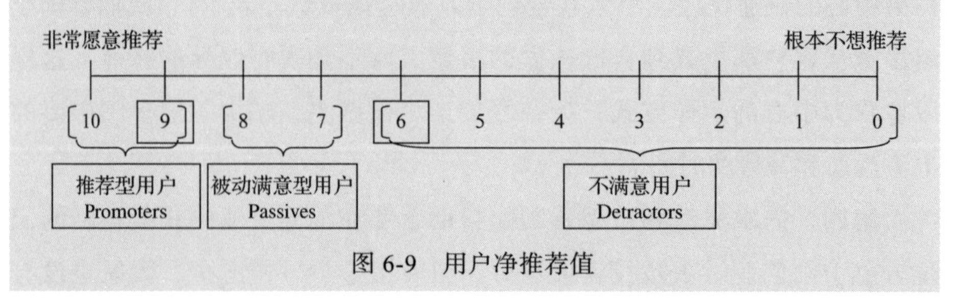

图 6-9　用户净推荐值

基于净推荐值企业可以区分出良性利润和不良利润，方法是按照用户贡献利润率情况和用户的净推荐值把用户区分为A～F六类（见图6-10），并持续投资于高利润率的推荐型用户（A类），提高低利润率的推荐型用户的利润率（B类），提升被动满意型用户的净推荐值（C、D类），减少不满意用户（E、F类）的比例。

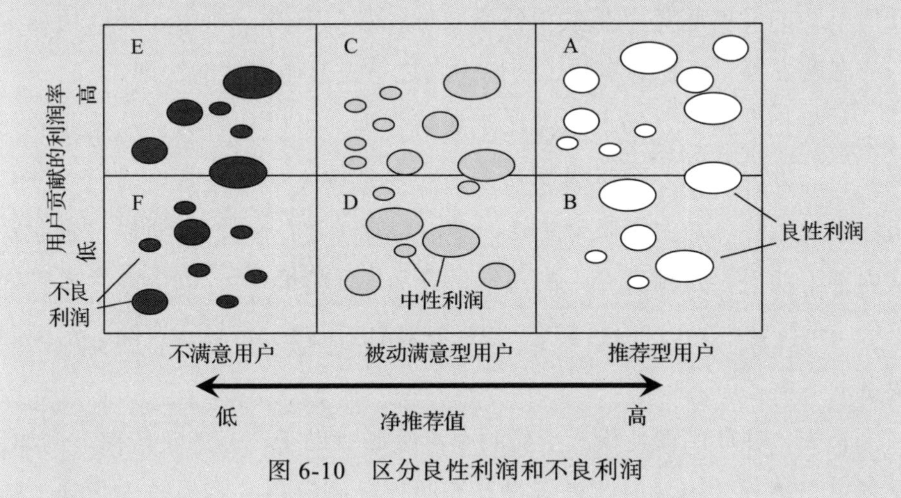

图6-10　区分良性利润和不良利润

单点突破

创业者必须选择单点突破，即聚焦单点，全力突破，快速垄断一个细分市场，在巨头进入前结束战斗，构建强大的竞争壁垒。为实现单点突破，创业者可以进行一个思想实验，问自己几个关于“一”的问题：如果你只能选择一个人作为客户，这个人会是谁，为什么？如果你只能满足这个人的一个需求，这个需求是什么，为什么？如果你只有一次说服这个人的机会，你会选择什么方式，为什么？为了满足用户需求，如果你的产品只能有一个功能，这个功能是什么，为什么？前三个问题关乎共演战略中的“用户特征”“用户需求”和“用户选择”，而第四个问题关乎共演战略中的产品。

单点突破即为“精一”。“精一”一词出自《尚书·大禹谟》中的“人心惟危，道心惟微，惟精惟一，允执厥中”。据传，这十六个字是舜把帝位让给禹时所传的十六字心法。十六字直译的意思是：人心难易其诡，道心难得其真，求真总须精纯专一，治世贵在守中固善。更直白一点可以理解为：一方面人心易变难测，难以教化，容易失控；另一方面，任何事物的发展趋势总是生于微毫之处，难以察觉；所以，要以精纯专一的态度去探究事物的本质，要以中庸之道去遵循自然的法则。

如果把“精一”的思想类比于战略管理，可以理解为：从企业的外部看，一方面，用户需求易变难测，难以把握（人心惟危）；另一方面，市场发展趋势总是生于微毫之处，难以察觉（道心惟微）。所以，企业要从内部下功夫，以精纯专一的态度做产品（惟精惟一），以中庸之道管理组织（允执厥中）。这恰恰契合了共演战略的用户、市场、产品、组织四要素的运用之道。

首先，在产品商业模式上做到单点突破有助于产品的自传播。例如，摩拜单车刚投入市场时，外观设计亮眼，足够醒目，容易被人找到，骑车的人也容易被别人注意到。别人会去问，这种单车是什么牌子，在哪里买的，容易引起关注、讨论和分享。再如，小米的Mix手机主打“全面屏”，有很高的颜值，手机很有“面子”。这类创新比在芯片等核心技术上取得突破的传播力更强，小米Mix手机的发布瞬间让用户生发出小米有“黑科技”的印象。[⊖]

其次，在产品商业模式上做到单点突破有助于抓住用户的核心需求。例如，德国零售企业阿尔迪（ALDI）以“低价格”策略打败了沃尔玛，不仅把沃尔玛赶出德国市场，还直接打上门去，在美国开了1300多家店。阿尔迪创始人卡尔说过：“我们唯一的经营原则就是最低价格。”拿商品来说，沃尔玛有十几万种，阿尔迪才700多种。沃尔玛有几十款番

⊖ 张本伟，赵鑫，杨琰华．单点突破[M]．北京：中信出版社，2016.

茄酱，阿尔迪就一款。阿尔迪的商业模式就是单点突破，把每个商品都“卖到爆”。阿尔迪在单一商品上的采购量是沃尔玛的20倍，是世界上最大的单品采购商。量大了，价格肯定便宜。品种一少，仓储运输什么的都简单了。用户选择也简单，不用想不用挑，拿了就走。

最后，在产品商业模式上做到单点突破有利于提高组织资源利用效率。因为做到了单点突破，阿尔迪的管理也极致简单。商品整箱放地上，想买直接搬。想退货？没问题！哪怕一瓶酒喝了半瓶也给退，管理者认为没有必要为这些事情纠缠。找零钱影响效率，所以零头全抹了，价格一律是整数。别人一家超市雇四五十人，它只雇四五个人，全是高薪聘请的精英员工，真正的一人多岗。另外，阿尔迪不做预算，没有市场研究部门，老板只看看核心数据，实行真正的扁平化组织管理。

■ 工具栏

举一反三，单点突破

举一：创业者需要问自己几个关于“一”的问题，找到最核心的关键要素。

- ▶ 如果你只能选择一个人作为客户，这个人会是谁，为什么？
- ▶ 如果你只能满足这个人的一个需求，这个需求是什么，为什么？
- ▶ 如果你只有一次说服这个人的机会，你会选择用什么方式，为什么？
- ▶ 如果你的产品只能有一个功能，这个功能是什么，为什么？

反三：创业者要持续关注以下三个方面，从用户、行业、团队三个方面寻找突破点。

- 第一看用户，明确细分用户群和需求，找到来自用户的“引力”。
- 第二看行业，看市场趋势和竞争态势，市场是不是有“风力”，如何应对竞争对手的“阻力”，找到合作伙伴的“推力”。
- 第三看团队，是否具备核心竞争优势，有没有“动力”。

创业者要能够讲清楚三个故事。

- 讲清楚用户的故事：用户是谁？需求是什么？需求在什么场景下发生？
- 讲清楚行业的故事：市场有多大？市场的核心矛盾是什么？行业里都有哪些竞争对手？他们的打法和竞争优势是什么？
- 讲清楚团队的故事：我们的打法和竞争优势是什么？团队是否具备竞争优势？

举一反三，实际上是“三位一体”，即“空间”“时间”“个体”的三位一体（见图 6-11）。空间指的是市场空间，时间指的是行业空间，个体指的是个体能力。创业成功，一定是在正确的时间和正确的地点做了正确的事情。

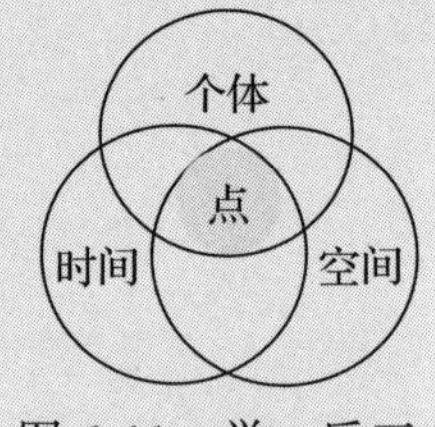

图 6-11　举一反三逻辑图

第四节　创业阶段之市场

技术创新

有观点认为，硅谷并没发明什么基础科学技术，但硅谷把全世界的创新性技术和创业热情与风险投资结合了起来，成为全球科技企业创新的重要摇篮。以无人驾驶汽车为例，在谷歌开始开发这个产品之前，卡内基－梅隆大学已经做了几十年了，但是技术非常不成熟，没有人能够看到实用的前景（混沌市场）。谷歌之所以接手做这件事情，并非因为它有更好的技术，只是因为它需要用无人驾驶汽车颠覆现有的产业。为此，它将卡内基－梅隆大学的整个开发团队招了进来，并给予他们充分的授权和足够的资源。

除了叛逆精神和颠覆现有秩序的欲望，硅谷取得成功的另一个条件是它常常在扮演新技术试验场（天使用户）的角色。谷歌无人驾驶汽车在没有许可的情况下就上路了。在警察“睁一只眼闭一只眼”的情况下，谷歌的无人驾驶汽车在路上完成了大量测试。谷歌公司的无人车 Waymo 率先达成平均行驶 5 000 英里[㊀]才被人工接管一次的记录，并在 12 个月内测试里程超过了 50 万英里，成为测试表现最好的无人车，也是全球离商用最近的无人车。

除大公司外，小公司也是推动创新性技术商业化的主力军。以美国的科学研发为例，20 世纪 80 年代，70% 以上研发费用都来自两万多人的超大型公司。不过，2000 年以后，超大型公司投入的研发费用占美国的总研发费用的比例由 70% 下降到了 35%，而那些人数少于 500 人的小公司，却迅速崛起，成为科技创新的主力军。出现这样的反转主要原因是先进的科技之前都掌握在高校手里，它们不愿意卖给商家，因为卖了之后自己就没办法继续研究了。20 世纪 80 年代，美国通过的《拜杜法案》规定，专利转让的只是商业使用权，所有权还归高校。这样一来，学校卖了专利，还可以继续搞研究，这就大大推动了专利的商业化。由于只转让商业使用权，所以专利就变得便宜得多了，一般都不超过 100 万美元，小公司完全承受得起。于是，以创新性技术应用为突破口的创业项目越来越多。

硅谷之所以比大学更为集中的美国东北部地区拥有更多和更好的高科技公司，主要是由于硅谷在技术的科学创新和技术的应用创新两方面

㊀ 1 英里＝1 609.344 米。

结合得比较好。如果一个企业或地区的技术的科学创新水平低，技术的应用创新水平也低，那么这种情况仅仅是对成熟科技的常规应用。例如，某些国内企业往往把国外成熟的技术简单地拷贝应用到国内市场；如果一个企业或地区的技术的科学创新水平低，但技术的应用创新水平高，那么这种情况是对成熟科技的创新应用。例如，腾讯等企业把国外成熟的技术和模式拷贝应用到中国，但在过程中进行了创新，逐步积累了自身的优势。如果一个企业或地区的技术的科学创新水平高，但技术的应用创新水平低，那么这种情况是对创新科技的低效率应用。例如，虽然和深圳相比，北京有更多的科研院所，但北京在创新科技的应用方面的成效并不理想。如果一个企业或地区的技术的科学创新水平高，技术的应用创新水平也高，那么这种情况是对创新科技的创新应用，硅谷就是这样的例子。

在精益创业阶段，创业企业采用创新性技术对于企业率先走出市场混沌状态，抓住创新性用户的需求，通过扁平化的组织形式，实现单点突破都有重要影响。

第一，采用创新性技术能帮助创业企业走出混沌市场。以大疆为例，这家创立于 2006 年的企业现在是当之无愧的全球消费级无人机霸主。在推出新产品精灵 4 之后，大疆的全球市场份额达到了 90%。消费级无人机市场可谓是由大疆一家企业开拓出来的全新领域。在 2013 年前后消费级无人机市场开始爆炸式增长前，几乎所有人都不看好这个市场。在开始创业的最初的几年里，汪滔带着几个小伙伴一起研发直升机飞控系统。到 2008 年时，大疆打磨出了 XP3.1 飞控系统，在被装载到传统的直升机模型上后，这款系统可以让模型飞机在无人操作的情况下，自动在空中悬停。随后，大疆陆续推出了“ ACE ONE 直升机飞控”“悟空多旋翼飞控”等多款飞行器控制系统。正是这些由自己摸索出来的“创新性技术”，使得大疆在无人看好的无人机市场中独占了一片蓝天。

第二，采用创新性技术可以帮助创业企业抓住创新性用户的需求。创业之初，大疆不存在什么商业模式，就是做产品，然后在诸如“我爱模型”这样的航模爱好者论坛里兜售。汪滔回忆，2006 年，大疆的第一个产品卖出了 5 万元，成本只有 1.5 万元。在两年多的时间里，大疆就这样以小作坊的方式运转。2010 年，大疆从一位新西兰代理商那里得到一条信息：她一个月卖出了 200 个平衡环，但 95% 的客户都把平衡环安装在多轴飞行器上，而她每月只能售出几十个直升机飞行控制系统。当时多轴飞行控制系统的主要厂商是德国公司 MikroKopter，但它的产品策略是 DIY，用户必须找到自己的组件并下载代码，因此体验不是很好，产品的可靠性也不行。汪滔敏锐地意识到：大疆也许应该成为第一家提供商业用途成品飞行控制的厂商。因为在过去几年积累了成熟的技术，几个月之内大疆就制造出了成品，迅速占领了 70% 的市场份额。

第三，采用创新性技术一般要求企业推行扁平化组织结构。2006 年大疆刚创立时，团队只有几个人，作为技术男的创始人汪滔在所有事情上都亲力亲为，表现出了与他所欣赏的乔布斯类似的特点：对细节精益求精，对一颗螺丝拧的松紧程度都有严格的要求，他告诉员工，要用几个手指头拧到什么样的感觉为止。汪滔习惯于晚上十一二点来到办公室开始工作。一有灵感，他就会拿起电话和员工交流。这个习惯一直保留了下来，现在大疆不少高管还经常会接到老板的午夜电话。2016 年，大疆员工人数超过 6 000 人。作为公司的 CEO 和 CTO，汪滔不无烦恼地表示：“如今我做的更多是管理工作……至于我最喜欢的产品，我不得不依赖于我的同事。”

第四，采用创新性技术有助于创业企业实现单点突破。2010 年大疆销售额只有 300 万元左右。在 2011 年大疆推出多旋翼无人机之前，消费级无人机市场的客户群体主要是航模爱好者、发烧友等小众群体。由于受众范围小，多旋翼飞控的单价也很高。大疆首次将 GPS、运动相机与无人机进行整合，而且飞机可以自动悬停，大幅度降低了无人机的操控门槛；另外，大疆采用“薄利多销”的模式，大幅度降低了多旋翼无人机的价格。这两点使得无人机的客户群从以前的 DIY 发烧友拓展到普通大众，客户规模增加了几百倍。后来，大疆一体化的整机 Phantom Vision 的面世，更是将航拍推广至普通大众。

■ 工具栏

技术成熟度曲线

技术成熟度曲线又叫技术循环曲线，用来反映某项新技术从诞生到逐渐成熟的动态过程，同时也具有对该技术的发展周期进行预测的功能（见图 6-12）。技术成熟度曲线中的技术按照其成熟演变速度及要达到成熟所需的时间，分成 5 个阶段：技术萌芽期、期望膨胀期、泡沫破裂谷底期、稳步爬升光明期和实质利用高峰期。

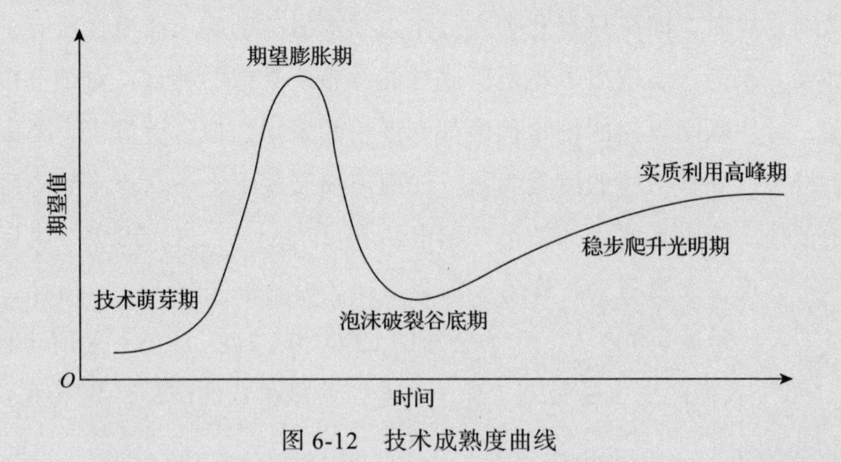

图 6-12　技术成熟度曲线

在技术萌芽期，关于创新可能性的讨论已超出了它的发明者或者开发者的范围，越来越多的人听到这一创新及其潜力，并随着有关创新性技术的新闻被不断传播，热议之潮快速形成。在期望膨胀期，一些公司纷纷想要采用创新性技术，随大流的效应发挥了作用，随着各类公司在不同情景中展开尝试，技术创新也被推向极致。媒体捕捉到关于创新的激动情绪，并且强化了人们参与其中的渴求，大家都害怕会落在后面。

在泡沫破裂谷底期，公司业务绩效不尽如人意，创新技术应用比预想的要迟缓，公司也未能在预期时间内实现财务回报，这些问题都导致预期的破灭。当多数公司发现事情没有想象那么简单，一些关于创新性技术的负面消息开始流行。在稳步爬升光明期。一些早期的采用者克服了最初的障碍，开始感受到创新的好处，并且重新投入精力。人们汲取早期采用者的经验，可以更好地理解在哪里应用创新性技术可取得更好的效果。随着时间的推移，创新性技术提供者依照创新应用的早期的反馈意见改进产品，创新性技术本身也在不断成熟。成功应用的方法被固定下来，使用创新性技术的最佳实践也被社会认可。在实质利用高峰期，伴随创新性技术在真实世界里的收益日益显现并被接受，越来越多的企业面对的风险显著降低，开始广泛使用创新性技术，技术成熟度曲线大幅上扬（就像是曲棍球棒的形状一样）。

初始资本

我们可以把创业的初始资本按照资本的来源和资本的风险承受程度两个维度来进行划分。初始资本可能来自创始团队内部和创始团队外部。来自创始团队内部的资金既包括个人储蓄，也包括个人的借款。相较于个人储蓄，创始团队的个人借款的风险承受度较低，如果一个创始团队的大部分初始资本来自团队的个人借款，就会埋下高风险的隐患。来自创始团队外部的资本包括商业风险投资和政府资金。相较于商业风险投资，政府资金（包括有政府背景的风险投资机构的资金）对风险的承受度比较低。如果创业企业要吸纳政府资金，可能需要考虑政府资金对风险的承受度。

在企业的精益创业阶段，不同来源的初始资本可以帮助企业获得创新性技术，抓住用户痛点需求，吸引创业合伙人和约束企业聚焦 MVP 开发。

第一，初始资本可以帮助初创企业获得创新性技术。在我国“大众创业、万众创新”的大潮中，很多从事科研工作的人都离开实验室开始创业了。美国 1980 年推出的《拜杜法案》允许研究机构或学者获得专科发明的商业开发权，商业开发赚到了钱，研究机构或学者也可以获益，从而极大地促进了美国的科技转化。根据我国国务院发布的《实施〈中华人民共和国促进科技成果转化法〉若干规定》，国家设立的研究开发机构、高等院校有权依法以持有的科技成果作价入股确认股权和出资比例。这项规定为创业企业以技术入股方式获得创新性技术打开了方便之门。

第二，初始资本可以帮助初创企业抓住用户痛点需求。一八九八咖啡馆是由北京大学的 100 多位校友企业家、创业者依托北京大学校友创业联合会联合创建的，是国内首家校友创业主题咖啡馆，之所以用“一八九八”来命名，是为了纪念北京大学的诞生。一八九八咖啡馆通过众筹方式把初始资本和创业资源整合在一起，通过 100 多位校友的出资出力、共同参与，既解决了资金问题，更解决了资源问题。虽然众筹方式往往因为参与人数多且复杂，会产生各种各样的管理问题，导致众多众筹项目难以长期维系，但这种现象的出现，说明了很多用户有共同的痛点，甚至不惜自己亲自下场来解决痛点。

第三，初始资本可以帮助初创企业吸引创业合伙人。初始资本的结构奠定了创业企业日后发展的重要基础。初始资本结构是否合理对于吸引合格的创业合伙人也非常关键。真格基金创始人徐小平认为，联合创始人必须占有股份，而且要占一定比例。徐小平曾经投资过一家电商公司，创始人做互联网，联合创始人做下游供应链。按理说，股权分配应该差不多是 60% 对 40% 或者 75% 对 25%，可那个联合创始人才持有 1% 的股份。徐小平认为那个联合创始人根本就不是合伙人，就是个打工的，是个伙计。后来，这家公司很快就破产了，徐小平也买了个教训。

马化腾在创业之始就跟合伙人约定"各展所长，各管一摊"。这是一个非常高明的决定，使每个人都充分发挥自己的优势。当年腾讯一共只筹资 50 万元。马化腾出资最多，占股 47.5%，张志东出资 10 万元占股 20%，剩下的股份归曾李青、许晨晔、陈一丹等联合创始人。马化腾认为其他人的总和应该比自己多一点，作为制衡，但是企业需要一个主心骨，股权不能平分。

第四，初始资本可以约束初创企业聚焦 MVP 开发。作为创业企业，初始资本金额总是不够用。但钱少有钱少的好处，可以约束初创企业聚焦 MVP 开发，力争单点突破。快看漫画创始之初，创始人陈安妮和其他 11 个小伙伴在北京的海淀区五道口租了个 150 平方米的民宅，一共三个房间，每个房间住四个人，办公在客厅，有时候开会在楼道里。陈安妮说：由于团队 24 小时在一起，大家沟通起来全无障碍。由于团队成员和外界接触少，所以能集中精力开发快看漫画。快看的团队花了半年时间做快看漫画的 1.0 版，界面都是自己设计的，设计从各方面来看都相当的不专业，页面也很混乱。但正是这样"不专业"的设计符合了快看漫画的以 90 后为主体的用户群的特点，很多人转发了，给快看漫画 App 三天内带来了接近 100 万次的下载量。

■ 工具栏

动态股权分配

创业者应该何时进行股权分配，以及何时完成？《创业者的窘境》作者诺姆·沃瑟曼研究发现，73% 的团队在创业的第 1 个月内就分配好了股权。考虑到创业的各种不确定性，这个比例非常惊人。

暂缓股权分配可以让大家有更多的机会了解彼此的工作能力和工作表现，从而更好地判断谁能为公司带来更大的贡献。不过，暂缓股权分配也可能让公司错失吸引优秀人才的机会。通常，贡献越早的人越希望尽早分配股权，后来者则反之。理想情况下，股权分配要着眼于每个人的长远贡献。

股权分配需要考虑至少三方面的因素：以往贡献、机会成本和未来贡献。沃瑟曼研究发现，59% 的人用自己的钱作为创业的启动资金，此外，在其他条件相同的情况下，提供创意的人多获得10%～15% 的股权。机会成本则与当事人此前的事业成功程度成正比，只有成功人士付出的机会成本才会成为分配股权的考虑因素。未来贡献是股权分配中必须考虑的重要因素，沃瑟曼研究发现，在其他条件相同的情况下，有经验的创业者要比没有经验的创业者多获得 7%～9% 的股份，而创业经验比一般的工作经验更值得重视。

沃瑟曼还发现，有 33% 的团队选择了平均分配股权，他们这样做的主要原因是回避冲突和节约时间。调查还显示，有 60% 的平分股权的团队，只用了一天或更少的时间就做出了决定，而这样做可能带来后续的麻烦。

从另一个角度看，股权分配要考虑已知因素、可预见但不确定的因素以及完全不可预见的因素。分阶段股权分配方法可以较好地解决动态股权分配问题。例如，开始创业时有 4 个人（A、B、C、D）参与，大家商定用一年时间确定最终的股权，并把一年时间分为三个阶段，分别分配股权的 40%、30% 和 30%。在第 1 阶段，A 出了创意和资金，B 进行了商业策略规划，C 开始着手软件开发，D 仅仅参加了商业计划的讨论。进入第 2 阶段，A 继续提供人脉和资金，B 专注于产品管理，C 主抓软件开发，D 则没有实质性的参与。进入第 3 阶段，A 帮助企业拉投资，B 进行产品营销，C 负责软件开发。4 个人在 3 个阶段的股权动态分配情况见表 6-5。

表 6-5 股权动态分配表

时间	2020 年 10 月～2021 年 1 月		2021 年 2 月～2021 年 5 月		2021 年 6 月～2021 年 9 月		2020 年 10 月～2021 年 9 月
权重	40%		30%		30%		
股东	贡献	股份	贡献	股份	贡献	股份	加权平均
A	创意、资金	60%	人脉、资金	34%	拉投资	36%	45%
B	商业策略	28%	产品管理	33%	产品营销	32%	30.7%
C	软件开发	10%	软件开发	33%	软件开发	32%	23.5%
D	商业计划	2%					0.8%
合计		100%		100%		100%	100%

混沌市场

Chaos（混沌）一词衍生自希腊语，原意为某种深不可测的、破裂的东西——空间的虚空。在古代的宇宙起源论中的《创世记》故事里，这个空白和虚无是所有生成之物（becoming）的基础，是宇宙的根本起源。混沌和宇宙，无形的存在和有序的结构，因而就紧密地联系在一起了。

弗里德里希·克拉默在《混沌与秩序》一书中指出："自然中不断重现的有序性一直令我们着迷……在生命系统中，无生命的物质按照遗传法则所传递的组织方案来构造高度复杂的有序结构。我们对分子生物学领域的探索越深入……我们对这些组织方案就越了解，我们会由此认为有序在自然界中总是能得以维持。"[㊀]然而，有序通常是某种静态的东西。现实中，"生命乃是从运动变化中创生的有序，并永远与走向混乱、无序的衰败相伴随"。从某种意义上讲，"生命就是衰败"，秩序就是混沌。

㊀ 克拉默. 混沌与秩序：生物系统的复杂结构 [M]. 柯志阳，吴彤，译. 上海：上海科技教育出版社，2010.

混沌和秩序在中国企业管理实践中也有应用。“混序部落”创始人李文和苗青在《触变》一书中写道：“‘混序’是兼容的。混即混沌，代表了道家思想，强调天道；序即秩序，代表了儒家思想，强调人道。因此混序可看作是中国传统文化里的天人合一。混沌和秩序的融合，在控制和失控之间，在秩序和自由之间，在理性和人性之间，在确定和不确定之间，在一致与多元之间，是简单性和复杂性的共生存在状态，它既代表了一种组织结构，又代表了一种管理理论，既是一种世界观，又是一种方法论。”

突破混沌市场，在混沌中找到秩序，是创业企业实现从 0 到 1 的重要途径。对于处在精益创业阶段的企业而言，混沌市场对于企业获得创新性技术，抓住用户的痛点需求，打造扁平化组织和实现产品的单点突破等方面，都有重要意义。

首先，在混沌市场中找到创新性技术对于企业来说非常重要。在市场尚处于混沌状态时，没有竞品，甚至没有天使用户。在混沌市场中如何创新？强调“拼凑”的积木式创新思维是一种可能的选择。积木式创新有三个特点：第一是以了解市场的创业者为核心。创业者通过找到最新科技，针对市场中的核心问题，推出革命性的产品或服务，找到撬动世界的支点。第二是拥有产品或服务的最长板。创业者利用最先进的科技，打造自己的产品或服务的最长板，后与其他企业的最长板合作，迅速具备一个大企业所需要的所有功能，并和大企业形成竞争。第三是具有打闪电战的能力。当创业者具备了以上要素后，就要开始迅速地奔跑，以最快的速度占领市场。

其次，当市场处于混沌状态时，抓住用户的痛点需求非常关键。乔布斯领导下的苹果公司曾经“创新定义了”在线音乐行业、手机行业、平板电脑行业甚至整个互联网行业。乔布斯策略的出发点是对用户体验的关注和痴迷，他认为从用户的体验中可以抓住他们的痛点需求。乔布斯曾说过："设计不仅体现在产品的外观和感觉，还要看产品是如何使用的。在我们生活的这个时代，我们的活动越来越多地依赖技术。我们拍照时无须胶卷，并且必须加以处理才能显现效果。我们从互联网上下载音乐，并且使用便携式数字音乐播放器随身播放。在你的汽车中、厨房里都这样。苹果公司的核心强项就是把高科技转换成身边很普通的东西，并且能够让他们感到惊喜和兴奋，他们还能够方便地使用。"

再次，扁平化的组织形式是适合混沌市场中的创业企业和创新业务的组织形式。《重新定义公司：谷歌是如何运营的》一书第六章的标题就是"创新：缔造原始的混沌"。在谷歌内部有两个谷歌，佩奇领导的传统业务部门和布林领导的创新业务部门。谷歌创新业务部门的组织形态是各种项目或项目的集群，以项目为基础运作的项目集群，由谷歌这个强大的算法、研究、IT、信息整合平台来支撑和服务它们，而且这些项目的集群有专门的创新负责人。在该书的第六章中，作者写道："创新不可把握、无法强制，也不能事先安排"，"有创意的人不需要别人来布置任务，而是需要有人提供空间"[㊀]。谷歌的员工有20%的时间可以办自己的事情，没有任何人可以干扰。

最后，混沌市场状态下的创业企业只有单点突破，才有活路。360创始人周鸿祎曾反思道："360能走到今天，幸亏我是门外汉，'乱拳打死老师傅'。门外汉没有思维定式，门外汉不会心存敬畏之心。安全行业别人干了20年，他们认为安全就应该这么干，他们也赚了钱。但是我啥也不懂，别人的做法我不会。但是当你从门外汉角度来解决问题的时候，可能有不同的创新。正因为无知无畏，我们就挑了一个点，杀流氓软件。相反如果当年我是安全的专家，我肯定规划一个宏大的安全计划，但我们规划的，并不一定是老百姓最需要的。伤其十指，不如断其一指。因

㊀ 施密特，罗森伯格，伊格尔．重新定义公司：谷歌是如何运营的[M]．靳婷婷，译．北京：中信出版社，2015.

为你有强大的对手，你又不具备强大对手的资源。资源有限的时候，你一定要单点突破，不能面面俱到。”

■ 工具栏

混沌市场决策过程模型

萨拉斯·萨拉斯瓦西认为，创业者的决策有两种基本逻辑：因果推理和效果推理。因果推理始于打算创造的效果和方向，试图通过不同的手段和方法来实现这些效果，或者创造新手段来实现预先选定的效果。效果推理则是始于给定的手段并试图利用非预测性战略来创造新的效果。效果推理型创业者认为世界有多种不同的可能性，创业者需要创造并重组新机会，创造而不是寻找市场，接受并利用意外，从而创造未来而不是试图预测未来。在图 6-13 的混沌市场决策模型中，创业者可以选择先确定方向后确定方法（因果推理），也可以选择先确定方法后确定方向（效果推理）。

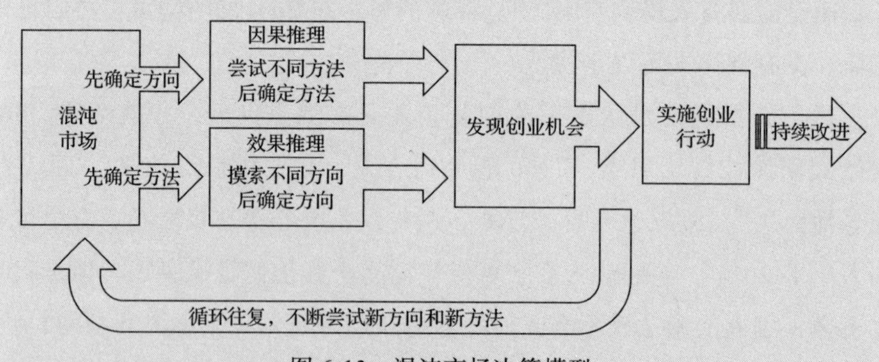

图 6-13 混沌市场决策模型

效果推理逻辑具体包括五项原则：

- 手中鸟原则：“自己拥有的资源胜过无法得到的资源”，要“从自己拥有的资源出发”。

- 可承受的损失原则：创业活动的后果是不确定的，创业失败是常态。关注风险，依据可承受的损失做出决策，使创业风险降到最低。
- 拼布原则：和他人合作，获取需要的资源，好比把不同的碎布头拼在一起，成为一块漂亮的布。
- 飞行员原则：创业者要自己掌控前进方向。
- 柠檬水原则：创业的过程充满各种意外事件，在创业者的眼里，意外事件不应是成本、代价，而应是一种新资源。

游戏：创业阶段画布

创业阶段的共演战略框架包括12要点，其中天使用户、痛点需求、竞品差异是用户要点；创始人、创始团队、扁平组织是组织要点；MVP开发、口碑营销、单点突破是产品要点；技术创新、初始资本、混沌市场是市场要点。

创业阶段画布由12个方格组成，代表着精益创业阶段的12要点（见图6-14）。创业阶段画布用一张纸的篇幅展示了创业阶段的战略要点，便于创业者进行思考、总结，也便于创业者对比不同思路的画布，以及随着创业项目的发展进行跨时对比。

1. 天使用户	4. 创始人	7. MVP开发	10. 技术创新
2. 痛点需求	5. 创始团队	8. 口碑营销	11. 初始资本
3. 竞品差异	6. 扁平组织	9. 单点突破	12. 混沌市场

图6-14　创业阶段画布

读者可以利用创业阶段画布，结合“共演战略扑克牌”对企业的创业阶段或创新业务进行分析。接下来，我们利用创业阶段画布分析阿里巴巴的案例（见图6-15）。我们把1999年到2003年这段时间看作阿里巴巴的创业阶段，在这段时间，阿里巴巴的主要业务是B2B跨境电商业务。不过，和现在的海外购不同，当时的阿里巴巴的业务模式是帮助中国的中小企业把商品卖到海外去。

1. 天使用户 1999年10月，中英文网站注册用户超过2万人；2001年12月B2B业务拥有100万会员 从海博翻译社到中国黄页，为马云和核心团队理解用户痛点积累了经验	4. 创始人 “我们要做一件伟大的事情，我们的B2B要为互联网服务带来革命” 战略眼光：互联网；电子商务	7. MVP开发 1999年创业初，决定6个月不宣传，做好网站； 2000年10月，推出“中国供应商”产品：展示产品、收集信息、知识辅导； 2001年诚信通：谈判前身份验证，2 300元/年	10. 技术创新 免费（基础展示）+收费（会员增值服务、诚信通）； 会员费（4万～8万）；金品名企增值服务（百万级别）； 互联网+（跨境）贸易（创新科技的创新应用）
2. 痛点需求 有进出口需求的中小企业，获得订单信息； 87%客户担心诚信问题，2001推出“诚信通”； “一个公司要长久发展，必须为社会解决问题”	5. 创始团队 18人团队，爬长城，湖畔花园开会； 蔡崇信放弃百万美元年薪加入阿里，每月工资500元；团队能力互补；武侠文化	8. 口碑营销 开始人工到各种网站、BBS上贴帖子； 2000年德国演讲，1 500座位，只来了3个人； 2000年9月，举行首届“西湖论剑”； 演讲，提升媒体关注“2002年战略是只赚1块钱”	11. 初始资本 团队共同出资50万；迟迟未融资成功； 1999年10月，在拒绝了38家投资机构后，接受高盛投资500万美元，2000年1月，软银计划投资3 000万美元，接受2000万美元
3. 竞品差异 线下交易会（宣传费用高、日常无法宣传、无培训服务、无法保持互动）；借势“西湖论剑”形成差异	6. 扁平组织 创业初期完善员工持股制度；“内练一口气，外练筋骨皮”； 早期请过很多MBA、国际精英，后开始培养内部人才	9. 单点突破 2000年初，拿到钱后，换办公室、快速扩张； 互联网泡沫破裂后，“回到中国”“回到杭州”	12.混沌市场 1999年，中国互联网元年，在混沌中寻找秩序

图 6-15　阿里巴巴的创业阶段画布分析

之所以选择 B2B 跨境电商业务，和马云在 1999 年之前的创业经历有关。马云于 1988 年毕业后，在杭州电子工业学院教英语。他发现身边很多老师都有翻译英文资料的需求，于是在 1992 年创办了海博翻译社。1995 年，马云从学校辞职，全职创业，创办了“中国黄页”，为中小企业在国际贸易中提供海外需求信息。1998 年年底，他带着之前的一帮小伙伴回到杭州创业。

马云从 1992 到 1998 年的三次创业经历在某种程度上来说都是失败的，海博翻译社一直找不到盈利模式，“中国黄页”和杭州电信合资后失去了控制权，在中国国际电子商务中心的工作也没有足够的自由发展空间。但是，这几次创业失败的经历让马云学到了几点经验教训：一是小企业也要有制度，不然营业员拿了货款你都不知道；二是翻译社这样的商业模式做不大；三是有共同理念和目标的团队很重要。

阿里巴巴创业之初，把选对人和做对事看得特别重要。从选对人角度说，当时一共有18位创始人，这18个人的绝大多数现在还在阿里巴巴，有些还担任着重要职务。这18个小伙伴后来被称作“阿里巴巴18罗汉”。他们中的绝大多数人之所以加入阿里巴巴，不是因为当时阿里巴巴收入高，而是因为他们看到了共同的愿景。比如说，阿里巴巴集团董事局执行副主席的蔡崇信，就是放弃了百万美元年薪加入公司的“18罗汉”之一，他加入阿里巴巴后每月工资才500元人民币。

除了选对人，还得做对事。通过之前的创业经历，阿里巴巴的团队意识到，做“中国黄页”的大致方向是对的，只是当时合资后失去了控制权。于是，阿里巴巴在1999年创业初期，就针对中小贸易企业获得信息难的痛点，打造了一个线上交易平台。和当时如日中天的“广交会”等线下交易平台相比，阿里巴巴的服务有许多优点，例如：宣传费用低，卖方能持续宣传，交易双方能在平台上保持互动，等等。2001年，阿里巴巴又推出了“诚信通”，帮助交易双方解决诚信缺失的问题。

除了做对事，还得把事做好。1999年初，马云就决定，6个月不宣传，先做好网站。后来，马云发现公司知名度太低。2000年，他到德国演讲，能容下1 500人的会场，只来了3个听众。回国后，马云召集了第一次“西湖论剑”，邀请当时还都在创业初期的互联网创业者，共同讨论互联网在中国的未来发展方向。这些参与者包括新浪的王志东、搜狐的张朝阳、网易的丁磊等现在响当当的企业家，他们的参与给阿里巴巴带来了很好的口碑营销效果。

除了上面说的用户需求、组织文化、产品定位等要素外，阿里巴巴还在互联网泡沫破裂前拿到了大笔投资，除了运气外，这也和阿里巴巴对市场环境和时机的把握有很大关系。1999年10月，刚刚创业1年的阿里巴巴就拿到了高盛500万美元的投资，几个月后，又拿到了软银的2 000万美元投资。拿到这两笔投资后不久，美国的互联网泡沫就破裂了。如果没有这两笔钱，很难想象阿里巴巴能顺利地度过那个互联网寒冬。

游戏：认识用户

“认识用户”是我设计的一款利用“用户痛点卡”和“用户场景卡”描绘用户痛点和用户场景，使用“移情图”“故事板”“用户价值图”等工具分析用户特征、用户痛点、用户需求等用户要素的游戏。

- “移情图”游戏规则

  玩家两两分组，每个小组中的一位玩家扮演用户，抽取一张“用户情景卡”；另一位玩家利用“移情图”分析扮演用户的玩家所处的环境、关注点、愿望和行为，描述出用户玩家的细分特征，理解用户感受，洞察用户动机。扮演用户的玩家给出对另一玩家的分析的评价分数，并进行评价。接着，两位玩家交换角色，重新抽取“用户情景卡”，继续进行游戏。

- “故事板”游戏规则

  玩家两两分组，每个小组中的一位玩家扮演用户，抽取一张“用户情景卡”；另一位玩家利用“故事板”梳理事件的脉络，包括服务使用场景、使用过程、想法启发等。扮演用户的玩家给出对另一玩家的分析的评价分数，并进行评价。接着，两位玩家交换角色，重新抽取“用户情景卡”，继续进行游戏。

- “用户价值图”游戏规则

  基础玩法：玩家两两分组，每个小组中的一位玩家扮演用户，抽取一张“用户痛点卡”；另一位玩家利用“用户价值图”分析扮演用户的玩家的“用户任务”“痛点”“期望”。扮演用户的玩家给出对自己的痛点分析的评价分数。另一位玩家接着利用“用户价值图”基于对扮演用户的玩家的痛点分析，给出自己的“产品和服务特征”，说明将给用户玩家带来“何种收益”，以及如何缓解用户玩家的“痛点”。扮演用户的玩家给出对另一位玩家的产品和服务的评价分数。

升级玩法 1：多位玩家扮演用户，利用“骰子小程序”随机形成用户痛点程度、用户支付能力等指标。其他玩家根据情况选择优先满足哪位用户玩家的痛点需求。

升级玩法 2：一位玩家扮演用户，多位玩家扮演创业者。创业者根据自己的用户分析给出解决方案，用户玩家在多个解决方案中进行选择。

游戏：创业合伙人

“创业合伙人”是我设计的一款让玩家体会作为创业合伙人在企业发展过程中如何平衡风险与收益的桌游。这款游戏模拟一个为期 6 年的创业过程，有 6 张创业年份牌，每个年份都对应着一种创业红利，包括资源红利、改革红利、开放红利、人口红利、创新红利、转型红利，每种红利都代表着该年份的额外收益。除了创业红利牌，这款游戏中还有多张投资收益牌和经营收益牌，每张都有不同的分值，代表来自投资和经营的收益。

游戏的第一回合，每位玩家支付 10 元“股本”，作为初始资本投入公司资金池。后续每个回合，玩家以 10 元为基准单位进行股权投资，并按照股权比例分配每次翻牌的收益。玩家中途撤资或回合结束时，玩家在游戏中的股本退回玩家。

玩家持续从牌堆翻牌，如果牌面是“收益”，则玩家按照股权比例分配收益，剩余无法整除分配的，作为待分配收益放在翻开的牌上。如果某（几）位玩家选择中途撤资，则可以获得（分配）已翻开的牌上的留存收益。当有且只有一位玩家中途撤资时，这位玩家才能获得“红利”牌的分数。

“创业合伙人”这款游戏的一个特点是它模拟了企业经营所面临的各类重大的外部环境的危机，包括金融危机、恐怖袭击、行业禁入、疫情危机、人口老龄化、环境恶化等。每种危机都对应三张危机牌，当游戏中出现两张相同的危机牌时，玩家损失本轮所有收益。只有在第二张相同的危机牌出现前已经退出游戏的玩家才能够落袋为安，获得本轮收益。“创业合伙人”这款桌游的目的是提醒创业者和投资人注意到在创业过程中的风险，避免他们只看到经营和投资的收益，而忽视相关的风险。

第七章

▲

48 个战略演化之成长阶段

——

第一节　成长阶段之用户

大众用户

创业企业进入成长阶段，首先要面对的问题是用户的变化，即用户群体从少量天使用户向大众用户的转变。一方面，创业企业需要想方设法把已有的少数天使用户群体扩大到更大规模的大众用户群体。按照用户生命周期理论，当企业产品刚刚推出时，用户数量通常较少，这些用户被称作创新者和早期使用者；当企业产品还拥有较多创新元素的时候，有可能被企业产品吸引的大量用户被称作早期大众用户；当企业产品变得比较落后，有可能被企业产品吸引的大量用户被称作晚期大众用户；当企业产品变得相当落后，还有少量用户可能被吸引，这部分用户被称作晚期使用者。企业在成长期需要吸引的主要用户是早期大众用户，而早期大众用户在生理特征、心理特征和社会特征等方面和早期使用者都会有较大区别。

另一方面，在用户群体扩张过程中也有风险，过快的用户群体扩张也不见得是好事。例如，“足记”曾经是一个非常火的现象级的产品，最初的定位是与地点结合起来的图片社交应用。由于微信的普及，“足记”迅速成为人们在朋友圈里分享照片的工具，但大多数用户用的是“足记”的美图功能，这与“足记”作为将图片与地点结合在一起的工具的定位不一致。大量涌入的新用户给“足记”的产品定位带来了麻烦：如果继续强化天使用户认可的旅行记录定位，新用户比老用户多得多，却没有被重点关注；但如果要照顾新用户，产品的定位和内容肯定就变了。“足记”的团队最后决定把精力放在新客户身上，继续推出了“足记相机”的应用。结果老客户很失望，新客户的新鲜感也过去了，根本没人再用这款“足记相机”，最后“足记”只好惨淡收场。

大众用户是企业快速增长的基础。大众用户能够帮助处在快速成长期的企业抓住普遍需求，要求企业实现团队专业化，帮助企业打造爆款产品，并发现未被竞争者重视的蓝海市场。首先，企业在成长期要注意不能为了用户增长而“不择手段”，要分析新增用户是否符合企业对用户需求的定位。如果新增用户不符合企业对用户需求的定位，可能给企业增长带来大麻烦。例如，2013年，阿里巴巴为了对抗微信，曾推出了一个社交类型的应用叫“来往”。为了让这个产品的用户快速增长，阿里巴巴要求公司每位员工在该年的11月底之前必须有100个以上的外部“来往”好友，否则不发年底红包。然而，随着“来往”的用户数迅速增长，发生了一些奇怪的事情。原来，阿里巴巴内部的员工平时接触最多的就是淘宝卖家，员工拉用户第一时间想到的当然也就是这些淘宝卖家。于是，“来往”成了淘宝卖家的乐园，开始被各种淘宝广告塞满。更有意思的是，由于一开始的用户都是阿里巴巴的员工，“来往”吸引了一大批的猎头前来注册，猎头们通过和员工聊天，挖走了好多人。阿里巴巴没办法，只好把项目叫停了一段时间进行整顿。这个例子说明，单纯追求用户的快速增长，对项目的发展可能带来毁灭性的影响。

其次，了解大众用户特征需要专业的分析能力，服务大众用户需要专业化的团队。例如，乐信是一家起步于分期购物的互联网金融企业。从2013年10月分期乐商城上线，到2016年4月推出针对全人群的业务，再到2017年12月更名为乐信并在纳斯达克上市，乐信的发展经历了用户数量的快速增长，用户数量在2016年12月为1 500万人，2017年12月为2 390万人，2020年8月为1亿人，2021年9月达到1.5亿人。乐信之所以能在竞争激烈的互联网金融大战中“剩者为王”，一个重要原因是乐信为服务大众用户发展起来的精细化运营能力和风险管控手段。在风险控制方面，乐信创始人肖文杰在企业成长期就引入了副总裁乔迁等风险控制人才。依托电商行为数据以及社交等各类外部数据，乐信自主研发的智能风控引擎“鹰眼”，不仅能够实现对订单的快速高效审核，而且能够将坏账率始终控制在1%以内，这大大优于行业平均水平。

再次，企业在成长阶段只有紧紧抓住大众用户的需求才能打造出爆款产品。成长阶段的大众用户和创业阶段的天使用户可能有不同的需求，这就要求企业做爆款产品时要区分不同用户的需求。例如，微信通讯录刚刚发布时，就有一些重度用户说，要加分组功能。然而，直到今天微信都没有分组功能，只是在后期加了一个标签功能。因为微信团队通过数据发现，大部分用户的好友数都很少，即使到后期，很多人的好友数都不超过100人，在这样的情况下，分组就是个累赘。和微信相反，新浪微博初期就加了分组功能，但后来的数据表明这个功能很少有人使用，因为大众用户关注的账号很少，用不到分组功能，所以产品团队把时间花在这里就不对了。

最后，对大众用户的理解可以帮助企业找到被忽视的蓝海市场。例如，快手在创业之初连续三年稳居国内移动App流量榜榜首。从技术手段上看，快手当时的视频特效十分简陋，大部分都没有滤镜，也没有多余的装饰，充其量只有一些文字条幅，界面只有“关注、发现、同城”三个最简单的窗口。然而，快手之所以能够快速起步，就是因为抓住了网络里人数最多的用户群体的需求。对于整个直播市场而言，这些用户才是真正意义上的大众用户，而对这些大众用户的关注，成就了快手“闷声发大财”的神话。

■ 工具栏

“个人从众”工具

影响从众的主要包括4种效应：个体服从效应、规范形成效应、社会传染效应和群体压力效应。个体服从效应又称“登门槛效应”，个体一旦满足了他人的某个微不足道的要求，为了避免认知上的不协调，或想给他人留下前后一致的印象，就有可能满足他人提出的更多的要求。规范形成效应利用社会行为规范对人们的一种自觉约束力来进行产品营销，是一种能让消费者进行感性消费的强大营销策略。社会传染效应是个体通过语言、文字、表情、动作和其他方式引起他人相同的情绪或行为的一种信息传递过程。群体压力效应指的是，当群体成员的思想和行为与群体意见或规范发生冲突时，成员为了保持与群体的关系而需要遵守群体意见和规范时所感到的一种无形的心理压力。[㊀]

我们可以用"个人从众"(见表 7-1）来归纳以上 4 种效应，"个"好像是一个人站在自己的位置上，此时对应的是个体服从效应；"人"好像是这个人已经从自己位置上离开了，跟着群体规范往前走；"从"好比是一群人一个跟着一个走，形成了传染效应；"众"好比是一个人对其他人形成号召力和群体压力。在从天使用户向大众用户进行过渡的过程中，可以利用"个人从众"效应表分析每一种效应的做法和效果。

表 7-1 "个人从众"效应表

关键词	从众效应	具体做法	效果评价
个	个体服从效应		
人	规范形成效应		
从	社会传染效应		
众	群体压力效应		

普遍需求

普遍需求是大量用户的具有共性的需求，与之相对的是个别用户的差异化需求。通常情况下，2C 业务面对的用户量高于 2B 业务的用户量，而个体消费者的需求也可以分为相似需求和差异化需求。个体消费者的

㊀ 勒庞．乌合之众：群体心理研究 [M]. 亦言，译．北京：中国友谊出版社，2019.

相似需求的代表性例子有快餐、快递等，个体消费者对这类产品和服务的要求主要是质量稳定、价格便宜。个体消费者的差异化需求的代表性例子有成衣定制等，个体消费者对这类产品和服务的要求主要是彰显个性、价格合适。一般说来，服务更多用户的相似需求可以带来低成本的优势，服务更少用户的差异化需求可以带来差异化的优势。很多商业模式创新都来自用极低的成本满足大量用户的相似需求，或者用较低的成本满足大量用户的差异化需求。㊀

抓住用户的普遍需求，对于成长阶段的企业跨越需求鸿沟，促使团队专业化，形成规模经济，进入蓝海市场等方面都非常重要。首先，只有抓住普遍需求，企业才能真正跨越需求鸿沟。精益创业理论框架中有两个假设，一个是价值假设，另一个是增长假设，二者都和普遍需求有关。价值假设要求企业验证当客户使用某种产品或服务时，它是不是真的给客户带来了价值转换，用户是否会因使用而付费。增长假设要求企业测试客户是如何发现一种产品或服务的，主要验证产品提供的价值能否满足普遍需求，客户规模是否能够快速增长。价值假设和大众用户有关，增长假设和跨越需求鸿沟有关。

2004年，贾伟离开联想后创立了设计公司洛可可，在经过两年摸索后，终于利用低价、快速、互联网营销这三大法宝跑通了商业模式，从最开始租一个办公位，到租了一整间办公室，在这段时间内他验证了洛可可商业模式的价值假设。2006年，国家大力发展工业设计，高品质的工业设计逐渐成为企业和消费者的“普遍需求”。洛可可迎来了第一个世界500强企业客户，与三星合作完成了北京奥运地铁系列票务系统的设计。紧接着，洛可可又与诺基亚建立战略合作伙伴关系，双方合作开发的“行学一族”软件更是荣获美国IDEA大奖。世界500强企业客户

㊀ 斯莱沃斯基，韦伯．需求：缔造伟大商业传奇的根本力量[M]. 龙志勇，魏薇，译．杭州：浙江人民出版社，2013.

苛刻的要求迫使洛可可提高了自身的设计能力，洛可可的设计水平因此上升到了一个新的高度。普遍需求的爆发使洛可可快速跨越了需求鸿沟，之后，洛可可的客户规模几乎以每个月增加一个世界 500 强企业客户的速度增长。

其次，普遍需求可以促使企业实现团队专业化分工，从而更好地满足用户需求。2007 年，连续摘得国际设计大奖的洛可可声名鹊起，大量的订单纷至沓来。贾伟不仅取消了之前的低价策略，有些项目报价还高于同行 50%。贾伟此时关注的重点是如何提高设计的质量，以及如何提高设计流程的效率。贾伟无意中阅读了一本讲述丰田精益生产的书，制造业的流水线作业让他眼前一亮，将设计公司的工作流水线化的想法应运而生。贾伟随即启动洛可可设计流程改造，将原本由一个设计师完成的工作细分为 43 个环节，包括方案设计、建模、渲染等工序。洛可可的所有设计师都只从事设计流程中的一道工序，从而诞生了一批专业人才。

再次，普遍需求可以帮助企业实现规模经济。传统意义上，规模经济普遍存在于以流水线为特征的工业制造行业。但一些企业利用技术手段对创意、科技产业进行改造，也能实现规模经济。例如，洛可可的设计流水线改造大大地提高了设计师的工作效率。随着工作效率的提高，业务量呈指数级增长，公司很快便从 20 人发展到了 70 人。洛可可的切片式设计受到了《第一财经》等媒体的关注，并被给予了很高的评价，洛可可的切片式设计被称为中国设计的流水线。然而，当洛可可计划进一步扩大规模的时候，出现了员工大面积离职现象。洛可可的一位渲染设计师告诉贾伟，他觉得自己在公司的地位很低，想要离开这里。原来，在洛可可的设计流程中，负责方案策划的设计师感觉整个项目方案都源于自身的才智，自己比从事其他环节的设计师都要聪明，而越偏后端的设计师，越感觉自己没有地位。后来，贾伟对洛可可的组织形式进行了改革，既实现了规模经济，又使员工感受到工作的意义，提高了工作效率。

最后，对普遍需求的理解可以帮助企业开拓蓝海市场。几年前，贾伟不到两岁的小女儿喝水时，被一杯开水严重烫伤。贾伟特别自责：自己号称专门设计神器的设计师，为什么就没想到要设计一个避免孩子被烫伤的容器呢？更进一步，贾伟意识到这不仅是自己的需求，而且是所有父母的普遍需求。于是，贾伟设计了一个降温杯（55℃杯），解决了如何实现开水快速降温的问题。55℃杯面世以后贾伟才发现，原来不仅仅是儿童需要降温杯，女生在生理期也需要这么个温暖神器，还有老人在早晚喝温水吃药的时候也需要，于是用户的普遍需求使得这个杯子一下子就火起来了，创下了50亿元的销售成绩，也开拓了降温杯这个蓝海市场。

■ **工具栏**

"需求破局"工具

《需求：缔造伟大商业传奇的根本力量》一书列举了创造需求的6大关键点：魔力、麻烦、背景、激发、精进、分类（见表7-2）。

关键词1：魔力。只找出现有产品的缺点是远远不够的，创造替代性的新产品要有足够的魅力以激发客户的热忱。一款魔力产品必须拥有卓越的性能，包括好用、价格实惠、方便省事、减少麻烦等。

关键词2：麻烦。对于尚未实现的潜在需求而言，麻烦是最先出现的提示线索和最早的闪光信号。消除这些麻烦，使麻烦摇身一变，成为用户的愉悦体验。

关键词3：背景。新技术本身几乎从来不会直接创造需求，由背景因素构成的基础设施与消费需求之间，是共同成长、相互依存的关系。

关键词4：激发。听说过一件产品与实际购买这件产品之间的差距，就需要赋予产品应有的激发力来跨越。

关键词5：精进。以45°角向上攀升，甩开模仿竞争者，只有快速迭代才是将创造需求的赢家与落败者区分开来的关键。

关键词6：分类。想要设计出一款用来吸引所有用户的产品的尝试，永远都是浪费时间和金钱，要抛弃“平均客户的迷思”，一次增加一类用户。

表7-2 “需求破局”关键词

关键词	含　义	具体做法	效果评价
魔力	创造无法割舍的情感共鸣		
麻烦	解决顾客还没说出的困扰		
背景	看似无关的因素左右成败		
激发	让可能需求变为真正需求		
精进	缓慢的改进就等于平庸		
分类	一次增加一类用户		

跨越鸿沟

在很多时候，创业者了解大众用户，也认识到了普遍需求，但就是跨越不了需求鸿沟。在市场上，我们看到过很多这样的例子：某公司因为一款还算不错的产品，受到了众多投资者的热捧，获得了早期的市场份额，大量媒体热烈关注，整个公司都信心百倍，对外宣称明年收入一定要翻十倍甚至百倍。然而，一年之后，大多数这样的公司都销声匿迹了。

这些创业企业失败的根本原因是没能跨越市场中的“鸿沟”。要想破除失败的诅咒，必须跨越需求鸿沟。在主流市场之前，还有一个早期市场，企业在创业阶段的成功发生在早期市场，而非主流市场。在早期市场和主流市场之间存在着一条巨大的“鸿沟”。跨越鸿沟，关键是瞄准主流市场中的一个高度具体的细分领域目标市场，集中所有兵力，攻克那个细分市场。随后，“以点带面”，把这个细分市场作为阵地，逐步扩大

战果到整个主流市场。[⊖]

成长阶段的企业可以通过抓住普遍需求，建立层级组织。纷享销客创始人罗旭创业之前在新京报当了五年的财务总监、三年的总经理。在做总经理的时候罗旭有一件特别头疼的事，就是他自己已经成了公司的“堵点”。所谓“堵点”，是说罗旭的大量时间都在见客户，但是当他回公司就会发现，很多员工在等着他签字、开会，他的效率决定了公司的效率。基于这个痛点，罗旭进行了大量的调研，对比了中美 SaaS（Software as a Service，软件即服务）市场，发现了中小企业的 SaaS 市场是一个拥有大众用户且有普遍需求的潜在巨大市场。面对巨大的市场机会，罗旭怎么做才能跨越需求鸿沟，迎来快速增长呢？

首先，企业在成长阶段可以通过满足大众用户的普遍需求跨越需求鸿沟。罗旭认为，做 SaaS 需要首先想清楚服务谁和提供什么服务，在中国做企业的 SaaS 服务，要先从小微企业和 TMT（Technology，Media，Telecom，科技、媒体、通信）行业开始。因为它们最喜欢接触这些新东西，愿意尝试，做得好就会形成口碑和示范效应。所以，纷享销客的用户发展顺序是先做小微企业和 TMT 领域里的公司，然后再做中小型企业，之后再去做大型企业。2015 年，纷享销客进入发展快车道，员工人数从 2014 年初的 140 人增至 1 000 多人，利润增长近 12 倍，用户数突破 10 万人，其中活跃用户累计付费转化率为 47.7%。纷享销客在这段时间的增长得益于它抓住了大众用户的普遍需求。

其次，打造层级组织和提高组织效率，可以帮助成长阶段的企业跨越需求鸿沟。2013 年，纷享销客像百度一样找代理商来销售产品，但是代理商没有建立专属团队来做，不专注，因此效果不理想。2014 年 1 月，纷享销客决定做直销，直销带来的好处是专注、目标感强烈、团队拼劲十足。同时，直销能让客户的反馈直接抵达公司，公司可以根据用户体

⊖ 摩尔．跨越鸿沟 [M]. 赵娅，译．北京：机械工业出版社，2009.

验不断改进产品。2014 年 1 月，纷享销客销售部门仅有 10 人，两年后扩张至 1400 人，在增长过程中迅速形成了层级组织。

再次，利用强有力的广告营销手段可以帮助项目快速跨越需求鸿沟。2014 年 12 月，正当纷享销客享受快速发展的红利时，阿里巴巴推出了移动办公应用钉钉，和纷享销客正面交锋。2015 年，纷享销客和阿里钉钉两家 B2B 领域的 SaaS 公司几乎同时在商务楼宇、地铁、出租车、机场、高铁、新媒体、平媒以及主流门户网站的新闻客户端展开了全方位的广告部署，据报道，两家公司的季度广告投入都在亿元以上。2016 年 4 月，腾讯正式发布全平台企业办公工具“企业微信”。钉钉和企业微信的广告大战更是打到了腾讯总部大厦附近的地铁站里，而钉钉在《深圳早报》上的“微信不安全，工作用钉钉”填字广告更是让企业创始人不得不亲自出面向腾讯道歉。强力广告营销使得钉钉在短期内取得了快速增长，据钉钉创始人陈航（花名“无招”）介绍，截至 2016 年 12 月 31 日，已经有超过 300 万家企业使用钉钉。

最后，引入资源资本有助于成长阶段企业跨越需求鸿沟。创业企业进入成长阶段，原有的资源资本很快就满足不了企业发展的需求了，需要从外部引入资本和资源来帮助企业跨越需求鸿沟。2014 年 7 月到 2015 年 7 月，纷享销客一年时间内完成了 B、C、D 三轮融资。一年三轮融资的事在饿了么、美柚、摩拜、ofo 等 2C 市场还比较常见，但在 2B 市场，纷享销客可能还是第一家。罗旭认为，A 轮融资看的是创业者的见识，B 轮看的是产品的发展力，C 轮得靠市场数据说话，而顺利融资反过来可以帮助成长阶段的企业实现更快增长。在 B 轮融资后，纷享销客要取得进一步发展就需要下力气做线下渠道，同时辅以线上渠道，这就需要进一步融资。DCM 在 C 轮领投的 5000 万美元帮助纷享销客在短期内构建了销售和渠道体系，在员工中树立了服务即销售的理念，实现了全国 24 小时电话回访服务，72 小时服务人员到达服务。C 轮融资后，纷享销客在一年里实现了跨越式发展，在当时一举成为行业内的领跑企业。

■ 工具栏

“利基市场”工具

创业企业需要先在一个早期市场探索式地建立起步点，然后逐渐占据早期市场的主导地位，作为跨越鸿沟的根据地。接下来，创业企业瞄准对岸的滩头阵地，取得主流市场中的细分市场领导地位。最后，凭借在主流市场的滩头阵地，企业全面进攻主流市场，最终取得主流市场的主导地位。

企业可以从用户需求、竞争壁垒和组织能力三个维度分析利基市场的机会（见表7-3），在用户需求的维度上评价利基市场用户的独特性和成长潜力等因素，在竞争壁垒的维度上评价利基市场对竞争对手的重要性和进入壁垒等因素，在组织能力的维度上评价企业自身资源以及未来潜力等因素。

表7-3　“利基市场”评测工具

题　项	表　述	与实际符合程度（1为很不符合，5为很符合）1	2	3	4	5
用户需求	该利基市场中的用户具有独特的需求	□	□	□	□	□
	该利基市场中的用户愿意支付较高的价格来满足需求	□	□	□	□	□
	该利基市场的规模足够大，购买力足够强	□	□	□	□	□
	该利基市场具有较好的成长潜力	□	□	□	□	□
竞争壁垒	该利基市场对于竞争对手来说价值微不足道	□	□	□	□	□
	企业已经获得了用户的好感，构建了竞争者进入壁垒	□	□	□	□	□
组织能力	企业有足够的资源和能力来开发该利基市场	□	□	□	□	□
	该利基市场为企业发掘自身能力提供了机会	□	□	□	□	□
	企业能够通过专业化运作在该市场中实现规模经济	□	□	□	□	□

第二节　成长阶段之组织

创始人成长

猎豹CEO傅盛曾写过一组名为《认知三部曲》的文章，认为成长就是认知升级。傅盛说，人跟人之间最大的差别就是认知上的不同，创始人之间最终比拼的，是对一件事情的理解和对行业的洞察。基于前人的分类，傅盛认为，人的认知状态（境界）有四个类别（层次）：“不知道自己不知道”（95% 的人），“知道自己不知道”（4% 的人），“知道自己知道”（0.9% 的人）和“不知道自己知道”（0.1% 的人）。

傅盛解释道：在四种状态中，“不知道自己不知道”是以为自己什么都知道，自以为是的认知状态；“知道自己不知道”是有敬畏之心，开始保持空杯心态，准备丰富自己的认知；“知道自己知道”是抓住了事情的规律，提升了自己的认知；“不知道自己知道”是永远保持空杯心态，是认知的最高境界。

把认知的分类和认识世界的哲学方法结合起来，可以帮助创业者和企业家更好地认识到认知局限的来源以及如何进行认知升级。人的认知局限可以分为对自己的认知局限和对环境的认知局限两个维度，每个维度又可以分为“低”和“高”两种情况。组合起来有四种情形：①对自己的认知局限和对环境的认知局限双高的情况是“不知道自己不知道”，在这种情况下，人凭借“感性直觉”来认知自己和认知环境；②对自己的认知局限低，但对环境的认知局限高的情况是“知道自己不知道”，在这种情况下，人凭借“归纳思维”来认知自己和认知环境；③对自己的认知局限和对环境的认知局限双低的情况是“知道自己知道”，在这种情况下，人凭借“演绎思维”来认知自己和认知环境；④对自己的认知局限高，但对环境的认知局限低的情况是“不知道自己知道”，在这种情况下，人凭借“理性直觉”来认知自己和认知环境。㊀

靠“感性直觉”做决策的人凭的是自己的经验，这通常是人在开始创业之前的状态，以为自己什么都知道。这种状态的好处是天不怕、地

㊀ 罗宾逊 – 瑞格勒 B，罗宾逊 – 瑞格勒 G. 认知心理学 [M]. 凌春秀，译 . 北京：人民邮电出版社，2020.

不怕，敢想敢干，这正是很多人不管不顾就开始创业的原因。但这种状态的坏处是尝试创业的人可能输得很惨。

一旦开始创业，人们就会开始蹚各种坑，开始发现自己“好像什么都不知道”，开始收起自己的经验，进入“知道自己不知道”的阶段。这种状态的好处是可以让创业者开始谨慎起来，接受残酷的现实，进而实践共演战略的理念，降低失败率。但这种状态的坏处是创业者可能由此变得畏首畏尾，甚至过早放弃。

等到积累了一些创业和经营企业的经验，尤其是掌握了一些创业方法之后，创业者和企业家会开始尝试用演绎思维对环境和自己做全面分析，在确定知道自己知道的情况下再做决策。这种状态的好处是大幅降低失败的可能性，让创业者和企业家认清环境和自身能力，抓住事物本质，取得较大成功。但这种状态的坏处是取得一定成功的创业者和企业家可能就此为自己创造出一个“认知圈”，从此之后，只在对环境认知的确定性和对自我认知的确定性都高的状态下做决策，难以突破自我和抓住环境机遇。

只有少部分人可以突破“认知圈”，走出“舒适区”，尝试到自己的认知局限高的领域、到不知道自己知道的区域做进一步探索，并在这个过程中形成理性和直觉的结合，即理性直觉。这种状态的好处是，让创业者和企业家通过引入对自己认知的不确定性，在原有环境中寻找被自己忽视的机会。但这种做法的坏处是，创业者和企业家可能就此开始迷茫，怀疑自己的过去，甚至失去对自己的信心。

只有极少数人可以更进一步，从图 7-1“认知局限与认知升级”中的第四象限走回第一象限，在一个更高的维度中认识到环境的不确定性，进入一个更高层次的“不知道自己不知道”的境界。达到这种状态的企业家等同于发现了一个新的自我和一个新的世界，重新开始用感性直觉探索世界，并在新的认知循环中达到更高的认知境界。

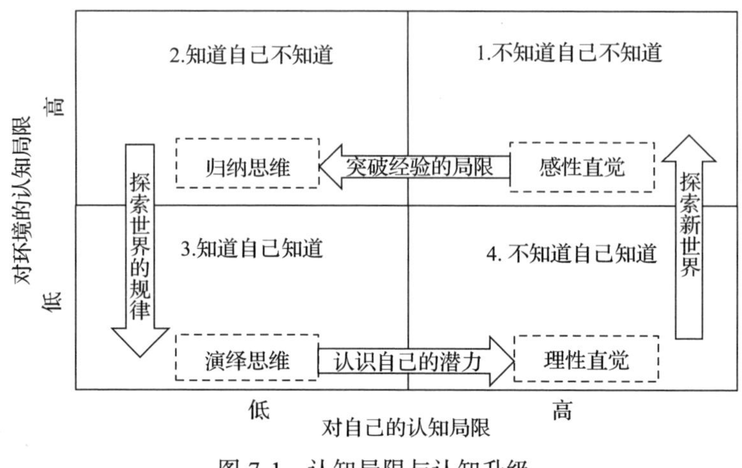

图 7-1　认知局限与认知升级

可见，创始人成长在企业成长阶段中有至关重要的作用。创始人成长可以极大地带动团队成长，帮助企业抓住普遍需求，使企业实现高效的广告营销，并为企业吸引到重要的资本资源投入。

首先，创始人的成长可以帮助企业抓住普遍需求。2015 年至 2016 年，是纷享销客发展较为艰难的一段时间。2015 年 9 月，与钉钉的竞争迫使纷享销客开始进行战略转型，投了 2 亿元的现金做广告。2016 年初，企业微信进入市场，纷享销客再次做了大量广告。广告投入虽然获得了良好的品牌影响力，但创始人罗旭一直觉得切入的方向不对。2016 年 7 月份，罗旭反思原因，认识到之前定位的移动办公不是一个需求痛点，于是公司果断转型，重新定位到移动销售领域，很快公司又回到了快速成长的轨道之上。在这个过程中，罗旭开始跑步、走戈壁，也经历了疾病的考验，最终他和纷享销客一起走出了困境。

其次，创始人成长能帮助企业的产品成为爆款。在创立 GoPro 之前，尼克·伍德曼（Nick Woodman）创立了游戏公司 Funbug，并且获得了 400 万美元的融资。不过随着互联网泡沫破裂，这个公司也未能逃过一劫。经历了创业失败的伍德曼认识到产品对创业公司的重要性。

2002年，26岁的伍德曼二次创业，创立了伍德曼实验室。伍德曼本人是个极限运动爱好者，生活相当丰富多彩。伍德曼觉得需要记录自己的冲浪经历，于是就找了个橡皮圈把一个摄像机绑在自己的胳膊上。就这样，GoPro诞生了。“10年积累，一炮走红”。《福布斯》总结伍德曼的创业成功经验，除了思路清晰、敢想敢干之外，最核心的原因在于对于生活的热爱和对于改变人类现有生活的渴望。他不仅将GoPro视为一款产品，更是帮助人们分享人生体验的工具，从而鼓励人们更多地突破自我，过有意义的绚丽生活。正如伍德曼在官网上写的那样：“我们始终怀揣梦想。对于世界上的一切可能，我们都充满热忱的想法。激情指引我们创造美好体验和实现梦想，进而扩展我们的世界并激励我们身边的人。”

最后，创始人成长是企业引入资本的重要因素。对于初创企业而言，引入资本的过程往往也是创始人成长的过程，很多情况下，创始人的成长是在和投资人打交道的过程中完成的。纷享销客创立之初（2012年初），凭借几个创始人的个人投资以及外界对创始人的信任就拿到了天使轮的投资。拿A轮融资的时候，罗旭和IDG公司（美国国际数据集团）的牛奎光和周全一见如故，聊了5个小时，就敲定了投资。当时罗旭刚从办公室开完会，穿着拖鞋就匆匆忙忙去了IDG办公室，一进会议室周全就说：“你是第二个穿拖鞋走进IDG的人啊。”虽然有时候早期融资可以靠“刷脸”，但A轮之后通常就要靠业绩说话了。2013年7月纷享销客转型，将产品定位到移动销售管理SaaS服务，急需融资。但由于产品不完善，很多投资人怀疑纷享销客团队是否真的懂销售管理、能不能做出好用的CRM（客户关系管理系统）。5个多月时间过去了，罗旭几乎跑遍了有2B领域投资意向的一、二、三线风投公司，结果都不尽如人意。后来，还是北极光的邓峰看到了纷享销客创始团队的快速成长和SaaS市场的回暖，才敲定了B轮融资。

■ 工具栏

创始人时间分配

创始人成长的关键在于时间分配，我们可以把创始人的时间分为“用于人的时间”和“用于事的时间”。创始人“用于人的时间”（见图7-2）在企业发展的不同阶段应该在“员工成长”“高管团队”“个人成长”这三者之间进行分配。在创业阶段，创始人除了要花一部分时间让自己坚定创业的信念之外，大多数时间要花在高管团队的建设上。进入成长阶段，创始人大多数时间应花在个人的能力培养上，在高管团队管理方面的主要精力应该放在激励上。在企业的扩张阶段，创始人在人的管理方面的主要工作应该放在引进职业高管上。当企业进入转型阶段，创始人的局限就成了企业发展的局限，所以创始人要努力突破自己的局限并激发员工的创造力。

	创业阶段	成长阶段	扩张阶段	转型阶段
员工成长	10% 早期员工招聘	20% 员工制度管理	30% 企业文化管理	40% 激发员工创造力
高管团队	60% 创始团队搭建	30% 高管激励制度	50% 引进职业高管	20% 激发高管活力
个人成长	30% 坚定创业信念	50% 快速能力培养	20% 形成成熟风格	40% 突破自我局限

图7-2 创始人“用于人的时间”

创始人“用于事的时间”（见图7-3）在企业发展的不同阶段应该在“使命、愿景、价值观”“战略”“业务”这三者之间进行分配。

对于创业阶段的企业来说，把业务模式跑通，比制定战略和规划愿景重要很多。在成长阶段，创始人一定要把大多数精力放在扩大业务规模方面。对于扩张阶段的企业来说，创始人应该把相当多的精力放在形成确定的愿景方面，只有愿景确定了，企业才能遵循愿景的方向健康发展。对于转型阶段的企业来说，创始人应该把主要的精力放在寻找新的业务发展方向上来。

	创业阶段	成长阶段	扩张阶段	转型阶段
价值观、愿景、使命	10% 形成大致的愿景	20% 形成明晰的愿景	50% 形成确定的愿景	10% 适当调整愿景
战略	10% 适应式战略	30% 愿景式战略	20% 计划式战略	40% 涌现式战略
业务	80% 迭代业务模式	50% 放大业务规模	30% 形成业务壁垒	50% 转变业务方向

图 7-3 创始人“用于事的时间”

专业团队

创业团队的组建基本可以分成三种模式：关系驱动、要素驱动和价值驱动。关系驱动是指以核心创始人的人际关系圈内的成员构成团队。他们因为经验、友谊和共同兴趣结成合作伙伴，发现商业机会后共同创业。要素驱动是指创业团队成员分别贡献创业所需的创意、资源和操作技能等要素。由于这些要素完全互补，团队成员之间处于相对平等的地位。价值驱动是指创业团队成员将创业视为一种实现自我价值的手段，他们的使命感很强，对于成功的渴望也很强。

现实中最多的是关系驱动模式，它比较契合中国文化的特点，其团队的稳定性相对较高。但是，关系的远近亲疏经常会成为制约团队发展的瓶颈。要素驱动模式比较符合西方文化的特点，现在的互联网创业团队大多属于这种模式，如果成员之间磨合顺利，可以缩短企业成功所需的时间，但是如果磨合不顺利，就很容易出现解散的风险。价值驱动模式中的团队成员虽然是为了追求自我实现而组合在一起，但是一旦产生分歧，就会出现"路线争论"，妥协的余地较小。

无论创业团队的组建是采用哪种模式，团队的专业化分工对于创业企业的快速发展都至关重要。随着业务在数量和复杂度等方面的增长和变化，创业团队原有的梁山好汉式分工模式必然难以适应企业的发展，需要适时、适当地进行团队专业化建设。

创业初期，创业团队的最初成员之间可能没有明确分工，遇到问题，大家撸袖子一起上。但随着企业的发展，必须重新考虑创始团队成员（老人）之间的重新分工，可以根据每个人在创业发展过程中展现出来的优势能力重新进行职责划分。

如果创始团队成员的学习能力很强，则可以通过创业企业发展过程中的快速学习来适应企业成长对他们所负责职责的要求。这种情况下，创业团队可以不进行重新分工，而是通过创始团队成员的成长来实现专业化。

拉卡拉创始人孙陶然在《创业 36 条军规》中指出：干部要自己培养，要慎用空降兵。然而，当创始团队成员通过重新分工和干中学等方式都不能胜任创业企业快速增长的要求时，就需要引入新人了。创业企业引入新的高管，甚至是合伙人，是常有的事情。引入的形式有投资人加入、被并购企业创始人加入、引入职业经理人等多种形式。如何让"空降兵"发挥作用，既是一门艺术，也是一门科学。如果运用得当，空降兵可以在创业企业内部发挥很大的作用，弥补创始团队专业知识或管理经验不

足的短板，并在企业发展中不断成长，可能进一步成为企业的未来之星，甚至接替创始人成为企业未来的掌门人。[⊖]

团队专业化在创业企业成长阶段发挥着重要作用，包括但不仅限于如下几点：帮助创业企业形成层级组织，跨越需求鸿沟，实现规模经济和开拓蓝海市场。首先，团队专业化有助于成长阶段的创业企业形成层级组织。乐信发展的早期，有几位同事和肖文杰一起从腾讯离职创业，由于这几位同事都是技术人员，不太适合做综合管理工作，肖文杰就思考如何能快速通过引进专业团队建立起组织能力。为此，他做了两件事情。第一是与一起出来创业的同事商量，为他们制订技术发展路线，成为公司的技术专家。第二是物色专业管理人才加入团队。例如，他在将近 2 年时间内，坚持每月与微信支付原总经理吴毅喝茶聊天，谈自己的发展思路，最终成功邀请吴毅加入团队出任总裁，从而建立了一个专业的互联网金融团队。

其次，团队专业化可以帮助成长阶段的创业企业跨越需求鸿沟。2016 年 5 月 4 日，腾讯宣布微信支付总经理吴毅将离职。在吴毅担任微信支付总经理的这段时间内，微信支付从无到有发展绑卡用户超过 3 亿人，逐步形成了微信支付的生态圈，微信支付推出了针对超过 30 个行业的解决方案，并在全国拥有超过 30 万个线下的支付网点。离职后的吴毅加入了腾讯系前同事肖文杰创立的乐信。2016 年 4 月，乐信宣布上线开放平台系统，服务向白领人群开放。此时，乐信的重点是如何迅速做大规模，抢占市场份额，形成消费金融大入口。在乐信增长的关键时刻，拥有丰富互联网支付系统运营经验的吴毅的加入为乐信的发展提供了强大的专业能力支持。在吴毅加入后的一个月内，乐信即获得 2.35 亿美元的 D 轮融资。

再次，团队专业化可以帮助成长阶段的创业企业尽快实现规模经济。2001 年，谷歌创始人拉里·佩奇和谢尔盖·布林从 Novell 公司聘请埃

⊖ 孙陶然. 创业 36 条军规 [M]. 北京：中信出版社，2015.

里克·施密特博士担任首席执行官。施密特身兼互联网战略家、企业家和重大技术的开发者等多重角色，有着20年的成功经验。施密特曾回忆说，他清晰地记得2001年第一次与谷歌的两个创始人见面时的情景："他们在各个方面的看法，都与我不尽相同。让人搞不清他们的看法，究竟是令人耳目一新的远见，还是单纯天真。"2001年，谷歌已经成为一家相当出色的搜索引擎技术公司，但除了出售技术，没有其他的盈利方式。而施密特的经验帮助谷歌找到了搜索与广告之间最和谐的联系，解决了谷歌在保持主页简明朴素的同时增加广告收入的难题。在他的领导下，谷歌的业绩开始高速增长。

最后，团队专业化有助于成长阶段的创业企业开拓蓝海市场。在现任腾讯总裁、执行董事刘炽平加盟腾讯之前，腾讯的创始人中没有人有在国际大公司工作的经历。曾在高盛工作并负责腾讯上市的刘炽平在和马化腾接触的过程中给后者留下了深刻的印象。马化腾在腾讯上市后说服刘炽平于2005年加入腾讯，出任首席战略投资官。刘炽平的加入为腾讯带来了格局上的提升，他于2006年初提出了腾讯的"5年商业计划"，描绘了腾讯的业务发展蓝图，制定了2010年收入达到100亿元的目标。后来，腾讯在2009年就完成了这个目标，全年收入达到124亿元。在腾讯的营收快速增长的阶段，像刘炽平这样的专业人士的加入，帮助腾讯从"虚拟电信运营商"的战略轨道转移到了互联网战略轨道上，从而奠定了腾讯后来的发展基础。

■ 工具栏

团队成长过程

团队成长过程（见图7-4）从一定程度上讲就是团队的磨合和成长过程，这个过程包括团队成员的投入、工作层面和心理层面的互动以及团队工作的产出。从投入的角度来看，包括团队成员的经验、社会资本、个性特点和个人能力等。从过程的角度来看，工作层面的因素包括团队成员之间的冲突乃至成员更替，以及计划的制订和目标的达成等方面；心理层面的因素包括团队成员的集体认知的形成、团队自信的建立、团队成员心理安全和积极情绪等方面。各种投入要素经过团队成员的工作和心理层面的互动后，形成的团队产出包括增长、利润、规模、创新和公益等方面。

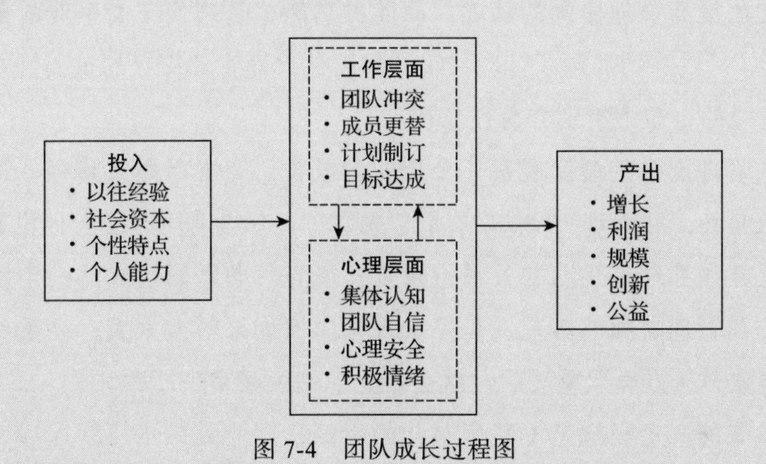

图 7-4　团队成长过程图

这个模型虽然是学者研究出来的理论模型，但和企业实践的契合度很高。我曾经找到一篇介绍餐饮企业云海肴创业过程的文章《靠谱创业：云海肴》，把文中描述的创业过程和这个理论模型进行对照，通过文章和模型的对比发现，文章中所有关于创业过程的描述都在团队成长过程模型中找到了相应的理论支持，而团队成长过程模型中的所有的概念也都在文章中找到了实践的印证。虽然听起来有点巧合，但也印证了这个团队成长过程模型的实践意义。

层级组织

钱德勒在《看得见的手》中有这样一段话：“传统的单一单位的企业

活动是由市场机制所控制和协调的，而现代工商企业内的生产和分配单位是受中层经理人员控制和协调的。高层经理人员除了评价和协调中层经理人员的工作外，还取代市场而为未来的生产和分配调配资源。管理层级制的存在是现代工商企业的一个显著特征。如果没有经理人员的存在，多单位企业只不过是一些自主经营单位的联合体而已。这种联合体通常可以稍微降低信息和交易成本，但不经由生产率的提高来降低成本。它们无法提高管理协调的功能，而此种功能才是现代工商企业的最重要的功能。”[⊖]钱德勒强调了管理层级的重要性，而管理层级的重要性在处于成长阶段的企业中特别容易被忽视。

从管理层级的角度观察一个企业的成长，通常有两条路径。第一条是“先业务，后管理”，第二条是“先管理，后业务”。在企业发展过程中，业务和管理是互动的关系，因其发展先后顺序而造成的一定程度上的业务和管理之间的落差，是正常现象。但如果落差太大，注重一个方面而导致另一方面严重滞后，就会给企业的发展带来瓶颈。

发展的一个极端是不断扁平化的组织，即业务扩张速度远远大于管理的扩张和优化速度。另一个极端是过多的管理层级，即人员和组织层级增加太快，业务上没有新的增量。当管理层级增加过快，而业务发展速度过慢时，过多的管理层级会阻碍业务的发展。当管理层级增加过慢，而业务发展速度过快时，则是管理层级跟不上业务发展需要。只有当管理层级增加和业务发展速度相互适应时，组织和业务才能相互促进。

层级组织的形成在创业企业成长阶段非常关键，只有形成层级组织，创业企业才能完成团队专业化，提高运营效率，也才能扩大运营规模，满足大众用户的普遍需求。首先，层级组织是团队专业化的组织保障。在大多数科技公司中，不仅管理人员有级别，技术人员也有级别。例如，华为的工程师从 13 级到 22B 级，管理人员从 19B 级到 22A 级。职级加

⊖ 钱德勒 . 看得见的手：美国企业的管理革命 [M]. 重武，译 . 北京：商务印书馆，2017.

上胜任系数和地区差异系数决定了一位员工的收入待遇水平。

吴军把硅谷的工程师分为五个等级。第五等工程师能够独立设计和实现一项功能，这是对工程师的基本要求。第四等工程师在做一件事之前，要知道所做出来的东西是否有用、易用，是否便于维护，是否性能稳定，等等。除了要具备产品设计方面的基本知识，第四等工程师还要具有一定的领导才能，能在整个产品的生命周期内从头到尾将一个产品负责到底。第三等工程师可以做出行业里最好的产品。他们与第四等工程师有着质的区别，这不仅反映在技术水平、对市场的了解、对用户心理的了解以及组织能力等诸多方面，而且也反应在悟性的差异上。第二等工程师是那些可以给世界带来惊喜的人，比如发明了第一台取得商业成功的个人计算机的沃兹尼亚克、DSL（数字用户线路）之父约翰·西奥菲、iPhone 和 Google Glass 的总设计师，以及开发 Android 系统的鲁宾等。他们与第三、四、五等工程师的差别在于其工作的原创性以及对世界的影响力。第一等工程师是开创一个全新行业的人，历史上有爱迪生、特斯拉、福特等人。这些工程师不仅在技术和产品等各个方面上与第二等工程师有质的差别，而且在经验和管理上也是好手，他们通常也是企业家，并通过自己的产品改变了世界。

其次，层级组织有助于企业在成长阶段提升运营效率。每个人的精力、时间、能力均有限。管理效率与管理幅度直接相关，通常来讲，一个人的管理半径是七，也就是一个人管七个人比较合理。如是理解，一个老总下面管 7 个高层，高层下面又各自管 7 个中层，中层下面又各自管 7 个骨干，骨干各自又带 7 个员工。乔布斯去世前，苹果有 6 万多名员工，如果按每个领导者管理 7 人递推下去，到第 7 个层级可以管理 117649 人。然而，机械地按 7 人一个层级递推下去，管理层级还是太多，管理效率会大打折扣。

关于管理幅度的另一个说法是每个人最多管理 150 人。乔布斯去世前，他在苹果公司经常接触的有 100 人，他们被称为“领头 100 人”，即“ Top100”。领头 100 人会议是苹果公司重要的管理手段。乔布斯曾说：“我的工作就是和‘领头 100 人’一起工作。这不是说，这些人都是副总裁。他们当中有的只是有重要贡献的人。所以，当有了好创意，我的工作之一是传播这个创意，让‘领头 100 人’了解它。”乔布斯的“领头 100 人”的管理方法值得成长阶段的企业借鉴，在企业规模不大的情况下，可以减少领头人的数量，但需要逐步把层级组织概念引入企业，避免企业在成长阶段沿用创业阶段的组织结构，造成组织效率低下。

最后，层级组织是企业在成长阶段提升运营规模的必要手段。和管理人员的管理幅度相关，成长阶段的企业要想迅速实现增长，达到规模经济效果，建立层级组织通常是必要的。创业 12 年后，洛可可已经发展成了一家由 30 个公司组成的集团公司，设计师超过 700 名，业务涵盖了创新设计、文化创意设计、创投、众创四大板块。洛可可的分、子公司分布在天津、上海、深圳、成都、重庆等地，辐射京津唐经济区、华东经济区、珠三角经济区以及川渝经济区。虽然发挥设计师的主观能动性对于设计公司是非常关键的，但为了实现快速增长，洛可可还是在一定程度上建立了层级组织，利用类似苹果公司的管理方法，把层级组织和细胞组织结合起来运用。

■ 工具栏

层级组织价值观评测

层级组织在全世界普遍存在，但其存在的价值观基础有所不同。在中国、日本、韩国等东亚国家，传统儒家文化是层级组织存在和发展的重要价值观基础，包括遵从权威、宽忍利他、服从集体等方面。读者可以用表 7-4 来评测自己所在单位的层级组织的价值观基础。

表 7-4 层级组织价值观评测表

序号	表述	态度评价（1为很不同意，5为很同意）				
1	领导好比一家之长，单位大事应主要听从他的安排	□	□	□	□	□
2	要避免发生错误，最好的办法之一是听从长辈的建议	□	□	□	□	□
3	产生争执又不能解决时，应请资历最老的同事主持公道	□	□	□	□	□
4	尊重、服从领导是美德	□	□	□	□	□
5	对部门和单位的要求尽量有求必应	□	□	□	□	□
6	即使别人有错，也应该尽量容忍原谅	□	□	□	□	□
7	哪怕自己不便，也尽量不要给别人带来不便	□	□	□	□	□
8	虽然不能给自己带来好处，但能帮助别人总是好的	□	□	□	□	□
9	个人利益应该服从于部门和单位的利益	□	□	□	□	□
10	就算单位有错，员工也应该服从	□	□	□	□	□
11	工作报酬应首先考虑资历，个人能力还在其次	□	□	□	□	□
12	员工只需要遵守单位的规章制度，用不着费神去了解其中的道理	□	□	□	□	□
13	错误单独谈，优点公开说	□	□	□	□	□
14	只要面子上过得去，吃点小亏没什么	□	□	□	□	□
15	即使和同事有利益冲突，也不能轻易撕破脸面	□	□	□	□	□

注：1. 第 1～4 题测量“遵从权威”，第 5～9 题测量“宽忍利他”，第 10～12 题测量“服从集体”，第 13～15 题测量“保留面子”。

第三节 成长阶段之产品

爆款产品

爆款产品逻辑基于“赢者通吃”的理论，该理论可以理解为“行业佼佼者获得超高市场份额”。赢者通吃理论支配的市场有各类明星（体育明星、娱乐明星等）市场和各类规模经济或网络效应明显的市场（微信等社交产品市场、淘宝等电商市场）。

和赢者通吃理论相对应的是长尾理论。长尾理论在 2006 年由时任《连线》杂志主编的克里斯·安德森提出。安德森指出，当消费者发现且有能力购买更贴近自己品位的产品时，他们就不会再关注那些畅销产品。安德森断言，企业如果想要繁荣发展，就必须敢于推翻那些一心只想迎合公众口味的发展模式，并且懂得如何运用利基产品。对于安德森的观点，许多业内人士都深有同感。谷歌时任首席执行官埃里克·施密特就曾在《长尾理论》封底的推荐语中写道，安德森的理念“对谷歌的战略思想产生了深远的影响”[㊀]。此外，全球领先的流媒体公司奈飞（Netflix）也曾骄傲地称自己是一家长尾公司。

然而，安德森提出长尾理论后的一些商业发展趋势却表明，头部内容的需求越来越高。以音乐产业为例，据尼尔森市场调查公司收集的录制音乐销量数据显示：2007年，全球共有36首单曲的销量突破100万份，占据市场总份额的7%；2009年，下载量过100万次的79首单曲共占据了总下载量的12%；2011年，共有102首单曲的下载量超过100万次，销量达整体的15%。在2011年售出的800万首单曲中，0.001%的作品创下了1/6的总收入。可以说，虽然曲线尾部越变越长，却也明显越变越细了。与此同时，爆款产品的影响力不仅没有被逐渐削弱，反而还越发加强了。

爆款产品的出现对于成长阶段的企业非常重要，爆款产品可以帮助企业提升广告营销效率，跨越需求鸿沟，实现团队专业化和打开蓝海市场。首先，爆款产品可以帮助企业极大地提升广告营销效率。时代华纳前董事长阿兰·霍恩曾表示：“美国大众影迷一年只会观看五六部电影，而全球水平还要更低一些。2010年，全球六大电影公司和主要独立制片商总共为观众奉献了数百个观影选择，这绝对是场艰难的抉择。但正因为如此，创造一些能够博人眼球的亮点就显得尤为重要。”在爆品思维的指导下，2010年，在时代华纳排名前三的电影共占总制作预算的1/3，但广告花销却仅占7亿美元总预算的22%。为宣传《盗梦空间》，时代华纳支付了巨额的广告费，但这笔费用也刚刚超过6 000万美元，只有影片制作成本的1/3。相比之下，《城中大盗》和《我们所知道的生活》等

㊀ 安德森．长尾理论[M]．乔江涛，石晓燕，译．北京：中信出版社，2012.

成本不足 5 000 万美元的小制作电影，却动用了高达制片预算 75% 的费用来做广告。

其次，爆款产品可以帮助企业跨越需求鸿沟。小米手机推出后的第二年，小米公司就曾经做过移动电源。小米团队当时看到的趋势是手机越做越薄，所以电池的体积不能增加；而智能手机越来越耗电，所以在电池技术暂时没有革命性飞跃的情况下，做移动电源，一定是有市场的。当时小米公司内部组织了一支小队伍，自己开模具，用最好的电芯，自主研发制造，最后做出来，成本 100 多元，卖 200 多元，一个月只卖了 2 万个左右。由于没有做出来爆款产品，这个项目后来就被叫停了。2013 年，小米生态链的团队注意到笔记本电脑市场出现全球性萎缩，刘德和雷军敏锐地意识到，笔记本电脑市场萎缩，那么市场上作为最常被用于笔记本电脑电池的 18650 电芯必然会有大量的剩余。这种电芯性能优质，技术还成熟，可以用作移动电源电芯。于是，他们找来原英华达总经理张峰，创立了紫米公司，坚持用进口电芯和金属壳做售价 69 元的小米移动电源。结果，小米移动电源成了爆品，第一年就卖了近 2 000 万台，成为全球出货量最大的一款移动电源。

最后，爆款产品的产生会加速成长阶段企业推进团队的专业化进程。《万万没想到》这部网剧一度红出天际，这是万合天宜创始人范钧万万没想到的。谁能想到呢？一部成本低到没有演员，只有配音演员和创始人亲自上阵的“五毛”特效的五分钟小短剧，会成为爆款产品。万合天宜火起来之后，范钧感到压力特别大。他认为，观众兴趣变化太快，单一产品一旦抓不住观众，就完蛋了。正因为如此，范钧认为应该将每一部作品“优质化”。于是，万合天宜开始加速将自己的团队专业化，引入内容创作人才，将公司划分为八个不同方向的创作“生产车间”，每一个生产车间都是一个小公司，除了生产短视频以外，还有悬疑剧、玄幻剧、青春剧等。

■ 工具栏

爆款产品飞轮

爆款产品的出现，是企业集中力量办大事的结果，是通过专业化团队开发蓝海市场，从而获得大众用户，达到经营目标的要求。我们可以在共演战略四要素的基础上构建一个爆款产品的增长飞轮（见图 7-5）。首先，组织经过创业阶段的探索，形成了专业化团队，具有了一定的规模；其次，企业进入了由技术风口和精益融资推动的蓝海市场；再次，市场中存在大众用户的普遍需求，并且企业能够找到跨越需求鸿沟的方法；最后，企业通过产品创新和营销创新等方式形成了爆款产品，并实现了规模经济。

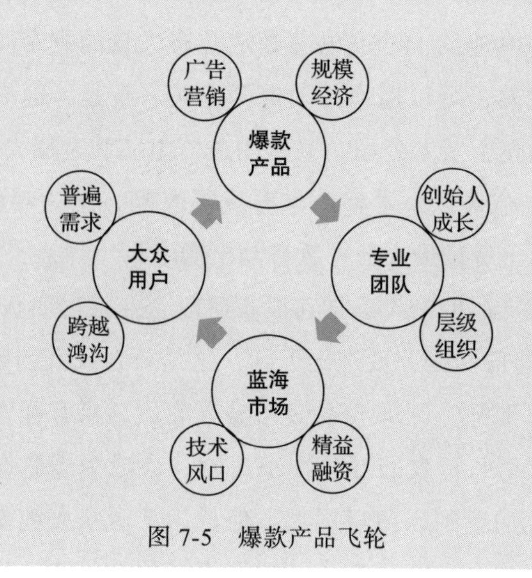

图 7-5 爆款产品飞轮

广告营销

在过去的几十年里，营销学理论和营销实践发生了几次重要变化。国际营销学大师菲利普·科特勒指出，营销 1.0 时代是以产品为中心的时代，营销 2.0 时代是以关系为核心的时代，营销 3.0 时代是由价值驱动的时代，营销 4.0 时代是由大数据、社群营销驱动的时代。和以消费者为中心的营销 2.0 时代、以价值为中心的营销 3.0 时代一样，营销 4.0 时代也致力于满足消费者的需求，但企业必须具有更远大的使命、愿景和价值观，通过合作性、文化性和精神性营销来影响消费者的行为和态度。㊀

企业成长阶段的营销方式可能既包括传统意义上的以产品为核心的产品营销，也包括以顾客为核心的关系营销，还包括结合企业使命和愿景的价值营销。进入成长阶段，企业不能再像创业阶段那样主要依靠口碑营销，而需要做一些广告营销了。对于成长阶段的企业而言，广告营销不仅可以帮助企业跨越需求鸿沟实现规模经济，而且可以帮助企业快速打开蓝海市场。

首先，广告营销可以帮助企业跨越需求鸿沟。2016 年国内智能手机的出货量，OPPO 第二，vivo 第三。这两个品牌的快速增长得益于一种叫深度营销的营销模式。深度营销是一种立体的营销，不光在渠道和终端环节发力，还包括品牌推广、产品定位等一系列的做法。当时，OPPO 和 vivo 的市场定位是在三、四线城市及以下市场，这些市场有三个特点。一是顾客方面，市场层级越往下，消费者越容易受渠道的影响，自主决策能力也越弱。比如在县城、乡镇市场，手机坏了，只能去找卖手机的店，不像大城市那样有独立的服务商。二是渠道方面，市场层级越往下，渠道的分散度就越高。比如在北京、上海很少能看到独立的手机卖场，但在不发达的地级市和县城，这些手机卖场依然是渠道的主力。三是传播环境，三、四级市场传播效率相对来说比一、二级市场要高。

㊀ 科特勒 . 营销革命 3.0：从产品到顾客，再到人文精神 [M]. 毕崇毅，译 . 北京：机械工业出版社，2011.
科特勒，卡塔加雅，塞蒂亚万 . 营销革命 4.0：从传统到数字 [M]. 王赛，译 . 北京：机械工业出版社，2018.

如果要运作一个品牌，在北京、上海投广告，通常需要很大的投入，因为媒体高度分散。但在县城或者小的地级市，就可以抓住一些制高点和关键资源，很快营造出一种密集的、顾客反复接触的信息环境，这就大大方便了手机品牌的传播。

其次，广告营销可以帮助企业快速实现规模经济。OPPO 和 vivo 除了深耕三、四线城市外，还有一个广告投放的内部要求，即占领头部资源，包括网络广告、机场高铁广告、电视广告、各种强势 IP 植入、全世界最火的明星的代言等。2016 年两家公司广告费大概是 60 亿元，两家合计出货 1.77 亿台，每台占用广告费 30 多元，实现了广告的规模经济性。

最后，广告营销可以帮助企业打开蓝海市场。有人说 OPPO 的手机性价比不高，跟互联网手机相比，性价比从来都不是 OPPO 手机的主要特点。但 OPPO 具备三个亮点——时尚外观、闪充功能、防抖拍照，由此从激烈的红海中开辟出属于自己的蓝海市场。OPPO 的广告策略也是围绕这三个亮点展开的。第一是选择时尚的代言明星，大牌明星莱昂纳多，当红偶像如鹿晗、杨幂。第二是突出亮点的广告词："充电五分钟，通话两小时""这一刻，更清晰"等。第三是综艺节目冠名的不断轰炸，节目包括《快乐大本营》《天天向上》《偶像来了》《奔跑吧兄弟》等。通过明确的广告策略，OPPO 很快打开了追求时尚的年轻人的蓝海市场。

■ 工具栏

不同时代营销方式对比

自工业革命开始，人类社会经历了信息革命、互联网革命和移动互联网革命，用户的角色也从标准品购买者转向多样化购买者、个性化购买者和积极参与者（见表 7-5）。在此背景下，营销目标从销售产品转向满足用户需求、创造用户需求乃至与用户共创需求，而营销类型也从产品中心型营销转向用户定位营销、价值驱动营销和价值共创营销。企业与用户的互动方式从一对多转变为多对一、多对多和多乘多，企业与用户互动的方式更加多元化、个性化和智能化。

表 7-5 不同时代营销方式对比

营 销	1.0 时代	2.0 时代	3.0 时代	4.0 时代
营销类型	产品中心营销	用户定位营销	价值驱动营销	价值共创营销
营销目标	销售产品	满足用户需求	创造用户价值	与用户共创
营销推动力	工业革命	信息革命	互联网革命	移动互联网革命
用户角色	标准品购买者	多样化购买者	个性化购买者	积极参与者
营销方针	产品标准化	产品多样化	产品个性化	产品交互化
价值主张	产品功能	产品特性	产品个性	产品智能
与用户互动	一对多	多对一	多对多	多乘多

规模经济

规模经济效应是成长阶段企业梦寐以求的竞争优势来源。钱德勒在名著《规模与范围：工业资本主义的原动力》中给规模经济下的定义是：当生产或经销单一产品的单一经营单位所增加的规模减少了生产或经销的单位成本时而导致的经济。[㊀]在传统的资本密集的工业中，如果能取得规模经济，那么固定资产的成本会随产出数量的增加而摊销到更多产品上，使得单位成本快速下降。新兴的知识密集型企业也有类似的效果，将高额的研发费用摊销到大量的产品和服务中，能在很大程度上降低成本。因此，对于成长阶段的企业而言，尽快达到“最小有效规模”（达到最低单位成本所必要的经营规模）是非常关键的。

规模经济主要来自固定成本的摊销。当一个企业的固定成本高而变

㊀ 钱德勒．规模与范围：工业资本主义的原动力 [M]. 张逸人，陆钦炎，徐振东，等译．北京：华夏出版社，2006.

动成本低的时候，容易实现规模经济，也就是说，随着业务快速增长，单位业务的成本迅速降低。当一个企业的固定成本高且变动成本也高的时候，或者固定成本低且变动成本也低的时候，企业的业务属于规模不经济的类型。其中，固定成本低且变动成本也低的情况下进入壁垒太低；固定成本低但变动成本高的情况下很难标准化；固定成本高且变动成本也高的情况下，既难以实现低成本，也难以实现差异化。所以说，无论是以 C2M（顾客对工厂）为代表的新制造业，还是以线上线下融合为代表的新零售，其核心都在于提高商业模式里的固定成本（提高进入壁垒），并利用新技术降低增量服务的变动成本。

嘉御基金创始人卫哲曾表示，互联网有三类企业能实现赢家通吃。第一类是有网络效应的公司，最典型的是腾讯，你的朋友都用微信，由不得你不用。第二类是全球、全国性的规模经济。例如，沃尔玛的全球采购带来巨大成本和效率优势。再如，阿里巴巴、京东的物流体系所触达的地方，都是它们的商圈。第三类是技术永远领先一步的企业，比如谷歌的网页搜索技术和无人驾驶技术，短期之内很难被超越。

现实中，纯互联网企业之外的企业都要考虑规模经济的地理范围。卫哲提出了三级规模经济。第一级是商圈规模经济，指的是绝大多数 O2O（线上到线下）项目，或者需要本地服务的项目，规模经济的范围在 3 公里内。比如订餐服务，3 公里之外的餐厅，面条做得再好，和区域内的个体消费者基本上没关系。第二级是同城规模经济，例如，58 同城主打的就是同城规模经济。有一次姚劲波分享说，58 同城所有的主要成本中，只有明星杨幂的代言成本是可以分摊到全国各个城市的，是有全国规模经济的，其他成本都是没有规模经济的。要做到整个公司盈利，就必须做到每个主要城市都盈利，而不可能说每个城市都亏损，所有城市加在一起就盈利了。第三级是全国规模经济，例如，淘宝上的商家和消费者遍及全国，随着物流越来越发达，商家和消费者之间的距离已经不是消费者选择大多数商品时考虑的主要因素了。

规模经济对成长阶段的企业非常关键，它不仅取决于企业是否能满足大众用户的普遍需求，还取决于企业团队的专业化程度、营销推广策略和资本资源引入等因素。例如，共享单车的商业模式实际上是规模经济模式，而且是区域内的规模经济模式，一家在一个城市集中投放单车的企业可能要比在多个城市分散投放单车的企业活得好。共享单车之所以是规模经济模式，是因为它满足的是大众用户的普遍需求。共享单车模式实际上是一个重资产模式，需要专业化的团队来运营，需要利用广告营销来推广，也需要通过精益融资来不断获得资本的推力以获得增长。按照这个思路，就不难理解为什么当初 ofo 等共享单车企业在实现全国性扩张之后仍然很容易被其他竞争对手在某些核心城市超越。其中的原因通常是，这些竞争对手在特定的城市进行集中投放，形成了区域规模经济。

第四节　成长阶段之市场

技术风口

和创业阶段的企业主要考虑技术的新颖性不同，成长阶段的企业在技术方面的考虑主要是技术的成长性和实际应用价值。实际上，新颖性技术和成长性技术之间有一个巨大的“期望陷阱”。与其相关的“技术成熟度曲线”是科技界和企业界里的一条非常著名的曲线，该曲线由全球科技预测和咨询企业 Gartner 研究和发布，可以说是一条反映科技前景和变化趋势的曲线，也可以说是一条希望与失望交替起伏的曲线。

创新的扩散不是一蹴而就的。谷歌于 2012 年高调发布谷歌眼镜，但市场反应平平，以至于谷歌不得不在 2015 年宣布放弃消费版谷歌眼镜。这在谷歌的重要创新产品中是很少见的失败。2017 年，谷歌宣布，重新针对企业需求开发谷歌眼镜。2021年，“元宇宙”概念再次被诸多科技企业和媒体提起，变得异常火爆，但这次它能否成为真正的技术风口，仍需拭目以待。

消费版谷歌眼镜的创新失败表明了科技产品设计的一项重要原则：技术本身不值得炫耀，重要的是创新能否带来真正的用户价值。为了理解这一点，我们从可扩散创新的五个属性出发，逐一进行分析。可扩散创新的第一个维度是相对优势，讲求的是创新产品和其他替代产品相比要具有明显的优势。衡量创新产品是否具有相对优势，可以用下面这个公式：相对优势=（新体验－旧体验）－替换成本。相对优势是一项创新能否扩散的最基础条件。如果没有相对优势，创新扩散就是无源之水。

可扩散创新的第二个维度是兼容性，讲求的是创新产品和互补品是否兼容。微软在PC时代之所以能屹立数十年不倒，很大程度上得益于微软各种软件的相互兼容性，以及每一代新产品的向下兼容性。你如果开发一个新的办公软件也很可能会因为和其他软件、操作系统甚至计算机硬件的兼容性不如微软的产品，而无法胜出。

可扩散创新的第三个维度是简单易用。在这个方面，微信创始人张小龙有一段精彩的表述，他说：“隐藏技术，永远向用户展现简单的、人性化的、符合人类直觉的界面。开发不可以为了炫技而展示功能，产品不可以为了炫耀而功能堆砌。”这个理念体现在微信上，就是产品功能的尽量简化。

迭代改进是可扩散创新的第四个维度。迭代改进本来是谷歌的软件产品的强项，可是轮到了谷歌眼镜这个硬件产品，软件产品迭代的逻辑就完全不灵了。原因主要有两个：一是硬件产品不可能通过免费使用来获取大量用户和用户使用数据；二是硬件产品的迭代比软件产品慢得多。正是因为硬件产品迭代慢，包括苹果公司在内的这些硬件厂商每年发布新产品都像是在“憋大招”。

可扩散创新的第五个维度是效果可见，意思是创新要能够制造话题，才能很快在人群中传播开来。谷歌眼镜在发布之初的确吸引了大量眼球，但随着产品问题的暴露，舆论的导向完全转向了反面。一些报道的标题甚至就是“谷歌眼镜是有史以来最糟糕的产品”。这些舆论在很大程度上宣告了谷歌眼镜项目的失败，没有给谷歌眼镜持续迭代改进的机会。

■ 工具栏

创新扩散模型

一个基本的创新扩散模型是市场营销学家弗兰克·巴斯提出的“巴斯模型”[㊀]。我们可以通过下面这个公式计算每一个时间段内的新扩散的人数：

当年新扩散人数＝当年大众传播扩散的人数＋当年人际关系扩散的人数
＝（年初尚未扩散到的总人数 × 大众传播效率系数）
＋（年初已扩散到的总人数 × 人际关系扩散效率系数）

当年新扩散的人数由两部分组成，一部分是当年大众传播扩散的人数，另一部分是当年人际关系扩散的人数。大众传播和人际传播各自有不同的扩散效率系数。当年大众传播扩散的人数可以进一步分解为“年初尚未扩散到的总人数”和“大众传播效率系数”的乘积，而当年人际关系扩散的人数可以进一步分解为“年初已扩散到的总人数”和“人际关系扩散效率系数”的乘积。

假设我们回到2011年1月，腾讯推出了一个手机端的消息应用程序，就是后来被叫作“微信”的那个App。根据创新扩散公式，我们可以通过假设几个参数，来模拟计算微信的扩散过程。首先，我们假设最终接受微信的用户总数是10亿人。其次，我们假设微信

㊀ 欧菲克，穆勒，李白．创新的价值：创新的商业价值评估[M]．杨清波，译．北京：中信出版社，2018.

的大众传播效率系数是5%，也就是说如果只靠广告等大众媒体的影响，每年会有潜在用户总数的5%的用户接受产品。如果真是这样的话，微信做到10亿的用户数就需要20年时间。我们知道，实际上，微信只用了7年时间就达到了10亿的用户数，这就是人际传播的作用。

我们进一步假设，微信的人际关系扩散效率系数是1，也就是说，每个现有的微信用户，在一年内会影响1位新的用户使用微信。首先，在第一年（2011年）的年初，没有人使用微信。由于大众传播扩散系数是5%，而潜在用户总数是10亿人，那么当年新扩散的总人数是0.5亿人，第一年年末累积的扩散人数也是0.5亿人。

实际上，2012年3月微信的注册用户数就达到了1亿人。这其中存在两个可能性：一个可能性是微信在当时的大众传播扩散系数大于5%，另一个更大也更现实的可能性是人际关系扩散在第一年就起到了很大作用。

精益融资

真格基金创始人徐小平曾分享过一个故事："一位准备辞职创业的朋友约我见面谈融资。当时，这位朋友要融资6 000万元，出让60%的股权。我听了说'兄弟，我能拯救你的创业'。为什么这么说呢？一个创业公司，除了两三个合伙人、一个想法以外，可以说一无所有，此时公司最值钱的东西就是股权。股权是企业的命根子、心血管、宅基地。如果一个创业公司一开始就放弃60%的股权，就为自己挖了一个巨大的坑。创始人失去控制权不说，员工也就失去了获得股权激励的空间。这样的公司不可能走得很远。所以我建议他先拿600万元人民币，释放6%的股份。我还说，不用半年，他只需要释放10%的股份，就能融到6 000

万元！果然，半年后，这家公司完成了第二轮融资，10% 的股份，融到了 1.8 亿元人民币！”

徐小平的这个故事说明了一个道理：在传统的企业经营理念中，企业的资本和资源的来源是单一的和静态的。而在现代企业经营理念中，企业的资本和资源的来源是多元的和动态的。打个比喻，传统企业是只带一个燃料舱且不能在空中补充燃料的单级火箭，现代企业则是带多个燃料舱还能在空中补充燃料的多级火箭。

由于原来在大公司工作，徐小平的这位朋友在创业时的融资理念还属于传统融资模式。但从共演战略的角度看，创业者应该有“精益融资模式”的观念。如图 7-6 所示，传统融资模式通常在创业初始阶段就出让了非常高比例的股权，并在后续的经营阶段基本保持股权结构不变。精益融资模式是分期分批以“最合适”的价格出让企业股权。随着企业的增长和发展，精益融资模式获得的融资额度往往显著高于传统融资模式的融资额度。

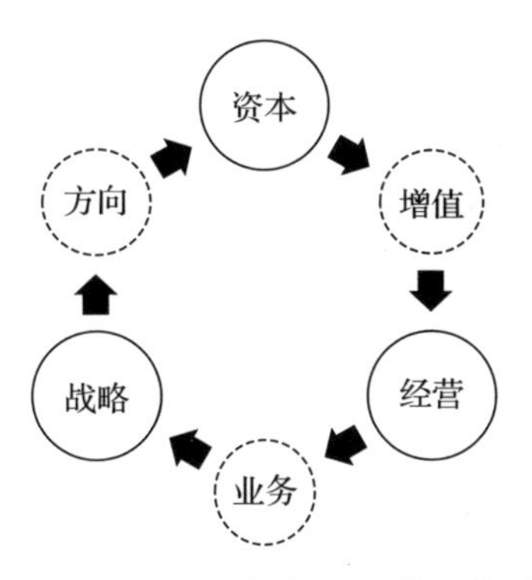

图 7-6　精益融资的“资本、经营、战略”循环

虽然精益融资模式和 VC（风险投资）行业的投资模式看起来没有太大差别，但由于站的角度不同，创业者往往受到自身认知的局限，意识不到精益融资模式的重要性，以至于在企业发展的早期就让渡了过多的股权。引入资源和资本是成长阶段企业快速发展的资源保障，能够帮助

企业开发蓝海市场，满足普遍需求，促进创始人成长，实现规模经济。

精益融资包括两个要点：设定阶段目标和小步快走。首先，创始人应设定阶段性融资目标。在和投资人谈融资时，不能一上来就说几年内整个项目准备投入多少多少，准备做成多么伟大的事。融资应该要有远期目标，更需要制定近期的发展规划，为了实现近期规划，需要用到的钱是可以分步预算的，企业每发展到一个阶段，目标和定位都会发生变化，需要的资金都需要再设定。其次，融资要小步快走。小步，是说融资不要打算一次到位；快走，是说要抓住时间窗口。

徐小平所说的例子其实就是优客工场。优客工场创始人毛大庆在短短的两年时间内，完成了 6 轮融资。采用精益融资模式，优客工场不仅融到了更多资金，同时创始人持有较多股权，而且引入了企业增长所需的关键资源。从天使轮到 A 轮、A＋轮，再到 B 轮，早期的投资方以红杉资本、真格基金、领势投资这类风险投资者为主，而从 Pre-B 轮开始的最近三轮融资，银泰置地、泰和集团、俊发地产、大宏集团等具有地产开发背景的公司加入，此类投资多以资产入股。这一方面加速了优客工场吸引优质资源落地的速度，另一方面也利于优客工场自身的资源优化配置，为日后继续深耕国内市场，进而开拓海外市场创造了条件。

蓝海市场

由欧洲工商管理学院（INSEAD）的钱·金和勒妮·莫博涅所著的《蓝海战略》提出了制定和执行蓝海战略的几个重点。㊀总结下来，主要是四个方面的创新，即需求创新、组织创新、市场创新和产品创新。

需求创新指的是制定蓝海战略要超越现有需求。现有需求指的是现有用户的现有需求，而超越现有需求不能仅仅停留在满足现有用户升级

㊀ 金，莫博涅．蓝海战略：超越产业竞争，开创全新市场：扩展版 [M]．吉宓，译．北京：商务印书馆，2016.

需求的层面，还应该关注“非用户”的需求。无论企业用户规模有多大，“非用户”通常仍是大多数。因此，对“非用户”需求的挖掘为企业增长提供了巨大的蓝海。

市场创新指的是制定蓝海战略要重建市场边界。如同动物世界里的领地一样，市场中也有各类企业划定的边界。创业企业要打破混沌市场状态实现增长，一个重要的途径就是打破市场边界。界定市场边界的要素包括产业、企业战略集团、供应链、互补产品、产品功能、时间等。《蓝海战略》提出了针对这些要素制定打破市场边界和重建蓝海市场格局的六条路径：跨越产业边界、跨越战略集团、跨越买方供应链、跨越互补性产品、跨越产品功能、跨越时间。

组织创新指的是执行蓝海战略要克服组织障碍。关于开拓蓝海市场的组织障碍，金和莫博涅两位教授概括出了组织认知、组织动力、组织资源和组织政治等四个方面的障碍。其中，组织认知有关“懂不懂”，组织动力有关“想不想”，组织资源有关“能不能”，组织政治有关“敢不敢”。

产品创新指的是执行蓝海战略要创新产品价值。产品价值可以从用户价值、产品价格、产品成本和产品交付四个角度来进行创新。用户价值决定了企业的产品定价空间，产品价格是企业在用户价值之内获取的份额，产品成本是企业提供产品的全部花费，产品交付是完成整个交易闭环的流程。只有在产品价值的四个方面进行全面的和具有一致性的创新，企业才能依靠产品创新打开一片蓝海。

太阳马戏团是一个开创蓝海市场的经典案例。1984 年，两位加拿大的街头艺人，盖·拉利伯特和吉列斯·史特－克洛伊克斯，创办了太阳马戏团。当时，喜欢传统马戏表演的观众越来越少，马戏表演行业的竞争非常激烈。从创办那天起，拉利伯特和史特－克洛伊克斯就意识到，自己不能和马戏团行业的巨头直接竞争，否则就是死路一条。于是，太阳马戏团在需求、产品、组织、市场四个方面进行了创新。

首先，是需求创新。传统马戏团的观众以小孩子为主，家长一般都是陪孩子来看的。所以，传统马戏团满足的主要是孩子的需求。孩子喜欢什么表演呢？当然是动物表演，各种各样的动物表演，所以马戏团要弄很多种动物上台表演。饲养和训练各种各样的动物成本很高，但父母总觉得马戏是个哄孩子开心的东西，没什么技术含量，不值多少钱，所以票价就上不去。这里面就存在消费者（孩子）和付费者（家长）之间的需求不一致的问题。

其次，是产品创新。太阳马戏团的两位创始人想把票价提高，同时降低成本。他们发现，应该向戏剧行业学习。于是，他们跑到了好莱坞，学习戏剧业的经营模式。戏剧的观众大多是成年人，票价比马戏票价高，戏剧里没什么动物表演，也没有人在场内兜售商品。另外，戏剧有明确的主题，有高雅的观看环境，有优美的音乐和舞蹈。但传统的马戏表演也有优点，比如风趣幽默的小丑、刺激的空中飞人。太阳马戏团的两位创始人就想，如果把戏剧和马戏结合起来，是不是会有好的效果呢？于是，就有了我们后来看到的太阳马戏团的节目。

再次，是组织创新。由于太阳马戏团的节目都是人来表演的，所以组织创新就非常重要。太阳马戏团特别重视把马戏团打造成自由创作和自由表演的开放平台。太阳马戏团宣称保证演员自由创作的权利，不管决策如何、是否有必要冒险，他们都是自由的。太阳马戏团有句口号：没有明星。所有人都是为最终的演出服务的，不管是拉滑轮的技术工人，还是演唱家，他们都知道那个绝美的演出是他们的工作。太阳马戏团还特别重视创意团队和外脑的作用，每年都有两次主题创意工作坊，全球5000多名员工都会收到工作坊的邀请，到总部参加主题活动。为了使得这种参与更加高效，太阳马戏团最大限度地保证创作团队的独立性不会受到任何形式的影响，其组织结构几乎是“纯平”的。

最后，是市场创新。太阳马戏团打破马戏演出场地的限制，将演出现场搬到了豪华酒店。全新的场地最大地发挥了太阳马戏团的潜力，在新的场地可以设计新的节目，为新的客户人群带来新的体验，甚至衍生出新的商业模式。比如太阳马戏团有时候会将演出安排在会所、酒店、夜总会、私人游艇等场景里。由于在需求、产品、组织、市场四个方面的创新，太阳马戏团开拓了一个不同于传统马戏的全新蓝海市场。

走出混沌，开拓蓝海市场，为成长阶段的企业快速增长打开了广阔天地。蓝海市场的开拓能够帮助企业以更好的条件引入资金和资源，更快地跨越需求鸿沟，促进组织成长，实现规模经济。

■ 工具栏

战略布局图

“战略布局图”的横轴上标明了战略布局的要素，通常包括产业关心的传统要素和可能的创新要素。“战略布局图”的纵轴标明创新程度的高低。“战略布局图”能帮助企业分析直接竞争对手的特点，借鉴间接竞争对手和互补者的优势，并从非用户的潜在需求中获得有用的信息。

有了这张图，就可以把直接竞争对手、间接竞争对手的特点画在图上了。比如，传统马戏团的代表是全球规模最大的老牌马戏团“玲玲马戏团”。玲玲马戏团的特点包括：票价低，有很多杂技明星和动物明星，有大量的场内销售，追求刺激和危险，节目风趣幽默，等等。但是，作为马戏团间接竞争对手的戏剧有不同的特点。这些特点包括：有明确的主题，有高雅的环境，有艺术性的音乐和舞蹈，等等。太阳马戏团做的事情就是把玲玲马戏团的一些特点和戏剧的一些特点结合起来。这个结合的具体方法有四个：剔除、减少、提高、增加（见图7-7）。

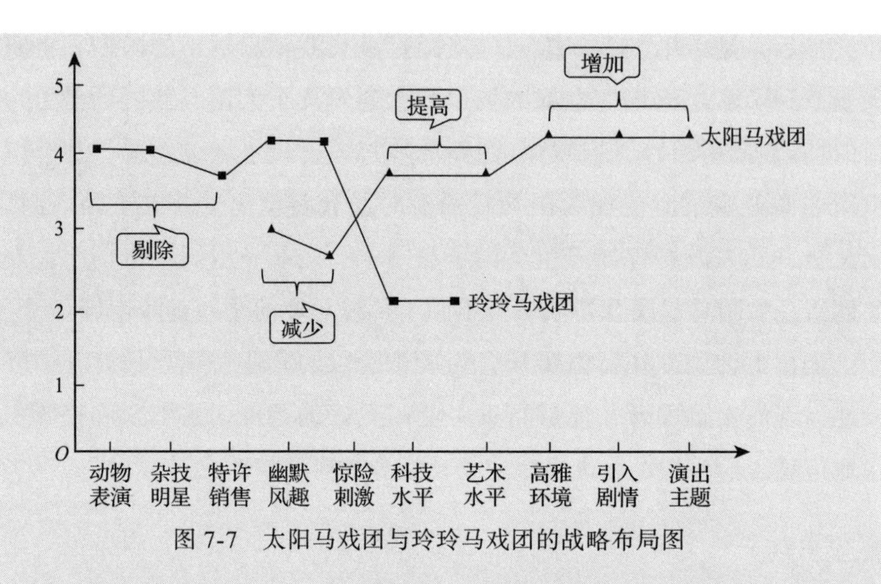

图 7-7 太阳马戏团与玲玲马戏团的战略布局图

“剔除”说的是把一些传统的行业特点完全取消。例如，太阳马戏团完全取消了杂技明星的表演，而起用了一些体育比赛选手，这些选手没有杂技明星的身价，却有着比杂技明星更好的身体素质和基本训练。

“减少”说的是把一些传统的行业特点的水平降低。例如，传统的马戏表演中，小丑能给观众带来风趣幽默的气氛，驯兽表演能给观众带来惊险和刺激的感受。但是，小丑表演有时候显得有些低俗，驯兽表演有时候可能给观众带来危险。太阳马戏团略微降低了节目的幽默风趣和惊险刺激程度，更多地融入了戏剧的表演元素。

“提高”说的是把一些传统的行业特点的水平提高。例如，传统的马戏表演通常是在圆形大棚或体育场内进行，每次搭建的成本高，而且不容易在这些场地内进行复杂的、科技水平比较高的表演。于是，太阳马戏团就改善了表演场地的条件，把节目搬入超豪华的酒店里。

“增加”说的是加入一些传统的行业里没有的元素。例如，太阳马戏团从戏剧行业借鉴来了高雅的观看环境、艺术性的音乐和舞蹈，也把节目内容限定在统一的主题内，让观众自始至终沉浸在优美又不失惊喜的艺术表演之中。

游戏：成长阶段画布

成长阶段的共演战略框架包括12要点，其中大众用户、普遍需求、跨越鸿沟是用户要点；创始人成长、专业团队、层级组织是组织要点；爆款产品、广告营销、规模经济是产品要点；技术风口、精益融资、蓝海市场是市场要点。

成长阶段画布用一张纸的篇幅展示了成长阶段的企业战略要点（见图7-8），便于寻求快速增长的企业家进行思考和探索，也便于他们对比不同思路的画布，寻求不同的增长路径，并与精益创业阶段战略的画布进行衔接，配合使用，获得企业增长的全景式和动态性图景。读者可以利用成长阶段画布，结合“共演战略扑克牌”对企业成长阶段或成长业务进行分析。接下来，我们利用成长阶段画布分析阿里巴巴的案例。

1. 大众用户	4. 创始人成长	7. 爆款产品	10.技术风口
2.普遍需求	5. 专业团队	8. 广告营销	11. 精益融资
3. 跨越鸿沟	6. 层级组织	9. 规模经济	12.蓝海市场

图7-8　成长阶段画布

我们可以把2004年到2006年这段时间看作阿里巴巴的成长阶段（见图7-9）。经历了1999～2003年的创业阶段后，阿里巴巴主要的业务方向变成了C2C的淘宝和支付宝业务。

1.大众用户	4. 创始人成长	7. 爆款产品	10. 技术风口
从中小型贸易企业到个体消费者，从B2B到B2C、C2C	提出阿里巴巴的使命：让天下没有难做的生意； 在从扩张失利到收缩的过程中经历从归纳到演绎思维、再到理性直觉的认知升级；与重量级投资人的互动加速了创始人的成长	2002年3月B2B全面收费，2003年每天收入100万元，2004年每天盈利100万元，2005年每天纳税100万元；淘宝没有盈利压力，专心打造产品；免费＋支付宝使淘宝成为爆款	互联网和PC的普及；淘宝、支付宝等平台产品，具有规模经济效益高、边际成本低的特点
2. 普遍需求	**5. 专业团队**	**8. 广告营销**	**11. 精益融资**
消费者个性化需求的趋势加速电子商务； 2004年，淘宝拥有450万用户	专门团队封闭开发；充分动员：意义、回报；从游击队转为正规军；从迷信海归空降兵，到内部培养（干中学）	农村包围城市（中小网站、《天下无贼》） 准备投放1亿元广告，被eBay抢先，“让对手先教育市场”；打败最大的竞争对手就是最好的宣传	2003年7月，孙正义说服马云接受了8200万美元投资；2005年，雅虎投资10亿美元（巨资让阿里巴巴连犯错误：进入搜索领域、文化融合失败）
3. 跨越鸿沟	**6. 层级组织**	**9. 规模经济**	**12.蓝海市场**
2003年eBay投资易趣； 用户对eBay的抱怨：收费模式，运费过高； 2003年10月，支付宝试水承担用户与商家两方的风险	倒立文化（看到差异）；武侠文化（有趣的公司，淡化层级观念，用“地位”替代“权力”）	2003年4月筹备C2C项目，免费，宣称3年不盈利； 2005年，追加10亿元投资，承诺继续免费3年； 2005年支付宝免费，用户激增	概念引领：举办网商大会，网商时代； 从中小企业转向个人消费者；为竞争提前布局； 支付宝解决了交易中的信任和风险问题

图 7-9 阿里巴巴的成长阶段分析

因为阿里巴巴的 B2B 业务有很大一部分是国际业务，所以阿里巴巴从创业开始就有很好的国际视野。虽然当时 eBay 主要是在 C2C 领域，而阿里巴巴主要是在 B2B 领域，但 eBay 很可能要进入 B2B 领域。2003 年 eBay 投资了中国的易趣，进入中国市场。当时，阿里巴巴的 B2B 已经有了不错的发展，自 2002 年 3 月开始全面收费后，每天收入已达到 100 万元。B2B 业务有了稳定的发展，阿里巴巴决定进入 C2C 领域，在中国截击 eBay。于是，就有了现在的淘宝。

自 2003 年 4 月开始筹备淘宝起，阿里巴巴就在寻找不同于 eBay 的商业模式。凭借对中国个人消费者的理解，阿里巴巴认为平台在 C2C 业务中收手续费并不是一个明智的选择，于是，淘宝从创立初就宣布 3 年不盈利、不收费。淘宝的成立，可以说是抓住了中国消费者的个性化需求和互联网普及的大趋势，到 2004 年底，淘宝已经拥有 450 万用户。创立初期，淘宝虽然汇聚了比较丰富的商品和大量的消费者，但消费者和小商家之间的信任是一个大问题。阿里巴巴靠“诚信通”解决了 B2B 交易的诚信问题，但C2C交易的诚信问题更大。2003年10月，阿里推出了支付宝，并于2005年开始免费提供给用户使用，解决了C2C交易的诚信问题。2005年，阿里为淘宝追加了10亿元投资，承诺继续向买卖双方提供三年的免费服务。可以说，淘宝和支付宝的快速发展，在很大程度上是由于阿里巴巴对中国消费者普遍需求的理解远比eBay和Paypal等国际竞争对手深刻。

搞定了用户，淘宝还面临来自eBay的激烈竞争。为了压制淘宝的发展，eBay和中国的各大网站合作，排他性地投放广告。因为互联网消费的转移成本非常低，所以，面对对手的强大攻势，阿里巴巴采取了“让子弹飞一会儿”的策略，让eBay先教育市场，培养消费者的购买习惯。除此之外，淘宝还采取了农村包围城市的广告策略，在数量众多的中小网站打广告，再向《天下无贼》这样的电影里投放贴片广告，用仅及对手1/10的营销费用，紧紧跟上了对手的发展速度。

除了用户和产品，阿里巴巴的团队也在成长，在这段时期提出了阿里巴巴“让天下没有难做的生意”的企业使命。团队建设方面，也从创业初期迷信海归空降兵，变成更多地从企业内部培养人才，逐渐打造出了一支后来闻名业界的“阿里铁军”。在这个时期，阿里巴巴的企业文化也开始逐渐成形。倒立文化让阿里巴巴员工能够看到和同行的差异，武侠文化淡化了阿里巴巴内部的层级观念，让阿里巴巴变成了一个有趣的公司，能够吸引到更多的、年轻的技术人才。

在市场环境方面，阿里巴巴擅长创造概念和引领潮流。比如说企业提出的“新零售”概念，虽然内涵不怎么新，但这个概念的提出让阿里巴巴能够掌握一定的话语权。早在2004年，阿里巴巴就提出了“网商”的概念，召开了网商大会，为阿里巴巴营造了比较好的发展环境。

当然，在快速成长过程中，阿里巴巴也犯过一些错误。比如说，在拿到高盛和软银的第一次投资后，阿里巴巴就开始快速扩张。后来由于互联网泡沫破裂，不得不“回到中国”“回到杭州”。2005 年雅虎投资阿里巴巴 10 亿美元。巨资在手的阿里巴巴又犯了一些错误，比如大举进入搜索领域和并购企业在文化融合上的失败，等等。

游戏：美丽新世界

美丽新世界是一刻馆代理的一款引擎构筑类卡牌游戏。在游戏中，玩家扮演美丽新世界里面的某国的一名管理者，既要协调工业生产以维持国家的日常运转，也需要不断提升本国的研发、金融和军事能力，力争成为最有影响力的国家。美丽新世界中共有 8 类卡牌，分别是工业生产、能源供应、军事技术、科学研发、金融服务、远古遗迹、未知科技和世界贸易。

8 类卡牌中数量最多、最基本的两类卡是**工业生产**和**能源供应**。建立这两类卡牌所对应工厂的投入成本最低，都是 2～3 个机械元件，而它们的产出分别是机械元件和高压电力。数量稍少的 3 类卡牌分别是**军事技术**、**科学研发**和**金融服务**。这 3 类卡所对应的现实对象分别是军事武装、科研基地和金融中心。建立此类场所的基本投入均包括机械元件和高压电力，但是它们的产出各有不同。注重军事武装的国家往往会研发出高超的军事技术，拥有众多科研基地的国家更容易在生物、化学等领域获得进展，形成金融中心的国家对国际公司更有吸引力。美丽新世界的核心游戏机制是构筑要素飞轮，形成卡牌联动关系，就如同亚马逊高效的 AWS 云计算服务依托于其海量的用户数据，而海量的用户数据又是通过其 Marketplace 的众多卖家吸引而来的。

我们以一位玩家的游戏经历为例，简要说明美丽新世界游戏中构建能够引发飞轮效应的价值链在的作用。玩家在游戏设置阶段获得 2 单位机械元件、1 单位高压电力和 1 单位科研能力。首先，该玩家投入机械元件和高压电力建立基础的**工业生产**工厂，并通过回收其他手牌以建立**金融中心**，从而获得更多的机械元件和自己缺乏的金钱。其次，玩家将机械元件和金钱投入到更多的**金融中心建设**和**科学研发**中，收获金钱和科研能力。再次，玩家投入机械元件、金钱和科研能力探索高成本的生命科学，进一步提升自己的科研水平。最后，玩家将大部分科研资源投入到开发诸如时空穿梭、万能疫苗等幻想科技中，获得高额积分。

在美丽新世界中，玩家可以通过积累科研能力来提升基础工业产值，提升的工业产值又允许国家建立更多的科研基地，最终玩家选择合适的时间再将累积的科研能力转化为幻想科技以提升本国影响力。玩家通过建造基础设施推动飞轮运转，并通过反复加强自己国家的科研能力来提升飞轮的转速，最终在飞轮转速达到一定程度后开始将科研能力转化为不创造实际收益但是能够提升国家影响力的研究成果，并保留一定的科研能力以提升国家基础工业的产值，进而维持飞轮的持续快速运转。

第八章

▲

48 个战略演化之扩张阶段

——

第一节 扩张阶段之用户

累积用户

传统企业看重市场规模，对累积用户的挖掘不够重视。然而，随着数据技术和互联网技术的日趋成熟，越来越多的企业开始重视用户终身价值等概念。用户终身价值是与某个特定用户相关的未来（净）现金流的现值，预估一位用户终生能够为公司创造的价值可以更充分地让公司了解自己的用户（无论是单个还是群体）的真实价值。

在单位交易价值给定的前提下，影响用户终身价值的主要有两个因素：一是用户与企业发生交易关系的时间长度，二是用户与企业发生交易关系的空间广度。当企业和用户的交易种类单一且交易关系维持时间短时，用户终身价值低，这种情况就是通常所说的一锤子买卖。当交易关系维持时间短但企业和用户之间有多种交易时，用户终身价值因交易的多样化而提升，这种情况通常属于组合销售。当交易种类单一，但企业和用户之间关系维持时间延长时，用户终身价值也会提高，这种情况下，用户忠诚度通常较高。最后，当企业和用户之间关系维持时间长而且交易种类多样时，用户终身价值最高。㊀

例如，市面上的家用空气净化器主要有两类，一类是需要换滤芯的，另一类是不需要换滤芯的。不需要换滤芯的净化器厂家打的广告往往是强调“一次投资，长期受益”，而这类净化器价格通常比较高。需要换滤芯的净化器厂家往往把净化器的价格定得比较低，他们的商业模式是通过滤芯赚钱。实际上，需要换滤芯的净化器还有一个好处，就是能够让用户和厂家在较长时间内维持联系，所以，用户终身价值比不需要换滤芯的模式高。

空气净化器仅仅是一种电器。传统的电器销售企业卖各种各样的电

㊀ 法德．顾客中心化 [M]. 邓峰，译．北京：中信出版社，2013.

器，但把电器卖出去之后，企业和用户之间的联系就断了，除非哪天用户找到企业来做售后服务，而通常这类售后服务对企业来说都是成本。拥有互联网思维的电器企业改变了这种服务滞后的做法，选择把服务作为销售的一部分。例如，小米公司打造的小米有品“百货商店模式”就是通过和用户的高频互动来维持联系，提高用户购买产品的种类和回购频率，提升用户终身价值。

从成长阶段进入扩张阶段，企业用户数量已经积累到了相当的规模。如何围绕累积用户的需求做文章，是企业扩张阶段的重中之重。对累积用户的深入理解有助于企业发掘用户的多元需求，进而以适当的组织结构为累积用户提供服务，从而在激烈的竞争中获得有利的市场地位。首先，用户累积到一定数量后，多元需求往往会自然出现。在 2015 年 2 月上线 1.0 版本之后，Keep 的增长不可谓不快。2017 年 3 月，苹果公司首席执行官库克访问 Keep 在北京的办公室，并获赠编号为“80 000 001”的纪念版 Keep 瑜伽垫，其寓意为，库克是 Keep 的第八千万零一的用户。Keep 最初仅定位在室内健身领域，专注解决健身小白 0～60 分的健身需求。几年后的 2021 年，Keep 的愿景已经变为“成为全球最大的智能运动运营商”，它的产品包括全平台的 Keep App、覆盖“吃穿用练”的运动消费品和智能硬件等。

其次，伴随着累积用户的成长，组织成长往往会同步发生。2012 年 5 月 18 日，腾讯宣布，为顺应用户需求以及推动业务发展，将进行公司组织架构调整：从原有的业务单元制（Business Units）升级为事业群制（Business Groups），成立企业发展事业群（CDG）、互动娱乐事业群（IEG）、移动互联网事业群（MIG）、网络媒体事业群（OMG）、社交网络事业群（SNG）、技术工程事业群（TEG）。同年 7 月 23 日，阿里巴巴集团宣布组建淘宝、一淘、天猫、聚划算、阿里国际业务、阿里小企业业务和阿里云为 7 大事业群。事业群结构适用于产业多元化、品种多样化、各有独立的市场，而且市场环境变化较快的大型企业。2012 年，腾讯的即时通信服务活跃账户数接近 8 亿，而淘宝的用户数量也达到 8 亿。两家企业在 2012 年不约而同地开展组织结构改造可以看作是对用户数量增长和需求多元化的组织反应。

再次，在累积用户中可以使用关联销售等高效营销手段。2016 年，小米手机在中国市场的出货量为 41.5 百万台，比 2015 年下降了 36%。逢此困难之时，小米基于手机累积用户的生态链战略开始发挥作用。在 2016 年初的小米年会上，雷军宣布小米 MIUI 用户数量达到 1.7 亿户，这意味着有 1.7 亿用户（曾）使用小米手机操作系统。2016 年 3 月 29 日，在小米生态链发布会上，“米家”品牌正式发布，标志着小米智能家庭战略的落地。米家品牌发布一年后的 2017 年 4 月 6 日，小米旗下精品生活电商——米家有品正式上线。米家有品依托小米生态链体系，延续米家“做生活中的艺术品”理念，提供小米品牌、米家品牌、小米生态链企业产品，同时引入第三方产品，涵盖家居、日用、家电、智能、影音、服饰、出行、文创、餐厨等产品品类。小米的米家是典型的在累积用户中进行关联销售的案例。

最后，拥有大量累积用户的企业甚至可以主导技术发展的主流方向。在 2017 年 5 月召开的贵阳国际大数据产业博览会上，BAT 同台讨论大数据产业的未来。阿里巴巴的参会者表示：“数据将成为主要的能源，如果离开了数据，任何组织的创新都基本上是空壳。”百度的参会者表示：“数据有点像新时代的能源，像燃料，而推动时代进步的还是技术。人工智能时代最宝贵的也不是数据，而是因为数据带来的技术上的创新。”腾讯的参会者表示：“更重要的一个要素是‘场景’。有了应用场景，数据自然会产生，也会驱动技术发展，人才也会随之而来。”三巨头的说法反映了各自公司累积用户的差别，业界普遍认为，阿里最大的优势是交易数据，百度的最大优势是技术，而腾讯的最大优势是关系场景。

■ 工具栏

用户漏斗模型

“海盗指标”反映了企业随着自身的发展，对用户运营的不断深入的过程。“海盗指标”通常包括5个步骤，分别是：用户获取、用户激活、用户留存、用户活跃和用户自传播。海盗指标从第一步到第五步，随着步骤的增多，剩余的用户逐渐减少，所以，海盗指标从本质上看是一个“用户漏斗”，反映了有不同选择意愿的用户在经历选择过程和克服选择障碍后，所剩下来的用户情况（见图8-1）。

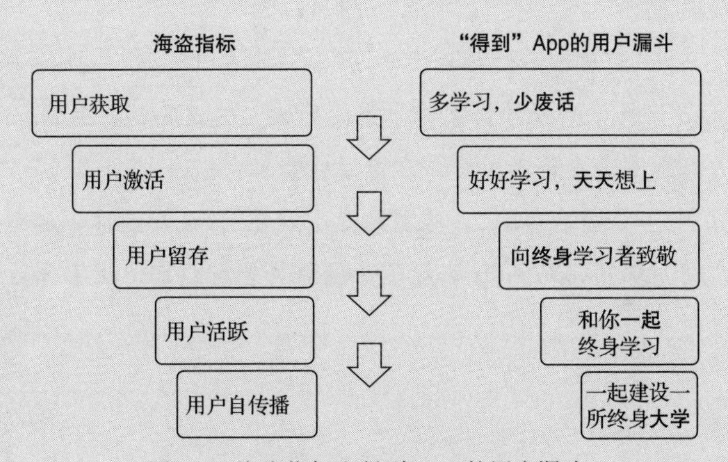

图8-1 海盗指标和得到App的用户漏斗

从得到App上线以来，一共有过6个版本的开屏宣传语。第一个是“多学习，少废话”；第二个是“好好学习，天天想上”；第三个是“向终身学习者致敬”；第四个是“和你一起终身学习”；第五个是“一起建设一所终身大学”；第六个是“知识就在得到”。这6个版本宣传语有一个演化的过程。

（1）“多学习，少废话”非常直白，甚至有些简单粗暴，强调不是“多学习”，而是“少废话”，先下载安装得到App，用起来再说，追求的是用户获取。

（2）“好好学习，天天想上”强调的是“天天”，说的是你每天都应该来得到 App 学习，追求的是用户激活和使用频率。

（3）“向终身学习者致敬”是得到 001 号知识发布会上提出的口号，强调的是“终身学习”，说的是你应该长期坚持来得到 App 学习，追求的是用户留存率。

（4）“和你一起终身学习”强调的是“一起”，说的是你在得到 App 上会有很多小伙伴一起学习，和你一起慢慢变老，追求的是用户活跃度。

（5）“一起建设一所终身大学”，强调的是“大学”，说的是你在得到 App 能够学到大学里才能学到的知识，追求的是得到 App 在用户中的识别度，希望达到用户自传播的效应。

（6）“知识就在得到”，强调的是“就在”，说的是你不要到处乱找了，学知识用得到 App 就好了，虽然口气有些大，但用户留存的意图很明显。

多元需求

迈克尔·波特早在 1985 年出版的《竞争优势》里就提出了“价值链”的概念。[㊀]然而，三十多年来，读者关注最多的是其中的“企业价值链”部分，而忽视了“买方价值链”的部分。波特认为，企业的许多活动与买方的活动相互作用，而企业的经营差异性来源于它的价值链与买方价值链的联系。例如，对于提供零配件的企业而言，企业的产品组装进买方设备的过程就是一个明显的接触点。如果该企业在零件设计、技术支持、解决疑难问题、订单处理和交货等方面与买方密切合作，这

㊀ 波特．竞争优势 [M]. 陈丽芳，译．北京：中信出版社，2014.

些接触点都是竞争优势的潜在来源。此外，如果一个企业可以降低买方的整体成本或提高买方的效益，买方就会甘心情愿地支付溢价。例如，柯达的艾克复印机在最后整理文件部位增加了再循环文件的进纸器和一个在线自动夹，减少了买方的费用，买方当然愿意为这种复印机支付溢价。

“走进用户的需求链”是小米的一个重要战略。在《小米生态链战地笔记》里，作者是这样描述小米生态链形成的逻辑的：“所以小米生态链的投资圈层，是围绕手机展开的。投资的第一个圈层，就是手机的周边，因为这是我们相对熟悉的战场，也是我们拥有庞大用户红利的领域……慢慢地，我们逐渐摸索，便形成了一个投资的三大圈层”，第一圈层是手机周边产品，比如耳机、小音箱、移动电源等。第二圈层是智能硬件。第三个圈层是生活耗材，比如毛巾、牙刷等。在书中，虽然小米公司没有明确提出“需求链”的概念，但以上描述中的“所以”和“逐渐摸索”等，就是基于用户需求链的逻辑。用小米公司团队的原话说，就是“离手机近的早点儿干，离手机远的晚点儿干；离用户群近的早点儿干，离用户群远的晚点儿干”。[㊀]

如果把用户的多元需求和企业的产品结构联系起来，每家企业都要争取首先满足一个对于用户而言相对核心的需求，在此基础上才能逐步满足用户的相关多元需求。例如，小米只有从先满足了用户对手机的核心需求，才有机会扩展到手机周边等附加需求。如果小米一开始就生产手机壳等周边产品，那么它就很难扩展到手机等核心需求。也就是基于这个原因，谷歌等企业才在移动互联网、安卓操作系统、智能算法等底层技术领域进行了巨大的投入。

在满足用户的核心需求后，企业会逐步有条件地满足用户的升级需求。例如，小米在手机产品线面临巨大竞争后，把战略重点放在智能硬

㊀ 小米生态链谷仓学院．小米生态链战地笔记 [M]. 北京：中信出版社，2017.

件和以此为基础的物联网上，为下一步企业的转型升级做需求升级方面的准备。如果把核心需求和升级需求看作一级用户需求的话，附加需求和连带需求就是次级的用户需求，对于希望获得巨大发展空间的企业而言，这些用户需求不能作为主要目标。正如小米公司团队所说："手机周边是我们具有先天市场优势的一个圈层，而生活耗材可以对高科技公司的不确定属性产生对冲作用。"

当企业在创业阶段满足了天使用户的痛点需求，在成长阶段满足了大众用户的普遍需求后，进入扩张阶段的企业需要考虑的就是满足累积用户的多元需求了。满足用户的多元需求对于企业的作用包括但不限于留住累积用户、形成矩阵组织、达到范围经济和在红海市场竞争中寻找新的突破点等方面。

首先，满足用户的多元需求可以帮助企业留住累积用户。在获客成本不断高企的今天，如果企业获得一位用户之后只和用户进行一次交易，将是一件非常不划算的事情。为了理解这个道理，我们可以想一下基于PC的消费和基于手机的消费。在我们买了一台笔记本电脑，并把必要的软件安装完之后，通常在很多年之内不会产生新的相关消费，这也可能是微软的应用商店做不起来的原因。但我们买了一台手机之后，会不断地安装、卸载、更新软件，并通过支付等应用和线下场景发生密切的联系。比较而言，电脑只是满足了人在工作方面（最多是静止状态下的娱乐）的需求，而手机满足了人们在各种场合下的多元需求。也是因为在满足需求多样性方面的差异，PC时代的微软只能通过垄断留住用户，而手机时代的厂家各有各的方法。

其次，企业在满足用户多元需求的过程中自然会完成向矩阵组织的转变。1991～1998年，海尔进入多元化战略阶段，前后兼并了18家亏损企业，从冰箱这一种产品发展到多元化的产品，包括洗衣机、空调、热水器等，成为中国最早进行多元化发展的家电企业。在发展的过程中，海尔不断对自身的组织结构进行调整，以适应企业不断扩张的体量。在多元化发展过程中，海尔集团将原本的金字塔形组织结构改为以业务为核心的事业部管理体系。在这种结构模式下，各部门以产品、服务或工程项目为依据进行划分和组合。以产品和业务为依据的组织形式，具有更强的灵活性和适应性，加强了海尔集团中各职业部门之间的协作和配合，也有利于开发新技术、新产品，激发组织成员的创造性。

再次，满足了用户多元需求的企业通常会形成范围经济。以迪士尼的娱乐帝国为例，迪士尼的核心产品是影视作品，但围绕着影视作品的IP，迪士尼打造了“电影—电视电台—衍生产品—迪士尼乐园”的完整产业链和五大事业部的组织结构，并在此基础上形成了“轮次收入”的商业模式。第一轮收入，迪士尼不断推出一部部制作精美的动画大片及其他类型的电影，每一部影片都进行大力宣传，通过电影放映获取丰厚的票房收入。紧接着，通过公映电影的拷贝销售和录像带发行，迪士尼又赚到了第二轮收入。每上映一部电影，迪士尼都会在主题乐园中增加新的电影角色，吸引游客前来，使其乐于为这种大银幕与现实世界完美结合的奇妙感受付钞票，这是迪士尼的第三轮收入。最后，迪士尼通过特许授权产品，又赢得第四轮收入[1]。

最后，在满足用户的多元需求的过程中，企业可能在红海市场中找到新的突破点。马化腾曾给创业者提出建议，要关注两个产业跨界的部分，“因为一个产业已经做久了，肯定已经是一片红海，在两个产业跨界部分往往是最有可能诞生创新的机会，那可能是一片蓝海。腾讯的历史也是这样，当年做通信的没有我懂互联网，做互联网的没有我懂通信，所以我做起了当时的QQ，包括现在的微信”。马化腾的建议用两个字总结就是“跨界”，在红海的交界处寻找蓝海。

---

[1] 艾格，洛弗尔．一生的旅程：迪士尼 CEO 自述 [M]. 靳婷婷，译．上海：文汇出版社，2020.

■ 工具栏

用户故事板

故事板源自电影行业，电影工作室内常常用故事板来勾勒故事草图，让电影和动画工作者可以在拍摄之前，构建出想要展现的世界。故事板具有可视化、记忆性、同理心、参与性等特点。我们可以用故事板记录天使用户在“工作/生活中的普通一天”中的决策、购买和使用的过程，注意观察天使用户识别到的问题、特殊的行动或感知，甚至在该过程中出现的意外事件。故事板包括用户角色、场景、情节等（见图 8-2），使用故事板的目的是更好地理解顾客的行为和偏好，基于用户所处的场景，可以更深入地理解用户的需求。

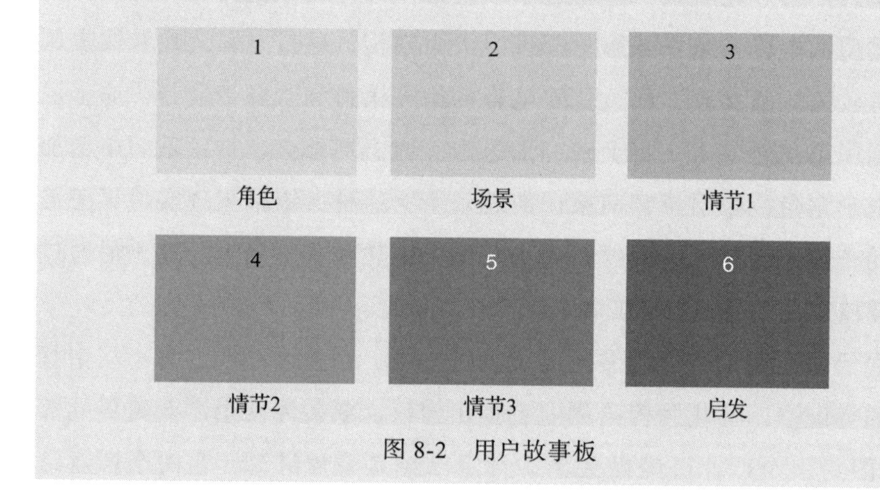

图 8-2 用户故事板

需求互补

互补需求和互补品概念有关。互补品指两种商品必须互相配合，才能共同满足消费者的同一种需求，如照相机和胶卷配合使用才能满足用户“留住美好一刻”的需求。然而，与互补商品不同，互补需求是指两种或多种需求往往产生于同一个场景之下。例如，当用户外出旅行时，可能既有交通的需求，也有住宿的需求，还有购物的需求。

Airbnb 估值快速上升的一个重要原因是它在房屋短租场景外又开拓了餐饮场景。Airbnb 自 2008 年 8 月成立以来，已经发展成全球最大的房屋短租平台，在全球超过 190 个国家的近 7 万个城市提供房屋短租。2017 年 1 月，美国餐厅预约应用 Resy 宣布完成新一轮 1300 万美元融资。按业务量来看，Resy 在同类公司中并不出众，而它之所以受到关注，是因为领投方是在线旅游服务提供商 Airbnb。按照 Airbnb CEO Brian Chesky 的说法，Airbnb 想成为一家“一站式旅行服务”的提供商。换句话说，Airbnb 希望满足在旅游场景下的用户的各种需求。基于同样的逻辑，我们随便打开一家在线旅行服务商（如携程）的 App，都可以看到包括酒店、机票、旅游、美食、购物、外汇、Wi-Fi、保险、签证在内的各种服务。2019 年，Resy 进一步被美国运通公司收购，其背景是美国运通公司越来越重视自身在餐饮旅游业的地位，希望通过收购行业服务商、与餐厅合作等方式，为信用卡用户提供便利和积分折扣。

当企业围绕相同用户群体在不同场景下的需求进行多元化时，需求互补性会有所上升。例如，Keep 针对健身群体的室内锻炼场景和室外锻炼场景分别开发了室内训练和跑步产品。但由于场景不同，此类多元化业务之间也会产生一定的矛盾。当企业围绕不同用户群体在相同场景下的需求实行业务多元化时，可以在不同用户群体间建立连接，甚至搭建出商业平台。例如，成立菜鸟网络之前，阿里一方面帮助小商户把货物卖给最终消费者，另一方面要购买物流公司的服务。菜鸟网络的成立，帮助阿里把电子商务场景下的不同用户群体连接了起来。

当企业围绕相同用户群体在相同场景下的需求实行业务多元化时，需求互补性最高。代表性的例子除了上述的携程等一站式旅行网站之外，亚马逊、腾讯等企业的投资并购和业务扩张大多遵循这个逻辑。我曾给得到 App 的商城板块推荐过一个生产便携式按摩器的叫“乐范”的企业。

例如，乐范的一个产品是能贴在皮肤上的魔力贴，非常小巧，有五种按摩手法，还可以通过 App 进行调节。另一个产品是按摩助眠颈枕，在传统的颈枕基础上增加了按摩功能。这两个产品都非常适合得到 App 的应用场景（如开车、小憩等），一边放松，一边听书，这个例子是典型的围绕相同用户群体在相同场景下的需求实行业务多元化的情况。

■ 工具栏

基于场景的互补性需求

在企业围绕用户和需求场景进行多元化时，应从需求互补性最高的相同用户相同场景开始（见图 8-3），继而考虑相同用户不同场景的情况，然后再考虑不同用户相同场景的情况，最好不在不同用户不同场景的情况下进行多元化尝试。

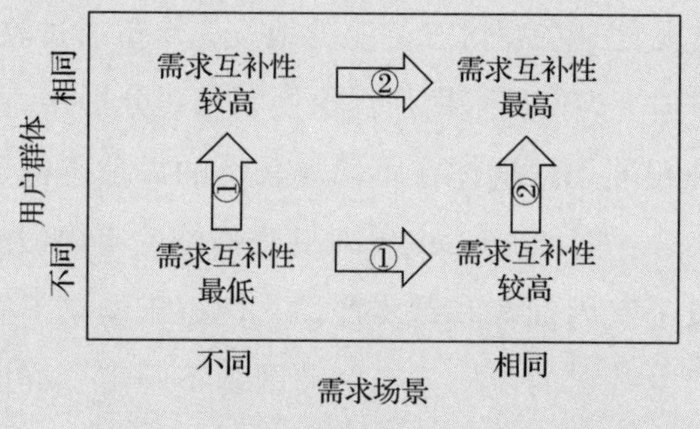

图 8-3　基于场景的互补性需求分析

从创业阶段实现与现有竞品的差异化，经历成长阶段的跨越需求鸿沟的过程，再发展到扩张阶段之后，企业很容易出现盲目的多元化。多元化不是基于现有用户的需求，而是基于企业多余的资源，不是基于用户需求的关联性，而是基于企业的社会关系。在扩张阶段，企业多元化应该基于满足现有用户的互补需求。满足用户的互补需求可以帮助企业更好地服务累积用户，提高关联营销的效率并在红海市场竞争中取得优势。

第二节　扩张阶段之组织

创始人成熟

创始人从创立企业开始，就进入了快速成长的通道。在经历了创业期和成长期的发展之后，企业进入扩张期，创始人在此时也应逐渐变得成熟起来。创始人的成熟主要看两个方面，一个方面是对外部机会的把握，另一个方面是对内部管理的拿捏。

谈到中国的企业家，人们往往会想到华为总裁任正非。任正非在1987年他43岁的时候创办华为，创业23年后，在华为2009年全球市场工作会议上，任正非作了名为《开放、妥协与灰度》的讲话。任正非说："一个领导人重要的素质是方向、节奏。他的水平就是合适的灰度。坚定不移的正确方向来自灰度、妥协与宽容。一个清晰方向，是在混沌中产生的，是从灰色中脱颖而出的，方向是随时间与空间而变的，它常常又会变得不清晰。并不是非白即黑、非此即彼。合理地掌握合适的灰度，是使各种影响发展的要素，在一段时间内和谐，这种和谐的过程叫妥协，这种和谐的结果叫灰度。"㊀

经过20多年的发展，到任正非提出灰度管理后的2010年初，华为已经走过了创业阶段和成长阶段，进入扩张期，业务线从原来的运营商设备为主，扩展到消费者设备领域。实际上，华为在创业初期就严格限定了对外部机会的寻求范围。在《华为基本法》中有这么一句话："为了使华为成为世界一流的设备供应商，我们将永不进入信息服务业。"从运营商设备到消费者设备的扩张，也是华为在设备供应商这个业务范围内的探索。

在内部管理风格方面，经历了20多年发展的华为也从早期强调的"狼性竞争"的文化转向了"开放、妥协与灰度"。正如任正非在这个讲

㊀ 冉涛．华为灰度管理法 [M]. 北京：中信出版社，2020.

话中所说，企业在经历了机会寻求方面的冒险和严格内部管理制度建设的过程后，从机会寻求到内部管理，都从极端走向中庸。

在创业阶段，创始人在外部机会寻求方面通常会采取冒险态度，而在内部管理方面往往用亲情凝聚人心。在成长期，外部机会寻求方面往往还是冒险态度为主，但内部管理方面会更重视管理制度建设。正如当年华为引入 IBM 管理模式的过程中提出的“先僵化、后优化、再固化”三步走一样，从亲情到制度的拨乱反正往往需要从一个极端走到另外一个极端。

等企业发展到扩张阶段，创始人通常像任正非那样，采用“中道”发展战略和“灰度”管理方法。通过在保守和冒险之间的平衡，寻找企业发展的方向，通过亲情和制度的双融，把握内部管理的分寸。如果企业在成熟期之后进入衰退期，创始人在外部机会寻求方面会趋于保守，但在内部管理方面通常会延续已形成的灰度管理方式。如果企业在成熟期之后能够成功转型，往往得益于创始人在外部机会寻求方面的冒险和创新，以及在内部管理方面对灰度管理方式的灵活运用。㊀

创始人的成熟对企业的延续和发展至关重要，只有创始人在企业发展过程中变得成熟，不再仅仅靠创业期的冲动和成长期的激情来带领企业发展，而是运用双融管理的思路，在外部机会和内部管理两方面都找到平衡点，才能帮助企业在组织管理、用户价值、产品创新和市场运作等方面形成成熟的机制，使企业平稳度过扩张期。

■ 工具栏

成熟管理者的整合思维

成熟管理者往往秉持理性的态度，能够认识到世界的复杂性和

㊀ 冉涛．华为灰度管理法 [M]. 北京：中信出版社，2020.

自身的局限性。红帽集团创始人鲍勃·杨认为:“在任何情况下，成功之路都不止一条。不管我们刚开始采用的方法是什么，都注定是错的。”这个“错”字也许和对错无关，只是告诉大家他们所得出的结论会因人、因事、因地而变化。美国作家菲茨杰拉德在名著《了不起的盖茨比》里这样讨论什么是一流的智力:“检验一流智力的标准，就是看你能不能在头脑中同时存在两种相反的想法，还能维持正常行事的能力”。

这种能力也叫整合思维能力（见图 8-4），即富有建设性地处理彼此对立的意见的能力。不以牺牲一方作为选择另一方的代价，而是用创新的方式消除意见对抗，新的意见同时包含对立意见里的某些因素，而且优于对立意见的任何一方。中庸之道最简明的说法就是“执两用中”,“两”就是两端，“用中”就是中庸。

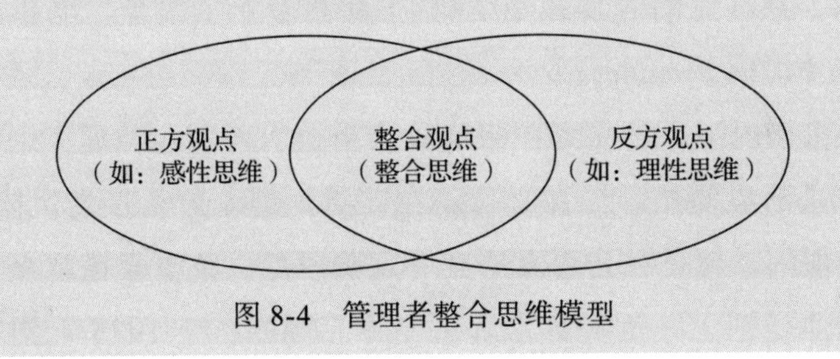

图 8-4 管理者整合思维模型

职业团队

管理学家彼得·德鲁克在《创新与企业家精神》这本书里讲了一个故事，故事的主角叫雷·克洛克。20 世纪 50 年代，克洛克是一个小商人，先是做过各种小生意，后来转行卖奶昔制造机。有一天，克洛克发现一家位于加利福尼亚的汉堡店购买了数倍于其正常需要的奶昔制造机。于是，克洛克驱车数千里，从美国中部跑到加利福尼亚，看到这家叫麦当劳的餐厅通过对快餐加工流程的创新，大大提高了汉堡的质量和供应

速度。克洛克敏锐地嗅到了商机，决定加入麦当劳公司。[⊖]

创建了麦当劳快餐的麦当劳兄弟只希望有一家自己的餐厅，只要餐厅可以被顾客喜欢，能实现盈利，他们就满足了。但对于克洛克来说，他要的是把麦当劳从小地方开到大城市，开遍整个美国，再遍布全世界。为此，他抵押了自己的所有财产，全心投入。按照德鲁克对企业家精神的界定，克洛克就是一位有企业家精神的职业经理人，是“把资源从生产力和产出较低的领域转移到较高的领域，并敢于承担一切相关风险和责任的人”。

在这个故事里，麦当劳兄弟是创始人，但他们的眼光和思维方式不足以把麦当劳打造成一个商业帝国，反倒是他们引进的职业经理人克洛克，以出众的企业家精神把麦当劳餐厅带得更远。1961 年，克洛克用 270 万美元买下了麦当劳兄弟的汉堡连锁店，将其打造成了全球最大的快餐王国。克洛克的故事在 2017 年 1 月被搬上了银幕，电影的名字叫《大创业家》(The Founder)。

在很多情况下，发展到扩张阶段的企业引入职业经理人来负责主要管理工作是形势使然，势在必行。在硅谷，创业公司接受风险投资后，往往有个惯例，就是在公司发展到一定阶段后，董事会通常会建议创始人引入职业经理人，负责日常管理工作。例如，于 1975 年创立的微软在 2008 年引入了鲍尔默任 CEO，于 1976 年创立的苹果在 1983 年引入斯卡利任 CEO，于 1998 年创立的谷歌在 2001 年引入了施密特任 CEO，等等。

职业化高管和创始人之间的关系可以从能力和愿景两个角度来看。从能力角度看，职业化高管和创始人的能力在大多数情况下应该是互补的，这也是引入职业化高管的初衷。但在有些情况下，二者的能力是重叠的，这种情况下，职业化高管发挥作用的空间会比较小。

⊖ 德鲁克 . 创新与企业家精神 [M]. 蔡文燕 ，译 . 北京：机械工业出版社，2009.

从愿景角度看，职业化高管和创始人的愿景最好是一致的，这对二者同心协力非常重要。微软引入鲍尔默和谷歌引入施密特都实现了创始人和职业化高管同心协力的预期效果。当然，也有职业化高管和创始人的愿景不同的情况，这种情况对公司的伤害往往非常大，但也有可能把公司带到另一个境界。苹果引入斯卡利的尝试对苹果公司的伤害就非常大，甚至造成了乔布斯长达12年的离职。而克洛克加盟麦当劳，却把麦当劳从两家店面的快餐厅打造成了一个全球化的商业帝国。

就企业的发展而言，团队职业化对于进入扩张阶段的企业非常重要。职业化的团队有助于企业矩阵组织架构的形成，能够帮助企业满足用户的互补性的需求，为用户提供关联性产品，以及帮助企业进行资本运营等。

■ 工具栏

职业领导梯队

团队职业化的过程也就是领导梯队形成的过程。所谓领导梯队，指的是在一个大企业中，根据领导力要求的不同进行划分，可以分为六个阶段。这六个阶段分别是：从一线员工到经理人员、从一线经理人员到总经理、从总经理到职能部门主管、从职能部门主管到事业部经理、从事业部经理到集团高管、从集团高管到首席执行官。[1]

第一个阶段是从个体员工到一线经理人员的晋升，就是要一个员工从一个单干户，变成能够组织团队进行协同作战的小领导。第二个阶段是从管理他人到管理经理人员，需要充分调动下属的一线经理的积极性，让他们充分发挥自己的能力。第三个阶段是从管理经理人员到职能部门的管理者，这个岗位实际上已经进入了企业管

[1] 查兰，德罗特，诺埃尔．领导梯队：全面打造领导力驱动型公司[M]．徐中，林嵩，雷静，译．北京：机械工业出版社，2016.

理的高层，具备了一定的决策权，需要任职者在领导力上具备更开阔的视野，并能够从企业发展的整体利益上考虑问题。

第四个阶段是从职能部门的管理者晋升为事业部总经理，在某种程度上这几乎已经算是一个小公司的CEO了，这一个转型，已经不是简单掌握新的领导技能就可以完成的了，必须改变思维的模式。第五个阶段是从事业部总经理晋升为集团高管，这类职位最重要的胜任力就是和CEO的互相配合、协作。第六个阶段就是从集团高管晋升为集团的首席执行官，这一岗位要求平衡短期、长期利益，实现企业的可持续发展，设定公司的整体发展方向，培养公司的文化和软实力，让公司的各个战略要求实现落地（见图8-5）。

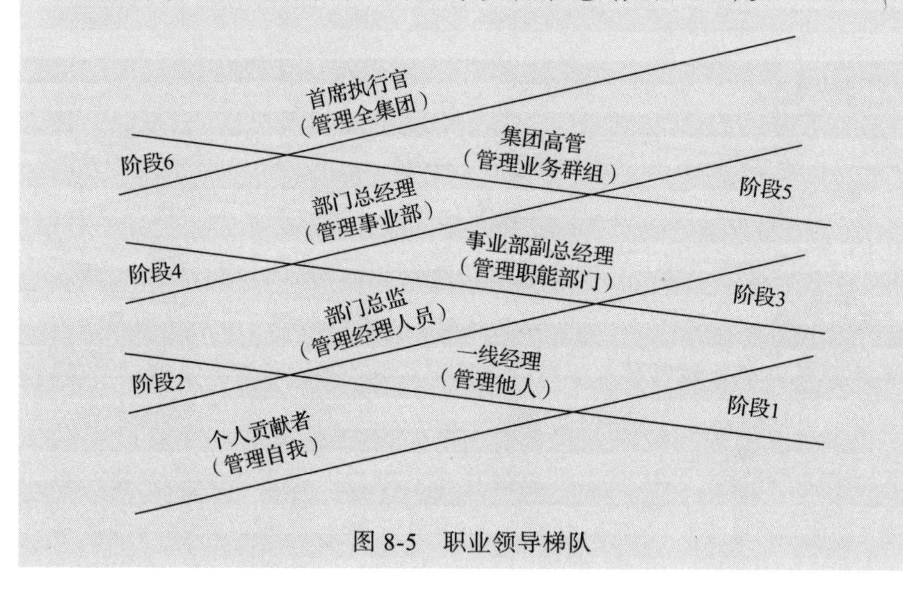

图8-5　职业领导梯队

矩阵组织

企业从创业期的扁平组织，到成长期逐渐形成金字塔组织，其目的就是适应企业业务和战略的发展。这在管理学里面有个说法，叫“结构跟随战略”。这一观点最早是由美国著名企业史学家钱德勒在其著作《战略与结构》中明确提出来的。结构跟随战略说的是，当企业采取新的发展战略时，为了保证战略的成功，企业必须变革它的组织形式来适应企业战略的需要。[一]我们也可以这样理解，随着企业的发展，战略四要素中的组织要素要适应企业发展的整体战略要求。

从本书前文所述，我们不难看出，从创业期的扁平组织，到成长期的金字塔组织，企业结构发展的趋势是从分权到集权。在本章谈到组织管理的三种方式时，我们也提到，组织管理的三种主要方式是“沟通、监督和标准化”。在创业阶段，沟通是主要的组织管理方式。在成长阶段，监督和沟通一起组成企业的主要管理方式。到了扩张阶段，标准化开始被企业用来提高管理效率。

事业部制可以看成沟通、监督和标准化等三种管理方式融合的结果。事业部制最早出现在20世纪初20年代的美国通用汽车公司，由通用公司的负责人斯隆提出，也称“斯隆模型”，它是一种总部集权下的分权管理模式。当时的美国通用汽车公司通过并购整合了许多关联公司，企业规模快速扩大，公司生产的产品和经营项目不断增多，由此带来的内部管理效率下降和管理混乱使得企业发展受到影响。斯隆决定通过事业部制的形式对原有企业内部的结构进行改革，这一系列的改革取得了非常好的效果，成为当时美国公司进行事业部制改革的典型。[二]而在当时，在大洋彼岸的日本，松下公司也在内部采取了事业部制改革。

事业部制设计的关键原则是：在纵向关系上，按照“集中政策、分散经营”的原则，处理企业高层领导与事业部之间的关系；在横向关系上，各事业部均为利润中心，独立核算，事业部之间的经济往来遵循等价交换原则，内部结算。通常，各事业部之间要相互竞争，考核指标不

[一] 钱德勒．战略与结构：美国工商企业发展的若干篇章 [M]．孟昕，译．昆明：云南人民出版社，2002.

[二] 斯隆．我在通用汽车的岁月 [M]．刘昕，译．北京：华夏出版社，2005.

仅要考虑赢利，而且要相互比较资源的综合投入产出率；长期亏损的单位或者被关闭，或者被其他事业部兼并。事业部作为一个独立的经营主体，其建立的前提是独立核算，建立收入定价规则和全成本核算体系，导入内部交易机制。

事业部的独立核算，必须“能够明确收入，并且也能够算出为了取得这些收入而支出的费用”。事业部要对“收入”和“支出”负责，建立每个事业部的资产负债表和利润表。对于内部服务和合作需要制定内部交易机制，内部交易价格通常按照市场价格确定。

事业部制成败的关键是组织职权的适当划分和集权与分权的适当平衡。事业部制是以分权为手段来实现企业战略目标的一种组织形式，为了确保事业部可以像一个独立的企业一样保持灵活性和专业化，必须给予其足够的组织职权；与此同时，公司总部又必须保留若干战略管理权，以保持对事业部有足够的控制力，使之不至于脱离公司整体的发展轨道。经过几十年的发展，事业部制已成为多元化企业通行的基本组织架构，近年来在中国创业企业中风行的阿米巴组织也是由事业部制脱胎而来的。

如果我们从企业内部权力分配的集权与分权以及业务种类的单一和多元这两个维度来分析企业组织结构，不难看出，在共演战略四阶段里，企业的组织结构呈现倒U形变化趋势。在创业阶段，企业权力分配的特点是分权，同时业务种类单一，组织结构的特点是扁平化；在成长阶段，创始人的威信逐步确立，并开始集权，同时企业的业务种类单一，组织结构通常是金字塔结构；在扩张阶段，业务种类开始多元化，同时企业在集权和分权间寻求平衡，这时的组织结构通常是事业部结构；在转型阶段，企业的业务种类仍是多元的，同时，企业需要通过进一步分权调动员工的积极性，这个阶段的组织结构变化通常趋向网络化。由此，我们可以看出组织结构的确是跟随企业各阶段的发展战略进行调整的。

一方面，组织结构跟随组织战略而调整，另一方面，组织结构也为组织战略的实施提供了必要的支撑。在企业扩张阶段，矩阵组织结构带来的分权与集权的平衡能帮助创始人从日常事务中脱身出来，专注于企业发展方向的把握，有利于创始人的成熟。矩阵组织结构还能使企业为用户提供互补的解决方案，满足用户的互补需求，让企业实现范围经济。此外，矩阵组织结构还能帮助企业在红海市场的竞争中打出组合拳，取得竞争优势。

■ 工具栏

事业部的宏观、中观和微观结构

事业部制的组织结构包括宏观、中观和微观三个层次。事业部制的宏观组织结构主要是事业部的组织构成板块，包括总部、经营型事业部（业务部门）和辅助支持型事业部（职能部门）三类。三类部门之间的运行关系为：总部为经营型事业部确定了发展和运营政策，经营型事业部在总部的激励和引导下开展经营工作，相关辅助支持型事业部有偿提供支持保障工作。

事业部制的中观组织结构指的是事业部组建的方式和方法，主要包括按产品线划分（A、B、C 产品）、按客户群划分（A、B、C 客户）、按经营区域划分（A、B、C 区域）、按职能划分（A、B、C 职能）等。

事业部制的微观组织结构主要是指，事业部在发展过程中的不同阶段建立不同职能部门的动态发展。例如，在事业部建立初期，可能不需要市场部和经营计划部，相应职能分别由销售管理部和综合管理部执行。在事业部建立的中期可能不需要战略管理部和人力部，相应职能也可以由销售管理部和综合管理部执行（见图 8-6）。

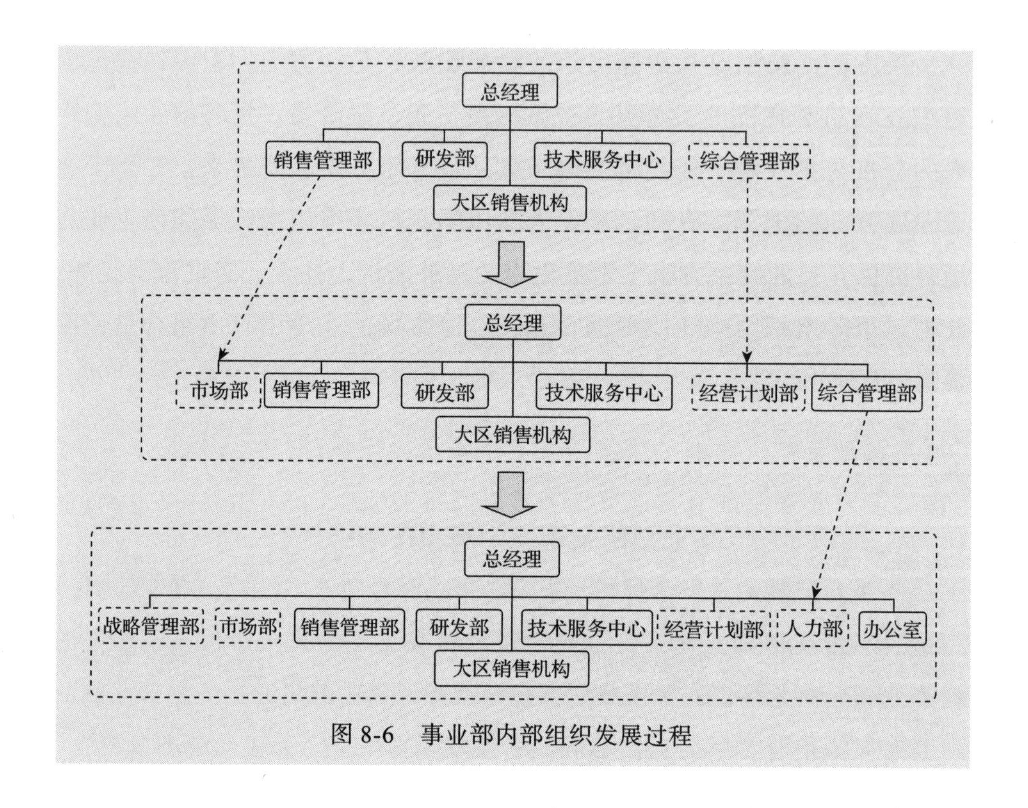

图 8-6　事业部内部组织发展过程

第三节　扩张阶段之产品

关联产品

在创业阶段，企业在产品开发方面的重点是采用敏捷开发的方式，开发出最小可用产品，并快速迭代，打造出成长阶段的爆款产品。然而，打造爆款产品的一个关键点是产品的性价比。

在传统的战略管理理论中，低成本和差异化是两个基本的战略类型和竞争优势的来源。低成本说的是，企业用低于竞争对手的成本生产出产品，并以较低的价格销售，从而获得竞争优势。差异化说的是，企业生产出不同于竞争对手的产品，通常是在产品性能上优于竞争对手，并能够以较高的价格销售，从而获得竞争优势。无论是低成本，还是差异化，其核心都是性价比。所以，性价比可以说是企业产品战略的核心。

以手机为例，苹果手机是各类手机中价格最高的，主要是因为苹果手机和其他所有手机都是不同的，苹果手机用的是 iOS 系统，Apple Store 应用商店提供的是苹果公司软硬件一体化产品开发模式所带来的优质产品体验。小米手机在主流手机品牌中的价格较低，性价比是小米的核心价值观。小米创始人雷军认为，公司的利润率不一定是越高越好，高毛利是一条不归路，很多公司为了提高毛利率会提高价格或者降低成本。而小米要求集团生态链里的每家企业都认同“不赚快钱，不搞暴利，注重品质”的价值观。

但是，强调爆款、不赚快钱，并不代表小米这样的公司不赚钱。小米的低价模式实际上有两个原则：第一，不亏本；第二，通过别的方式赚钱。不亏本讲的是成本定价，通过核算材料、制造、研发和物流等的综合成本，加一个比较低的毛利率。通过别的方式赚钱主要是在以下的两个方面：一是当销量足够大的时候，成本自然会下来；二是核心产品保持低利润率，关联产品实现高利润率。

我们在用户多元需求的部分说过，用户需求可以分为核心需求和升级需求，以及在这两类需求基础上扩展出来的附加需求和连带需求。小米的性价比商业模式的核心实际上是：用高性价比的产品满足用户的核心需求（手机），形成流量入口，然后通过满足用户的附加需求（手机周边）盈利；随着用户升级需求的产生（智能硬件），形成进一步的流量入口，继而满足用户的连带需求（智能硬件耗材）。

小米公司高管曾披露：“小米的产品（手机、电视机等小米公司自有产品）一般都是按成本定价。但米家产品追求的是诚实定价，产品一般都是 10% 到 30% 的毛利率。”我们知道，小米有品产品之所以好卖，是因为小米公司的核心产品打造出的高性价比声誉，使得用户在购买关联产品时不那么苛求低价格。可以说，小米生态链的盈利模式是一种放大的“刀片—刀架”模式，或者称之为“轮次收入”模式。

我们可以从用户需求和产品功能两个角度来分析企业的产品类别。首先，满足用户基础需求的基础功能产品往往以较低价格定价，目的是形成爆款产品，获取大量用户。例如基础款的手机。其次，配备较大存储容量的手机满足了用户的升级需求，属于升级产品，价格的增幅往往高于成本的增幅。再次，购买了手机的用户，可能需要路由器来上网，路由器就是手机的周边产品，也可以定一个较高的价格。最后，厂家可以推出装有硬盘的路由器，帮助部分需要这种非基础功能的用户实现他们的需求，同时获取较高的利润。这就是扩张阶段企业通过开发关联产品获取更高利润率的逻辑。

扩张阶段的企业推出关联产品，不仅仅能获得更高利润率。更重要的是，关联产品有助于企业实现用户的多元需求，形成事业部制的组织架构，发挥范围经济优势，从而在红海市场中利用产品组合获得竞争优势。

■ 工具栏

关联产品的轮次收入

亚马逊有三个主要业务：面向最终消费者的Prime业务、面向卖家的Marketplace商业平台和面向企业的AWS云计算服务。亚马逊的这三个业务针对的是一条产业链上的三类用户，使用云计算服务的企业处于产业链的最顶端，这些企业为Marketplace上的卖家提供商品，这些卖家在亚马逊的平台上通过Prime业务对接最终消费者。

亚马逊的飞轮效应（见图8-7）就是通过这样一个业务链条产生的，而且是从最终消费者那一端拉动的：凭借对最终消费者需求的深入了解，亚马逊打造了很好的用户体验，于是有大量的最终消费者使用亚马逊的Prime服务。大量的最终消费者吸引了众多的卖家，Marketplace变得越来越有吸引力，积累了大量的数据，使亚马逊有了很好的云计算使用场景。于是，越来越多的企业选用亚马逊的AWS云计算服务。有了众多企业的数据，亚马逊对最终消费者就更加了解了，于是，就有了飞轮效应的下一个循环。

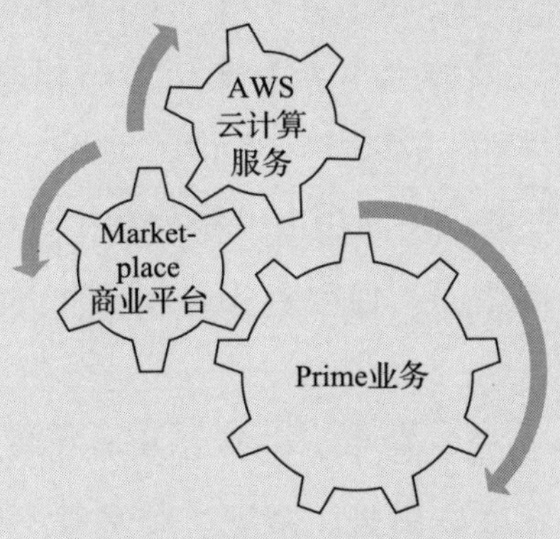

图8-7 亚马逊的飞轮效应

有了飞轮机制，一个公司的各个业务模块就会有机地相互推动，就像咬合的齿轮一样相互带动。一开始，飞轮从静止到转动需要花比较大的力气，一旦转动起来，齿轮就会转得越来越快。

关联营销

在创业阶段，企业产品类型单一、用户群集中，这时候，口碑营销能够让企业的产品信息在小范围的用户群中迅速传播，效果最好。在成长阶段，企业的产品类型仍然保持单一，但用户群的数量开始增加，这时候仅靠口碑营销很难打破不同用户群之间的隔阂。企业往往通过广告营销的方式，将产品信息送达不同的用户群。

进入扩张阶段，随着不同的用户群对企业品牌接受度的提升，用户群之间开始融合成为大的用户群，也就是我们之前说的累积用户群。同时，随着企业开始多元化，产品类型逐渐增加。这个时候，企业需要在用户的头脑中建立起不同产品之间的联系。也就是说，除了上面说的关联产品外，企业在营销方面也要进行关联营销，通过各种渠道把企业的产品进行统一展示，在用户头脑中形成企业多元产品的整体概念。[㊀]

以扩张阶段海尔集团的发展为例。海尔从生产电冰箱的青岛电冰箱总厂起步，经过30多年的发展，2016年已经发展成为销售额2016亿元的多元化企业集团，产品涵盖个人与家用产品和商业解决方案两大类。个人与家用产品包括冰箱、洗衣机、空调、电视、电脑、厨房家电等全系列产品，商业解决方案包括商用电器系列和生物医疗、水处理等业务。虽然拥有这么多类型的产品，但海尔仍采用统一品牌，希望在各类产品之间建立关联。

2017年3月8日，海尔发布了由整套互通互联智慧家电构成的智慧家庭解决方案，涉及客厅、厨房、浴室、卧室等不同物理空间的多个生活场景。智慧家庭方案的目的就是满足用户在家庭场景下的互补性需求，在用户头脑中建立起对海尔产品的统一认知，发挥海尔多元化产品组合的优势。同时，各种电器互联互通，形成了关联营销，促使用户一次购买多件产品，甚至是整套海尔电器产品。

■ 工具栏

扩张阶段的关联营销

按照产品种类和用户群进行分类，在不同发展阶段的企业的营销特点也不同（见图8-8）。在创业阶段，主要是通过用户的“口”进行口碑营销；在成长阶段，主要是通过广告营销，进入用户的“耳”；在扩张阶段，主要是通过关联营销，在用户的“脑”中形成

㊀ 阿克．开创新品类：赢得品牌相关性之战[M].杨岱若，译．北京：机械工业出版社，2020.

对企业产品的整体认知；在转型阶段，主要是通过品类创新和品类营销，在用户“心”中形成对新的产品品类的认知。

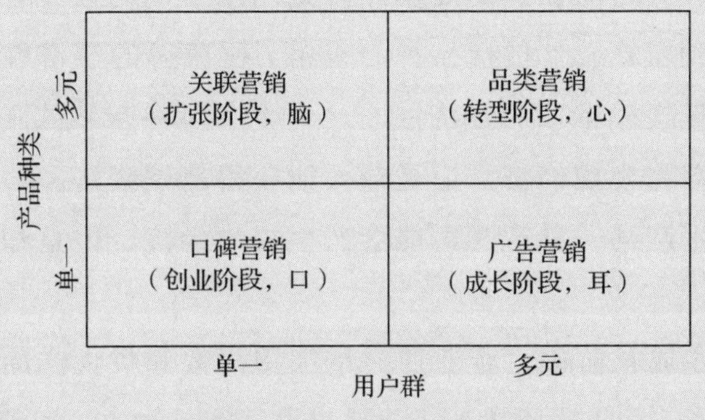

图 8-8　营销＝产品 × 用户

关联营销对于企业在扩张阶段构建产品与用户之间的桥梁非常重要。通过关联营销，企业可以在很大程度上促进关联产品的销售，满足用户的互补性需求，促进事业部之间的合作，在红海市场中建立竞争优势。

范围经济

范围经济指的是，同时生产两种产品的成本低于分别生产每种产品所需成本的总和。只要把两种或更多的产品合并在一起生产比分开来生产的成本要低，就会存在范围经济。带来范围经济的原因很多，从共演战略四要素来看，用户、组织、产品和市场要素都会带来范围经济。从用户角度看，用户愿意为整合起来效用更高的产品支付更高的价格，比如，用户更愿意为能够互联互通，带来更好使用体验的智慧电器付费。从组织角度看，管理者的管理经验以及员工的生产经验可以用到关联产品上，节省了重新学习和培训的成本。从产品角度看，企业的一项研究开发技术的成果可以用于多种产品的生产，从而降低了单位产品所分摊的研发成本。从市场角度看，企业的合作关系、资本优势等也可以支持多种产品的销售。

范围经济与之前提到的规模经济是两个不同的概念。范围经济强调生产不同种类产品（包括品种与规格）所获得的经济性，规模经济强调的是产量规模带来的经济性。一个生产多种产品的企业，其生产过程可能不存在规模经济，但是却可能获得范围经济。一个工厂用较大的规模来生产某一种产品可能会产生规模经济，但是却不可能获得范围经济。

因此，在成长阶段，企业通过增加用户数和扩大产品规模，可能获得规模经济。在扩张阶段，企业通过增加产品种类，可能获得范围经济。如果按照产品种类和每种产品平均用户数量两个维度来分析，在创业阶段，企业产品种类单一，每种产品平均用户数量少，企业主要靠产品创新实现差异化，以取得创新经济的效果。在成长阶段，企业通过增加用户数量，扩大产品规模，以获得规模经济带来的红利。在扩张阶段，企业推出的新产品种类拥有较少的用户量，但随着产品种类的增加，企业开始获得范围经济所带来的好处。到了转型阶段，企业的产品种类较多，每种产品平均用户数量也较多，这时候，企业应该尽量建立产品之间及用户之间的网络，取得网络经济或生态经济的效果。

近年来，我国互联网行业出现了井喷式的并购现象，有的是同行业并购，例如，58 和赶集、美团和大众点评、携程和去哪儿、世纪佳缘和百合网的并购；也有不同行业的并购，例如，阿里巴巴并购优酷土豆、神州专车等，百度并购爱奇艺等，腾讯并购游戏开发公司 Supercell 等。

不难看出，发生在同行业的并购主要追求的是规模经济，不同行业的并购主要追求的是范围经济。BAT 三大互联网巨头大举收购在线视频公司、游戏公司和共享经济公司，同时，这些公司愿意被互联网巨头收购，都是因为当前获得用户的成本已经非常高了。对于创业公司来说，与其从头开始累积用户，不如和行业巨头合作甚至合并，以获得大量的用户，实现规模经济。对于行业巨头来说，与其自己从头开始开发一个产品，不如并购行业内领先的创业公司，充分利用自己巨大的累积用户数量，实现范围经济。可见，范围经济对扩张阶段的企业非常重要，可以帮助企业满足用户的多元需求，形成企业的事业部架构，通过资本运营获得自己所需要的资源，以及开发关联产品等。

■ 工具栏

构建飞轮的 7 个步骤

范围经济的核心不在于范围的大小，而在于形成闭环和飞轮效应，形成增长的因果链条。构建飞轮包括 7 个步骤：㊀

第一步，列举出你的企业已经实现的、重大的、可复制的成功。

第二步，列举出你的企业经历过的失败。

第三步，对比成功与失败的案例，并思考“从这些经验与教训中能发现哪些可以组成飞轮的构件”。

第四步，利用你发现的飞轮构件（4～6 个），草拟出一个飞轮。

第五步，通过巩固并简化构件抓住飞轮的本质。

第六步，用你的成功清单和失败清单检验飞轮。你需要不断地调整飞轮结构，直到它既能将你最关键的、可复制的成功显而易见地呈现出来，也能将最重大的失败和最明显的痛点清晰地暴露出来。

第七步，根据三环理论来检验飞轮，即：①你对什么充满热情？②你能在什么方面成为世界上最优秀的？③是什么驱动你的经济引擎？

㊀ 柯林斯．飞轮效应 [M]. 李祖滨，译．北京：中信出版社，2020.

第四节　扩张阶段之市场

主导设计

主导设计是特定时期融合了许多单个技术创新并以新产品的形式表现出来的技术与市场相互作用的结果，是赢得市场信赖的创新者为了支配重要的市场追随者而必须奉行的一种设计，是技术可能性与市场选择相互作用之下广为接受的产品设计方法。当一个产业发展到一定阶段，主导设计就会出现。

产业的创新过程可以分为三个阶段：变动阶段、转换阶段和特性阶段。在变动阶段，产品创新率最高，行业内各个厂家对产品设计和使用特性进行大量实验。例如，在汽车工业的早期，数十家企业生产了各式各样的汽车，包括电力驱动的和蒸汽动力的汽车。这个时候，产品的主要特性处于高度变动的状态，很少有人注意产品的制造流程，流程创新率明显偏低。在转换阶段，重大产品创新率下降，流程创新率上升，产品多样化开始让位于标准设计，最终产生主导设计。例如，到了福特的T型车出现在市场上的时候，汽车工业的主导设计已经出现，此后汽车行业的主要创新方向逐渐转到了流程创新方面。到了特性阶段，产品和流程的创新率都开始下降，这个阶段的行业企业重视产品的产量和成本，创新以渐进式创新为主。

美国产业经济学家阿特拜克对手工打字机、汽车、电子计算器、集成电路、电视和电视显像管等行业进行了深入研究后发现：几乎各个行业均展示了一个惊人相似的公司进入和退出模式。在一个新型行业诞生之初，在主导设计出现之前，不断有企业加入竞争，行业里的企业数量呈递增态势，在这一阶段，竞争主要集中在产品创新（product innovation）上，符合市场需求的新产品创意往往能快速占有市场。而在主导设计出现之后，公司总数平稳地减少，直到稳定在少数几家大公司上。这一阶段的竞争会主要集中在流程创新（process innovation）上，公司通过制造更优质同时价格低廉的产品来占据市场，延续生存。[1]

在许多行业里，领军企业的生命周期往往是和行业的生命周期紧密联系在一起的，例如，计算机芯片行业的英特尔、计算机软件行业的微软、汽车行业的福特和通用等。要想成为一家伟大的企业，一个重要因素是紧跟行业技术发展的趋势。在企业的创业阶段应该利用行业最新的萌芽技术，在企业的成长阶段应该伴随行业技术的成长而成长。到了企业的扩张阶段，应该努力成为行业主导设计的制定者。

成为行业主导设计的制定者，可以帮助企业在红海竞争中取得相对的垄断地位，让企业有能力打造围绕主导设计的关联产品，并围绕主导设计架构企业的事业部组织，以及满足用户的互补需求。

■ 工具栏

主导设计的形成

创新包括四种主要的类型，各种类型创新的重要性随着市场的不断成长而不断变化。第一个类型是技术突破性创新，就是在市场上第一次采用某种突破性技术。比如说，20世纪60年代，美国无线电公司第一次尝试把液晶这种材料和显示技术结合起来，就是在显示行业的一次重大的技术突破性创新。

第二个类型是技术应用性创新，就是在市场上第一次真正把创新技术应用于解决具体问题。比如说，液晶显示技术发明后，由于其显示效果差、色调单一，美国无线电公司并没能把这项技术应用真正利用起来。反倒是日本的手表企业“精工”把液晶显示技术用到电子表的生产过程中，造出了液晶显示的电子表。

第三个类型是流程效率创新，就是产品的性价比得到大幅度提高，得到市场的普遍认可。比如说，随着液晶显示技术的成熟，液

[1] 阿特拜克．把握创新[M]．北京：清华大学出版社，1999.

晶屏开始应用到笔记本电脑上。1992 年，IBM 公司推出了后来鼎鼎大名的 ThinkPad 笔记本电脑系列，它的第一个产品 700C，就采用了 10.4 英寸的彩色液晶显示屏。笔记本电脑的显示屏是液晶技术的第一个“杀手级应用”，市场一下子被引爆了。

第四个类型是流程平台创新，就是技术已经成为市场的主流，被应用到各行各业，成为一种支持其他创新的技术平台。还说液晶显示技术，日本和韩国企业的大量生产投入，使得液晶显示技术迅速成为主流显示技术，液晶材料的价格大幅度下降，开始被应用到台式显示器、电视、手机等各种产品上。

在一个技术开始成长的时候，技术创新的速率高，而流程创新的速率低。随着技术的逐渐成熟，流程创新的速率迅速提升。当技术创新和流程创新都达到一个高点的时候，行业的主导设计就出现了（见图 8-9）。按主导设计出现的时间，我们可以把技术创新分成技术突破性创新阶段和技术应用性创新阶段，把流程创新分成流程效率创新阶段和流程平台创新阶段。

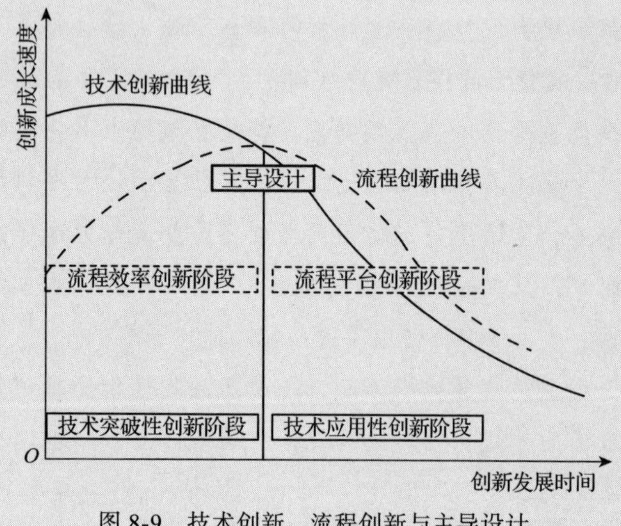

图 8-9　技术创新、流程创新与主导设计

资本运营

企业运营包括用户、产品、组织、市场等各个方面的运营。虽然这四个战略要素的运营在企业发展的各个阶段都很重要，但在不同的发展阶段，企业运营的侧重点还是应该有所不同。

在创业阶段，企业运营的重点应该是用户运营，是如何理解用户的痛点，理解需求的特点，理解满足用户需求的难点。在成长阶段，企业运营的重点应该是产品运营，是如何开发爆款产品，如何让产品到达大众用户，如何使产品规模达到有效的经济规模。

企业发展到扩张阶段，企业运营的重点应该在市场方面，重点考虑如何把握技术趋势，如何在激烈的市场竞争中把握好和友商的竞争合作关系。此外，扩张阶段的企业，已经积累了一定量的自有资金和自由现金流，资本运营也就成了企业运营的重要内容和未来发展的重要推动力量。转型阶段的企业，企业运营的重点则是组织运营，是如何能够再次激发组织活力，扫除企业转型道路上的组织障碍。

按照共演战略的逻辑，企业的资本运营应该以优化企业的战略四要素为目标。在扩张阶段的企业通过投资并购获取外部的组织、技术、产品和用户，通过转化吸收把这些外来的要素变成企业内部的组织、技术、产品和用户要素，达到战略要素扩张的目的，并为下一轮的企业资本运营提供动力。具体而言，资本运营能够帮助企业迅速扩大累积用户的数量，获得市场上的主导设计地位，加快企业团队的职业化进程，并享有范围经济所带来的利益。

红海市场

一个市场的竞争程度取决于市场空间的大小和市场上竞争者的数量。如果一个市场上的用户数量的增加速度很快，那么这个市场的潜在空间就比较大。同时，如果一个市场上的企业数量增加也很快，那么即使是在较大的市场空间内，企业之间的竞争也会比较激烈。

我们可以按用户数量的增加速度的快慢与市场上企业数量的增减两个维度来分析市场竞争的激烈程度，以及红海市场的种类。用户数量的增加速度比较慢，企业数量增加速度比较快的时候，市场的竞争激烈程度最高。例如，自 2010 年初我国第一家团购网站上线以来，到 2011 年 8 月，我国团购网站的数量已经超过了 5 000 家。然而，愿意参与团购的商家数量的缓慢增长，限制了团购行业的整体规模。经过几年的惨烈竞争，2014 年上半年团购网站数量仅剩 176 家，和 2011 年的基数相比，存活率仅为 3.5%。

厂家数量增加会加剧竞争激烈程度，如果厂家数量减少，竞争程度会相应降低。比如说，我国国内手机厂家的数量在 2014 年初有 80 多家，到 2014 年底就下降到了 59 家。从全球范围看，手机出货量的集中度也越来越高。2020 年 IDC 的数据表明，全球智能手机总销量为 12.9 亿台，同比下降 5.9%。虽然智能手机用户增速已经比较缓慢，但由于少数厂家垄断了市场，2020 年全球排名前五的手机厂家除了华为之外，苹果、三星、小米和 OPPO 的出货量都有不同程度的增长。

如果一个市场中的厂家数量相对较少，而用户数量增加很快，那么市场竞争激烈程度会相对较低。以手游市场为例，2016 年中国手游用户规模达 5.23 亿人，市场规模为 783.2 亿元，到 2017 年底，中国手游市场将突破千亿元，用户增速非常快。同时，市场的企业集中程度又非常高，2019 年中国手游发行商的市场份额占比中，腾讯占比达到 59.3%，其后的网易达到 21%，二者占据了 80% 的市场份额。随着市场的演变，中小玩家在中国的手游市场的机会越来越少了。

总之，市场竞争情况对扩张阶段的企业非常重要，它不仅影响着企业资本运营的空间，决定着企业需要推出的关联产品，还影响着用户多元需求的满足，以及组织架构的建设，等等。

游戏：扩张阶段画布

和创业阶段与成长阶段的战略画布类似，扩张阶段战略画布也是由12个方格组成，代表着增益扩张阶段的十二要点（见图8-10）。其中，累积用户、多元需求、需求互补是用户三要点；创始人成熟、职业团队、矩阵组织是组织三要点；关联产品、关联营销、范围经济是产品三要点；主导设计、资本运营、红海市场是市场三要点。

1. 累积用户	4. 创始人成熟	7. 关联产品	10. 主导设计
2. 多元需求	5. 职业团队	8. 关联营销	11. 资产运营
3. 需求互补	6. 矩阵组织	9. 范围经济	12. 红海市场

图8-10 扩张阶段画布

扩张阶段战略画布用一张纸的篇幅展示了扩张阶段的企业战略要点，便于寻求多元化扩展方向的企业家进行思考和探索，也便于他们对比不同思路的画布，寻求不同的扩张路径，并与创业阶段和成长阶段的画布进行衔接，配合使用，获得企业发展的全景式和动态性图景。我们可以把2007年到2013年的这段时间看作阿里巴巴的扩张阶段（见图8-11），在这段时间，阿里巴巴主要的新业务是菜鸟和余额宝等。

1. 累积用户	4. 创始人成熟	7. 关联产品	10. 主导设计
2007年6月，阿里注册用户数2460万，付费会员数25.5万。阿里累积用户推动了企业上市和B2C业务发展； 淘宝累积用户推动了C2B时代（双十一）的到来	对上市时机的把握； 对大趋势的判断；例如，对第三方支付企业必须100%为内资的判断； 建立抢业务增长与规范管理的平衡	阿里巴巴、淘宝、支付宝、中国雅虎、阿里云； 当业务海量增长时，必须控制性地发展业务； 2013年，布局物流，做菜鸟； 2013年，做余额宝	“不懂技术，要懂判断技术”； 菜鸟成为物流行业主导设计； 淘宝成为C2C行业主导设计； 天猫成为B2C行业主导设计
2. 多元需求	**5. 职业团队**	**8. 关联营销**	**11. 资产运营**
“双十一”在消费者和商家之间，发现、创造、拉动，和完成需求； 淘宝、天猫、一淘、聚划算、口碑	“正因为我不懂技术，我们公司技术才最好”； 2010年，合伙人制度，“由合伙人提名董事会中大多数董事人选”； 2011年诚信反腐，CEO卫哲辞职	2009年，“双十一”购物节购物页面增加天猫、聚划算、一淘的选项； 增加菜鸟智能物流选项； 在阿里用户群里推广来往	2007年11月阿里B2B香港上市，赶在危机前上市，筹集大量资金； 2010年，支付宝内资化，拆VIE（可变利益实体，也称协议控制）结构
3. 需求互补	**6. 矩阵组织**	**9. 范围经济**	**12. 红海市场**
交易流、资金流、数据流、信息流、物流； “大淘宝战略”满足互补性强的需求； 大的供应平台降低小企业多元化的需求	2011年，淘宝一拆三（淘宝商城、一淘、淘宝网）；阿里集团一拆七（淘宝网、一淘、天猫、聚划算、国际业务、小企业业务、阿里云） 2013年，7拆25	2008年，淘宝成立五周年，定位从“世界三大互联网公司之一”改为“世界最大的电子商务服务提供商”；2009年，阿里成立十周年，从“meet at Ali”改为“work at Ali”	面临着来自京东、当当、亚马逊、苏宁、各类垂直电商以及网易考拉、唯品会等细分电商的挑战，电子商务领域的竞争日益激烈

图 8-11 阿里巴巴扩张阶段分析

到 2007 年底，阿里巴巴的注册企业用户数达到了 2 760 万户，淘宝用户数达到 5 300 万人。拥有巨大用户数的阿里巴巴面临一个问题：如何进一步满足这些用户的多样化和个性化的需求。如果说阿里巴巴的主要业务是 B2B，淘宝的主要业务是 C2C，那么，从 2009 年的第一次“双十一”开始，阿里巴巴就开始探索如何实现 C2B 了。同样在 2009 年，阿里巴巴提出了“大淘宝战略”，第一步就是打通淘宝与阿里巴巴平台，形成 B2B2C 的链条。集团打通了 B2B2C 的链条，就为后来的众筹、直播等 C2B 业态奠定了基础。

为了满足用户的多元需求，阿里巴巴开始努力打造阿里生态。在企业定位上，2008 年，淘宝把定位改为“世界最大的电子商务服务提供商”，通过阿里巴巴、淘宝、支付宝、阿里软件、阿里云、中国雅虎、中国万网、菜鸟等阿里生态成员企业，为用户提供交易流、资金流、数据流、信息流、物流的一体化服务。各个阿里生态成员企业相互间的关联营销，让用户可以“足不出阿里”，就能满足日常办公和生活的需求，形成了所谓的“阿里巴巴生活方式”。

为了能够支持多元化的业务和满足用户多元化的需求，阿里巴巴在2011到2013年间进行了多次的组织架构变革。2011年，淘宝一拆三，分为淘宝商城、一淘、淘宝网三块业务。2012年，阿里集团一拆七，形成了淘宝网、一淘、天猫、聚划算、国际业务、小企业业务、阿里云等七个事业群，被称为“七剑下天山”。2013年，七个事业群再次拆成了25个事业部。一封向全体员工发出的名为“变革未来”的阿里巴巴内部邮件称，“这是阿里13年来最艰难的一次组织、文化变革。本次组织变革的一个方向是把公司拆成‘更多’小事业部运营，希望给更多年轻的阿里领导者创造发展的机会”。另一方面，公司“希望各事业部不局限于自己本身的利益和KPI，而以整体生态系统中各种群的健康发展为重，能够对产业或其所在行业产生变革影响，最终实现‘同一个生态，千万家公司’的良好商业生态系统”。

我们之所以说阿里巴巴在这个时期处于扩张阶段，不仅是因为它的用户多了、业务复杂了，而且是因为创始人更加成熟了、团队更加职业化了。我们前面说过阿里巴巴的“十八罗汉”，在阿里巴巴创业的时候，这18个人是以创始人的身份加入的。到了企业扩张阶段，不是所有的创始人都能够跟得上企业的发展。于是，2010年阿里巴巴引入了合伙人制度，只有部分创始人成了合伙人。除了创始人，在首批的30位合伙人中，有大量的职业经理人。

扩张阶段的企业也离不开资本运营。阿里巴巴的B2B业务于2007年11月在香港上市，在金融危机爆发之前，筹集到了大量的资金。2010年，阿里巴巴又预感到了国家将严格管理第三方支付企业的趋势，于是，支付宝的VIE结构被拆解，这为支付宝的快速发展和后来余额宝的诞生铺平了道路。

游戏：从个人能力到团队协同

企业进入扩张阶段之后，个人能力往往不足以推动企业继续发展，需要系统提升团队协同的力量。“从个人能力到团队协同”是我设计的，利用磁力魔方，通过完成不同形状的魔方组合，提高个人协调能力和团队协同能力的桌游（见图 8-12）。游戏使用 7 件套彩色磁力魔方，配合由 3～7 块魔方组件构成的立体图形卡牌，要求玩家完成共 9 类任务，包括个人协调能力任务和团队协同能力任务等。

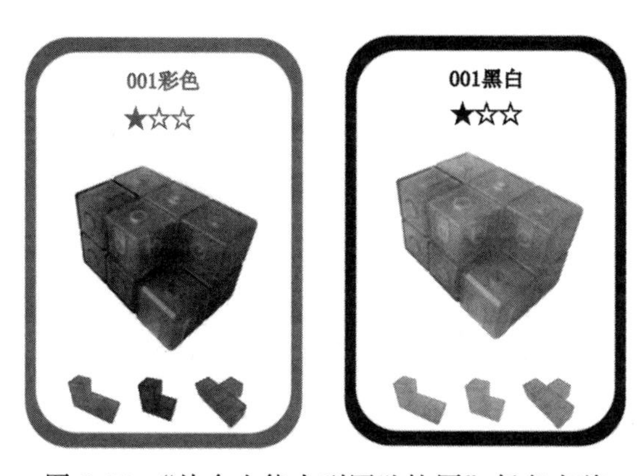

图 8-12　“从个人能力到团队协同”任务卡牌

在任务 1 中，一位玩家看着彩色拼图图片完成拼图。在任务 2 中，玩家先看 10 秒钟彩色拼图图片，然后拿走图片并完成拼图。在任务 3 中，玩家看着黑白拼图图片完成拼图。如有多位玩家，可选择同一图片或同一难度的图片，依次完成任务。完成低难度任务后，可以选择高难度任务，提升拼图能力。可以看出，在任务 1 和 2 中，玩家的目标是提高个人对图形的记忆和拼接能力。在任务 3 中，玩家的目标是提高个人的图形想象能力。

在玩家通过任务 1～3 提高了个人能力后，游戏就进入了团队协同阶段。任务 4 由两位玩家合作完成，一位玩家看着彩色拼图图片，用语言描述图形形状，另一位玩家在完成拼图的过程中不能看图片。任务5仍由两位玩家合作完成，和任务4的差别在于第一位玩家看的是黑白图片。任务6仍由两位玩家合作完成，一位看着彩色拼图图片，不能用口头语言，只能用肢体动作描述图形形状，另一位玩家完成拼图的过程中不能看图片。任务7仍由两位玩家合作完成，和任务6的差别在于第一位玩家看的是黑白图片。任务4～7可以理解为是两个不同团队之间的沟通，好比是企业中不同部门之间的协同，基于彩色图片的任务说明任务目标比较清晰，基于黑白图片的任务则说明任务目标比较模糊。

在完成任务4～7后，玩家进入三人游戏阶段。任务8由三位玩家合作完成，第一位玩家看着彩色拼图图片，不能用口头语言，只能用肢体动作描述图形形状。第二位玩家不看拼图，把第一个人的肢体语言转化为口头语言，传达给第三位玩家。第三位玩家蒙着眼睛完成拼图。任务9仍由三位玩家合作完成，和任务8的差别在于第一位玩家看的是黑白图片。任务8和9可以理解为是三个团队之间的沟通，或者是企业高层、中层、基层之间的沟通。在任务中，第一位的玩家脑子里有任务目标的图像，但无法清晰地用语言传达给第二位玩家，只能通过比画的方式把任务目标传达出去。第二位玩家看不到任务的图像，只能通过从第一位玩家处获得的信息拼凑出来任务的全貌，并传达给第三位玩家。第三位玩家则需要不折不扣地把第二位玩家传达的信息拼凑出来，完成魔方任务。

“从个人能力到团队协同”这个游戏形象而生动地展示出团队内部和团队之间信息沟通过程中的损耗问题，玩家要想在较短时间内完成任务，需要有清晰的理解能力和高效的沟通能力，而这些能力对于企业成长过程中层级组织的形成和专业团队的建设至关重要。

游戏：企业排名

企业在扩张阶段的目标通常是“做强”,《财富》世界500强是衡量全球大企业发展的权威榜单，每年例行的榜单发布都会引发全球商业界的密切关注。《财富》世界500强榜单发布以来，上榜企业频繁更替，人们通常只能记得那些在榜单前列的企业。同时，大家的关注点往往在企业的收入排名上，对企业的利润情况了解不多。为了更全面地了解《财富》世界500强上榜企业，我设计了“企业排名”桌游，让玩家通过排列500强企业的收入、利润等数据，了解500强所在行业、人员规模以及总部区域等信息。

以入选2021年《财富》世界500强的中国企业为例，当年共有143家中国企业入选，“企业排名”桌游由包括这143家企业信息的卡牌组成。每张卡牌有正反两面，正面是某家企业的企业名称、所属行业、员工人数以及总部所在地等信息。反面标明企业名称、《财富》世界500强全球收入排名、入选中国企业收入排名和入选中国企业利润排名等信息（见图8-13）。通过对比收入排名和利润排名，我们可以很清楚地看到，有些企业收入很高但利润较低，而另一些企业则相反。例如，中国石油天然气集团有限公司在入选2021年《财富》世界500强的中国企业中收入排名第2，利润排名第27。腾讯控股在入选的中国企业中，收入排名第41，利润排名第5。我们平时看数据时通常不会特别注意这些明显的对比差异，而当我们在拿着卡牌的同时关注一家企业的情况时，这些信息就会非常清晰地呈现出来。

“企业排名”桌游的玩法是先随机选取三张卡牌，反面朝上放在公共区域，此时所有玩家都能看到卡牌上的企业名称、《财富》世界500强全球收入排名、入选中国企业收入排名和入选中国企业利润排名等信息。三张卡牌按照卡牌上的企业在入选中国企业的收入排名的排序，形成一个序列。

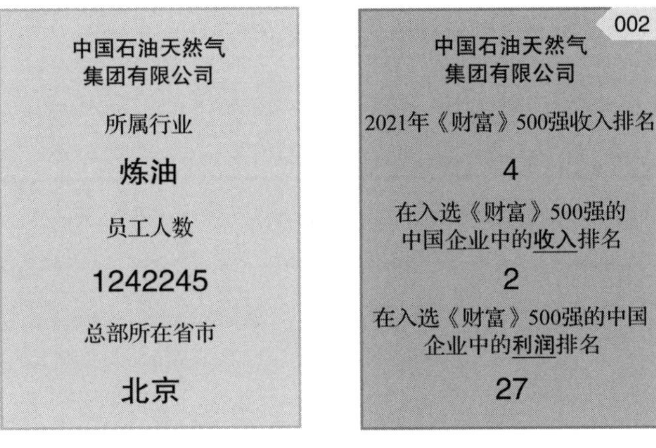

图 8-13　“企业排名”卡牌正反面示例

每位玩家从牌堆里抽取三张卡牌，正面朝上放在自己面前，此时玩家只能看到卡牌上的企业名称、所属行业、员工人数以及总部所在地等信息。玩家需要做的是根据这些信息的提示判定手中卡牌上的企业在入选中国企业的收入排名情况，并尝试把这些卡牌放在公共区域卡牌中合适的位置上。如果玩家放的位置正确，可以取得与所放卡牌相邻的卡牌，并将之拿回并放在自己的卡牌区域内，积累卡牌数量最多的玩家将赢得游戏。除了按照收入排名情况进行游戏之外，玩家也可以按照企业利润情况进行游戏。

“企业排名”桌游的玩法非常简单，玩家可以通过在游戏中读取卡牌信息、对卡牌排序以及收集排序相邻的卡牌组合等方式获得游戏分数，并在此过程中对《财富》世界500强企业有一个较为全面的了解。这种方式实际上可以用于学习各种按年份、长度或者其他标准进行排序的知识。例如，我还开发了一款用于学习管理学名著的桌游，牌面信息就是过去100多年间的管理学名著的出版时间、作者以及摘要内容。玩家可以通过这套卡牌了解管理思想史上的著名管理学家的成名著作、著作出版时间和著作核心内容，在游戏里玩中学的效果在一定程度上比阅读《管理思想史》等著作更为深刻。

第九章

▲

48 个战略演化之转型阶段

——

第一节 转型阶段之用户

重识用户

从创业阶段到转型阶段，随着企业的发展，用户有很大变化。对企业而言，创业阶段最重要的用户特点是用户的好奇度，成长阶段最重要的用户特点是用户的从众度，成熟阶段最重要的用户特点是用户的满意度，转型阶段最重要的用户特点是用户的忠诚度。

“好奇度”指的是用户对新鲜事物的接受程度，好奇度高的用户对产品和服务的质量要求不高，对产品和服务的新颖性要求比较高。“从众度”指的是用户对别人已经接受的事物的接受程度，从众度高的用户对广告等大众媒介推广的产品接受度高。“满意度”是用户通过对一个产品的可感知效果与期望值相比较后，所形成的愉悦或失望的感觉状态，当实际消费效果达到消费者的预期时，就达到了满意状态，否则，就会导致顾客不满意的状态。“忠诚度”是指用户对企业产品或服务的依赖和认可，是坚持长期购买和使用该企业产品或服务时所表现出的在思想和情感上的一种高度信任和忠诚的程度。

好奇度高的用户着眼于未来，看好产品或服务的更新，是创业阶段的重要用户群体；从众度高的用户着眼于现在，看重他人对产品或服务的评价；看重自身满意度的用户是成熟期的主要用户群体，满意度的高低主要基于自己使用产品或服务的现实感受；用户的忠诚度同样来自用户对产品或服务的体验，但忠诚度的影响已经超出了产品或服务的范围，忠诚用户对企业产生了情感，是转型阶段的企业未来发展的用户基础。

从扩张阶段到转型阶段，企业之所以从关注用户满意度转变为关注用户忠诚度，一个重要原因是企业面临的竞争强度不断提高。用户满意度和用户忠诚度之间的关系可以从三方面理解。首先，用户满意度和用户忠诚度之间是正相关关系，用户满意度高的产品或服务，用户忠诚度往往也高，反过来，用户忠诚度高的产品或服务，用户满意度往往也高；其次，在低竞争强度的情况下，用户的选择空间有限，即使不满意，他们往往也会出于无奈继续使用本企业的产品和服务，表现为一种虚假忠诚。最后，在高竞争强度的情况下，完全满意的用户远比部分满意的顾客忠诚，只要用户满意程度稍稍下降一点，用户忠诚度可能就会急剧下降。

因此，处于低度竞争情况下（成熟 / 扩张阶段）的企业应居安思危，努力提高用户满意程度，否则一旦竞争加剧，用户很快会大量流失，企业就会陷入困境。处于高度竞争情况下（衰退 / 转型阶段）的企业要明白从用户不满意到用户不忠诚，再到用户流失的原因。

管理之所以复杂，就在于有时候如果管理者对重要的东西强调太多，就会造成反效果。用户满意度和用户忠诚度就是这样的一个例子。在转型阶段，企业需要重新认识用户，需要认真理解用户的潜在需求。

■ 工具栏

从交易用户到终身用户

海尔把用户分为交易用户、交互用户和终身用户三个层级（见图 9-1）。交易用户指的是购买企业产品和服务，与企业发生交易的用户。交易关系是企业和用户之间的基础关系，企业挖掘市场潜力的过程就是不断把潜在用户变成交易用户的过程。潜在用户是企业目标市场份额所对应的用户，而交易用户比率就是已经成为企业交易用户的用户数量和潜在用户的总量之比，反映的是企业已经把多大比例的潜在用户变成了实际用户。

交互用户指的是和企业就产品和服务的迭代进行交流、交互的用户。随着互联网和物联网的发展，企业和用户之间的关系不再是单向的产品或服务销售关系，而是变成双向甚至多向的交流和交互关系。交互用户比率指的是交互用户和交易用户的比例，也就是说，在已经购买企业产品和服务的用户中，有多大比例的用户除了支付相应的价款以外还为企业提供了有价值的信息反馈。

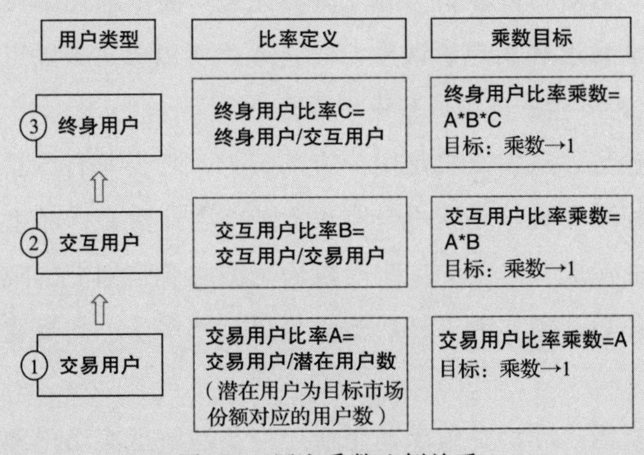

图 9-1　用户乘数比例关系

终身用户指的是持续购买企业产品和服务，并和企业保持交互关系的用户。终身用户比率指的是终身用户和交互用户的比率，也就是在已成为企业交互用户的群体中能够持续与企业发生交易和交互关系的用户比例。

用户乘数的用户比率乘数包括交易用户比率乘数、交互用户比率乘数和终身用户比率乘数三个指标（见图 9-1），这三个指标的发展目标都是趋近于 1。如果每个用户比率乘数都能趋近于 1，那么企业的终身用户占潜在用户的比率也就接近于 1，也就是说企业把潜在用户都转化成了终身用户。

潜在需求

《创新者的窘境》的中文版封面上的两句话，很好地诠释了成熟企业所面临的困难。第一句话是，“就算我们把每件事情都做对了，也有可能错失城池”。第二句话是，“面对新技术和新市场，往往导致失败的恰恰是完美无瑕的管理”。这两句话中的“做对每件事情”和“错失城池”，以及“完美无瑕”和“失败”之间的矛盾，正是成熟企业面临的“窘境”。我们可以把“做对每件事情”和“完美无瑕”简单地理解成企业很好地管理了用户满意度和用户忠诚度，而企业之所以会“失败”和“错失城池”，正是因为没能重识用户和重识需求。㊀

前文讨论过，现实需求是用户有购买力，且企业有产品生产能力的用户需求，而潜在需求是用户有购买力，但企业没有产品生产能力的用户需求。企业在成长阶段和扩张阶段满足的主要是用户的现实需求。但到了衰退阶段后，现实需求已经被满足得差不多了，需要重点挖掘的是潜在需求。

除了现实需求和潜在需求，企业还需要理解现实用户和潜在用户的概念。现实用户是企业在创业、成长、扩张三个阶段积累下来的用户，现实用户的现实需求是企业得以发展的重要基础。现实用户和现实需求都是着眼于现在，然而，如果着眼于未来，企业就需要理解潜在用户和潜在需求的重要性。

着眼于现实用户和现实需求，企业竞争获胜的思路主要有两个，一个是实现低成本，另一个是实现差异化。低成本指的是生产产品和提供服务的成本低，低成本通常意味着低价格。差异化指的是产品和服务与众不同，差异化通常意味着高价格。着眼于现实用户和现实需求，低成本和差异化往往无法兼顾。但是，如果着眼于潜在用户的潜在需求，就可能同时实现低成本和差异化。

㊀ 克里斯坦森．创新者的窘境 [M]．胡建桥，译．2 版．北京：中信出版社，2014.

■ 工具栏

潜在需求Y模型

“潜在需求”分析过程可以理解为图9-2中“1→2→3→4”的过程，从用户任务出发，分析用户的产品需求，挖掘用户的马斯洛需求，然后再反馈到用户的产品需求上，最后呈现为产品功能。

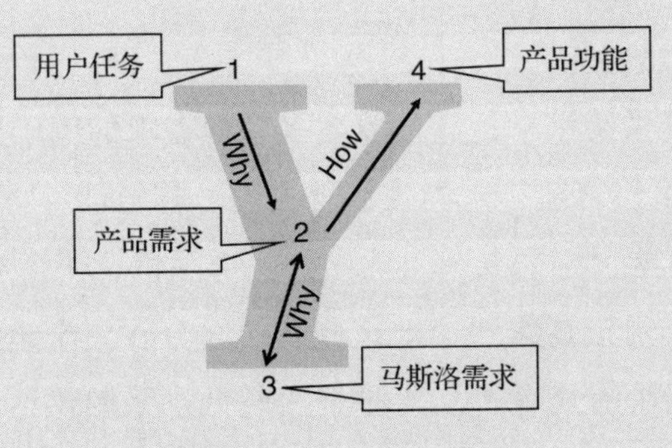

图9-2　潜在需求Y模型

克里斯坦森在《创新者的任务》一书中曾举了一个奶昔的例子。在高速公路旁边的快餐店，店主发现早上开车来买奶昔的用户和晚上下班来买奶昔的用户有所不同。早上买奶昔的用户的目的是解决早饭的问题，对产品的需求是要能够提供足够的营养，对应的马斯洛需求是生存需求，因此奶昔需要比较稠，能够让用户在开车上班的途中吃饱。晚上买奶昔的用户的目的是在回家的路上有事可做，对产品的需求是要能够解压，对应的马斯洛需求是情感需求，因此奶昔需要比较稀，可以添加水果等辅料，达到一定的放松和开胃效果。㊀

㊀ 克里斯坦森，霍尔，迪伦，等．创新者的任务[M]．洪慧芳，译．北京：中信出版社，2019.

需求分级

供给和需求的不匹配是商业机会的根本来源，很多情况下的不匹配不是供给或需求的总量不足，而是结构的不匹配。要解决供给和需求的不匹配，可以从以下方面入手。可以通过需求的降级或供给的升级达到匹配。当供给水平低于当前需求水平时，可以降低需求水平，用较低水平的供给来满足需求，或者提升供给水平，满足较高水平的需求。

先举个提升供给水平，满足较高水平的需求的例子。苹果公司2007年推出iPhone手机之前，人们为实现上网、打电话、听音乐、照相四个不同的需求，可能分别需要一台电脑、一部手机、一个MP3播放器和一台相机。苹果公司正是看到了把这些功能整合在一个设备中的较高水平的需求，才推出了智能手机。再举个用较低水平的供给来满足需求的例子。2007年苹果公司第一次推出iPhone的时候，499美元的售价把很多人都挡在智能手机的门外，而基于Android系统的各类智能手机的出现则降低了供给水平，满足了大多数人使用智能手机的需求。

当供给水平高于当前需求水平时，可以提升需求水平，利用现有水平的供给，或者降低供给水平，满足当前水平的需求。“钻石恒久远，一颗永流传”，这句经典广告词的英文版“A diamond is forever”是纽约著名广告公司NW Ayer于1940年为戴比尔斯公司（Debeers）创作的。在巅峰时期，戴比尔斯生产了全球的超过80%的钻石。后来，戴比尔斯的垄断地位逐渐瓦解。然而，现在的钻石行业仍在坚持戴比尔斯的两个做法：一是控制钻石的供应量；二是通过把钻石变成恒久爱情的象征，提高需求水平。

再举个降低供给水平，满足当前水平的需求的例子。传统的企业级软件功能复杂、价格昂贵，中小企业无法承担，供给水平高于需求水平。

1999年，Salesforce在美国旧金山创立，为企业提供SaaS服务。虽然比当时主流的Siebel公司软件功能少很多，但Salesforce让那些付不起动辄几百万美金许可费的公司也可以使用销售管理软件。

■ 工具栏

Kano用户需求分析模型

根据不同类型的质量特性与顾客满意度之间的关系，Kano用户需求分析模型（见图9-3）将产品服务的质量特性分为五类：基本需求、期望需求、兴奋需求、无差异需求、反向需求。

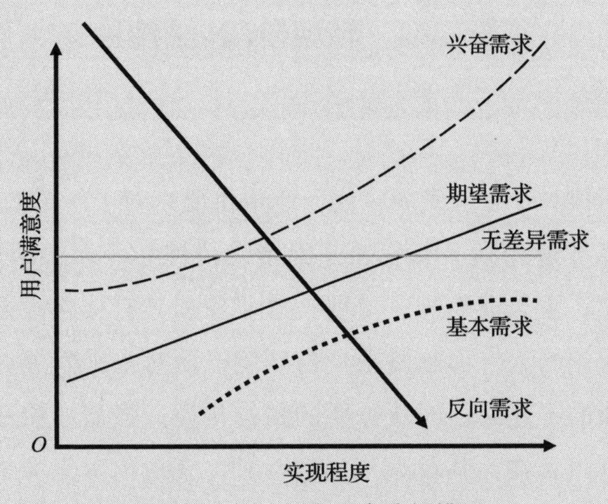

图9-3　Kano用户需求分析模型

- 基本需求：当优化此需求时，用户满意度基本不会提升，当不提供此需求，用户满意度会大幅降低；
- 期望需求：当提供此需求时，用户满意度会提升，当不提供此需求，用户满意度会降低；
- 兴奋需求：用户意想不到的需求，如果不提供此需求，用户满意度不会降低，但当提供此需求时，用户满意度会有很大提升；

- 无差异需求：无论提供或不提供此需求，用户满意度都不会有改变，用户根本不在意；
- 反向需求：用户根本都没有此需求，提供后用户满意度反而会下降。

用户需求分级的目的是区分需求类型，区分哪些是一定需要满足的需求（基本需求），哪些是最好满足的需求（期望需求），哪些是争取满足的需求（兴奋需求），哪些是可以不满足的需求（无差异需求），哪些是不要满足的需求（反向需求）。

第二节 转型阶段之组织

二次创业

创始人精神对于企业发展来说，非常重要。对于所谓的创始人精神，克里斯·祖克和詹姆斯·艾伦在《创始人精神》一书中给出的定义是：强烈的使命感、主人翁精神、重视一线业务和具有战略眼光。这四个特质，正是企业创始人在面临复杂营商环境，面对未来发展方向的不确定性和发展路径的不连续性时所需要的精神特质。强烈的使命感和主人翁精神可以让创始人在面临重大不确定性时，表现出责无旁贷的信念；重视一线业务和具有战略眼光可以让创始人在面临重大不连续性时，展现出勇往直前的行动。[㊀]

创始人精神在企业发展的不同阶段的表现也会不同。在创业阶段，由于企业的规模还比较小，创始人具有强烈的创新创业精神，创始人精神在创业阶段能够发挥非常重要的作用。在成长阶段，创始人仍然保持比较好的创新创业精神，但随着企业的快速成长和规模的迅速扩大，创

㊀ 祖克，艾伦．创始人精神 [M]. 刘健，译．北京：中信出版社，2016.

始人可能担负着超负荷运转的巨大压力，创始人精神开始被烦琐的管理工作所消磨。

在扩张阶段，虽然增长速度开始放缓，但企业规模仍在一定时间内进一步扩大，创始人精神经过创业和成长阶段的消耗后，已经降到比较低的水平。这时候的创始人，可能已经深陷内部管理和外部应酬的繁文缛节之中。在衰退阶段，企业可能开始出现负增长，企业规模开始缩小，创始人如果还在管理岗位上的话，通常会疲于应付衰退带来的各种危机，创始人精神所代表的使命感、主人翁精神、重视一线业务和战略眼光往往就无从谈起了。

正因为如此，克里斯·祖克和詹姆斯·艾伦在《创始人精神》一书中把成长阶段、成熟阶段和衰退阶段的创始人所面临的困境分别称为超负荷、失速和自由下落。在经历了工作超负荷、企业发展失速和绩效自由下落之后，如何重拾创始人精神，就成为创始人在转型阶段的首要任务了。

企业进入转型阶段，创始人至少有四种选择，包括改变自己和改变公司两个维度。第一种选择是什么也不干，却希望有好的事情发生，这种选择无异于痴人说梦。20世纪80年代，曾名噪一时的王安电脑创始人王安患上了绝症。王安说："因为我是公司的创始人，我对公司拥有完全的控制权，使我的子女能有机会证明他们管理公司的能力。"于是，他没有聘请职业经理人，而是让儿子王烈接班。王烈接班后，面对个人电脑市场的巨大冲击，没有做出任何改变。于是，正如王安公司神奇的崛起一般，它又以惊人的速度衰败了。

第二种选择是创始人卖掉公司，重新开始。许多连续创业者都是从之前的项目成功退出后，重新开始创业。小米创始人雷军、美团创始人王兴、北极光创投创始人邓峰等都是这样的例子。第三种选择是创始人引入职业经理人，自己专心做董事长。这类例子在大企业中非常普遍，比如，字节跳动的张一鸣、Facebook 的扎克伯格等都是这样的情况。

第四种选择是创始人重拾创始人精神，引领公司实现转型。李宁公司从成立初期率先在全国建立特许专卖营销体系到持续多年赞助中国体育代表团参加国内外各种赛事，从成为国内第一家实施 ERP 的体育用品企业到不断进行品牌定位的调整，再到 2004 年 6 月在香港上市，它经历了中国民族企业的发展与繁荣，也经历了 2012～2014 年公司连续三年总亏损达 30 亿元的黑暗时期。2015 年创始人李宁重新回归，确立了“提供李宁品牌体验价值”的目标，将公司定位由“体育装备提供商”改为“互联网 + 运动生活体验商”，并将口号“让改变发生”改回“一切皆有可能”，实行战略改革，重整旗鼓，使公司财务状况逐渐回暖。李宁公司 2020 年全年营收 144.57 亿元，较 2019 年同期增长 4.2%；净利润为 16.98 亿元，净利率由 9.1% 提升到 11.7%。

■ 工具栏

身家盛衰循环

明代万历年间的文人吕新吾曾经做了一个“身家盛衰循环图”来说明兴衰聚散的原理：“困穷使人悔悟，悔悟使人勤苦，勤苦使人节俭，节俭使人富足，富足使人骄奢，骄奢使人淫暴，淫暴使人祸变，祸变使人穷困。”意思是，一个人因为穷困而悔悟，因悔悟而勤劳耐苦，因勤苦而知道节俭，由节俭而逐渐富足。富足以后，则产生骄傲满足的意识，过着豪华奢侈的生活，然后招来灾祸病变，而又终归穷困。这个因果循环好像是在说，富不过三代是家族难以逃脱的宿命。

同样，对于企业而言，成功是失败之母，伟大的企业终究难免失败。但是，总有一些卓越的企业能够数次从危险中把握机会，转危为安，再造卓越。能够再造卓越的企业往往是从四个方面（见图 9-4）

入手逆转危机的：首先，企业重新认识用户需求，挖掘用户的潜在需求并升级需求。其次，企业推动组织变革，激活组织活力，重拾创始人精神。再次，企业固本开源，在加强本业的同时进行产品的品类创新。最终，企业积极探索新的市场，利用大企业的优势开拓新的蓝海市场。

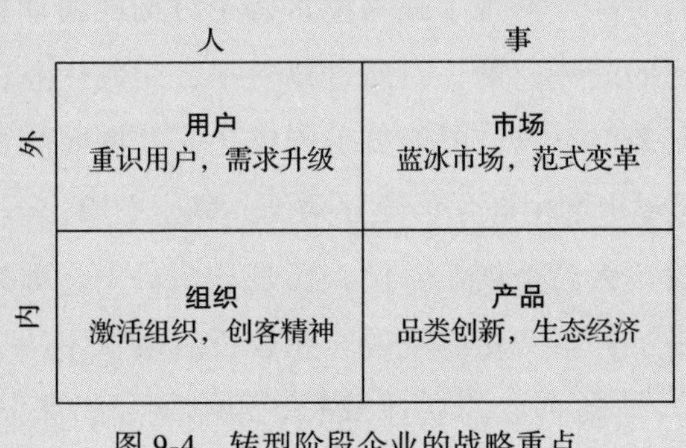

图 9-4　转型阶段企业的战略重点

创客团队

2014 年 1 月，在海尔创业 29 周年纪念会上，海尔集团董事局主席、首席执行官张瑞敏做了一个题为《企业平台化、员工创客化、用户个性化》的讲话。张瑞敏提到了“员工创客化”，具体分为三方面的内容：第一是自主创业，第二是在线和在册创业，第三是自演进机制。

所谓自主创业，就是由员工自己发现商机，从研发到最后的市场效果都由员工自己负责，将原来由上级指派任务的机制变成由员工自行发起。在线和在册创业则意图打破传统的企业边界，组织内部的创业团队可以拿到组织外部去做，社会上的创业团队也可以纳入组织内部，海尔只提供平台。所谓的自演进机制，包括官兵互选的自演进和商业模式的自演进等机制。

曹仰锋在《海尔转型：人人都是 CEO》中把企业文化总结为三类。

第一类是病态文化。在用户关系上，以企业自身利益为中心，对内部而言，以领导者为中心。第二类是亚健康文化。虽然强调创业和创新，但是把二者割裂开来，鼓励创业时，片面强调员工，忽略了用户价值，鼓励创新时，片面强调用户，忽略了员工价值。第三类是平衡了创新和创业、用户和员工的健康文化。㊀

海尔的转型实际上实现了战略要素四个方面的协同变化：第一，认识到用户个性化的趋势；第二，通过建立平台化的企业，为用户提供个性化的产品和服务；第三，提倡员工创客化，发挥团队员工的创新创业精神；第四，通过市场生态化，建立共创共赢生态圈。

在创业阶段，无论是创业合伙人还是早期员工，都具有很强的创业精神，企业充满了创客文化的氛围。在成长阶段，团队员工的创业精神持续发挥作用，推动企业的快速成长。在成熟 / 扩张阶段，随着企业的发展和规模的扩大，团队员工人数越来越多，官僚习气也会越来越明显。到了衰退 / 转型阶段，企业内部的创新创业氛围就基本上荡然无存了。所以，希望进行转型的企业，需要特别强调企业内部的创客文化。

■ 工具栏

创客二维点阵模型

创客二维点阵模型是海尔在人单合一模式探索过程中创新的显示工具（见图 9-5），集战略承接、目标制定和绩效考核为一体。二维点阵全称为二维点阵表，是由一个纵轴和一个横轴组成的象限，横、纵轴分别代表企业价值和用户价值，横纵轴匹配的结果就是创客可获得的薪酬。

㊀ 曹仰锋．海尔转型：人人都是 CEO[M]. 北京：中信出版社，2014.

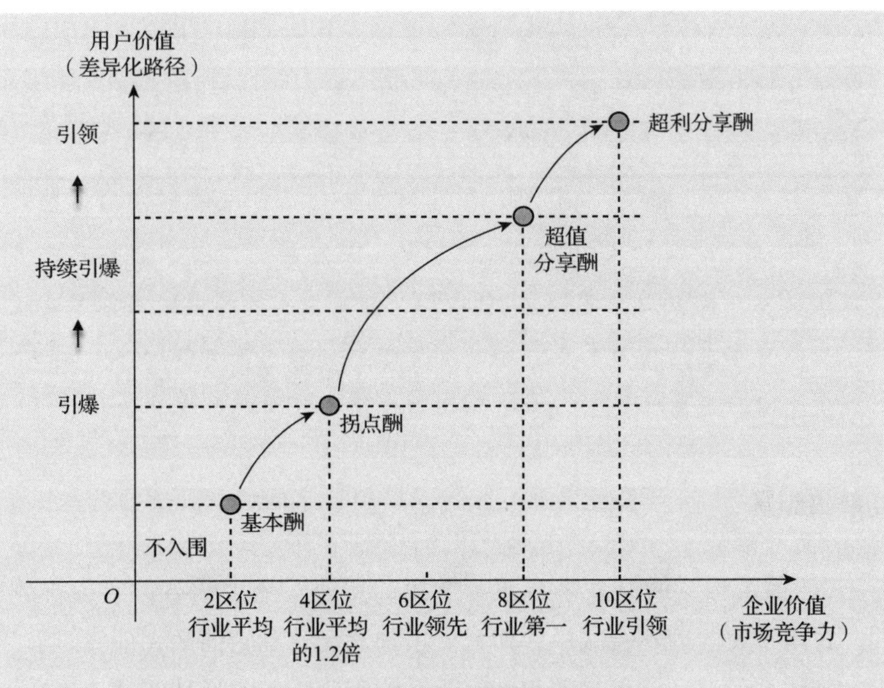

图 9-5 创客二维点阵模型

创客二维点阵模型的横轴代表“单”的企业价值，企业价值的大小通过市场竞争力目标的完成程度来判断。创客设定市场竞争力目标时不仅需要同过往同期业绩进行比较，也要和行业水平进行比较。在时间维度上，横轴的市场竞争力目标明确到了每年、每季度、每月；在价值维度上，横轴的市场竞争力目标明确到了可量化的竞争力水平。具体来说，市场竞争力目标可分为2、4、6、8、10五个区位，每个区位代表目标在同行业中的市场竞争力水平。2区位代表行业平均水平，4区位代表行业平均水平的1.2倍，6区位代表行业领先，8区位代表行业第一，10区位代表行业引领。

创客二维点阵模型的纵轴代表“单”的用户价值。在物联网时代，主动权掌握在用户手里，企业只有具备为用户持续创造价值的能力才能长期存续。纵轴的用户价值指标也包括创造用户价值的差异化路径，并且该路径的设定需要承接海尔的发展战略。具体来说，差异化路径是由“引爆”“持续引爆”向“引领”的迭代过程。“引爆”就是要引爆用户流量，即从产品的销量转变为用户的流量。“持续引爆”是用户流量的持续积累，用户对创客的信任度逐渐增强，用户从被动接受产品到成为主动交互创客、主动评价创客，这种方式可以撬动用户价值翻倍增长。“引领”是量变到质变的突破，创客实现了对用户需求的快速响应，用户高度信赖创客进而转变为终身用户，获得全流程最佳体验，这也是创客创造用户价值的最终目的。

耗散组织

“耗散结构”的概念来自热力学第二定律。热力学第二定律告诉我们，封闭系统的熵不会减少，而只能增加直至达到它的最大值。“熵”代表一个体系的混乱或无序的程度，混乱或无序程度的增加叫“熵增”，混乱或无序程度的减少叫“熵减”。和封闭系统相对应的是开放系统，也叫“耗散结构”，在“耗散结构”里，系统通过和外界不断进行能量交换，在耗散过程中产生“负熵”，从原来的混乱或无序状态变成有序状态。

一方面，在封闭系统中，能量无法和外界交换，长期内会造成内部能量流动的无序状态。而在开放系统中，和外界的能量交换可以引导系统内部能量的有序流动。例如，地球是一个开放系统，它从太阳那里吸收能量，并在夜间把能量辐射到宇宙空间。如果我们把太阳系视为一个系统，它也是一个开放系统。但如果我们把宇宙视为一个系统，它就是一个封闭系统。虽然整个系统最终是一个封闭系统，但是，如果我们的眼界足够宽，总是可以把自己所处的系统看作一个开放系统。

借用开放系统和耗散结构的概念，我们可以把共演战略四要素之间的边界打开，四要素之间有能量交换，能够产生熵减。同时，各要素内部也都包含若干个开放的子系统（要点），子系统间也有能量交换，也能够产生熵减。开放系统产生的熵减在一定程度上耗散了系统内部产生的熵增，让企业整体保持有序状态。

任正非在华为内部非常明确地提出要建立“耗散结构”。任正非说，华为的管理结构就应该是一种耗散结构，我们有能量，一定要把它耗散掉，通过耗散，使公司获得新生。这就好比你每天去锻炼身体，把身体里多余的能量耗散掉，变成肌肉。

任正非之所以这么重视耗散结构概念，是因为华为在发展过程中，除了积累了资源和能力，创造了经济和社会财富外，还累积了大量的“熵”。也就是说，企业从原来的有序变成无序，得了“大企业病”，得了“组织疲劳症”。

有一次，《下一个倒下的会不会是华为》的作者田涛问任正非，他最担心的事情是什么，任正非回答：“华为员工这么年轻，就这么有钱。”田涛又问：“他们如果懈怠了怎么办？”任正非回答：“淘汰出去。”田涛又问：“如果大多数员工都懈怠了怎么办？”任正非回答：“再招一批胸有大志，身无分文的人重新创业。”[⊖]

为了保持组织的“熵减”状态，华为每过一段时间就要进行一次组织变革。2006年前后，行业国际巨头纷纷合并，华为感到前所未有的压力。2007年10月，华为内部宣布，所有工龄超过8年的员工，必须在2008年元旦之前，办理辞职手续，辞职后再竞岗，重新和公司签订1到3年的劳动合同。“集体辞职”帮助创业20年的华为解决了已经形成的员工懈怠问题。重新上岗后，所有人的工号重排，任正非的工号从原来的001号变成了12万多号。

时间来到2017年，“集体辞职”事件已经过了10年，为了让员工保持奋斗者的本色，华为再次强调奋斗精神。2017年6月，任正非在一次座谈中提到，华为发展的前30年，希望加快改善员工的生活，强调物质多一些。

⊖ 田涛，吴春波．下一个倒下的会不会是华为[M]．北京：中信出版社，2017.

现在绝大多数员工的生活都有了一定的改善，接下来就要多强调一些精神。

华为的耗散结构可以从用户、组织、产品、市场四个子结构来理解。用户子结构的耗散机制是“以用户为中心”，坚持和用户互动，从用户中来到用户中去；组织子结构的耗散机制是“以奋斗者为中心”，把员工分为普通员工、奋斗者和有成效的奋斗者三类，激励普通员工和奋斗者成为有成效的奋斗者；产品子结构的耗散机制是“开放式创新”，避免闭门造车，不提倡“自主创新”，而是强调向先进者学习；市场子结构的耗散机制是“妥协的竞争政策”，不把对手逼死，协同发展，共建生态。

在各个子结构之间，华为也有一个开放的能量循环体系。从外到内，主要是成长和扩张、竞争和淘汰的熵增过程；从内到外，主要是通过长期坚持艰苦奋斗和秉持开放、妥协、灰度的哲学理念，实现熵减。

■ 工具栏

无边界组织

无边界组织这个概念，是美国通用电气的前任CEO杰克·韦尔奇首先提出来的。韦尔奇刚刚出任CEO的时候，通用电气是一个弥漫着官僚气息的公司。韦尔奇在任20年，使通用电气的市值增长了30倍。为此，他曾被媒体称为“全球第一CEO”。无边界组织，或者开放式组织创新，就是韦尔奇的法宝之一。⊖

无边界组织实际是以有边界为基础的，并非对所有边界都绝对否定。传统的企业组织结构里面一般包括四种边界（见图9-6）：层级（内部垂直）边界、部门（内部水平）边界、价值链边界、文化边界。层级边界是指企业内部不同层级间因职位产生的组织边界；部门边界是企业内部不同部门间因业务产生的组织边界；价值链边界

⊖ 阿什肯纳斯，尤里奇，吉克，等．无边界组织[M]．姜文波，刘丽君，康至军，译．北京：机械工业出版社，2016.

是不同价值链阶段里的合作伙伴间的边界；文化边界是不同地域合作伙伴之间的文化差异所形成的边界。无边界组织并不意味着企业原先的各种界限完全消失，而是将传统企业中的四种边界模糊化。通过组织协调，提高整个组织信息的传递、扩散和渗透能力，实现信息、经验与技能的对称分布和共享，达到激励创新和提高工作效率的目的，使各项工作在组织中顺利地开展和完成。

	人	事
外	**文化边界** 不同地域合作伙伴之间的文化差异形成的边界	**价值链边界** 不同价值链阶段合作伙伴间的边界
内	**层级边界** 企业内部不同层级间因职位产生的组织边界	**部门边界** 企业内部不同部门间因业务产生的组织边界

图 9-6　无边界组织

此外，无边界组织强调速度、弹性、整合和创新，能够根据外部环境的变化进行快速反应。无边界组织的技术基础是互联网。互联网工具使人们能够跨越组织内外的界限进行交流，使企业内部成千上万的员工可以同时分享信息，电子数据交换技术可以使企业和顾客之间实现信息同步。无边界组织的形式多种多样，其中，扁平化组织是组织垂直边界模糊化的结果，学习型组织则加强了组织垂直边界和水平边界的可渗透性。

第三节　转型阶段之产品

品类创新

企业要进行转型，产品创新是必不可少的基础，众多的百年企业的延续，都是靠持续的产品创新来实现的。然而转型阶段的产品创新和创业、成长、扩张阶段的产品创新有所不同。

创业阶段的产品创新要做到的是“人无我有”，实现单点突破，提供市场上没有的产品或产品特性，实现用户价值；成长阶段的产品创新要做到的是“人有我优”，通过提供优质产品，获得大众用户的青睐，跨越需求鸿沟，实现用户价值的成长；扩张阶段的产品创新要做到的是“人优我廉”，凭借规模经济和范围经济的优势，成为主导设计，实现产品的标准化，降低成本，实现用户价值的稳定化；转型阶段的产品创新要做到的是“人廉我特”，避免一味地在低成本的方向上发展，通过创新避免企业衰退，实现企业转型。

转型阶段企业所进行的产品创新是品类创新，核心是两个要素：产品技术类型和需求创新空间。产品技术可以分为延续性技术和非延续性技术两种类型。延续性技术是在现有的技术范式上，通过运用新知识而产生的比已有技术具有更高功能、价值或更优化的工艺程序的技术。延续性技术具有继承性和先进性：一方面继承了原技术的技术轨迹，同样能解决关键的问题或起到关键的功能；另一方面又在原有技术的基础上得到进一步的完善，具有先进性。

非延续性技术是改变现有的技术范式，通过运用新知识而产生的和已有技术具有显著差异的技术。非延续性技术可能在有些性能指标上比已有技术高，而在其他的主要性能指标上比已有技术低。在主要性能指标上优于已有技术的称为高端非延续性技术，在主要性能指标上低于已有技术的称为低端非延续性技术。我们通常讲的突破式创新，讲的大多是基于高端非延续性技术的创新，而颠覆式创新，讲的大多是基于低端非延续性技术的创新。

除了技术的延续性，需求创新空间是转型阶段企业进行品类创新的另一个重要因素。需求创新空间存在于两种情况，一是需求未被满足的情况，二是需求被过度满足的情况。第一种情况很好理解，当需求未被满足时，企业通过提供新产品满足需求。然而，第二种情况是转型阶段企业所面临的主要机会，甚至是主要威胁。

之所以说，需求被过度满足是机会，是因为在经历了相关行业的发展之后，消费者的需求往往是被过度满足的。要理解这个现象，我们只需想一想我们家里的电器有多少功能没有用过，电器遥控器的按钮有多少从来没有用过就行了。之所以说，需求被过度满足是威胁，是因为企业在经历了创业、成长和扩张阶段后，很可能完全意识不到用户需求被过度满足的问题，或者说虽然意识到问题的存在，但没有解决办法。

■ 工具栏

品类创新方法

基于产品技术类型和需求创新空间两个要素，有四种方式进行品类创新（见图9-7）。第一种方式是使用延续性技术满足未被满足的需求，这种情况下需要做的是提高现有技术和流程指标的水平。第二种方式是使用延续性技术改进被过度满足的需求，这种情况下需要做的是降低现有技术和流程指标的水平。第三种方式是使用非延续性技术满足未被满足的需求，这种情况下需要做的是增加技术和流程指标的维度，引入新的指标。第四种方式是使用非延续性技术改进被过度满足的需求，这种情况下需要做的是消减现有技术和流程指标的维度，简化被过度满足的功能。

通常情况下，品类创新是对上述四种方式的综合运用。例如，家用空气新风系统通常一台要卖到几千元到上万元人民币。和空气净化器相比，新风系统提高了空气过滤的效率，增加了屋内的新鲜空气，满足了对空气质量要求高的家庭的需求。但是，每台一万元左右的价格不是每个家庭都能承受的。于是，有小米空气净化器的爱好者，利用小米空气净化器，开发了名为“另一半”的产品，通过加装抽风管等部件，消费者仅花150元左右就可以把小米空气净化器改造成一个新风系统。这个DIY的新风系统利用了非延续性技术（简易的抽风管），在空气净化器上增加了新风的功能，并且消减了新风系统的一些过度满足需求的功能。

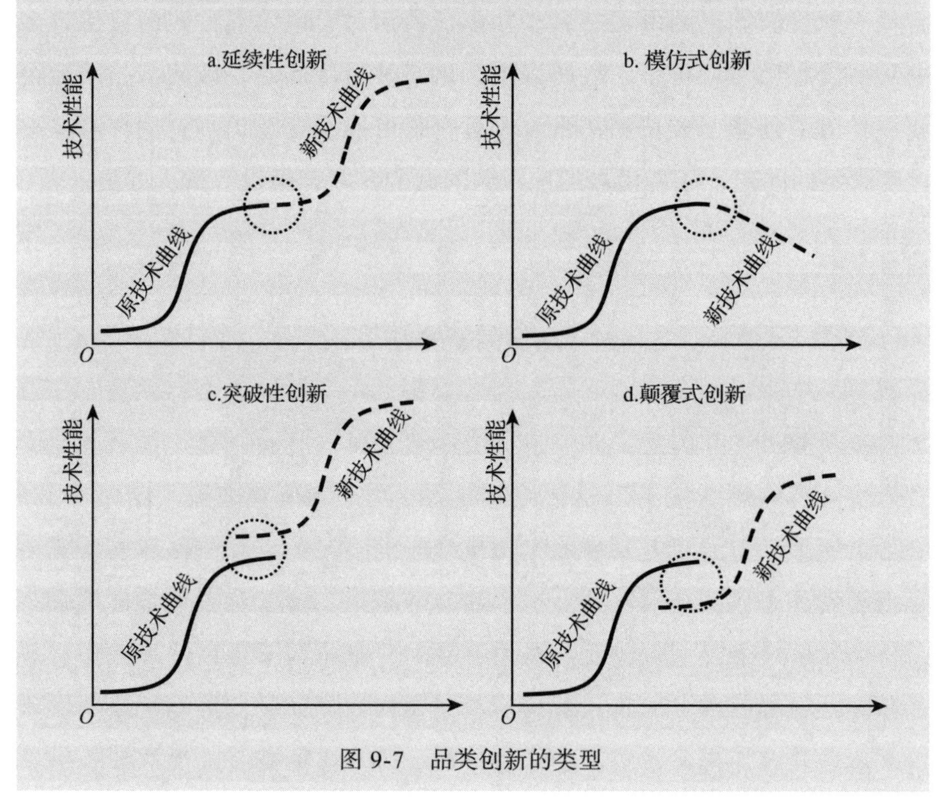

图9-7　品类创新的类型

品类营销

从创业期到转型期，企业的用户、组织、产品和市场都在发生变化。相应地，企业满足的需求、组织的能力、产品的特点和市场的环境都不相同。因此，从共演战略四要素的角度分析，创业阶段企业的产品主要满足的是小众用户对“品味”的需求，成长阶段企业主要是靠产品质量满足大众用户对“品质”的需求，扩张阶段企业的产品主要是靠市场地位满足主流用户对“品牌”的需求，而能够使转型阶段企业脱颖而出的则是用户心智中的“品类”认知。

由于不同发展阶段的企业满足用户的需求不同，所以相应的营销手段也不同。创业阶段企业要触及的是“有品位”的天使用户，所以要采用口碑营销的方式；成长阶段企业要影响的是“要品质”的早期从众用户，所以要借助广告营销的力量；扩张阶段企业要争取晚期从众用户甚至是落后用户，可以借助“大品牌”的力量进行关联营销；转型阶段企业有能力进行大力度的营销推广，同时有机会在用户心智中占据一个新品类的位置，因此应该进行“新品类”营销。

转型阶段的品类营销和扩张阶段的品牌营销不同。用户的行为特征是“以品类来思考，以品牌来表达”，例如，用户期望购买手机的时候，首先是在智能手机和非智能手机等不同的大品类中选择。在选定智能手机的大品类之后，会进入IOS系统、安卓系统的中品类中进行选择。如果选择了安卓系统手机，然后会进入老人机、拍照手机、全面屏手机、游戏手机、商务手机等小品类中进行选择。接下来，会进入具体品牌层面进行选择，如OPPO、vivo、华为、小米、三星等。最后，才会选择某品牌具体的型号。所以，在用户的心智中，往往是把一个个需求归类，以一个个小方格的形式储存，这一个个小方格就是品类，每个小方格里储存着多个的品牌，而用户时常能记起来的只有少数品牌，更多的品牌一直处于“沉睡”状态。

就企业的品类营销战略而言，可以先创立品牌，然后经过努力让自己的品牌成为品类的代表；也可以先创造品类，然后自己的品牌自然会成为品类的代表。第一种策略的例子有vivo手机和OPPO手机。虽然这两个手机品牌的背后都是段永平掌控的步步高系，但两个手机品牌尽量使用不同的品类定位，让它们分别成为音乐手机和拍照手机两个品类的代表，而不仅仅是同属一个财团的两个手机品牌。

第二种策略最成功的例子是苹果手机。苹果手机不仅是一个品牌，而且开创了智能手机这个“大品类”。为了维护这个“大品类”，苹果还使用独家的 iOS 系统，创立了 iOS 手机这个“中品类”。借助苹果手机硬件和 iOS 软件平台，苹果打造了软硬件一体化的生态系统。虽然需要面对来自基于安卓系统众多手机厂商的“围追堵截”，但苹果公司一直保持着高度的创新能力和盈利能力。

■ 工具栏

从产品品牌到生态品牌

美国学者约瑟夫·派恩与詹姆斯·吉尔摩在其《体验经济》一书中指出，体验经济是继农业、工业、服务业之后的第四个经济发展阶段，并具体阐述了体验经济的独特价值。他们认为“体验事实上是当一个人达到情绪、体力、智力甚至是精神的某一特定水平时，他意识中所产生的感觉；并且，当体验展示者的工作消失时，体验的价值能够弥留延续。当企业有意识地以服务为舞台，以商品为道具，使消费者融入其中时，体验经济也就产生了”[1]。

从传统商业模式转型到体验经济的商业模式，企业要注意体验经济的三个关键因素：①延伸价值链。在传统经济中，企业的价值创造过程随着交易完成，商品或服务转移给消费者而终止。但在体验经济中，交易的完成可能意味着更多共同体验的开始。②开放价值创造过程。在体验经济中，消费者需要参与到价值链的各个环节，与企业共同创造价值。③超越消费者预期。当消费者从实际消费中所得到的体验超过了期望值时，所形成的喜悦会带来溢价，并增加重复体验的可能性。

[1] 派恩，吉尔摩 . 体验经济：更新版 [M]. 毕崇毅，译 . 北京：机械工业出版社，2021.

从“产品品牌”（传统企业）到“平台品牌”（电商企业），再到“生态品牌”（见图9-8）（物联网生态企业），这是海尔等企业的实践探索。产品品牌强调为顾客提供高质量的产品，平台品牌强调为顾客提供高质量的服务，生态品牌则强调为用户提供高质量、有温度、能交互的体验。

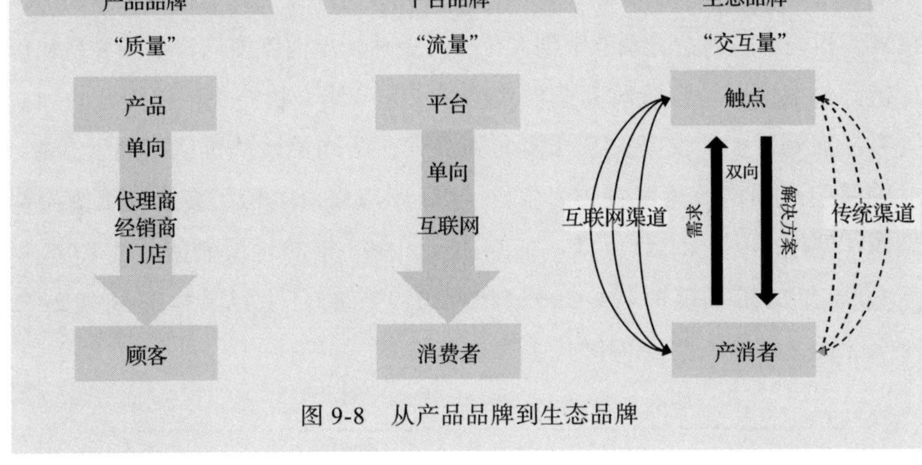

图9-8　从产品品牌到生态品牌

生态经济

按照魏炜和朱武祥教授对商业模式的定义：商业模式是利益相关者的交易结构。这里面有四个关键词，相关者、利益、交易、结构。先看“相关者”，按照共演战略四要素的框架，相关者主要有用户、组织和市场中的友商等。这些相关者之间的关系随着企业的发展，在创业、成长、成熟、转型等阶段不断变化，而这些关系就包括利益关系、交易关系和结构关系。[㊀]

就“利益关系”而言，相关者之间的利益关系随着企业发展而发展，从无到有，从简单到复杂；就“交易关系”而言，相关者之间的交易关系随着企业发展而发展，从单向到双向，从双向到多向；就“结构关系”

㊀ 魏炜，朱武祥 . 发现商业模式 [M]. 北京：机械工业出版社，2009.

而言，相关者之间的结构关系随着企业发展而发展，从价值链到价值网，从价值网到生态圈。

具体而言，创业阶段的商业模式的特点是“点”状模式，相关方的利益关系从无到有，交易关系从 0 到 1，结构关系从空白到松散；成长阶段的商业模式的特点是“线”状模式，相关方的利益关系从小到中，交易关系从低频到高频，结构关系从松散到紧密；扩张阶段的商业模式的特点是“面”状模式，相关方的利益关系从中到大，交易关系从单向到多向，结构关系从价值链到价值网；转型阶段商业模式的特点是“体”状模式，相关方的利益关系从大到巨大，交易关系从多向到多维，结构关系从价值网到生态圈。

从组织架构的角度看，海尔自 1984 年以来，经历了多次的组织架构调整（见图 9-9），大致包括：1984 年至 1998 年的科层制时代、1998 年至 2005 年的市场链时代、2005 年至 2012 年的自主经营体时代和 2012 年至今的人单合一生态圈时代。

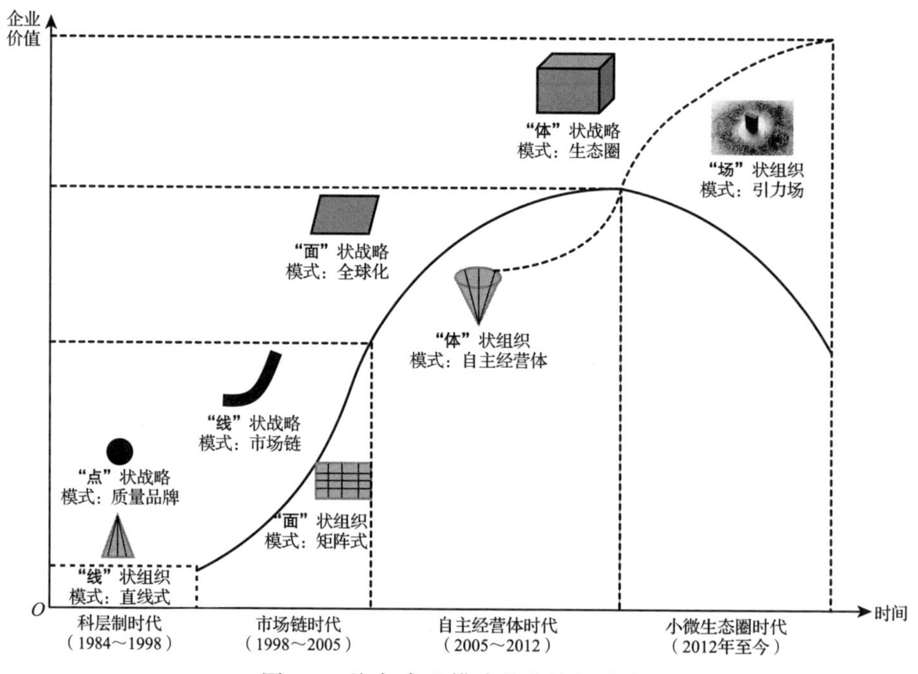

图 9-9　海尔商业模式的非线性演变

在科层制时代（1984～1998），海尔执行的是品牌和质量战略，可以称之为“点”状战略模式，也就是做好产品质量和品牌这个“点”的模式。与之相应的组织模式是“线”状组织模式，或者说是直线式组织模式。

在市场链时代（1998～2005），海尔奉行的是市场链战略，可以称之为“线”状战略模式，也就是通过打通内外部市场链这条“线”，扩大规模。与之相应的组织模式是“面”状组织模式，或者说是矩阵式组织模式。

在自主经营体时代（2005～2012），海尔奉行的是全球化战略，可以称之为“面”状战略模式，也就是扩大产品在区域里的覆盖面。与之相应的组织模式是“体”状组织模式，或者说是人单合一1.0的自主经营体组织模式。

在小微生态圈时代（2012年至今），海尔奉行的是生态圈战略，即以海尔为核心，发展整个智慧家庭的生态体系，可以称之为“体”状战略模式。与之相应的组织模式是“场”状组织模式，或者说是人单合一2.0的小微生态组织模式。这里所说的“场”是“引力场”的概念，也就是海尔凭借自身的组织引力，把很多小微组织吸引在自己周围，并通过引力来促进小微组织随时间而演化。

■ 工具栏

生态商业模式解构

转型阶段企业的“体”状商业模式本质上是生态商业模式，以核心企业为中心，生态商业模式包括用户、产品、友商和资源四个要素（见图9-10）。在企业发展初期，可能只有一个业务（业务$_1$），相应地，有用户$_1$、产品$_1$、友商$_1$和资源$_1$。随着企业的发展，特别是企业的转型，出现了全新业务$_2$，相应地，也出现了用户$_2$、产品$_2$、友商$_2$和资源$_2$。随着企业的持续发展和转型，业务逐渐累加，形成了围绕n层业务的n个价值网，而这些不同价值网中的要素也会发生关系，成为相关者，形成利益关系、交易关系和结构关系。随着这些错综复杂的关系不断发展，以企业为中心的生态商业模式就形成了。

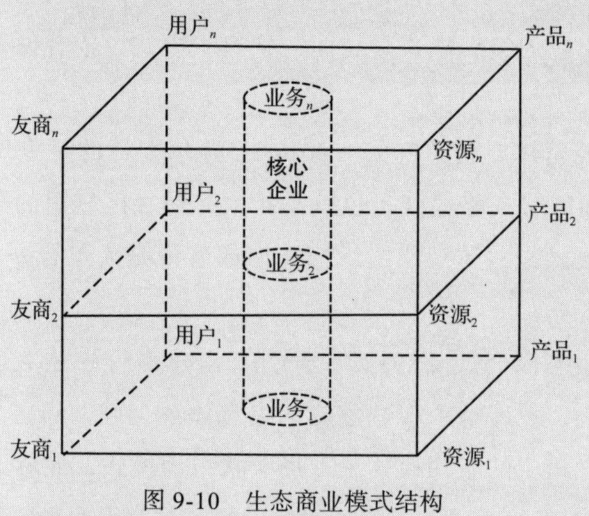

图 9-10 生态商业模式结构

苹果公司原来叫苹果电脑公司，它本来是生产台式机和笔记本电脑的。生产电脑是需要用到硬盘的，硬盘生产商是苹果电脑公司的友商。台式机通常用的是3.5英寸硬盘，笔记本电脑通常用的是2.5英寸硬盘，1.8英寸硬盘在1992年问世，但之后的好多年一直没有被企业大量使用，直到2001年苹果公司推出了iPod。

有了iPod，苹果公司还想让iPod成为苹果电脑的互补者，从而提高iPod的销量。为此，苹果公司推出了在线音乐商店iTunes。最开始，iPod用户只能通过苹果电脑用iTunes下载音乐。后来，随着iPod和iTunes产品的成熟，苹果公司想进一步扩大销量，就开发了Windows版的iTunes，使iPod和iTunes成为拥有巨大用户量的

Windows的互补者。苹果公司正是通过把电脑业务的用户、产品、资源和友商都引入到iPod业务里，才使得iPod成为现象级产品的。

有了便携式的音乐播放器iPod和在线音乐商店iTunes，苹果公司进一步想，能不能把电脑和iPod这两个产品结合起来呢？这个想法的结果就是2007年推出的iPhone。iPhone实际上就是一台超级便携电脑。用乔布斯在iPhone发布会上的话说，就是"iPod，电话，上网三合一"，而这句重要的话，乔布斯在这次发布会上重复了不止三遍。

实际上，苹果公司每一次重新定义一个新的市场，都是有套路的。这个套路就是，立足原有产业，通过跨界整合，进入新的产业，形成生态商业模式（见图9-11）。例如，推出iPod，苹果公司的立足点是电脑，跨界整合了硬盘和在线音乐产业；推出iPhone，苹果公司的立足点是电脑和iPod，跨界整合了手机、电脑和音乐播放器产业；推出iPad，苹果公司的立足点是电脑和iPhone，跨界整合了电脑、手机和电子阅读器产业。

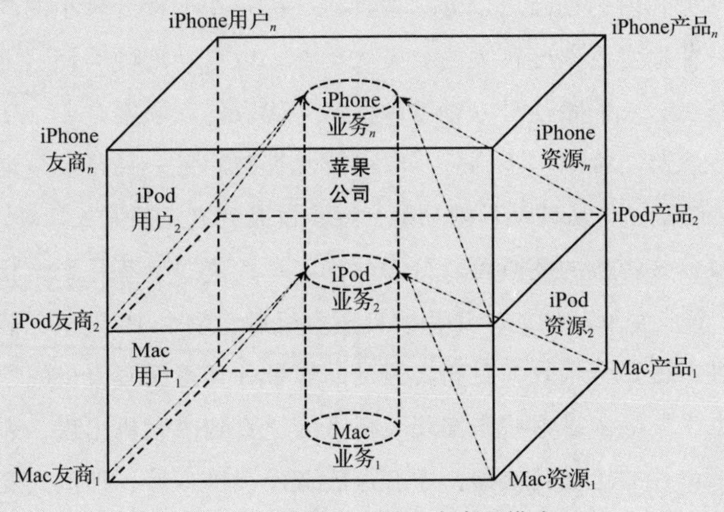

图9-11　苹果公司的生态商业模式

第四节 转型阶段之市场

范式革命

范式（paradigm）的概念是由美国著名科学哲学家托马斯·库恩提出，并在《科学革命的结构》中系统阐述的。范式指的是一个共同体成员所共享的信仰、价值、技术等的集合。科学范式指常规科学所赖以运作的理论基础和实践规范，是从事某一科学的研究者群体所共同遵从的世界观和行为方式。[㊀]

科学范式变革指的是科学从一个科学范式向另一个科学范式的转换。在同一个科学范式内的改进都是延续性创新，而在不同科学范式之间进行转换的创新则是重大非延续性创新。和科学范式变革类似的，还有技术范式变革、经济范式变革和商业范式变革。通常情况下，科学范式变革比技术范式变革更为基础，而经济范式变革比商业范式变革的影响也更为深远。

在旧范式内的创新可以分为两种，一种是变革程度较小的渐进式创新，另一种是变革程度较大的突破式创新。以自动驾驶为例，主要有两种创新路径。一种路径是以谷歌和优步为代表的互联网企业，使用价格昂贵的传感器，希望一步到位，取得技术突破。另一种路径是走渐进式创新的传统车企，从辅助驾驶开始，逐步过渡到真正的无人驾驶。

涉及范式转换的变革可以分为两种，一种范式变革是影响相对较小的技术 / 商业变革。例如，瓦特改良蒸汽机后，整个 19 世纪，蒸汽机一直在改进，更安全，效率更高。但是，如果一直遵循蒸汽机的原理，人类永远也没办法依靠这些来实现飞机上天。直到内燃机出现，人类才有了一个革命性的能量转换器，才有可能造出飞机。另一种范式变革是影

㊀ 库恩 . 科学革命的结构：第 4 版 [M]. 金吾伦，胡新和，译 . 2 版 . 北京：北京大学出版社，2012.

响更为深远的科学/经济变革。例如，在哥白尼提出日心说之前，关于天文学的研究都是以地心说为常规科学范式的，而日心说的提出，从根本上颠覆了之前的很多研究结论。

纵观近代科技发展的历史，英特尔、ARM、摩托罗拉、苹果等企业都曾因引领技术范式的变革而获得强大的竞争优势。英特尔发明的8080微处理器开辟了家用计算机的时代，并在很长时间内保持了微处理器行业的垄断地位。进入移动通信时代，英特尔处理器的辉煌被采用开放模式的ARM处理器所取代，而后者一度占据了手机芯片市场的95%。

转型企业由于创新的层面不同，所能带来的竞争优势的差别往往非常大。企业创新可以在产品、品类、价值链、范式四个层面进行。在产品层面创新的企业，可以获得一定的竞争优势。在品类层面创新的企业，可以获得更大规模的竞争优势。在品类之上，如果企业可以横跨多个优势价值链环节，那么将分享这些价值链环节的主要价值。和前三类创新相比，能够引领范式变革的企业往往可以获得非常强且持久的竞争优势。

■ 工具栏

未来雷达图

未来雷达图是一个分析预测未来发展环境并挖掘发展机会的工具（见图9-12）。未来雷达图分为四个方向和三个时间点，通过对每个时间点的每个方向进行分析，可以有效地预测共演战略四要素在未来的演化趋势，有效应对可能发生的重大的方向性改变。

四个分析方向即为共演战略四要素：用户、组织、产品和市场。四个方向又可以细分为十二个战略要点，即：用户特征、用户需求、用户选择、领导者、团队员工、组织管理、产品开发、营销推广、商业模式、技术趋势、资本资源、市场竞合。三个时间点可以是现在、3年和10年，或者分析者定义的其他时间点。

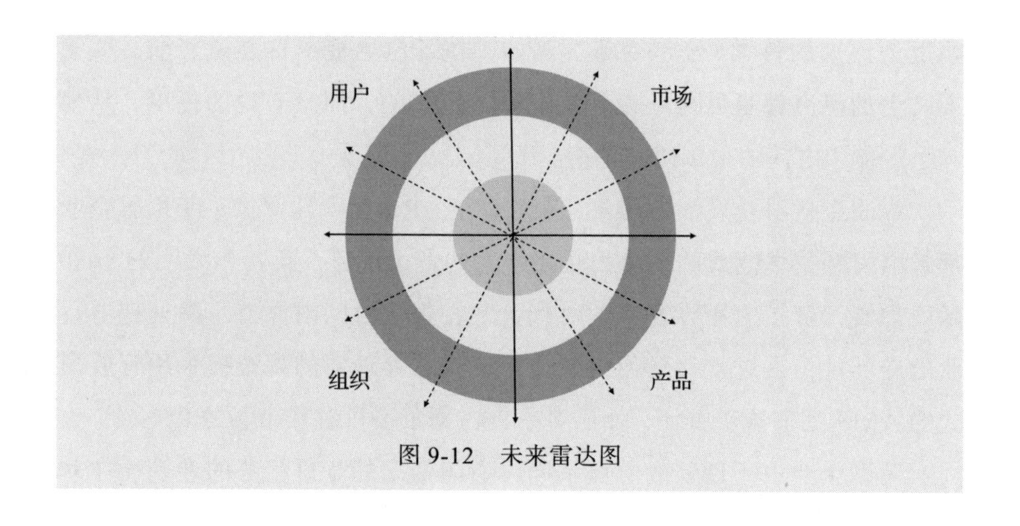

图 9-12　未来雷达图

公司创投

资本和资源是企业转型的重要推动力。在很多情况下，企业内部的创新能力不足，需要向企业外部搜寻创新机会。企业的外部创新机会搜寻可以分为两类，一类是探索式搜寻，一类是开发式搜寻。探索式搜寻的主要目的是寻找企业外部的新的创新机会，找到创新机会后，企业就沿着新的创新思路发展；而开发式搜寻的主要目的是利用企业积累的优势资源和能力，在企业外部寻找能够更好利用这些资源和能力的机会。从转型的主动性来看，可以把企业转型战略分为扩张式转型和保守式转型，采取扩张式转型战略的企业比采取保守式转型战略的企业更加积极。

按照企业创新的搜寻战略类型和转型战略类型两个维度，可以如图 9-13 所示，把公司创投的动机分为四类。当企业采取扩张式转型战略并采取探索式搜寻战略时，公司创投的类型是探索型创投。当市场出现非延续性技术，但尚无任何一家企业具备整合这项非延续性技术的能力的时候，市场领先企业往往采用探索型创投策略。例如，成立于 2009 年的 Google Ventures 的使命是寻找优秀初创公司进行早期投资，包括消费级互联网、软件、清洁技术、生物技术、医疗等领域，而这些领域是谷歌认为可能出现非延续性技术的领域。

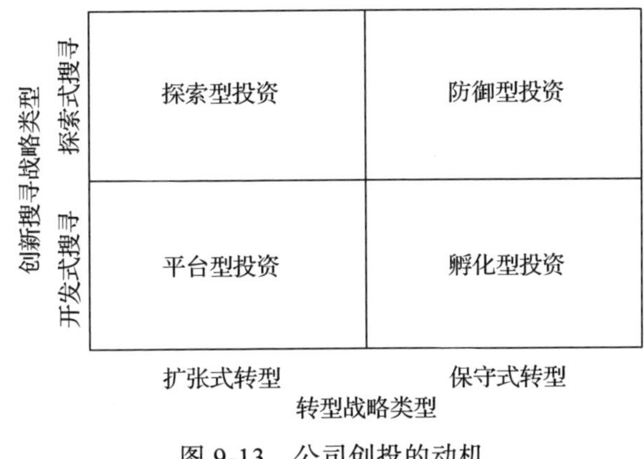

图 9-13　公司创投的动机

当企业采取扩张式转型战略并采取开发式搜寻战略时，公司创投的类型是平台型创投。这种情况往往是企业拥有资源方面的优势，需要寻找更有效地利用这些资源的方法。例如，2011 年，腾讯成立产业基金，基金的目标是在整个互联网价值链上，发现和扶持优秀的互联网创新企业，利用腾讯开放平台帮助创业企业实现用户的长远价值提升和用户体验优化。

当企业采取保守式转型战略并采取探索式搜寻战略时，公司创投的类型是防御型创投。例如，2003 年，思科公司收购了家庭网络产品领域的领先供应商 Linksys 公司，挺进家庭网络市场。思科公司一直专注于企业级市场，在家庭网络市场方面没有经验。当年的研究报告显示，家庭网络市场的全球规模预计将从 2002 年的 37 亿美元增长到 2006 年的 75 亿美元。于是，擅于捕捉客户需求变化的思科注意到了来自市场环境中的威胁，运用防御型投资模式进入了家庭网络产品领域。

当企业采取保守式转型战略并采取开发式搜寻战略时，公司创投的类型是孵化型创投。例如，虽然海尔集团所在的家电行业已进入成熟期，但海尔在发展过程中积累了丰富的产业经验、资本和管理能力。于是，海尔在2010年成立了海尔金融，从事金融和高新技术领域的股权投资工作，主要包括海尔资本、海尔创投、海尔医疗资本、海尔农业资本等板块，依托海尔在传统制造产业里的优势，运用“投资+孵化”的模式，帮助海尔进行转型。

公司创投战略通常涉及公司自身、创投机构、新创企业和用户等利益相关者（见图9-14），其中，用户包括公司现有用户和新创企业用户。通过公司创投战略扩展新业务，对于公司转型有几个方面的好处。首先，公司通过新创企业满足新创企业用户需求，有助于公司接触到新价值网络中的用户，了解对公司而言的“非用户”的需求。其次，新创企业在产品方面往往比现有公司更具创新特色，投资于新创企业有利于企业获得创新产品。再次，新创企业独立于公司自身的组织架构，可以采取不同的激励措施而不会影响到公司的组织。最后，公司通过设立创投机构，可以引入外部资源，帮助公司扩展价值网络。

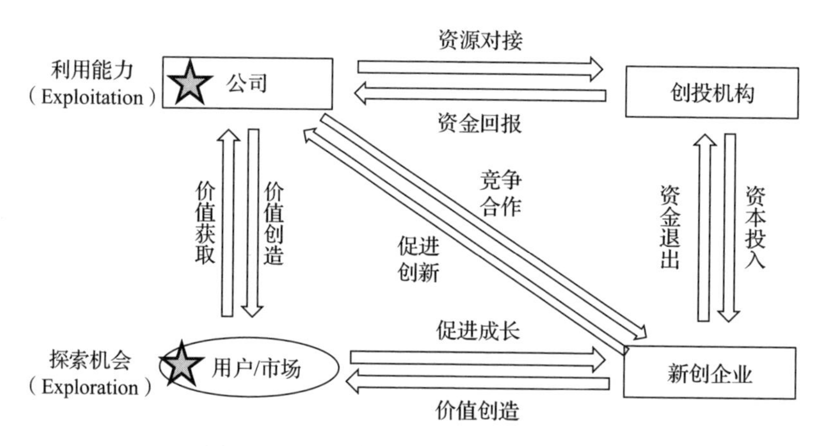

图9-14 公司创投战略的利益相关者

蓝冰市场

“蓝冰市场”区别于红海市场和蓝海市场，代表着一个有待开拓，且蕴藏着巨大发展潜力的崭新领域。“蓝”指的是该领域具备巨大的发展潜力，“冰”指的是该领域需要持续投入较多的时间、精力与资源去开拓，但是即使有大量的投入也不一定有所收获。“蓝冰市场”所代表的领域往往不被重视或不被发现，或者仅仅被很少的企业或企业家所认知，抑或已经被他们所认知，但是因为自己不具备深入开发的能力或不具备开发的资源，导致该领域还处于隐藏状态，该领域蕴含的巨大价值不被认可。

我们可以从市场开拓难度和市场发展前景两个维度分析不同类型的市场。混沌市场的发展路径不连续，开拓难度高，未来方向不确定，发展前景较差；红海市场已经相当成熟，开拓难度最低，市场竞争激烈，发展前景较差；蓝海市场相对于蓝冰市场而言，开发难度较低，蓝海市场和蓝冰市场的市场前景较好。

中国的企业级移动 SaaS（软件即服务）市场是一个典型的蓝冰市场。企业级移动 SaaS 是指基于 SaaS 的模式，以移动智能终端为载体，借助于云存储、网络安全、大数据与人工智能等先进的技术与算法向企业提供诸如市场营销、销售管理、人力资源、财务、法务、信息安全等方面的服务，帮助企业快速建立属于企业自己的具备移动、SaaS 与人工智能属性的 IT 数据处理能力。

之所以说中国企业级移动 SaaS 市场是一个“蓝”的市场，是因为它相较于美国企业级市场的巨大差距，折射出中国企业级市场未来的发展前景。美国的市值 100 亿美元左右的企业级移动 SaaS 公司有近十家，市值过 10 亿美元的企业级移动 SaaS 公司有近一百家，而中国则没有一家市值过 10 亿美元的企业级移动 SaaS 公司。

之所以说中国的企业级移动 SaaS 市场是一个“冰”的市场，是因为五个方面的市场环境虽然已经开始解冻，但还没有到冰雪消融的时候。一个巨大蓝冰市场的启动，需要五个方面的市场环境：政策环境、经济环境、社会环境、技术环境和资本环境。

在政策环境方面，近两年，有大量的促进大数据、云计算、云服务、网络安全发展的政策文件颁发。在经济环境方面，日渐普及的互联网推动了企业级服务的发展，市场已经较为成熟，移动互联网的使用习惯已经在全国范围内形成。在社会环境方面，我国人口红利逐渐消失，劳动力成本上升，企业办公成本上涨，这些因素带动了共享经济形态下的商业（2B）服务需求。在技术环境方面，云计算行业整体的高景气度与信息即服务（IaaS）层的快速扩张为 SaaS 等企业级服务的发展打下了良好基础。在资本环境方面，我国企业级移动 SaaS 市场迎来了融资量的快速增长期，企业级服务的创投市场的相对成熟，尤其是企业 C 轮融资之后、上市（IPO）、战略投资、并购事件的数量呈现快速增长趋势。

■ 工具栏

消费趋势画布

德鲁克在《创新与企业家精神》中列举了创新的七种来源，包括：意外事件、不协调事件、流程改进的需要、产业和市场结构变化、人口变化、认知革命、新知识。七种创新来源中，意外事件和不协调事件属于不确定性和不连续性都高的情况，流程改进的需要和人口变化属于不确定性和不连续性都低的情况，产业和市场结构变化属于不确定性和不连续性都低的情况，而认知革命和新知识属于不确定性高但不连续性低的情况。

以人口变化为例，这是典型的不确定性和不连续性都低的问题。人口变化在几年甚至十几年的时间段内几乎看不到变化，但放在几十年乃至百年的区间来看则是触目惊心的。其中一个重要原因是，人口数量的变化是指数型的，出生率下降的闸口一旦打开，很难关闭，人口数量很难在短期内回升到正常水平。

消费趋势画布（见图 9-15）紧紧抓住了消费者的需求趋势，可以配合未来雷达图使用，分析消费者需求的基本面、可能的变化、新的消费者趋势、对企业的启发，等等。理解了消费者趋势之后，可以将这些启发应用到探索自己的创新机会点上。

基本需求	新兴的消费者预期	引起变化的因素
创新对象	创新潜力	对企业的启发

图 9-15　消费趋势画布

游戏：转型阶段画布

和创业阶段、成长阶段、扩张阶段的战略画布类似，转型阶段的战略画布也由12个方格组成，代表着转型阶段的十二要点（见图9-16）。其中，重识用户、潜在需求、需求分级是用户三要点；二次创业、创客团队、耗散组织是组织三要点；品类创新、品类营销、生态模式是产品三要点；范式变革、公司创投、蓝冰市场是市场三要点。

我们可以把2014年以来的这段时间看作阿里巴巴的转型阶段，在这段时间里，阿里巴巴主要的动向是成立了蚂蚁金服集团、阿里文娱集团，以及并购和参股了众多的企业，包括UC优视、高德、优酷土豆等。

1. 重识用户	4. 二次创业	7. 品类创新	10. 范式变革
2. 潜在需求	5. 创客团队	8. 品类营销	11. 公司创投
3. 需求分级	6. 耗散组织	9. 生态模式	12. 蓝冰市场

图9-16　转型阶段画布

阿里巴巴的转型可以从四个方面来看：一是用户需求的转型、二是产品形态的转型、三是组织文化的转型、四是市场策略的转型（见图9-17）。

1. 重识用户	4. 二次创业	7. 品类创新	10. 范式变革
C端市场发展空间越来越窄，从交易本身到互联网+（互联网金融、智能家居、大健康、大娱乐）； 从服务消费者转变为服务商家	面对微信的挑战，力推来往，后来失败； 卸任CEO	余额宝（合法性受到质疑、来自传统银行业的打压）； 支付宝面临微信支付的挑战； 阿里云	阿里云和YunOS等的提前布局，满足余额宝、“双十一”等大规模交易对海量数据处理在技术和成本方面的需求
2. 潜在需求	**5. 创客团队**	**8. 品类营销**	**11. 公司创投**
供需端的消费升级； 消费者的连接方式； 中小企业获得以先进技术实施信息化的便捷途径，供应链升级（企业级SaaS）	一线业务总裁70后化； 管理团队年轻化（60年代退出，交给70、80年代的领导者）； 为年轻有想法的员工提供上升通道的想象空间	成为“互联网+商业”的标杆和标准，代言新零售	2014年阿里集团在美国上市； 并购与大数据有强关联的公司； 通过阿里资本以投资、控股、参股等形式先后投资新浪微博、快的、陌陌、高德等
3. 需求分级	**6. 耗散组织**	**9. 生态模式**	**12. 蓝冰市场**
从IT到DT； 从网络到移动网络； 从信息到AI	成立无线事业部，把大公司拆成小公司运营，成立战略决策委员会和战略管理执行委员会； 以股权投资的形式，打造网络式生态体系	通过公司创投布局搜索、即时通信、物流、地图、团购、打车、旅游、百货、影视、音乐、教育、智能硬件、数据等领域，培育开放、协同、繁荣的电子商务生态圈	以互联网加传统行业的理念，开拓诸如互联网金融（余额宝）、企业级SaaS（阿里钉钉）等蓝冰市场

图 9-17　阿里巴巴转型分析

从用户需求的转型来看，在2013年底，淘宝和天猫上的活跃买家数量超过2.31亿，活跃卖家数量大约800万。2013年全年，这些买家和卖家之间发生了113亿笔的交易，共产生了50亿个包裹，占中国当年包裹总量的54%，这已经是一个非常大的数量了。当时，阿里面对的最大的挑战不是进一步增加用户数量，也不是卖给现有用户更多的衣服、食品，而是重新认识用户的深层次需求，重新理解用户新的消费习惯。

在2014年初的时候，消费者已经不再是阿里十五年前创业时的消费者了，他们的需求不再局限于衣食住行，他们不再是坐在电脑前下单了，他们甚至也不再像过去那样受商家广告的影响了。用户需求出现了文娱化、移动化和社群化的趋势。在2013年9月份开始的那场“来往”和“微信”的大战中，阿里巴巴惨败。当马化腾说微信只是移动互联网的“站台票”的时候，阿里巴巴急切地也想拥有一张“船票”。

于是，我们就看到了阿里巴巴收购了移动浏览器“UC优视”、移动导航软件“高德”、移动打车平台“快的”，自己建立了移动办公平台

“钉钉”。除了这些具体的产品动态，阿里巴巴还把重点放在了打造移动互联网的基础设施上，这主要包括两个方面：阿里云和蚂蚁金服，分别是技术基础设施和金融基础设施。掌握了这些基础设施的主导权，无论将来的行业趋势如何发展，阿里巴巴都能占据有利的地位。

除了用户和产品，企业领导者和组织的转型至关重要。阿里最近几年一直在推动管理层的年轻化。未来的阿里巴巴会有无数次的组织接班，必须在创业团队年轻力壮的时候制定并积累组织传承的经验和规则。对于企业而言，未来是最难把握的，因为它变化，它无常。把握未来的最佳方法不是留住昨天或争取保持今天，而是开创未来。创业者必须永远相信年轻人会比我们更能开创未来。

为了支撑企业的未来，仅在用户、产品和组织三个方面进行转型仍是不够的，阿里巴巴在市场趋势的把握方面也做了努力。为把握未来的科技趋势，阿里巴巴网罗了一大批世界知名的科学家。为把握未来的商业趋势，阿里巴巴早在 2007 年就成立了阿里研究中心，后来，将其升格为阿里研究院。

在转型阶段，阿里巴巴还完成了另外一件事，就是 2014 年在美国上市。上市后获得的巨额融资使得阿里巴巴能够通过公司创投的形式控股、参股众多的互联网新兴企业，迅速完成了在移动互联网领域的布局。

游戏：组织升级——人人都是 CEO

“人人都是 CEO”是一句听起来很美，但实际上很空洞的话。俗话说，“屁股决定脑袋”，一家企业只可能有一位 CEO，要想让所有员工都具有 CEO 的思维，就得让员工坐在 CEO 的位置上，体验 CEO 的决策方式。游戏就是一种让普通员工体验决策者的决策思维的方式，而我主导开发的“组织升级——人人都是 CEO”就是这样的一款游戏。

“组织升级——人人都是 CEO”是一款吃墩游戏，配件包括 6 套 1～9 的数字牌和 1 套 1～6 的数字牌（见图 9-18）。6 套 1～9 的数字牌分别代表企业中的 6 个职能部门：研发部、产品部、市场部、客户部、人事部、风控部。1～9 的数字分别代表部门中的实习生、新员工、小组长、主管、一线经理、总监、高级总监、副总经理和总经理。1 套 1～6 的数字牌代表企业的董事会，1～6 的数字分别代表董事会秘书、独立董事、副总裁、执行副总裁、总裁和董事长。

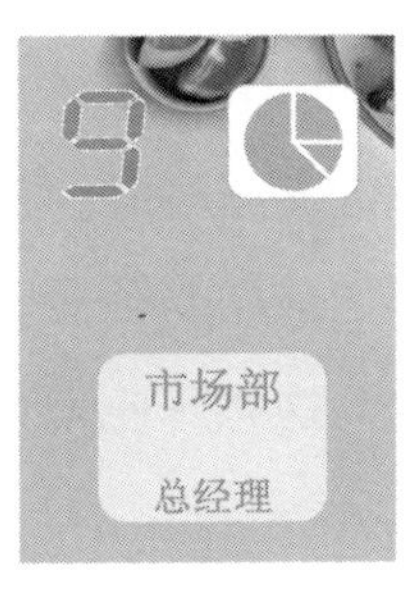

图 9-18　“组织升级——人人都是 CEO”卡牌示例

吃墩游戏的基本得分机制是，每位玩家轮流或同时出牌，当所有玩家出牌结束后，牌大的玩家获胜，“吃”掉桌面上的牌，称为一“墩”。大多数的吃墩游戏是竞争机制，即玩家争相吃墩，吃墩多的获胜。此外，在吃墩游戏中一般都是大牌吃墩，拥有大牌的玩家在游戏中更有优势，这就好比企业中组织层级较高的人具有更大的权力一样。不难想象，如果所有的企业都像传统的层级组织那样，身在高位的人有更多的决策权，那么就很难要求所有的员工都像决策者一样思考。只有让所有的员工都参与到决策当中来，切身体会决策者需要面临的选择困境，普通员工才能像 CEO 一样思考，才有可能真正成为 CEO。

"组织升级——人人都是 CEO"是一个合作类游戏，即玩家合作完成共同的吃墩目标。游戏中，每位玩家获得若干张手牌，手牌按部门分组归类。每轮的先手玩家出牌的部门（花色）是本轮的主花色，后手玩家手中如果有同样部门（花色）的牌就必须出。同一轮中，主花色牌数字最大的玩家吃墩，但董事会的牌大于其他部门的牌。玩家在游戏过程中不能用语言沟通，需要凭借默契来完成游戏任务。

游戏任务参照企业管理中经常发生的情况进行设定。例如，企业中经常会出现一种现象，就是新员工虽然对企业中存在的一些问题最为敏感，但作为新人往往有各种顾虑，不愿对企业中存在的问题建言献策。游戏中的一个任务规定："要求两位新员工吃墩"。这个任务的意思是，在 6 个部门中各有 1 张数字为"2"的新员工牌，游戏结束时，玩家要用至少两张"2"各吃一墩。要想让"2"这样的小牌吃墩，玩家必须想办法把手中的同部门（花色）的其他大牌"贴出去"。例如，某位玩家手中有客户部的"2"这张牌，还有多张客户部的其他牌，这位玩家就要想办法让其他玩家知道他想用客户部的"2"这张牌吃墩，让其他玩家把能够"管住"这张牌的其他大牌都贴出去。

再如，游戏中的另一个任务规定："一线经理形成铁三角"。"铁三角"是华为公司在实践中形成的包括客户经理、解决方案经理和交付经理的业务组合，起源于解决华为早年的海外子公司面临的部门之间沟通不畅、信息不共享、客户接口涉及的多个部门人员关系复杂、难以主动把握客户深层次需求等问题。"一线经理形成铁三角"这个任务要求，在游戏的过程中，客户部、产品部和市场部的一线经理（即"4"）要在一墩内出现。为了完成这个任务，拥有产品部花色“4”和市场部花色“4”的玩家需要把客户部花色的牌先贴出去，等拥有客户部花色“4”的玩家打出这张牌时，打出产品部花色“4”和市场部花色“4”的牌。

在现实管理中，类似“人人都是CEO”的很多理念都非常难落地。“组织升级——人人都是CEO”这个游戏却可以让玩家较为深刻地体会到这样一个道理：想要让企业中的普通员工积极参与决策，从管理者的角度思考问题，需要管理者主动让位和放权。有的管理者口头说放权，却事事亲力亲为，参与到每个决策过程中。事实上，只要管理者在场并且出现在非常明显的位置，普通员工往往就不会主动决策。“组织升级——人人都是CEO”就是这样一个“牌牌都能吃墩，人人都是CEO”的游戏。

第十章

▲

共演战略协同模型

第一节 从使命愿景到战略执行

企业管理循环

战略规划在组织发展和企业成长中从来不是孤立存在的，而是与组织的使命、愿景、价值观、运营和执行等要素密切相关。人们谈到战略，往往会从企业使命开始，认为先有使命，再有战略，最后是执行（见图 10-1）。实际上，企业使命的产生是一个过程，使命不是凭空而来的，而往往是从企业创始人的价值观开始，结合创始团队和企业能力演化而来的。价值观是某个社会群体在判断社会事务时所依据的是非标准和行为准则。世上有无数人，每个人的价值观都有所不同；同样，世上有无数企业，每个企业的价值观也都不同。与使命不同，价值观更具体，更个性化，企业的价值观往往能回溯到创始团队成员的个人价值观及其成长经历。

从创始人和创始团队开始，不同企业拥有不同的能力和价值观的组合，而这个组合决定了企业如何看待自己和社会，决定了企业存在的理由，这个理由就是企业的使命。使命往往是宏大的和相对固定的，说明了企业为什么存在。但企业不是凭空存在的，而是处于特定的环境之中，受市场趋势变化的影响。因此，在使命和市场趋势的双重驱动下，企业就形成了更为具象的愿景。愿景可以被理解成可变化可改进的未来观，说明企业如何看待可预见到的未来，如何定位自己在可预见的未来中的角色。

有了价值观、使命和愿景，企业在未来发展方向上的不确定性就降低了。然而，在践行价值观、完成使命和实现愿景的过程中，企业还面对着发展路径上的各种不连续性。如何克服这些不连续性，是企业每天都要面对的管理课题。如果说价值观、使命和愿景是从上而下的企业发展的拉动力，那么，运营和执行就是从下而上的企业发展的推动力。运营是对生产和提供产品与服务的系统进行设计、运行、评价和改进的管理工作，而执行是使计划措施政策得以实现的具体措施。

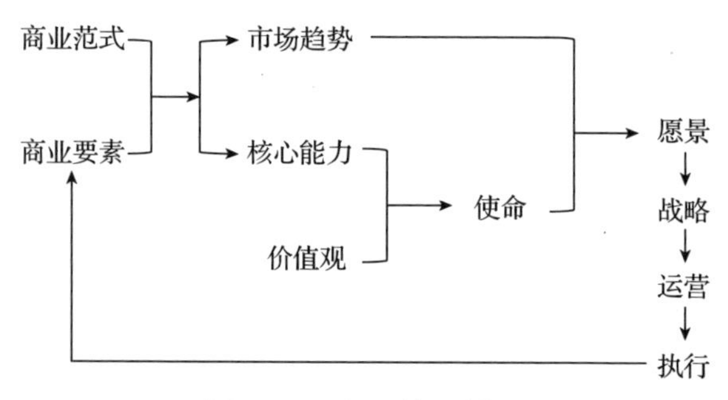

图 10-1　企业管理循环

企业运营和战略执行的结果影响着与企业相关的商业要素。对于企业而言，一切管理都要基于企业所拥有或支配的商业要素。构成企业的基本商业要素可以分为内部和外部，与人相关和与事相关的要素维度。具体而言，包括外部的人（用户）、内部的人（组织）、外部的事（市场）、内部的事（产品）等四个基本要素。企业通过高效的运营和战略执行会提升相关商业要素的水平，并在商业范式的作用下形成和加强自身的核心能力。核心能力的长期积累与企业价值观的融合会逐步塑造企业使命，并推动企业愿景的澄清和战略的形成，这个逻辑构成了企业管理循环的体系。

从价值观到执行力

在企业界，流传着这样一句话，“创新找死，不创新等死”。这句话所反映的就是企业发展面临的方向不确定性和路径不连续性。创新就是找新的方向，只有在未来可能的方向中不断进行探索，才可能找到一条通向未来的道路。然而，如果企业把过多精力放在新方向的探索上，那么在现有方向上持续前进所需的资源就可能被稀释，可能出现现有方向上发展的不连续性。所以，战略的核心就是选择做什么和不做什么。战略选择的指导思想在于企业的使命、愿景和价值观，而战略选择的行动能力在于企业的运营和执行。[1]

[1] 考夫曼．清醒：如何用价值观创造价值 [M]. 王晓鹂，译．北京：中信出版社，2017.

高效运营和执行的主要作用是帮助企业克服发展路径上的各种不连续性，而价值观、使命和愿景的主要作用是帮助企业降低发展方向上的各种不确定性。在此基础之上，战略的作用是在企业的价值观、使命和愿景与企业的运营和执行之间架起桥梁和纽带，使得企业的价值观、使命和愿景能够落地，使得企业的运营和执行能够不偏离企业的发展方向。战略的作用可以总结为，帮助企业在不确定性中找到确定性，在不连续性中找到连续性（见图 10-2）。

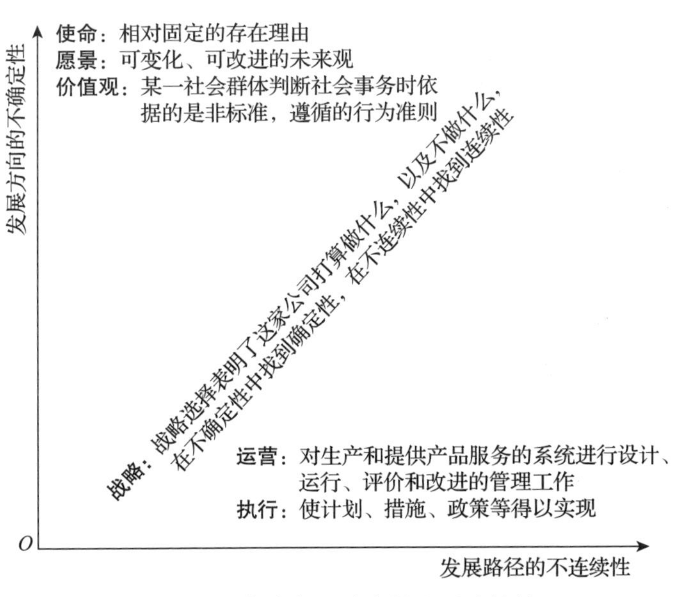

图 10-2　战略与不确定性和不连续性

使命、愿景、价值观、战略、运营、执行等这些广义的企业战略概念构成要素之间的关系可以用图 10-3 表示。第一，引领战略方向的是企业的使命和愿景，也就是企业存在的目的；第二，约束企业的存在范围和边界的是价值观；第三，企业的使命和愿景在价值观的约束下具体化为企业的战略目标；第四，战略目标在运营中转化为实际的运营指标；最后，运营指标通过实际的行动来达成。

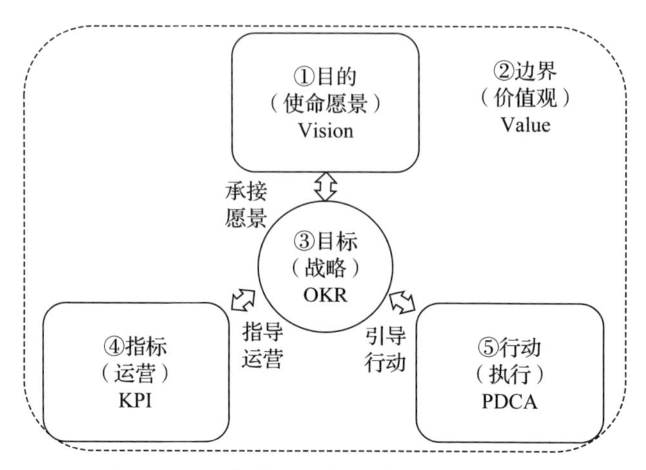

图 10-3　以价值观为界，实现目的和目标

使命、愿景和价值观

“使命、愿景和价值观”在企业中的作用怎么强调都不为过，然而，并不是所有的企业都有明确的使命、愿景和价值观。使命、愿景和价值观的形成有一定的顺序，而且需要相当一段时间。通常情况下，企业的价值观是最先形成的，一般来自企业创始人的价值观。当企业发展一段时间之后，形成了一定的核心能力，价值观就被用于塑造和促进企业能力的发展，并在此基础上形成企业的使命。使命进一步细化，具体到未来一段较长的时间内，就形成了愿景。

“使命”要表达的是组织存在的价值和意义，回答的是组织为什么存在的问题（即 Why）。描述企业使命通常用“使……”“让……”“为……”“以……”等句法。例如，腾讯的使命“用户为本、科技向善”，实际上是“以用户为本、使科技向善”；小米的使命中的核心内容为“让全球每个人都能享受科技带来的美好生活”；京东的使命是“科技为本，致力于更高效和可持续的世界”；海尔的使命是“为全球用户提供美好生活解决方案”；阿里的使命是“让天下没有难做的生意”。

不难看出，大多数企业的使命都能表达出企业为什么而存在，多数能比较好地表述这个问题。然而，很多企业的愿景往往表达了与使命类似的内容，大多都没做到把使命与市场趋势相结合、把使命与企业的发展阶段相结合。例如，腾讯的愿景表述中，“一切以用户价值为依归，将社会责任融入产品及服务之中；推动科技创新与文化传承，助力各行各业升级，促进社会的可持续发展”，虽然表达了科技与文化结合、助力行业升级的意思，说明了企业2C和2B两大发展方向，但意思的表达总是显得有些模糊。

然而，小米的愿景表述中，“和用户交朋友，做用户心中最酷的公司”则没有表达出小米到底是干什么的。同样的问题也出现在京东的愿景表述中，“成为全球最值得信赖的企业”可能是所有企业可望而不可及的梦想，但作为一家企业的愿景可能不太合适。比较而言，海尔的愿景表述则清晰一些，“成为全球白电行业领先者和规则制定者，全流程用户体验驱动的虚实网融合领先者，创造互联网时代的全球化品牌”体现了“全流程用户体验”和“虚实网融合”所充当的行业发展的需求驱动力和基础驱动力，“互联网时代”则定义了这个版本的愿景所适用的时间段。

综合来说，阿里的愿景定义得最清楚、最全面，涵盖了愿景所需要回答的几个核心问题，即何时（When）、何地（Where）、为谁（Who）、做何事（What）。阿里的愿景包括长期和中期两个部分。长期愿景是“成为一家活102年（When）的好公司（What）”。中期愿景是“到2036年（When），服务20亿消费者（Who），创造1亿就业机会，帮助1000万家中小企业盈利（What）”。置于何地（Where），则是隐藏在使命中的“天下”。

价值观是使命和愿景产生的基础，要表达的是企业做事的边界和底线，价值观的形成往往早于使命和愿景。腾讯的价值观为“正直、进取、协作、创造”，大体上体现了做人要正直，做事要进取，团队要协作，产品要创造的理念。小米的“真诚、热爱”的价值观总体上表达了“对用户要真诚，对产品要热爱”的理念。京东的价值观“客户为先、诚信、协作、感恩、拼搏、担当”所要表达的含义和腾讯的价值观相差不大。海尔的价值观则从是非、发展和利益三个方面规定了海尔人要“以用户为是，以自己为非；发扬创业精神和创新精神；以‘人单合一双赢’的理念创造和分配利益”。

对比而言，阿里的价值观的维度更加丰富，表述相对更清楚。“客户第一，员工第二，股东第三”表达的是利益排序，解决利益冲突情况下的优先考虑顺序；“因为信任，所以简单”表达的是为人处世的态度，因为相信用户、相信同事，所以可以用平常心做事；“唯一不变的是变化”表达的是以变化应对复杂多变的外部环境，而不是以不变应万变的故步自封；“今天最好的表现是明天最低的要求”表达的是每个人都要不断进步，不进步就是退步；“此时此刻，非我莫属”表达的是当面对的情况没有明确的规定或者责任人时，每个人都要有挺身而出的态度；“认真生活，快乐工作”的原则侧重于工作和生活的平衡，明晰工作和生活的界限。总之，“价值观”讨论的是企业员工应该如何做人做事（How）的问题。

综合起来，使命、愿景和价值观回答了企业的6个核心问题：为何（Why）、为谁（Who）、什么（What）、何时（When）、何地（Where）、如何（How）。这六个问题对应着记叙文六要素：时间（When）、地点（Where）、人物（Who）、原因（Why）、过程（How）和结果（What）。记叙文的六要素告诉我们，想把一个事情说清楚，需要包含这6个要素。使命、愿景和价值观的6个核心问题的作用也类似：想把一个企业说清楚，需要包含这6个方面。

战略、运营和执行

对于企业而言，战略上接使命、愿景和价值观，下连运营和执行。

如果说，使命、愿景和价值观包含“5W1H”，那么，承上启下的战略也应该涵盖“5W1H”。战略的“5W1H”内容是：创造用户价值（Why）、组织持续成长（Who）、业务健康发展（What）、完善市场生态（Where）、跨越发展阶段（When）和战略实施路径（How）。

这个“5W1H”框架可以用来分析各类组织、企业甚至个人的战略。以企业为例，企业为什么存在？企业由谁组成？企业提供什么产品？企业的外部环境如何？企业的发展经历了什么阶段？企业发展的关键路径是什么？每家企业都应该思考一下，“你是谁？你为何而奋斗”。

应用“5W1H”模型时，可以利用如下句式清晰地描述企业的战略：“为了实现**用户价值**，我们要在**战略阶段**内，通过**组织成长**的方式，在**市场生态**环境中，实现**业务发展**目标。具体而言，我们将通过这些**战略路径**实现战略目标”。例如，阿里巴巴为了实现“……帮助 1 000 万家中小企业盈利”的愿景，制定了“1 年内显著降低中小企业在阿里平台上的获客成本”的战略目标。

于是，这个战略可以表述为：“为了实现**用户能随时随地使用支付宝支付**，我们要在 **1 年**内，通过**和线下商家全面合作**的方式，在境内实现**支付宝覆盖所有地市县**的目标。具体而言，我们将通过这些 ABC 等**战略路径**实现战略目标。”

战略目标可以分解为用户目标、组织目标、业务目标和市场目标等方面。企业可以从愿景出发，制订企业中短期（1～3 年）的战略目标。从用户目标、组织目标、业务目标、市场目标四个要素的角度出发，分解企业的整体战略目标，并检验各个要素目标的协同（见图 10-4）。

将愿景分解到战略目标后，企业需要进一步把战略目标推进到运营指标。运营指标要衔接战略目标，多个运营指标支撑一个战略目标。例如，为了实现“1 年内显著降低中小企业在阿里平台上的获客成本”的战略目标，企业可能提出“对中小企业在阿里平台上服务的用户进行更加精确的分类”等用户指标，提出“设立专门服务各个行业的中小企业的部门”等组织目标，提出“平台上的中小企业服务用户数量提升 50%”的业务目标，提出“相关市场份额上升 5 个百分点”的市场目标。为了实现这些战略目标，企业就需要制定出更加详细的用户运营指标、组织运营指标、产品运营指标和市场运营指标。除了各个运营指标之间的协同之外，运营指标与上层的战略目标之间也需要达成协同（见图 10-5）。

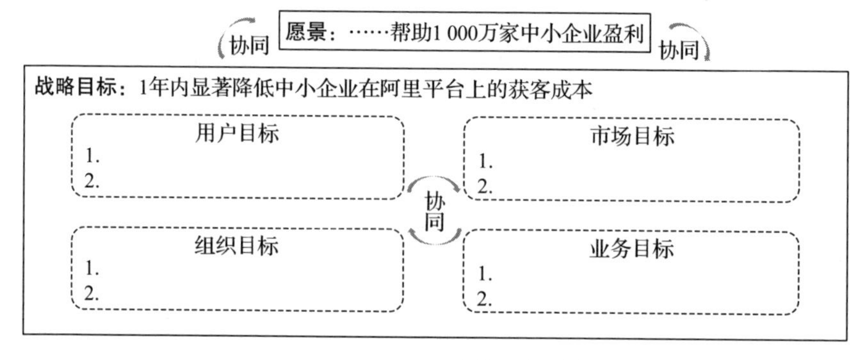

图 10-4　从愿景到战略目标

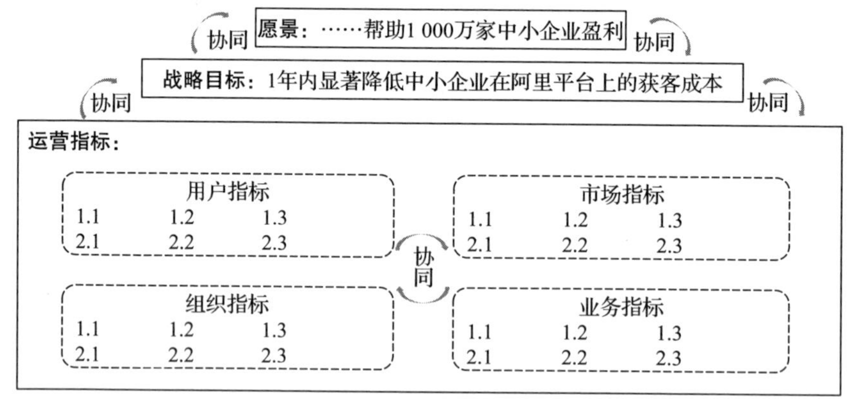

图 10-5　从战略目标到运营指标

把战略目标分解为运营指标后，企业需要进一步把运营指标落实到执行方案上。执行方案通常包括行动领域、子行动、完成时间、完成标志、主要负责人、支持人、衡量指标等多个方面。在制定行动方案时，要充分考虑行动方案落地所需的动力支撑以及相应的能力支撑，包括：选择得力的人，明确考核标准并分清责任，列明奖惩规则，提升员工能力素质，倡导积极敢当的行动力文化，等等。此外，还要将行动方案落实到个人绩效合约上，明确员工个人在执行方案和战略目标期间的责任，具体到需要达成的绩效目标和重点工作计划（见图 10-6）。

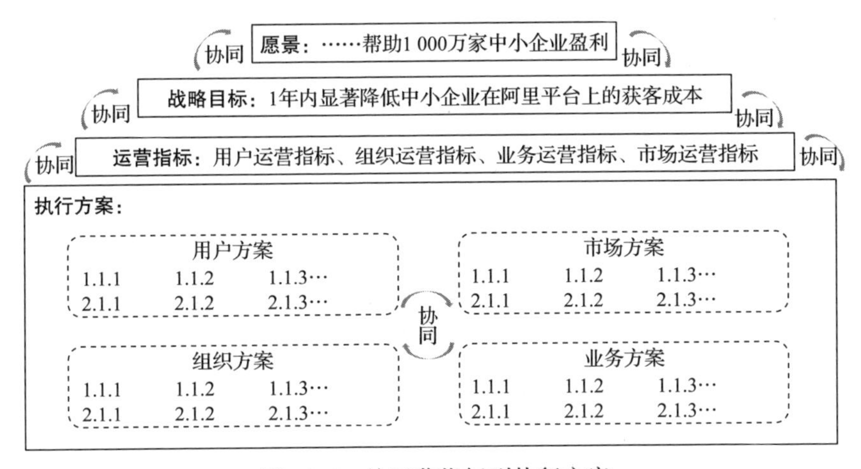

图 10-6　从运营指标到执行方案

企业在从使命、愿景和价值观的形成，到战略制定、运营和执行的过程中，需要有一个统一的分析框架，帮助企业把商业要素的各个方面贯穿起来，形成自上而下和自下而上的循环体系。这个体系需要把企业的方方面面说得比较清楚。我们可以借用记叙文 6 要素的框架，从时间（When）、地点（Where）、人物（Who）、原因（Why）、过程（How）、结果（What）等 6 个的方面来进行分析。

在使命、愿景和价值观的层面，要回答企业为何存在（Why）、企业提供什么（What）、谁来提供和提供给谁（Who）、在哪里提供（Where）、在何时提供（When）以及如何提供（How）等问题。在战略层面，要制定用户战略、产品战略、组织战略、市场战略、阶段战略、路径战略。再进一步，企业需要把战略目标落地为运营指标和执行方案，并在运营和执行的层面建立对应的管理体系（见图 10-7）。

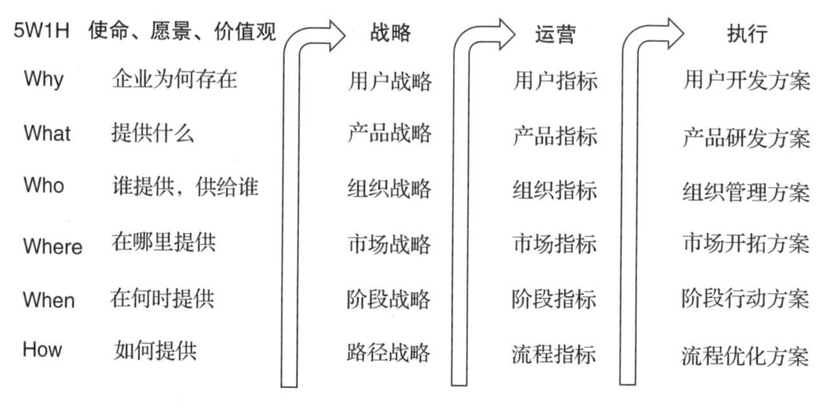

图 10-7　六个基本管理问题

第二节　共演战略协同

BLM 模型

BLM（Business Leadership Model）又称“业务领先模型”（见图 10-8），是 IBM 在前 CEO 郭士纳的主导下和哈佛大学合作归纳出的一套战略规划方法论。BLM 模型由 11 个要素组成，包括“战略制定”模块的市场洞察、战略意图、创新聚焦、业务设计，“战略执行”模块的关键任务、人才、组织 / 流程、氛围和文化，以及差距分析、领导力和价值观。㊀

BLM 模型认为，进行战略规划的根本动因在于存在“差距”。差距分为两种：一是业绩差距，即现有经营结果和期望值之间差距。弥补这种差距主要是运营层面的任务，可以通过高效的执行来实现，可以不需要改变业务设计；二是现有经营结果和新业务设计可能带来的经营结果之间的差距，弥补这种差距主要是战略层面的任务，需要有新的业务设计来填补差距。

㊀ 蔡春华 . 战略参谋：写出管用的战略报告 [M]. 北京：北京燕山出版社，2020.

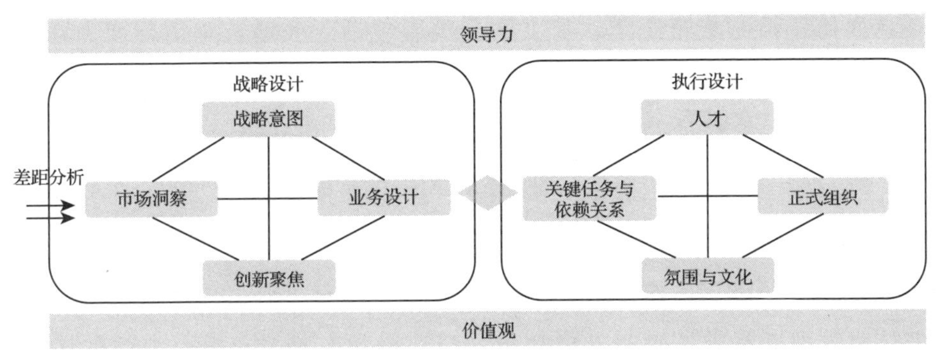

图 10-8　业务领先模型

BLM 模型的战略制订部分从“市场洞察”开始，市场洞察包括看环境、看客户、看伙伴、看竞争和看自己，不仅要关注价值现状，还要关注价值转移趋势以及这种变化对业务设计的影响。市场洞察之后是“战略意图”，包括愿景、战略目标和近期目标等三个层面，分别是企业未来想做、当前能做和马上可做三个部分的内容。在市场洞察和战略意图之后，战略制订进入“创新聚焦”环节。创新聚焦关注三个方面的工作：一是改变业务组合，实现战略目标；二是寻求创新方法，用创新方法实现新的业务组合；三是发现和发掘潜在的、可利用的资源。

BLM 模型战略制订部分的重中之重是“业务设计”，包括客户选择、价值主张、活动范围、盈利模式、战略控制点等五个要点。客户选择回答的问题包括：谁是（不是）企业的客户？客户需求是什么？价值主张回答的问题包括：企业要满足的客户的核心诉求是什么？企业的竞争优势是什么？客户为什么买企业的产品？活动范围回答的问题包括：企业在价值链的哪些环节？需与哪些人合作？活动范围回答的问题包括：企业如何赚钱？还能挖掘其他的赢利模式吗？战略控制点回答的问题包括：怎样建立持续赢利的增长模式？需要建立什么竞争壁垒？

BLM 模型的战略执行部分从“关键任务”开始。关键任务的来源包括差距分析、市场洞察、战略意图、创新聚焦与业务设计。关键任务是一系列持续性的战略举措，从大的分类看包括业务增长举措与能力建设举措，关键在于“连贯性活动”，具体包括七个方面：客户管理、产品营销、产品开发、交付平台、服务、风险管控和能力建设。

“组织”“人才”“文化”是BLM模型的战略执行部分的三个支撑模块。为了确保关键任务能够被有效执行，需要建立相应的组织结构、组织授权和考核标准。组织架构只有最适合，没有最好。人才是战略落地的依靠，要使战略能够被有效执行，员工必须有能力（能不能做）、有动力（愿不愿做）以及有机制（让不让做）来实施关键任务。文化是组织的行为方式，有效的组织文化将促进、激励和强化关键任务的有效执行。战略执行部分的关键任务、正式组织、人才和文化等部分之间不是分裂的，而是有机结合的一个整体，我们称之为“内部一致性”。

除了差距分析以及战略制定和战略执行的各个模块，BLM模型还包括“领导力”和“价值观”两个模块。BLM模型强调的领导力不是个人领导力，而是组织的战略领导力，指预测事件、展望未来、保持灵活性并促使他人进行所需的战略变革的能力。组织的战略领导力来源于企业使命、愿景和价值观的驱动和战略制定与执行的落实。

如果我们把BLM模型比喻成一列火车，差距分析就是牵引火车前进的车头，战略规划和战略执行两部分是火车的车厢，而领导力和价值观就是火车的两条铁轨，确保火车的行进不偏向、不出轨。

BLM模型在中国企业界的应用非常广泛，其中一个重要原因是华为等领先企业在发展的关键时期引入了包括BLM模型在内的一系列战略规划和执行工具。以华为公司为例，华为于2004年引入了愿景驱动战略规划体系（VDBD），于2008年引入了战略规划的BLM模型，于2012年引入了侧重战略实施的业务执行力（BEM）模型和从战略到执行（DSTE）模型，形成了一整套战略规划和执行工具体系。

BLM模型之所以在企业界被广泛应用，是因为它有非常明显的优势，包括从战略规划到战略执行的体系性，以及涵盖战略和组织要素的系统性。然而，BLM在企业实践中往往只是被应用在某一项业务上，一些集团性的企业可能在每个业务单元都使用了BLM模型，但在集团层面缺乏一个整体性的框架，无法把各业务单元的BLM模型并联起来，形成集团层面的战略合力。例如，华为、百度这样体量的企业集团，虽然有不少内部业务单元使用了BLM模型作为战略规划框架，但在集团层面却缺乏一个更为系统的体系进行整体战略规划。

过去几年在华为、腾讯、阿里、百度、海尔等领先企业的应用过程中，共演战略已经逐步演化为一个集系统性和动态性为一体，整合集团企业不同业务单元战略规划思路，反映业务单元不同发展阶段特点的战略规划模型框架。

共演战略协同模型

共演战略协同模型（Co-evolution and Co-ordination Model，CCM）的建构采用了和BLM类似的框架。这样做的主要好处在于，企业管理者可以基于自己对BLM模型的了解快速理解共演战略协同模型（CCM），同时，也便于该模型和BLM模型的对接和配合使用。

共演战略协同模型包括11个组成部分（见图10-9），分为“见终局”“知时局”“揽全局”和“应变局”四个模块。第一个模块是使命、愿景和价值观模块（见终局），这是企业战略分析的起点。使命确定了企业存在的价值和原因，回答了“Why”的问题；愿景诠释了企业的中长期目标，回答了“Who”“What”“Where”“When”等问题；价值观规定了企业行为标准，回答了“How”的问题。BLM模型把战略意图、领导力和价值观分为三个模块，但未能强调这三个模块的内在一致性和价值统一性，CCM开宗明义，强调了使命、愿景和价值观对战略的重要意义。

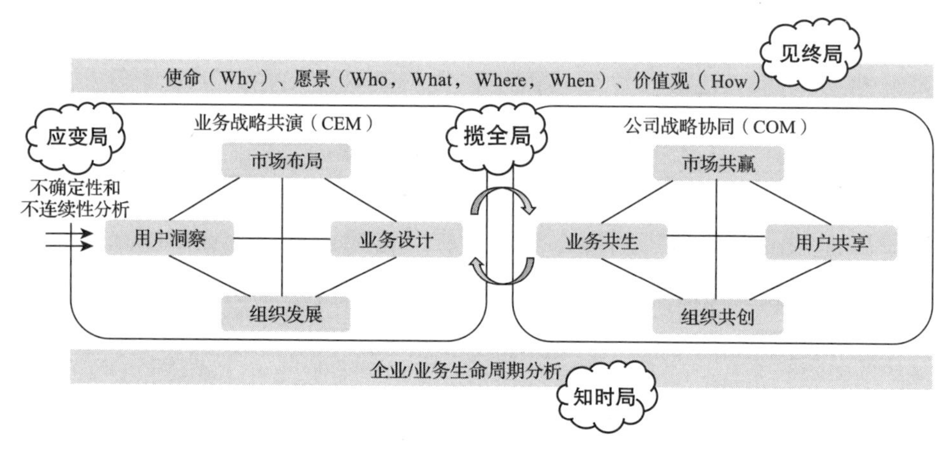

图 10-9　共演战略协同模型

CCM 的第二个模块是企业 / 业务生命周期分析（知时局）。传统的企业战略分析，不强调企业 / 业务生命周期的作用，常常把企业看作一个个静态的组织，把业务看作一个个孤立的存在。实际上，一家规模很小的企业也往往经营着多个处于不同业务生命周期的业务模块，而一家规模巨大的企业集团则可能有成百上千个处于不同业务生命周期的业务模块。因此，在进行企业战略分析的时候，企业整体和各个业务的生命周期的分析至关重要。

CCM 的第三个模块是不确定性和不连续性分析（应变局）。BLM 模型中的差距分析与 CCM 模型中的不确定性和不连续性分析有相似性，而后者的内涵更为丰富。从相似性来看，BLM 模型中的机会差距与 CCM 模型中的不确定性类似，而 BLM 模型中的执行差距与 CCM 模型中的不连续性类似。从差异性来看，CCM 模型中的不确定性分析不仅涵盖业务机会和业务执行的差距，更强调战略方向的不确定性和战略路径的不连续性，包括用户、组织、产品和市场等方面的不确定性与不连续性。

CCM 的第四个模块是业务战略共演与公司战略协同，这是 CCM 模型的核心部分。业务战略共演模块与 BLM 模型类似，BLM 模型的用户洞察、组织发展、业务设计、市场布局四个模块，分别对应共演战略的用户、组织、产品和市场等四个要素。公司战略协同则是 BLM 模型中所没有涉及的，包括用户共享、组织共创、业务共生和市场共赢四个模块。

用户洞察主要包括对用户特征、用户需求和用户选择的洞察，分别回答用户是谁、用户有什么需要和用户为何选择我们等基本的用户要素问题。用户洞察可以使用（包括但不限于）本书各章节讨论的用户洞察画布、人物原型画布、用户移情图、“个人从众”效应表、需求破局工具、用户漏斗模型、用户故事板、用户乘数、潜在需求 Y 模型、Kano 用户需求分析模型等工具（见图 10-10）。

CCM整体框架	不确定性、不连续性	使命、愿景、价值观	企业生命周期
• 共演协同模型（第10章） • 共演战略基础画布（第5章） • 创业、成长、扩张、转型四阶段画布（第6～9章） • 共演战略5W1H模型（第5章） • 共演战略黄金圈法则（第5章）	• 不确定性和不连续性分析（第1章） • 企业发展过程（第1章） • 格局视野SWOT分析（第1章）	• 使命愿景5W1H模型（第5章） • 五个为什么（第2章）	• 企业生命周期曲线（第4章） • 点线面体（第4章） • 用户、组织、产品、市场要素生命周期曲线（第4～5章）
用户洞察	**组织发展**	**市场布局**	**业务设计**
• 人物原型画布（第6章） • 用户移情图（第6章） • “个人从众”效应表（第7章） • 需求破局工具（第7章） • 用户漏斗模型（第8章） • 用户故事板（第8章） • 用户乘数（第9章） • 潜在需求Y模型（第9章） • Kano用户需求分析模型（第9章）	• 创业者特征测评表（第6章） • 创始团队协同测评表（第6章） • 创业组织能力测评表（第6章） • 创始人时间分配表（第7章） • 层级组织价值观测评表（第7章） • 管理者整合思维模型（第8章） • 职业领导梯队（第8章） • 创客二维点阵模型（第9章）	• 技术成熟度曲线（第6章） • 动态股权分配表（第6章） • 混沌市场决策逻辑（第6章） • 创新扩散模型（第7章） • 战略布局图（第7章） • 未来雷达图（第9章） • 消费趋势画布（第9章）	• 竞品分析画布（第6章） • 用户和解决方案访谈表（第6章） • 举一反三逻辑图（第6章） • 用户净推荐值（第6章） • 爆款产品飞轮（第7章） • 飞轮构建步骤（第8章） • 生态商业模式解构（第9章）
用户共享	**组织共创**	**市场共赢**	**业务共生**
• 多业务用户共享画布（第10章）	• 多业务组织共创画布（第10章）	• 多业务市场共赢画布（第10章）	• 多业务业务共生画布（第10章）

图 10-10　共演战略协同模型相关工具

组织发展主要包括对领导者、团队员工和组织管理的动态分析，分别回答谁是领头人、谁是中坚力量、如何形成合力等基本组织要素问题。组织发展可以使用（包括但不限于）本书各章节讨论的组织发展画布、创业者特征测评表、创始团队协同测评表、创业组织能力测评表、创始人时间分配表、层级组织价值观测评表、管理者整合思维模型、职业领导梯队、创客二维点阵模型等工具。

市场布局主要包括对市场趋势、资本资源和市场竞合的布局分析，分别回答对未来方向如何、资本资源哪里来和如何用、利益相关方关系等市场要素基本问题。市场布局可以使用（包括但不限于）本书各章节讨论的市场布局画布、技术成熟度曲线、动态股权分配表、混沌市场决策逻辑、创新扩散模型、战略布局图、未来雷达图、消费趋势画布等工具。

业务设计主要包括对产品开发、营销推广和商业模式的战略设计，分别回答产品如何做、产品如何卖、钱如何赚等业务要素基本问题。业务设计可以使用（包括但不限于）本书各章节讨论的业务设计画布、竞品分析画布、用户和解决方案访谈表、举一反三逻辑图、用户净推荐值、爆款产品飞轮、飞轮构建步骤、生态商业模式解构等工具。

用户共享、组织共创、业务共生和市场共赢等模块的主要作用是站在集团层面，对各个业务模块的战略要素进行战略协同分析。企业的可持续发展一定不仅是单一业务模块的爆发和单一用户需求的满足，也不仅是组织在生命周期某个阶段的快速成长或对个别市场机会的把握，而是多类用户、多种业务、多个市场和多元组织的协同发展。为此，从集团公司的角度，需要对用户、组织、产品、市场等要素进行系统的协同性分析。

用户共享

在商业趋势从移动互联网转向产业互联网之际，很多企业都在尝试从 2C 向 2B 的探索和转型。2021 年初，小米组建团队启动 2B 业务，计划全年做到 20 亿规模。小米 2B 业务的早期尝试分为两大部分，即定制化的产品和场景化的方案。

例如，渔民以往在渔船上使用的都是卫星手机通信，而一艘船上一般只有两三部卫星手机，渔民的打鱼生活单调。小米尝试在渔船上架设卫星接收天线，小米手机提供定制系统，优化使用卫星流量，让渔民在船上也可以自由使用手机。这个业务类似于将小米的路由器和卫星接收天线结合起来，把小米产品扩展到之前没有涉及的领域之中。与个人选择手机和路由器等产品时的决策不同，渔船等资产一般都属于单位，进行系统改造需要和单位的决策者打交道。此类定制业务还包括商贸公司/餐饮行业的电视定制、城管群体的手机定制等等。

小米的场景化方案则是输出整套的智能场景解决方案，主要场景涉及地产、酒店、公寓、养老公寓这些行业。小米已与国内泰康老年公寓达成了前装合作，将在公寓里面提供老年人版的小爱同学，提醒老年人定时吃药和集体活动的时间，还将安装可以和子女联系的小米电视的配套产品，等等。

在用户共享过程中，企业应分析A业务和B业务的用户特征、用户需求和用户选择之间的相同点、差异点和协同点。以2C和2B手机业务用户的特征而言，相似点较为明显，都是某类个体用户。但差异点在于2B手机业务用户因为大都在同一场景内使用手机，个体差异更低。因此，2C和2B手机业务的用户特征的协同点就是要突出用户特征的相似点，满足2B用户群体的共性特征和需求。

手机作为一种软硬件结合的设备，可以预装很多软件，也可以对使用界面进行定制。从2C业务向2B业务的拓展过程中，手机厂家完全可以聚焦用户对特定功能的深度需求，开发高频度的定制功能，满足2B业务用户的共性需求。此外，与2C业务用户的个体决策过程不同，2B业务用户的决策是集中进行的。因此，小米手机的大用户群体为2B业务用户的拓展提供了非常好的基础，减少了2B业务用户在选择小米品牌时的障碍。

在进行用户共享分析时，我们可以用多业务用户共享画布，分析不同业务的用户特征、用户需求和用户选择等方面的相同点和差异点，找出业务之间的用户共享协同点（见图 10-11）。

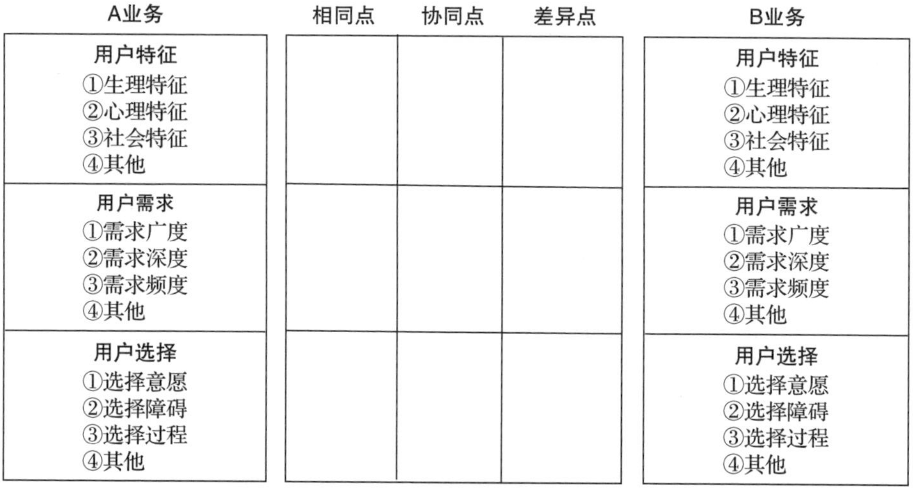

A业务	相同点	协同点	差异点	B业务
用户特征 ①生理特征 ②心理特征 ③社会特征 ④其他				用户特征 ①生理特征 ②心理特征 ③社会特征 ④其他
用户需求 ①需求广度 ②需求深度 ③需求频度 ④其他				用户需求 ①需求广度 ②需求深度 ③需求频度 ④其他
用户选择 ①选择意愿 ②选择障碍 ③选择过程 ④其他				用户选择 ①选择意愿 ②选择障碍 ③选择过程 ④其他

图 10-11　用户共享画布

组织共创

2021 年 10 月 29 日，华为在松山湖园区举行军团组建成立大会，成立了煤矿军团、智慧公路军团、海关和港口军团、智能光伏军团和数据中心能源军团等五个行业军团。早在 2021 年 1 月 22 日，任正非就在《星光不问赶路人》一文中说明了华为军团的重要性："在场景化应用中，重视客户需求、依靠行业专家，如煤矿军团探索出一条 5G+ 人工智能改变社会的道路来，真正使 5G 改变社会成为一个现实。"

在华为成立的太原智能矿山创新实验室中有 220 位专家，其中有 53 位是来自华为的电子技术专家，还有 150 多位是对煤炭行业比较了解的煤炭专家，他们组成了一个联合实验室，实行双重责任制。在煤炭业务方面，煤炭行业带头人的话语权要重一些；在电子技术方面，华为带头人的话语权偏重一些。

华为的军团制尝试体现了企业发展中的组织共创。军团机制就是把基础研究领域的科学家、技术专家、产品专家、工程专家、销售专家、交付与服务专家全都会聚在一个部门，缩短了产品开发的周期。行业军团是华为能在千行百业所采用的一种作战模式，并非华为首创，而是华为向谷歌学来的。2019 年，任正非在杭州研究所业务汇报会上的讲话中，号召华为向谷歌军团学习，到战场上去、立功去，杀出一条血路来！

华为希望通过军团作战，打破现有组织边界，快速集结资源，穿插作战，提升效率，做深做透一个领域，对商业成功负责，为公司多产粮食。行业军团集中各个事业群（BG）的精兵强将，打破边界打通资源，形成纵向能力对重点行业进行突破，并创造新的增长引擎。新成立的行业军团一把手均为内部公开竞聘产生，实现了各业务部门之间的领导者与核心团队的有序流动。

华为的军团制组织共创可以理解为业务体系和销售体系的融合创新，军团是在原有"BG-BU"之下的新型业务事业部，主要面向行业客户提供解决方案、营销、销售和服务的管理和支撑。华为的区域经营中心则负责区域的各项资源、能力的建设和有效利用，并负责业务战略在所辖区域的落地。有了地区部门在当地的客户关系，就有了地面销售部队；有行业整体的战略客户开发和品牌支援，就有了空中支援。

从华为的军团制创新尝试可以看出，五大军团倒逼内部组织变革，通过军团作战，打破了现有组织边界，快速集结资源，穿插作战，提升了效率。因此，组织共创是业务创新的基础，可以在打破原有组织结构的基础上促进业务共生（见图 10-12）。

业务共生

金山办公脱胎于金山软件这家 1988 年成立的中国 IT 界元老级企业。金山软件于 1989 年推出 WPS1.0 后，市占率已经达到 90% 左右，而后在微软和盗版的夹击之下，受到重创。2005 年随着 WPS Office 2005 推出，金山办公涅槃重生。从 2011 年开始，金山办公抓住移动互联网的机会，成功崛起。2015 年至今，金山办公依托“云办公战略”逐步发展壮大，并于 2019 年 11 月在科创板上市。

A业务	相同点	协同点	差异点	B业务
领导者 ①领导经验 ②领导资源 ③领导潜力 ④其他				领导者 ①领导经验 ②领导资源 ③领导潜力 ④其他
团队员工 ①团队规模 ②团队素质 ③团队成长 ④其他				团队员工 ①团队规模 ②团队素质 ③团队成长 ④其他
组织管理 ①组织结构 ②组织制度 ③组织文化 ④其他				组织管理 ①组织结构 ②组织制度 ③组织文化 ④其他

图 10-12　组织共创画布

从业务来看，金山办公主要从事 WPS Office 办公软件产品及服务的设计研发及销售推广，其主要盈利模式包括办公软件产品使用授权、办公服务订阅和互联网广告推广三种。在提出云办公战略之前，金山办公的产品使用授权和互联网广告业务占主营业务比重超过 70%。自 2018 年提出云办公战略，办公服务订阅占主营业务的比例逐年提高。办公服务订阅模式主要服务对象为 B 端机构和 C 端用户。对于 B 端机构，公司根据客户具体需求，定制差异化的办公服务，并且提供后续的升级及维护服务。对于 C 端用户，公司提供 WPS 会员、稻壳会员服务。稻壳会员可以使用精品模板、高级图表、版权图片字体、PPT 智能美化等内容素材。

2020 年，金山办公实现业务收入 22.61 亿元，其中办公软件授权业务收入 8.03 亿元，同比增长 61.90%；办公服务订阅业务收入 11.09 亿元，同比增长 63.18%；互联网广告推广业务收入 3.49 亿元，同比减少 13.61%。我在与金山办公高管团队交流时得知，互联网广告推广业务收入的下降是公司有意为之，目的是提升用户的使用体验，避免过多打搅用户。如果读者使用新版的 WPS App，会发现在所有应用的最后都有个“活动福利”模块，大多数互联网广告推广业务都集中在这个独立模块里。

2020 年 12 月 1 日，金山办公举办 WPS「CHAO」办公大会，宣布将“协作”提升至核心产品战略，形成“多屏、云、AI、内容、协作”五大产品战略。为了支撑新的产品战略，金山办公采取了业务导向和客户导向的混合型事业部组织架构，设立中台技术部门支持 2B（办公软件授权）和 2C（办公服务订阅）业务，在产品开发、营销推广和商业模式等方面协作，形成合力。[㊀]

类似金山办公的大企业有强大的资源和能力，可供在发展新业务时使用。但是，大企业发展新业务在借用之前的优势资源时，往往会遇到来自组织内部的阻力。“借用”指的是组织在发展新业务时，需要借用旧业务积累的资源和能力。要理解“借用”，可以沿着“新旧业务所需共同资源的稀缺性”和“新旧业务产生矛盾的可能性”两个维度进行分析。

第一个维度（新旧业务所需共同资源的稀缺性）着眼于新业务向旧业务借用资源的现实可能性。如果某些资源很稀缺，那么旧业务一定不愿意把稀缺资源借给新业务使用。第二个维度（新旧业务产生矛盾的可能性）着眼于新业务向旧业务借用资源的未来可能性。如果新旧业务之间会产生市场份额等方面的矛盾，那么随着新业务的发展，旧业务一定越来越不愿意把稀缺资源借给新业务使用。

首先，当新旧业务所需共同资源的稀缺性低，且新旧业务产生矛盾的可能性低的时候，新业务向旧业务借用资源的困难程度较低。举例来

㊀ 范海涛 . 生生不息 [M]. 北京：中信出版社，2021.

说，对一个房地产企业而言，发展围绕居民社区生活服务的新业务，所需要的房屋资源（底商、物业中心）的稀缺程度低，而且新旧业务之间不仅没有明显的矛盾，还能相互促进。所以，很多房地产企业发展社区服务是自然且容易的方向。

其次，当新旧业务所需共同资源的稀缺性低，但新旧业务之间产生矛盾的可能性高的时候，新业务向旧业务借用资源的困难程度就会升高。举例来说，有一些传统的航空公司，票价比较高，航路和飞机资源闲置，想进入廉价航空领域，以便更高效地利用资源。在这种情况下，新旧业务所需共同资源的稀缺性相对较低，但廉价航空的发展会和传统航空争夺市场份额，产生矛盾。所以，很多传统航空公司试水廉价航空业务，都不成功。类似的情况还经常在酒店业、奢侈品行业里发生。

再次，当新旧业务产生矛盾的可能性低，但新旧业务所需共同资源的稀缺性高的时候，新业务向旧业务借用资源的困难程度也会升高。举例来说，如果一个传统的商学院希望在线上扩大影响，可能会考虑开设一些线上课程，同时也可以帮助线下的招生。应该说，这些线上课程和线下课程产生矛盾的可能性是比较低的，但由于线上课程和线下课程都需要投入教师资源，而好的教师资源的稀缺性很高，我们很少见到能把线上课程和线下课程都做好的商学院。

最后，当新旧业务所需共同资源的稀缺性高，且新旧业务产生矛盾的可能性也高的时候，新业务向旧业务借用资源的困难程度会非常高。这种情况对于占据行业领先地位的组织来说较为常见。对于占据行业领先地位的组织来说，利润的主要来源是收取高于竞争对手的价格，而收取高价的理由往往是这些领先组织占有稀缺资源。

在讨论业务共生时可以遵循三个原则：在新旧业务间建立起合适的联系，建立起有利于借用的合作氛围，把创新业务作为公司最高层亲自抓的重点业务，必要时进行调整干预。在进行业务分析时，我们可以用多业务共生画布，分析不同业务的产品开发、营销推广和商业模式等方面的相同点和差异点，找出业务之间的业务共生协同点（见图 10-13）。

A业务	相同点	协同点	差异点	B业务
产品开发 ①技术创新 ②流程创新 ③产品创新 ④其他				产品开发 ①技术创新 ②流程创新 ③产品创新 ④其他
营销推广 ①营销定位 ②营销渠道 ③营销力度 ④其他				营销推广 ①营销定位 ②营销渠道 ③营销力度 ④其他
商业模式 ①业务模式 ②盈利模式 ③现金流模式 ④其他				商业模式 ①业务模式 ②盈利模式 ③现金流模式 ④其他

图 10-13　业务共生画布

市场共赢

随着企业生命周期的演进，一些企业在做大做强的同时也遇到了转型的挑战。例如，房地产行业在经历了多年的快速发展之后进入了持续调整阶段，以房地产开发为主业的大型企业纷纷进行转型。招商局蛇口工业区控股股份有限公司（简称招商蛇口）作为招商局集团旗下的城市综合开发运营板块的旗舰企业，自 1979 年深圳蛇口工业区开始建设起，经历了 40 余年的快速发展，成为国内房地产行业的领军企业之一。㊀

然而，随着国内房地产行业发展模式调整的不断深入，企业所面临的社会发展趋势产生了很大的变化。中国社会的主要矛盾从“人民日益增长的物质文化需要同落后的社会生产之间的矛盾”转变为“人

㊀ 钟坚，编著 . 改革开放梦工场：招商局蛇口工业区开发建设 40 年纪实（1978—2018）[M]. 北京：科学出版社，2018.

民日益增长的美好生活需要和不平衡不充分的发展之间的矛盾”。在这样的大趋势下，招商蛇口将公司的使命转变为“做美好生活的承载者”，将公司的愿景转变为“成为中国领先的城市和园区综合开发运营服务商”。

在这样的时代趋势之下，招商蛇口致力于从城市功能升级、生活方式升级、生产方式升级三个角度入手，为城市发展与产业升级提供综合性解决方案，为客户的生活和工作提供多元化的，覆盖全生命周期的产品与服务。招商蛇口的转型反映了集团型企业顺应市场趋势整合内部和外部资源，对内获取互补资源、对外强化竞争优势的发展逻辑。从业务构成比例来看，招商蛇口在2020年的社区开发与运营收入在总收入中的占比为78.1%，园区开发与运营收入在总收入中的占比为21.8%，邮轮产业建设与运营收入在总收入中的占比为0.1%。近年来运营收入占比的持续上升反映了招商蛇口业务重点的转变以及资本资源倾斜的新方向。

2020年是招商蛇口的资管年，公司成立了资产管理中心，协同招商积余设立“招商商管”商业运营管理团队，整合成立“招商伊敦”酒店公寓管理平台，以专业化、垂直化为原则重塑组织管理体系。公司全面盘点了集中商业、写字楼、酒店、公寓等四大业态的持有型物业，设置了不同的持有及管理策略，在不同业务之间开展区域内和区域间的合作。

招商蛇口的转型案例说明，企业发展必须顺应时代潮流，在市场趋势发生变化的背景下，企业要能够从战略的高度来整合内部外部资源，顺应市场趋势，加强内部与外部合作，开拓新的市场领域。企业可以利用图10-14的多业务市场共赢画布，分析不同业务面临的市场趋势、需要的资本资源以及市场竞合状况，促进不同业务在市场维度上的战略协同。

A业务	相同点	协同点	差异点	B业务
技术趋势 ①技术突破性 ②技术稳定性 ③技术经济性 ④其他				**技术趋势** ①技术突破性 ②技术稳定性 ③技术经济性 ④其他
资本资源 ①资金资本 ②有形资源 ③无形资源 ④其他				**资本资源** ①资金资本 ②有形资源 ③无形资源 ④其他
市场竞合 ①市场竞争 ②市场合作 ③市场生态 ④其他				**市场竞合** ①市场竞争 ②市场合作 ③市场生态 ④其他

图 10-14　市场共赢画布

游戏：赛艇竞速

企业在成长阶段面临的一个重要挑战是组织内部各单元之间，以及组织不同层级之间的协同问题。“赛艇竞速”是我设计的，基于赛艇的核心机制，帮助玩家提高玩家间的信息传递效率和团队协同能力的桌游。游戏配件包括一艘赛艇模型，每艘赛艇有1～4号桨位，游戏支持4位玩家。配件还包括2个6面骰（数字1～5，数字6代表重投）、1个挡板、1个旋转指针和若干动作标记、4套不同颜色的“力量标识”、写明玩家要展示的相应程度的主题词卡。

赛艇竞速游戏分为两个部分：确定桨位和划桨协同。在确定桨位阶段，玩家利用动作协调转盘和动作图标，测试每个人的动作协调能力，并按照测试成绩的高低，依次选择赛艇上的4、3、2、1号桨位。玩家把动作协调测试转盘置于桌面，围绕桌面站立。动作协调转盘上有9个格，分别放着不同的动作标志，玩家转动转盘指针，并从指针指向的位置，按顺时针顺序做动作，成绩最好的玩家选择4号桨位。接着，玩家按照4、3、2、1桨位成纵队排列，4号桨位玩家看着桌子上的转盘做动作，其他玩家模仿4号桨位玩家的动作，尽量协调一致。动作协调测试阶段的游戏目的是按照玩家的协调能力来排列桨位顺序，并通过大家一起做动作的过程，提升团队协同能力。

在划桨协同阶段，4号桨位玩家选一个主题，例如，主题词是“树的高度”，该玩家用挡板挡住投掷的骰子，假如骰子数字为5，该玩家首先把表示5的力量标识放在4号桨位；然后，可以在提词板上写“加州红杉”，表示所有树木中最高的树（5/5）；接着，4号桨位玩家把主题词和提示词给3号桨位玩家。此时，其他桨位玩家要闭上眼睛，不能看两位玩家间的交流。3号桨位玩家根据舵手的提示，判断“用力程度”，把一个“力量标识”放在自己的桨位上。4号桨位玩家再选择一个主题词

（如“动物重量”），并在提词板上写“鲸鱼”，把信息给下一个桨位的玩家。当所有桨位玩家都获得了“用力”程度的信息，并把“力量标识”背面朝上放在自己的桨位之后，同时翻开。

之后，每位桨手计算自己在此轮划桨中实际贡献的力量。如某位桨手的“力量标识”数字和前面一位桨手或舵手的数字相同，则团队获得这位舵手“数字 +1”的前进力量。如某位桨手的“力量标识”数字和前面一位桨手或舵手的数字不同，则从自己的数字里面扣除与前序桨手相差的数字，得到自己给团队贡献的前进力量。例如，舵手的数字是 5，第一位桨手的数字也是 5，则团队获得 6 个单位（5 + 1 = 6）的前进力量；如果舵手的数字是 5，第一位桨手的数字是 4，则团队获得 3 个单位 [4–(5–4) = 3] 的前进力量。游戏进行 10 轮，最终的游戏成绩为赛艇的前进距离。

玩家也可以用两艘赛艇模型开启竞赛模式。所有玩家分为两队，由两位玩家分别扮演舵手，用挡板挡住投掷的骰子。为了公平比赛，两队可以共用一个骰子和相同的主题。为了增加不确定性，两队也可以各自用一个骰子和不同的主题。其他规则和一艘赛艇的玩法相同，游戏进行 10 轮，赛艇前进距离更远的小组获胜。

赛艇竞速游戏把频率协同和力量协同这两个核心机制进行了分解，让玩家体会到，赛艇获胜的关键，不是靠某个人的力气大或桨频高，而是靠整个团队的齐心协力。同理，企业在成长阶段要想发展得快，不是靠某个人的能力强或点子多，而是靠整个团队心往一处想，力往一处使。

游戏：手机帝国

“手机帝国”是一款由COSMO公司开发、栢龙游戏代理的模拟手机厂家的研发、生产、配送策略以抢占全球市场的策略类桌游。这款游戏有一张硕大的模拟市场版图，市场可具体分为大、中、小三种规模，进入大市场可以销售更多的手机，但市场开拓成本也更高。

“手机帝国”这款游戏最多支持5位玩家，每位玩家选取一种颜色的标志物，标志物分为三种形状：方块形、楼梯型和楼房型。方块形标志物用来代表企业生产的手机，楼梯型标志物用来代表企业在研发和市场等方面的投入，楼房型标志物用来代表企业成功开发的技术和成功进入的市场。游戏开始后，玩家首先利用两个战略规划板块进行战略规划，确定资源分配和能力建设的方案。

战略规划是“手机帝国”游戏中最重要的步骤，玩家在战略规划阶段确定手机销售价格、生产数量，并确定企业的研发能力和市场扩张能力。战略规划阶段结束后，根据手机的价格，由低到高决定玩家行动的先后顺序。所以，如果玩家采取低价策略，则可以在本回合后面的环节中优先进行销售，而当一个用户的需求被满足了，后手玩家就不能再把手机卖给该用户了。同时，由于手机价值快速贬值的特性，游戏中的当前回合生产的手机无法储存到下一回合，必须在本回合中销售出去或者在回合结束后销毁。因此，玩家的价格策略、产量策略以及销售能力的匹配就变得非常重要。

玩家能否把手机销售给用户取决于三个方面的因素。首先是价格，有的用户对价格比较敏感，只购买特定价格以下的手机，如果玩家定价过高，则无法把手机销售给这些用户。其次是功能，有些玩家对价格不敏感，但要求手机具有特定的功能。如果玩家的研发能力跟不上，手机不具备这些功能，就无法把手机销售给这些用户。最后是市场进入，玩家只能把手机销售给自己已经进入的市场里的用户，这就要求玩家在全球市场里不断进行扩张，在各个国家都建立自己的销售公司。

在游戏中，当玩家确定了价格和生产数量后，还有一次机会（通过拿取一个临时板块）进行能力升级。玩家选择临时板块的顺序也是由产品定价来决定的，价格低的先选。玩家完成能力升级之后，游戏进入销售阶段。玩家按照行动的先后顺序，在自己已经进入的市场中销售符合用户需求的手机。例如，一位玩家生产了 7 个单位的手机。希望以 5000 元 / 部的价格进行销售。然而，在该玩家进入的市场中，只有两个用户愿意支付高于 5000 元的价格。同时，在该玩家进入的市场中，有另外两个用户需要有近距离定位和 Wi-Fi 两种技术的手机，而玩家拥有这两项技术。因此，该玩家销售了 4 部手机，剩余的 3 部手机因为无法销售出去而被销毁。

玩家在"手机帝国"游戏中还可以开发一些特殊的技术，以增强自己各方面的能力。例如，有的技术允许玩家把未销售出去的手机保留到下一轮继续进行销售，有的技术允许玩家快速进入新市场，有的技术允许玩家用更加灵活的方式来利用战略规划面板。整体而言，"手机帝国"是一款基于手机行业的技术背景、市场需求、生产流程等基本要素设计的，模拟手机厂家研发、生产和销售策略的桌游。玩家通过该游戏可以体验手机厂商的研发、生产、销售等方面的战略规划思路。

首先，玩家在进行战略规划时，需要对游戏结束时全球手机市场的最终状态做到心中有数，能够大致估算出 5 个回合之后的整体上的技术水平、产量、需求等情况（见终局）。其次，除了见终局之外，玩家对其他玩家的策略也要有个整体的认识（揽全局）。游戏中，每位玩家都会用一个屏风挡住自己的战略规划版图。因此，在玩家展示战略规划版图之前，其他玩家无法准确地知道他们的价格、数量以及研发等战略规划方案。

最后，玩家要根据当前的竞争态势制定自己的策略（知时局）。玩家有三种基本策略可供选择：低成本策略、差异化策略和利基市场策略。采用低成本策略的玩家会集中资源生产更多的手机，降低手机价格，并投入物流成本以尽快进入更多和较大的市场。采用低成本策略的玩家可以优先销售手机，但如果研发投入不够，则无法把手机销售给那些对特定功能有需求的用户。采用差异化策略的玩家则主要会把资源投入到产品研发中，尽早开发出新的技术并获得专利收入。由于拥有新的技术，这些玩家可以以较高价格把手机卖给那些对新技术有需求的用户。采用利基市场策略的玩家通常会集中开发某些国家的市场，或者开发一些其他玩家不太看重的技术。采用利基市场策略的玩家往往能够在某类细分市场中获得较大市场份额。除了上述的见终局、揽全局和知时局之外，玩家还需要能够灵活应对游戏过程中发生的变局，根据市场上的需求供给的动态变化及时调整自身的战略战术。

无论是企业基层员工、中层骨干，还是高层领导都可以通过沉浸式体验的方式，利用“手机帝国”这款游戏体会研发、生产、销售等经营环节，建立“见终局、揽全局、知时局和应变局”的战略思维。

游戏：王国制图师

“王国制图师”是游戏大陆代理的一款纸笔类桌游，游戏的主题是玩家扮演一位制图师，根据地形和任务在地图上绘制不同的图形，以获得更高的分数。纸笔类游戏通常都是给每位玩家一张图纸和一支笔，玩家在游戏过程中，根据游戏的进度把相应的图形、数字等信息填在图纸上并获得分数。纸笔类游戏通常允许很多位玩家一起玩，例如，“王国制图师”在游戏包装中提供了 100 张地图，就可以最多有 100 位玩家一起玩。

在实际的使用中，这款游戏可以用于包括数位成员的小组一起体验战略情景规划的过程。在游戏的开始阶段，每位玩家获得一张地图和一支笔。小组长把 4 张“法令卡”按照字母顺序（A、B、C、D）一字排开放在桌子中央。接着，从 4 种不同类型的计分卡中分别抽取一张卡，洗混后随机放在法令卡下边。然后，把 4 张季节卡按照春夏秋冬的顺序叠起来。这样，游戏就可以开始了。

在游戏中，探索卡上的地形包括森林、村落、农田、水塘、高山等。游戏的主要任务是参考“计分规则卡”把“探索卡”上的形状画到图纸上。例如，一张叫作“森林岗哨”的“计分规则卡”显示：“每个与地图边缘相邻的森林格子都可以获得一点声誉”。此时，如果玩家抽到的“探索卡”上有“森林”和“村庄”两类图形可供选择，那么玩家就应该选择“森林”图形，并尽量把该图形画在与地图边缘相连的格子里。

当然，游戏实际上并没有这么简单，因为玩家必须按照“探索卡”上规定的类似俄罗斯方块一样的形状在地图上画对应的图形，玩家可能面临要画图形的格子已经被占等问题。更重要的是，玩家不仅需要考虑当前回合应该画哪种图形以及如何画该种图形，还需要考虑在游戏结束前的回合中，在哪些位置画哪些图形所获得的总收益最高。

“王国制图师”游戏中还存在一个变数，就是当野蛮人来袭时，玩家要把自己的地图交给旁边的一位玩家，并由那位玩家在地图上画上一定数量和一定形状的野蛮人标志。可以想见，其他的玩家肯定会在地图上最有价值的地方画上野蛮人标志，这样能够让拥有这张地图的玩家被扣更多的分数。

总之，“王国制图师”游戏是一个能很好地体验在地图绘制过程中的“见终局、揽全局、知时局、应变局”思维的游戏。玩家在游戏中需要了解游戏终局时的积分规则并加以利用，以便在游戏结束时获得最高分数（见终局）；玩家还需要知道整张地图的构成，哪里有废墟，哪里有山脉，哪里适合画大片的农田或村庄，等等（揽全局）；不仅如此，玩家在游戏过程中还要随时根据翻出的探索卡进行探索，在可利用的空间中进行权衡和选择，计算每轮能够得的分数（知时局）；最后，玩家必须时刻提防野蛮人的攻击，避免因为其他玩家的破坏而造成巨大损失，并尽可能地抓住随时会到来的机会，获得比其他玩家更高的分数（应变局）。

管理学在中国

中国本土管理理论和实践创新的成果
正在崛起的中国管理学派的领军者

《共演战略观：刷新企业管理操作系统》

路江涌 著

以“1”“2”“4”“6”“12”和“48”这组“共演战略密码”为主脉络展开，阐释“共演战略”这一体系及相关工具，帮助读者更好地理解企业战略并付诸实施，“有理、有用、有据、有趣”的战略之书。

路江涌

《和谐管理理论：研究与反思》

席酉民 韩巍 葛京 刘鹏 等著

梳理、呈现和谐管理的基本框架和发展过程中的关键成果，通过批判性反思和升华，将过去 30 余年的探索工作做出总结，为未来的深化研究工作奠定基础。

席酉民

《协同共生论：组织进化与实践创新》

陈春花 朱丽 刘超 徐石 著

探讨协同共生的效应，提出了协同共生的框架和管理模型，探索数字技术如何通过协同共生重构了企业价值，并展示了小米、美的、腾讯（企业微信）、江苏产业技术研究院、致远互联、海尔等六家企业的管理实践。

陈春花

《有意义的管理》

陈劲 魏巍 著

通过对国家电网、中国航天、中国中车、中铁装备、海尔、方太、微软、本田、宝洁、奈飞、宜家、默克、茑屋书店等中外企业闪耀人性光辉的管理实践的长期观察，提出“有意义的管理”这一具备中国特色的全新管理范式，主要包含信念愿景、人性尊严、创新创造、个人福祉和社会福祉五个方面。

陈 劲

丛书介绍

由“中国管理 50 人论坛”与机械工业出版社联合多家机构携手合作，共同打造，上海交通大学安泰经济与管理学院原院长王方华担任主编。探索管理学理论特别是具有中国特色的管理学理论创新，推动管理理论与中国企业管理实践的结合，总结中国优秀企业创新发展的经验，应对新科技革命带来的挑战，为中国经济社会的振兴、中国企业的崛起、中国管理学派的形成，做出贡献。

中国本土原创性管理著作陆续出版中